교육철학자 듀이와 브루너가 탐하는

초등 백워드 교육과정 설계와 실천 이야기

교육철학자 듀이와 브루너가 탐하는

초등 백워드 교육과정 설계와 실천 이야기

초판 1쇄 발행 2020년 11월 21일
초판 3쇄 발행 2023년 11월 11일

지은이 김병일, 권은주, 서수정, 김현희, 이규만, 이승하, 이동한, 윤보민, 강석현
펴낸이 김승희
펴낸곳 도서출판 살림터

기획 정광일
편집 조현주
북디자인 이순민

인쇄.제본 (주)신화프린팅
종이 (주)명동지류

주소 서울시 양천구 목동동로 293, 22층 2215-1호
전화 02)3141-6553
팩스 02)3141-6555
출판등록 2008년 3월 18일 제313-1990-12호
이메일 gwang80@hanmail.com
블로그 http//blog.naver.com.dkffk 1020

ISBN 979-11-5930-163-6 03370

*가격은 뒤표지에 있습니다.
*잘못된 책은 바꾸어 드립니다.

이 도서의 국립중앙도서관 출판예정도서목록(CIP)은 서지정보유통지원시스템 홈페이지(http://seoji.nl.go.kr)와
국가자료공동목록시스템(http://www.nl.go.kr/kolisnet)에서 이용하실 수 있습니다. (CIP제어번호: CIP2020047251)

교육철학자 듀이와 브루너가 탐하는

초등 백워드 교육과정 설계와 실천 이야기

초등교사를 위한 교육과정과 수행평가 개발의 완벽한 지침서

설계_ 김병일

실천_ 권은주, 서수정, 김현희, 이규만, 이승하, 이동한, 윤보민, 강석현

살림터

차 례

추천사

현장을 개선하는 교육과정 실천 교사 연구자들

강현석/경북대학교

학생들의 영속적인 이해를 위해 백워드 교육과정을 설계하고 실천하는 교사들은 현장을 개선할 수 있는 잠재력이 있다. 강력한 근거를 가진 백워드 교육과정 설계 이론은 열정적인 교사들에게 더욱더 매력적인 요소들을 제공한다. 경북초등성장연구소 선생님들의 초등 백워드 교육과정 설계와 실천 이야기는 또 다른 현장 중심 교육과정 패러다임의 초석이 될 수 있을 것이다. 학교를 개선하는 교사들의 실천은 여러 가지 관점에서 그 의미성을 찾을 수 있다.

첫째, 백워드 교육과정을 설계하고 실천하는 교사들은 다르다. 새로운 이론을 바탕으로 수업을 준비하는 교사들은 교과서보다는 교육과정을 먼저 살펴본다. 교육과정을 통해 단원의 분명한 목표를 백워드 1단계를 통해서 찾기 때문이다. 교육과정 문해력 전문성은 백워드 설계 1단계를 연구하면서 저절로 신장된다. 여기서는 교육과정의 난해성을 집단지성으로 풀어 나간다. 실천하는 교사는 혼자가 아닌 함께라는 집단지성으로 교육과정의 문서들을 연습과 성찰을 통해서 파악하기 때문이다. 그러므로 실천 교사들에게는 교육과정 이론과 문서들이 시시포스의 돌처럼 보이지 않는다. 그것은 언젠가는 극복될 수 있는 것이다.

둘째, 백워드 교육과정을 설계하고 실천하는 교사들은 교육과정 이론으로 수업을 이야기한다. 열정적인 교사들은 현장을 변화시킬 수 있다. 그 열정의 근원은 자신만의 교육학적 현장 실천성이기 때문이다. 실천의 근원은 교육학 이론을 기반으로 발현된다. 특히, 교육과정 설계의 중요성을 아는 교사들에게 백워드 교육과정 설계는 매우 매력적인 이론이다. 이론은 실제화되지 않을 경우 의미가 없어진다. 그들은 이해를 위한 백워드 교육과정 설계 이론을 공부하면서 이론

기반 실천을 이어 간다. 이론 없는 실천도 실천 없는 이론도 모두 무의미하다. 함께 공부하는 교육과정 연구 교사들은 백워드 교육과정 이론을 기반으로 자신의 수업 분석을 하면서 심도 있는 수업 반성과 성찰을 통해 더 좋은 교사로 나아가고 있다. 그들은 이론의 중요성을 실천으로 보여 주고 있다.

셋째, 실천하는 교사들은 실천을 위해서 설계를 한다. 교육과정 설계에 관심을 두는 이유는 실천성을 담보로 하기 때문이다. 백워드 교육과정 설계가 수업을 통해서 제대로 구현되고 있는지를 확인할 수 있다. 직접 실행하는 경북초등성장연구소 교사들은 계속적인 수업 설계와 실천을 통해서 더욱 완벽한 이해를 구현하고 있다. 이해는 실천을 통해서, 아이들의 눈과 행위를 통해서 파악할 수 있는 것이기 때문이다. 따라서 이 책은 현장 교사들을 위해서 설계보다는 실천에 집중하고자 하였다.

넷째, 교육과정을 연구하는 교사들은 교사의 성장에 초점을 둔다. 이 책을 쓰는 교사들은 자신의 승진이 아니라 모든 교사의 성장을 위해 노력한다. 그들은 매월 하나의 단원으로 설계와 실천을 이어 가고 있다. 단순히 이름만 내건 연구회가 아니라 설계와 실천을 해내는 열정적인 교사들이 모여 있다. 매월 만들어 내는 월간지 '백워드 교육과정 설계와 실천'은 그들의 성장을 단편적으로 보여 준다. 이 책의 실천지는 매월 발간하는 월간지 중 최고의 한 편만 뽑아서 작성한 것이다. 진정성을 가진 교육과정 연구 교사들의 실천은 우리 학교현장을 변화시킬 수 있는 발아점이 될 것이라 믿는다.

다섯째, 백워드 교육과정 설계는 평가를 중요하게 생각한다. 백워드 교육과정을 설계하고 실천하는 교사는 교육과정 문해력과 함께 수행평가 개발에 많은 시간을 들인다. 설계 과정에서의 수행과제 개발은 학생의 삶, 지역의 환경, 학생의 여건, 교육과정의 맥락을 모두 고려한다. 또한 수업 실천 과정에서는 이해의 증거를 확보하기 위해 이해의 여섯 가지 측면을 교사가 계속적으로 학생들에게서 확인하고 있다. 이는 실천 교사들이 수업 설계와 실천에서 평가를 고려한다는 것이다. 백워드 교육과정 설계의 매력적인 목표 지향성과 평가 중요성은 교사들이 교육과정과 평가의 전문가로 나아가도록 해 준다.

교사들은 현장의 살아 있는 이야기를 좋아한다. 요즘 교사들의 실천 중심 수업 이야기를 담은 책들이 많이 나오고 있다. 교육청 단위의 연수에서도 대부분의 강사들이 책을 집필한 현장 교사들이다. 이런 관점에서 본다면 앞으로의 현장 개선은 교사들이 중심인 새로운 교육 운동으로 변모할 것이다. 교사의 실천적인 움직임은 연구 활동을 통해서 혼자의 힘이 아니라 함께하는 과정에서 더욱더 빛이 날 수 있다. 이제 교사들은 사각형의 교실에서 혼자의 힘으로 살아가는 것보다 함께 교육의 문제점을 해결하는 것이 필요하다.

교사는 혼자가 아니다. 실천하는 교사들과 함께 자신의 수업을 고민하고, 해결하려고 노력한다면 교사 실천의 전문성과 성장으로 이어질 것이다. 자신의 수업 내러티브를 공동체와 함께하지 않는다면 교사는 폐쇄적인 존재로 남을 수밖에 없다. 백워드 교육과정을 함께 설계하고 실천하는 경북초등성장연구소의 교육 실천 이야기가 또 다른 교육과정 연구로 이어진다면 우리나라의 교육은 더욱더 빛날 것이다. 이 책이 현장 교사 연구의 등불이 되기를 기대한다.

교사들의 성장을 도와주는 안내자의 역할, 경북초등성장연구소

온정덕/경인교육대학교

변화하는 사회적 환경에 교육이 어떻게 대처하고 대응해야 할 것인가와 관련해서 학생들의 학습에 대한 논의는 지속적으로 이루어지고 있다. 특히 최근의 교육 동향에서 키워드로 등장하는 역량은 불확실한 미래를 살아갈 학생들이 창의적이고 비판적으로 사고하여 문제를 해결하고 의사결정 능력을 갖도록 하는 데 초점이 맞추어져야 함을 보여 준다.

역량이 교육 변화와 혁신의 아이디어로 등장하기 전에 1990년대 말 위긴스와 맥타이(Wiggins & McTighe)는 '질적으로 우수한 수업'에 대한 고민을 바탕으로 "이해"를 중심으로 교육과정을 설계하는 방안을 제시하였다. 이들은 교과 내용에 대한 이해가 결여된 학습 활동 중심의 수업은 학습의 결과로 재미는 있지만 피상적인 학습을 낳을 수 있는 점을 비판한다. 활동 중심의 수업에서는 학생들이 교과의 내용보다는 활동을 배웠다고 인식하므로, 교사는 무엇을 왜 가르쳐야 하는지에 대해 숙고해야 한다고 말한다.

위긴스와 맥타이는 "이해"를 지식의 완전 습득과 적용으로 규정한다. 학습자들이 습득한 지식을 서로 연관 지어 맥락 속에서 의미를 파악 혹은 생성하고, 새로운 상황에 유연하고 유창하게 적용시킬 수 있을 때 이해에 도달했다고 한다. 이들은 비록 이해의 의미를 완벽하게 정의 내리기는 힘들지만, '수행으로서의 이해'는 추론, 전이, 개인적으로 패턴화한 지식이라는 세 가지 차원으로 구성된다고 하였다.

첫 번째, '추론'은 '습득'의 과정으로 볼 수 있다. 이는 교과의 구조를 이해하는 과정으로서, 학습자들은 행간의 의미를 이해하고 패턴이나 구조를 파악하는 사고 과정을 의미한다고 볼 수 있다.

두 번째, '전이'는 적용의 과정으로 해석될 수 있다. 학습자들은 습득한 지식을 새로운 상황에 적용하여 새로운 방식으로 결과물을 산출할 수 있어야 한다. 전이는 단순히 새로운 상황에 적용해 보는 것에서 더 나아가 실생활에서 일어날 수 있는 여러 상황들에 장기적으로 대비하는 것이다.

이 두 가지 차원들이 동사로서의 '이해하다'에 초점이 맞추어 기술되었다면, 마지막 이해의 요소는 '이해한 것'이라는 명사로서의 이해를 의미한다. 학교 교과에서는 해당 학문 분야의 전문가들이 만들어 낸, 교과의 기반이 되는 패턴화한 지식을 제시한다. 학습자들은 사고와 통찰을 통해 이러한 지식을 다양하고 새로운 맥락 속에서 사용할 수 있도록 조건화하고 일반화하여 자신이 이해한 것으로 '개인적으로 패턴화한 지식', 즉 의미를 만들어 낸다.

이들은 이해와 학생의 수행이라는 결과에 집중하면서 '설계'를 강조한다. 설계는 모든 일을 계획할 때 그 결과가 어떠할 것인가를 고려한 다음 그것을 성취할 수 있는 방식으로 계획한다. 위긴스와 맥타이는 '백워드 설계'라고 불리는 교육과정 설계 모형과 과정을 제시하는데, 이는 구체적으로 다음과 같다.

첫째, 학습자가 궁극적으로 도달해야 할 영속적 이해가 무엇인지 파악한다. 이때 내용의 우선순위에 비추어 학습 내용을 구조화하고, 학습자가 궁극적으로 도달해야 할 영속적 이해가 무엇이어야 하는지 파악해야 한다. 그렇지 않으면 자칫 방대한 양의 사실과 정보에만 집중할 수 있기 때문이다. 교사는 단원이 다 끝난 후 혹은 학생들이 과목을 마친 다음 학생들이 무엇을 배웠어야 하는지, 그것을 배우는 것이 왜 중요한지를 먼저 생각해야 한다.

둘째, 영속적 이해를 바탕으로 평가과제를 계획한다. 이때 평가과제는 내용에 대한 이해의 결과물 혹은 증거로 기능할 뿐 아니라 수업에 통합된 부분으로서 후속 학습 활동을 이끄는 매우 중요한 역할을 한다. 학습자들이 어떤 것을 제대로 이해했다면 무엇을 할 수 있어야 하고 그것은 어떤 모습이어야 할 것인가를 수업 활동을 계획하기 전에 평가의 형태로 떠올려 보는 것이다. 이해의 증거를 먼저 생각한 다음 그 평가과제들의 성공적 수행을 뒷받침하는 방식으로 수업 활동을 구성하는 이 방식은 수업에 구심점을 주고 내용의 '이해'를 드러내는 방식으로 가르칠 수 있게 도와준다. 즉 평가는 이해의 청사진을 제공하여 핵심 내용과 수업 활동의 연결고리 역할을 한다.

셋째, 교수·학습 활동 계획은 제일 마지막에 이루어진다. 개별 차시에 포함되는 다양한 학습 활동은 단원 내에서 유기적인 흐름을 가지고 체계적으로 제시되어야 하는데, 위긴스와 맥타이는 교수·학습 활동의 설계를 위한 방향을 WHERETO로 제시한다. 이는 학생들이 단원의 궁극적인 목표와 방향이 무엇인지, 왜 그것을 배우는지 알 수 있도록 안내해야 하고(Where, Why), 학습에 흥미와 관심을 집중, 유지할 수 있게 하며(Hook, Hold), 과제 수행에 필요한 지식과 경험, 도구, 노하우 등을 갖추게 하고(Equip, Enable), 핵심 아이디어들을 다시 생각해 보고 반성하고 재점검하게 하고(Rethink, Reflect, Revise), 스스로의 진보를 평가할 수 있는 기회를 제공하고(Evaluate), 학생 개개인의 강점, 재능, 흥미에 적합한 방식으로 다양화하고(Tailored), 깊이 있는 이해를 이끌 수 있도록 학습 활동을 조직해야(Organize) 함을 의미한다.

이해는 추상적이고 반직관적인 경우가 있어서 오개념이나 오해를 불러일으키기도 한다. 따라서 이해를 목표로 단원을 개발할 때에는 학생들이 흔히 가지고 있는 오개념을 생각하고 이를 고려할 필요가 있다. 학생들이 이해하도록 하려면 교사는 설명을 통해 의미를 전달하는 것이 아니라 학생들이 추론과 사고 과정을 통해서 그 의미를 파악할 수 있게 해야 한다. 따라서 영속적 이해는 학생들이 구성하는 것이므로 영속적 이해를 주입하는 것은 경계해야 한다. 즉, 학생들이 지식을 습득할 때 의미를 파악하고 추론을 하고 나름대로 패턴을 찾아내서 자기 것으로 만들도록 해야 하므로 교사가 자신이 생각하는 영속적 이해를 강의식으로 전달하면 안 된다.

이와 같은 교육과정 설계의 과정은 다소 도전적이다. 변화하는 사회에 대응하고 학생들의 창의성과 문제해결력을 기르기 위해서 교사가 바뀌어야 한다는 요구가 지속적으로 증가하고 있다. 하지만 우리의 실천에 영향을 미치는 가장 중요한 요인 중 하나가 개인의 선경험이라고 할 때, 교원양성 기관에서도 교육과정을 설계하는 능력을 기르는 경험을 하지 못했고, 교사가 되어 교육청이나 연수원에서 제공하는 다양한 프로그램에서도 교육과정을 재구성하는 경험을 거의 하지 못했다. 이제 우리에게 요청되는 것은 일련의 잘 짜인 프로그램이 아니라 스스로 학습의 문화를 만들어 가는 전문적 학습 문화이며 이것이 가능하려면 안내자 혹은 촉진자가 필요하다.

'경북초등성장연구소'에서 발간하는 이 책은 여러 교사들의 전문적 학습의 결과이면서 동시에 동료 교사들의 성장을 도와주는 안내자의 역할을 수행할 것이다. 이 책을 통해 교육 실천과 신념에 지속적으로 도전하고 성장하는 교사들이 자신들의 교수 실제에 대해 좀 더 깊이 이해하고 배워 갈 수 있기를, 또한 학습 문화 구축의 시작점이 되길 바란다.

'예측 불가능한 미래에 학생들을 준비시키기 위해서 우리는 무엇을 해야 하는가?'를 고민하는 교사들의 노력과 성과를 기념하며.

프롤로그

진정한 이해를 찾아가는 교사가 아이들의 삶을 바꾼다

교육현장에서 많은 교사들이 학생과 수업을 위해 고민한다. 교실에서 발생하는 문제점을 해결하기 위한 다양한 교육 혁신들은 새로운 유행처럼 늘 한순간의 유행처럼 지나쳐 가 버리기도 한다. 여러 연수를 통해 새로운 방법을 쉽게 배우고, 교실에서 일회성의 실천으로 따라 한다. 새로운 교육의 바람은 그렇게 잠시 머물다가 지나가 버린다. 새로운 교육 이론들에는 단기적인 관점이 아니라 장기적인 관점의 노력이 따라야 한다. 단기적인 관점은 잠시 사용하고 버려지는 의미 없는 팁들이지만, 장기적인 접근을 통해 교사의 고민과 시도로 기존의 이론에서 변화가 일어난다. 즉, 교사의 실천 변화는 단기적인 방법을 통한 변화가 아니라 장기적인 이론 기반으로 나아가야 한다. 장기적인 접근이 교사의 교실 문제를 해결할 수 있다.

지속적으로 연구하고 실천하는 교사는 아이들의 성장에 도움이 된다. 초등교사는 학교생활의 대부분을 교실이라는 공간에서 학생들과 보낸다. 교사들은 초임 시절부터 학교에서 일어나는 모든 문제를 해결하기 위해 계속적인 반성을 통해 자신만의 방법을 찾는다. 그런데 학생들의 태도적인 측면에 대한 노하우는 많지만, 수업 변화에 대한 자신만의 방법은 잘 보이지 않는다. 학생의 태도 변화는 가시적인 부분이지만, 학생의 인지 성장은 비가시적이기 때문이다. 또 학생의 지적 성장의 시점은 현재가 아닌 미래이기 때문이다. 그래서 교사들은 학생들과 다른 교사들에게 자신의 교실 수업의 전문성을 드러내려 하지 않는다. 그 이유는 눈에 보이지 않고, 드러나지 않기 때문이다. 교사가 전문성을 갖추려면 학생 지도 능력뿐만 아니라 수업 지도 능력도 필요하다.

수업의 변화는 교사의 실천과 반성으로 형성된다. 교사의 전문성은 실천과 반성을 통해 형성되고, 수업의 변화와 성장으로 나타난다. 교사는 매일 수업을 하지만 모든 수업이 완벽할 수는 없다. 그 어떤 수업도 어려움은 존재한다. 스스로의 고민과 개선 노력을 통해 교사의 수업 능력은 신장된다. 교사는 수업 능력 신장을 위해 연수를 받고, 대학원에 진학한다. 다양한 연수를 통해 쉽게 적용할 수 있는 방법을 알고, 이론서를 통해 이론을 알게 된다. 하지만 진정으로 이해하지 못하는 경우가 많다. 쉽게 적용할 수 있는 방법적인 측면의 교실 수업 개선보다는 이론적인 측면에서 지속적인 실천이 필요하다.

백워드 교육과정 설계는 새로운 교육 이론이다. 2008년 『거꾸로 생각하는 교육과정 개발』이라는 한 권의 책을 통해 한국의 교육과정에는 백워드 교육과정 설계라는 새로운 변화가 나타났다. 그 변화의 과정에서 많은 연구물과 책들이 나왔다. 그러한 논문과 책들은 백워드 설계가 수업 개선에 효과적인 설계 방법이라고 강조한다. 하지만 백워드 설계를 하는 교사들은 이론과 실천적인 적용에 어려움을 겪고 있다. 설계는 논리적인 흐름으로 구성할 수 있으나, 실천하기는 힘들다고 이야기한다. 그래서 연구를 위한 설계는 많으나 실천은 부족하다. 교육과정 전공자들은 많은 백워드 교육과정을 설계를 하지만, 그 실천에 대한 노력은 개인적인 연구 성과물에 그치고 있다. 또한 백워드 설계를 실천하는 연구는 개인적으로만 이루어질 뿐 교육현장에 일반화되지 못하고 있다. 많은 연구자와 실천가들이 만든 이론들이 교육현장에 산재해 있다. 충분히 연구될 수 있는 교육 개선 이론들이지만, 늘 이론에 머물러 있다. 이론이 현장으로 들어가기 위해서는 교사의 실천이 필요하다. 그 실천에 대한 성찰과 반성을 통해 자신만의 새로운 이론으로 재구성되고, 재탄생되어야 한다.

교사의 전문지식은 교육현장에서 경험을 통해 형성된 실천적인 지식이다. 좋은 이론적 지식을 많이 알고 있어도 교실 상황에서 제대로 실천하지 못하면 그 이론은 무용지물이 된다. 교사를 더 이상 이론적 지식의 실천자로 보지 않고, 실천적 지식을 창출하는 개발자로 보는 관점이 필요하다. 교육 이론서에 있는 지식들은 나의 것이 아닌 다른 이론가들의 것이라고 생각하는 것은 오산이다. 이제 교사들도 변화해야 한다.

교사는 교육과정 전문가이다. 학교현장에서 교사의 교육과정 전문성을 위한 많은 투자가 일어나고 있지만, 여전히 교사 중심 교육과정이 수업 실천으로 옮겨지지 못하고 있다. 교육과정 실천의 대부분은 교육과정 재구성이라는 이름으로 나타나고 있지만, 지금의 교육과정 재구성은 교사의 자율성이나 전문성이 제대로 발휘되지 못한 채 기존 자료를 활용한 형식적인 문서로 작성된다. 교육과정 재구성은 방법적인 측면이다. 이제 교육과정 재구성보다는 교육과정 설계가 교사의 실천적인 지식을 형성하는 데 효과적이다. 개정교육과정에서도 '백워드 교육과정' 설계의 원리를 도입하고 있는 시점에서 교육과정 설계와 실천이 중요하다.

백워드 교육과정 설계가 교실 실천으로 이어지려면 구체적인 가이드와 전략이 필요하다. 백워드 설계는 교육과정의 새로운 이론이자 개정교육과정의 지향점이지만, 교사들에게는 여전히 어려운 이론이다. 백워드 설계와 실행에 관한 기존의 연구들을 살펴보면 철학적 기반에 대한 논의가 부족하고, 설계와 실천의 구체적인 지침이나 가이드가 없다. 그리고 교사의 백워드 설계와 실천을 도와줄 조력자들이 부족하다. 기존 연구자들은 설계는 잘하지만 실천 경험이 부족하다. 개정교육과정에 녹아 있는 새로운 백워드 설계 이론이 학교현장에 들어오려면, 교사가 직접 실행하고 반성하는 경험이 선행 실천자와 함께 이루어져야 한다. 그 과정에서 교사의 반성이 일어나고 성장으로 나아간다. 교사들의 성장은 결과적으로 학생의 성장으로 귀결되기 때문이다.
교사 개인의 삶 자체를 교육과정이라고 본다면, 교사 성장의 열쇠는 상호 관계성과 연관된다. 교실에서 살아가는 교사의 삶은 쉽사리 밖으로 드러나지 않는 잠재되어 있는 삶이다. 교사가 자신이 하는 일의 의미를 알지 못한 채 하루하루를 살아간다면 자신이 무엇을 위해 어떻게 살아가고 있는지 알 수 없다. 그러므로 교사의 성장은 개인이 아니라 다른 교사들과 실천적이고 반성적인 이야기를 통해 자각될 때 나타날 것이다. 교사의 진정한 정체성 형성은 교사 개인적인 반성과 실천이 아니라 교사들과의 네트워크를 형성하고 협력하는 관계에서 더 다양한 발전과 성장이 이루어진다.
경북초등성장연구소는 교육과정을 실천하는 초등교사들의 전문적 학습공동체이다. 백워드 교육과정 설계와 실천을 통한 교사와 학생의 성장을 목적으로 2017년에 시작되었다. 참여하는 모든 교사가 월 1회 단원 중심 교육과정 설계와 실천을 한다. 실천 내용을 바탕으로 월 1회 모임을 통해 반성의 기회로 삼는다. 또한 그 결과를 월간지로 제작하여 결과물로 남긴다. 우리 연구소의 결과물이 초등교사 모두가 공유하는 자료로 활용되기를 기원한다. 함께 실천한다면 더 멀리 갈 수 있기 때문이다. 이 책을 쓰기 위해 노력한 우리 연구소의 모든 교사들의 열정에 감사의 인사를 전한다.

2020년 10월

경북초등성장연구소 소장 김병일

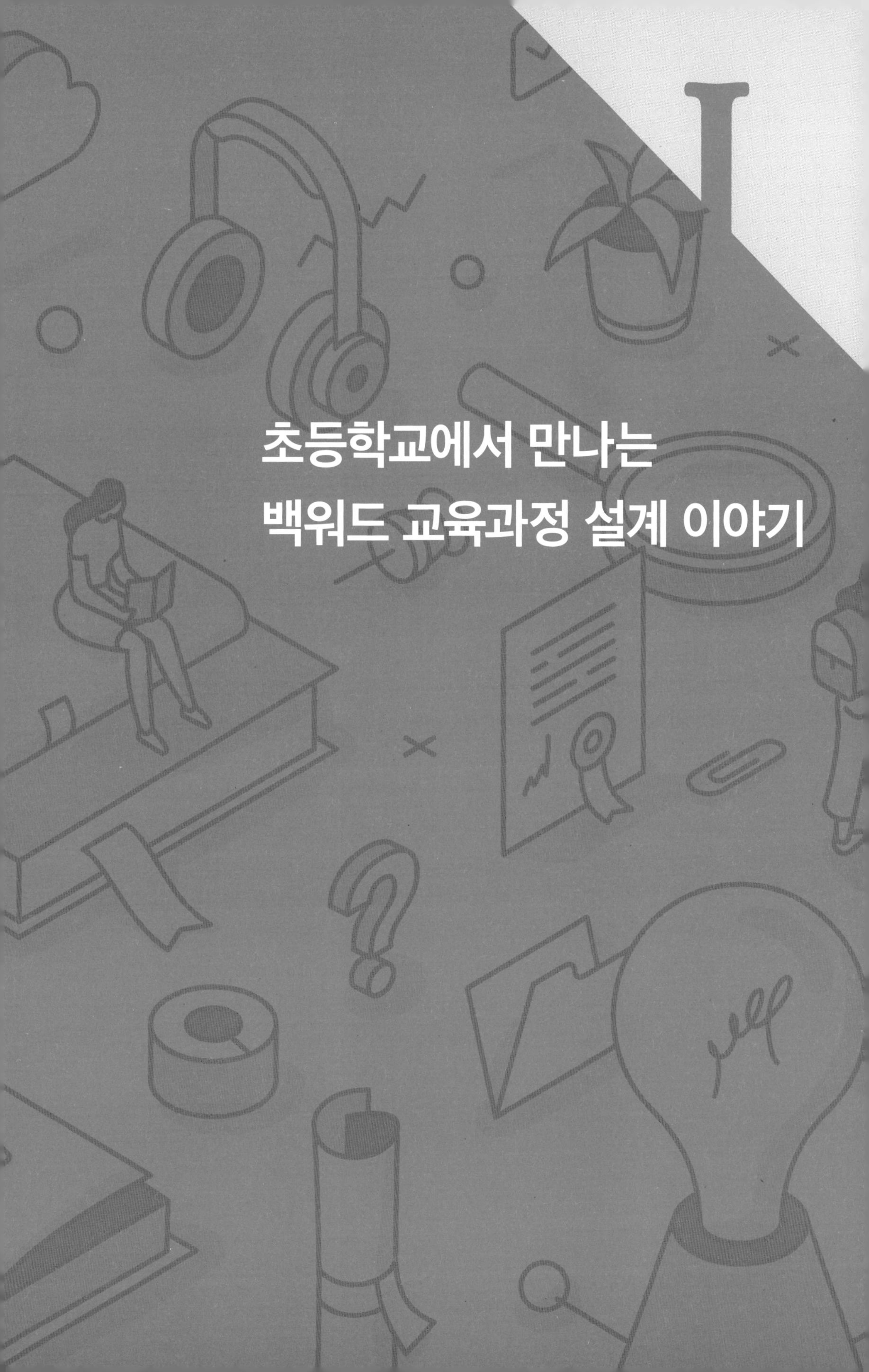

I

초등학교에서 만나는 백워드 교육과정 설계 이야기

백워드 교육과정 설계

Understanding by Design

개정교육과정과 백워드 교육과정 설계

백워드 교육과정 설계는 개정교육과정과 관련이 많다. 개정교육과정은 총론 수준에서는 핵심역량을 설정하고, 교과 수준에서는 교과 활동을 통해 길러 주고자 하는 교과 역량을 제시하고 있다. 교과 역량은 학습자가 특정 상황에서 지식, 기능, 태도 및 가치 등을 통합적으로 적용하여 발휘하는 능력이므로, 교육과정 문서상에서는 학습 내용을 지식, 기능, 태도 및 가치로 나누어 제시하고 있다.

지식과 기능의 경우는 내용 체계표에 범주와 위계를 드러낼 수 있도록 하는 방식으로 제시하였다. 성취기준은 학습자가 지식, 기능, 태도 및 가치 등을 통합적으로 적용하여 학습의 결과로 학습자가 도달해야 하는 것이다. 결국, 성취기준은 역량을 구체화한 것이라고 볼 수 있다.

개정교육과정에서는 교육 내용을 '중요한' 지식과 기능을 중심으로 엄선함으로써 학습 내용의 양을 적정화하여 학생들의 학습의 질을 높이고자 한다. 개정교육과정에서는 교과의 영역을 대표하는 교과의 얼개를 구성하는 가장 핵심적인 내용이 무엇인지를 선정하고 있다. 그리고 이를 '핵심 개념'이라 명하고, 이는 영역을 대표하는 일반적인 아이디어의 성격을 띤다. 핵심 개념을 바탕으로 '일반화된 지식'이 개발되고, 핵심 개념은 일반화된 지식으로 문장화되어 제시된다.

개정교육과정에서 필요한 교사 전문성은 교육과정 문해력이다. 교육과정의 내용 체계표가 지식의 구조화를 통해 구성되어 있으며 구조화의 하위 진술된 성취기준이 교과서에 발현되어야 한다. 성취기준은 교과 교육과정 내용 체계의 핵심 개념 및 일반화된 지식, 내용 요소, 기능을 바탕으로 개발되었으며, 알아야 할 것은 지식에 해당하고, 할 수 있어야 할 것은 기능에 해당된다. 성취기준은 학생들이 무엇을 할 수 있어야 하는지 수행의 용어로 표현되며, 교과에 따라 활동을 포함하고 있다. 역량기반 교육에서는 습득한 지식을 활용하고 적용하는 능력이 강조된다. 개정 교과 교육과정은 성취기준을 통해 교과의 지식과 기능을 상세화하고, 그 기능을 통해 교과 역량을 달성할 수 있다.

개정교육과정은 '학생 학습의 질 개선' 목적을 중시하는 교육 내용과 방법의 설계라는 관점을 분명히 하고 있다. 교육과정을 설계 관점으로 바라보는 개정교육과정은 '백워드 교육과정 설계'의 원리가 도입된 것이다. 교사를 교육과정의 설계자로 바라보고, 교사의 교육과정 자율화로 인해 국가수준 교육과정에서 교사수준 교육과정으로 전이되기를 기대한다.

> 좋은 설계란 교육과정(curriculum), 평가(assessment), 수업(instruction)을 설계하는 것이며, 설계의 목적은 중요한 아이디어에 대한 이해(understanding)를 개발하고 심화하는 데 있다. 이해란 학생들이 빅 아이디어를 탐색하는 데 참여하고 단편적인 지식들을 연결 짓고 묶어서 사물을 이해하게 되는 것을 의미하며, 이때 이해는 정신적 행위만이 아니라 수행을 포함한다. 학생이 학습 내용을 이해했다는 것은 수행을 통해 보여 주어야 하기 때문 이다. 이러한 정의를 사용하는 사람들은 교육과정의 의미를 "이해를 목표로 하는 설계(understanding by design)"라고도 한다.
>
> (교육부, 2015: 12)

백워드 설계 모형은 무엇인가요?

백워드 설계 모형은 미국의 위긴스와 맥타이(Wiggins & McTighe)(2005)가 구안한 것이다. 미국의 성취기준 중심의 교육개혁 운동에서 비롯되었으며 교사들이 수업 계획 단계에서 단원의 기반이 되는 빅 아이디어와 핵심 질문을 뽑아내고, 수행과제를 개발해 이에 맞는 학습 활동을 이끌어 가는 설계 모형이다.

이 모형의 특징은 학습 활동 및 수업을 계획하기에 앞서 먼저 정해진 교육 목표의 달성 여부를 확인하기 위한 증거를 결정하는 데에서 찾을 수 있다. 학생들은 진정한 이해를 스스로 찾아 나가는 탐구 과정에서 자신의 삶의 의미를 찾고, 자기 성장의 의미를 인지할 수 있다. 교사는 백워드 교육과정 설계를 통해서 학생들에게 교과의 본질적인 의미와 개념을 발견하는 수업을 구현한다.

한국의 교육과정 설계 모형은 일반적으로 타일러(Tyler)의 개발 절차를 활용하고 있다. 타일러는 교육 목표의 설정, 학습 경험의 선정, 학습 경험의 조직, 학습 성과 평가의 순으로 제시하고 있다. 백워드 교육과정 모형은 타일러의 행동 목표 모형을 변형시킨 것이다. 비교하면 다음과 같다.

타일러(Tyler)와 위긴스 & 맥타이(Wiggins & McTighe)의 모형 비교

모형/단계	1단계	2단계	3단계
타일러 행동목표 모형	교육 목표 설정하기	학습 경험 선정 학습 경험 조직	학습 결과 평가
위긴스 & 맥타이 백워드 설계 모형	기대되는 학습 결과 확인하기	다양한 이해의 증거 결정하기	학습 활동의 선정과 계열화

백워드 설계 모형은 지금 교육에서 나타난 지식 교육의 문제점을 극복하기 위해 1단계에서는 단원의 목표를 설계하는 '기대되는 학습 결과 확인하기', 2단계에서는 단원의 평가를 설계하는 '다양한 이해의 증거 결정하기', 3단계에서는 단원의 수업을 설계하는 '학습 활동의 선정과 계열화'로 정한다. 쉽게 말해, 타일러의 3단계 평가를 2단계로 설정하고, 평가를 먼저 생각하는 반대 방향의 설계 원리를 주장하면서 '백워드 디자인(Backward Design)' 또는 '거꾸로 생각하는 교육과정 개발'이라는 말이 생긴 것이다.

백워드 설계 모형은 타일러의 1단계와 동일하게 교육 목표를 우선적으로 설정하고, 2단계에서 그 목적의 달성을 확인할 증거의 수집 계획을 바로 세우는 것이 평가의 타당도를 얻는 데 중요하다. 백워드 설계 모형에서는 타일러 모형의 3단계를 2단계로 끌어오면서 교수·학습 개선을 위한 평가 방법의 혁신을 통해 다양한 평가 도구를 타당하고 객관적으로 개발할 수 있는 평가 전문가를 육성하고자 한다.

두 가지 설계 모형에서 타일러의 '교육 목표 설정하기'와 위긴스 & 맥타이의 '기대되는 학습 결과 확인하기'는 동일한 형식으로 시작하고 있다. 교과의 이해는 학생 배움의 최종 목표점이 되고, 그 배움의 항해를 위한 방향키가 된다. 두 가지 설계 모형 모두 이해를 위한 설계 방법으로 중요한 역할을 하고 있다. 특히, 위긴스 & 맥타이는 브루너(Bruner)의 학문 중심 교육과정 이론을 영속적인 이해의 과정으로 해석하고 있다. 학습자의 목표를 이해라는 용어로 진술하면서 교육과정을 통해서 진정한 이해를 찾게 해 주는 것이 필요하다.

백워드 설계 모형은 어떻게 되나요?

1단계: 기대하는 학습 결과(목표) 확인하기

설정된 목표(G)

☑ 이 설계에서 어떠한 적절한 목표(내용 기준, 코스나 프로그램 목표, 학습 성과)를 다룰 수 있는가?

영속적인 이해(U)

학생들은 다음 …을 이해할 수 있을 것이다.

[설명, 해석, 적용, 관점, 공감, 자기 지식]

☑ 주요 아이디어는 무엇인가?

☑ 주요 아이디어에 대한 어떤 구체적인 이해가 바람직한가?

☑ 어떠한 오해가 예측되는가?

본질적 질문(Q)

☑ 어떠한 흥미 유발적인 질문이 학습의 탐구, 이해, 전이를 촉진시킬 것인가?

지식(K) 학생들은 다음 …을 알 수 있을 것이다.

☑ 이 단원의 결과로서 학생들이 필요로 하는 주요 지식과 기능은 무엇인가?

☑ 학생들은 그러한 지식과 기능의 결과로 궁극적으로 무엇을 할 수 있어야만 하는가?

기능(S) 학생들은 다음 …을 할 수 있을 것이다.

2단계: 다양한 이해의 증거(평가) 결정하기

수행과제[GRASPS + 루브릭]

☑ 학생들은 어떠한 진정한 수행과제를 통해 바라는 이해를 증명할 수 있는가?

☑ 이해의 수행은 어떠한 준거에 따라 판단할 수 있는가?

수행과제는 학생들이 실생활에 적용할 수 있는 상황(Situation)에서 어떤 목표(Goal)를 가지고, 구체적인 대상 혹은 청중(Audience)을 고려하면서 특정 역할(Role)을 맡아서 기준(Standard)에 따라 수행/결과물(Performance/Product) 을 만들어 내는 형식으로 개발해야 한다.

다른 증거(OE)

☑ 학생들은 어떤 다른 증거(퀴즈, 시험, 학문적인 조언, 관찰, 숙제, 형성평가)를 통해 바라는 결과의 성취를 증명할 수 있는가?

☑ 학생들은 어떻게 자신들의 학습을 자기평가하고 반성할 것인가?

3단계: 학습 활동의 선정(수업)과 계열화하기

학습 활동(L)

☑ 어떤 학습 경험과 수업이 학생들이 의도한 결과를 성취하는 것에 도움이 될까? 어떻게 설계할 것인가?

W= 단원이 어디로(Where) 향하고 있는지, 무엇을(What) 기대하는지 학생들이 알도록 돕는가? 학생들이 어디(선행지식과 흥미)에서 오고 있는지 교사가 알도록 돕는가?

H= 모든 학생의 주의를 환기(hook)시키고 그들의 흥미를 유발(hold)하는가?

E= 학생들을 준비(equip)시키고, 그들이 핵심 아이디어를 경험(experience)하게 하며, 이슈를 탐구(explore)하도록 돕는가?

R= 학생들의 이해와 작업을 재고(rethink)하고 수정(revise)하는 기회를 제공하는가?

E= 학생들이 그들의 작업과 그것의 함축적인 의미를 평가(evaluate)하도록 허용하는가?

T= 서로 다른 요구와 흥미, 학습자의 능력에 맞추도록(tailor) 개별화하는가?

O= 효과적인 학습뿐만 아니라 처음부터 일관된 참여를 최대한 조직(organize)하는가?

<백워드 교육과정 설계 1, 2, 3단계 양식>

백워드 1단계의 설계 전략

- 기대하는 학습 결과 확인하기

1단계: 기대하는 학습 결과 확인하기	
❶ 설정된 목표(G) ☑ 이 설계에서 어떠한 적절한 목표(내용 기준, 코스나 프로그램 목표, 학습 성과)를 다룰 수 있는가?	
❷ 이해(U) 학생들은 다음 …을 이해할 수 있을 것이다. [설명, 해석, 적용, 관점, 공감, 자기 지식] ☑ 주요 아이디어는 무엇인가? ☑ 주요 아이디어에 대한 어떤 구체적인 이해가 바람직한가? ☑ 어떠한 오해가 예측되는가?	❸ 본질적 질문(Q) ☑ 어떠한 흥미 유발적인 질문이 학습의 탐구, 이해, 전이를 촉진시킬 것인가?
❹ 지식(K) 학생들은 다음 …을 알 수 있을 것이다. ☑ 이 단원의 결과로서 학생들이 필요로 하는 주요 지식과 기능은 무엇인가? ☑ 학생들은 그러한 지식과 기능의 결과로 궁극적으로 무엇을 할 수 있어야만 하는가?	❺ 기능(S) 학생들은 다음 …을 할 수 있을 것이다.

❶ 설정된 목표(Goal)

바라는 결과, 학습 성과, 그리고 교육적으로 최종적으로 추구하는 것(성취기준)

❷ 이해(Understanding)

설계자로서 계획하고 설계하려고 시도하는 활동의 모든 탐구와 반성에 대해 바라는 결과

❸ 본질적 질문(Question)

교과나 교육과정의 중심에 놓이거나 교과에서 탐구와 심층적 학습을 이끌어 내는 질문

❹ 지식(Knowledge)

학습과 교수 활동에서 얻은 비교적 직접적인 사실과 개념을 요약한 것

❺ 기능(Skill)

단편적인 기술뿐만 아니라 복잡한 절차와 방법

 개정교육과정의 내용 체계표를 분석하면, 1단계를 작성할 수 있다.

1. 이론: 초등 사회과 정치 영역 내용 체계표

<table>
<tr><th rowspan="3">영역</th><th rowspan="3">핵심 개념</th><th rowspan="3">일반화된 지식</th><th colspan="3">내용 요소</th><th rowspan="3">기능</th></tr>
<tr><th colspan="2">초등학교</th><th>중학교</th></tr>
<tr><th>3-4학년</th><th>5-6학년</th><th>1-3학년</th></tr>
<tr><td rowspan="3">정치</td><td>민주주의와 국가</td><td>현대 민주 국가에서 민주주의는 헌법을 통해 실현되며, 우리 헌법은 국가기관의 구성 및 역할을 규율한다.</td><td rowspan="2">민주주의,
지역사회,
공공 기관,
주민 참여,
지역 문제 해결</td><td>민주주의,
국가기관,
시민 참여</td><td>정치, 민주주의,
정부 형태,
지방자치 제도</td><td rowspan="3">조사하기
분석하기
참여하기
토론하기
비평하기
의사결정하기</td></tr>
<tr><td>정치과정과 제도</td><td>현대 민주 국가는 정치과정을 통해 시민의 정치 참여가 실현되며, 시민은 정치 참여를 통해 다양한 정치 활동을 한다.</td><td>생활 속의
민주주의,
민주 정치 제도</td><td>정치과정,
정치 주체, 선거,
시민 참여</td></tr>
<tr><td>국제 정치</td><td>오늘날 세계화로 인해 다양한 국제기구들이 활동하고 있으며, 한반도의 국제 질서도 복잡해지고 있다.</td><td></td><td>지구촌 평화,
국가 간 협력,
국제기구,
남북통일</td><td>국제 사회, 외교,
우리나라의
국가 간 갈등</td></tr>
<tr><td rowspan="3">법</td><td>헌법과 우리 생활</td><td>헌법은 국민의 기본권을 보장하고, 국가기관의 구성 및 역할을 규정한다.</td><td></td><td>인권, 헌법,
기본권과 의무,
국가기관의 구성</td><td>인권, 헌법,
기본권,
국가기관의 구성 및 조직</td><td rowspan="3">조사하기
분석하기
구분하기
적용하기
존중하기
참여하기</td></tr>
<tr><td>개인 생활과 법</td><td>민법은 가족 관계를 포함한 개인 간의 법률관계와 재산 관계를 규율한다.</td><td></td><td rowspan="2">법, 법의 역할</td><td rowspan="2">법, 법의 구분,
재판</td></tr>
<tr><td>사회생활과 법</td><td>우리나라는 공동체 질서 유지를 위한 형법과 사회적 약자 보호를 위한 사회법을 통해 정의로운 사회를 구현한다.</td><td></td></tr>
</table>

2. 실천: 개정교육과정 내용 체계표 요소의 의미와 백워드 1단계와의 비교

내용 체계표 요소	의미		백워드 1단계
영역	핵심 개념을 포함하는 개념	···›	교과 단원
핵심 개념	교과가 기반을 둔 학문의 가장 기초적인 개념이나 원리를 포함하는 교과의 근본적인 아이디어	···›	주요 아이디어
일반화된 지식	개념을 문장으로 풀어 놓은 것으로, 일반화 혹은 원리의 성격을 따라 문장으로 핵심 개념과 영역을 구성하는 개념 간의 관련성을 드러냄. 전 학년의 교육을 통해 최종적으로 찾게 되는 지식	···›	영속적인 이해
내용 요소	일반화된 지식을 습득할 수 있도록 도와주는 구체적인 내용 요소	···›	지식
기능	교과 고유의 탐구 과정 및 사고기능이며, 교과 역량을 반영함.	···›	기능
성취기준	각 교과에서 학생이 학습을 통해 얻어야 할 지식이나 기능 혹은 태도를 포함함. 학습 결과로 학생들이 할 수 있어야 할 것을 진술함.	···›	설정된 목표

1단계 설계 전략 영속적인 이해는 교육과정 문해력을 통해 찾을 수 있다.

1. 이론: 성취기준 찾기 및 분석

1단계
수업 내용 확인

···▸

2단계	
성취기준 확인하기	지도서
	초등 교육과정

···▸

3단계
내용 체계표 요소 읽기

···▸

4단계
단원 개관 읽어 보기

5단계		
성취기준 분해		
명사	동사	형용사 부사

···▸

6단계		
성취기준 용어로 백워드 설계 요소 문장 작성하기		
1. 핵심 명사	▶	영속적인 이해·본질적 질문
2. 핵심 동사	▶	수행과제
3. 핵심 형용사와 부사	▶	채점 준거·루브릭

2. 실천: 학년성에 맞는 영속적인 이해 찾기

① 성취기준에서 내용 요소(명사)를 찾는다.

[6과01-04] 액체나 기체에서 대류 현상을 관찰하고 대류 현상에서 열의 이동을 설명할 수 있다.	···▸	대류

② 내용 체계표에서 일반화된 지식을 확인한다.

영역	핵심 개념	일반화된 지식	내용 요소			기능
			초등학교		중학교	
			3-4학년	5-6학년	1-3학년	
열과 에너지	열평형	온도가 다른 물체가 접촉하면 온도가 같아진다.		• 온도 • 전도, **대류** • 단열	• 온도 • 열의 이동 방식 • 열평형	자료의 수집·분석 및 해석

③ 단원 개요를 교육과정 또는 지도서에서 찾는다. 단원 개요를 읽고, 이해한다.

> (1) 온도와 열
>
> 이 단원에서는 인간의 생활에 밀접한 영향을 미치는 온도와 열에 대해 이해함으로써 과학의 유용성을 인식하도록 한다. 온도계를 사용하는 방법을 알고 온도 측정이 중요한 이유를 이해하도록 한다. 물체를 가열하거나 냉각시키면 시간에 따라 물체의 온도가 달라지는 현상, 온도가 다른 두 물체가 접촉하여 온도가 같아지는 현상을 관찰하고, 이러한 **물체의 온도 변화로부터 열의 이동을 추리**하도록 한다.

④ 성취기준, 일반화된 지식, 단원의 개요 세 가지를 통해 학년성에 맞는 영속적인 이해를 한 두 문장으로 작성한다.

> **열은 온도 변화에 따라 이동한다.**

1단계 설계 전략 영속적인 이해의 진술 특징을 생각하면 찾을 수 있다.

1. 이론: 영속적인 이해의 진술 특징

① 영속적인 이해는 사실에 의미와 중요성을 부여하는 주요한 개념과 원리, 이론을 포함한다.
② 영속적인 이해는 다른 주제, 분야 그리고 사회의 삶으로 전이될 수 있다.
③ 영속적인 이해는 사실이 아니라 추론이며, 탐구를 통해 심층적으로 학습되어 나타난다.
④ 영속적인 이해는 기초 기능을 위한 개념적인 기반으로 전략적인 원칙이다.
⑤ 영속적인 이해는 탐구로부터 도출된 일반화로서 신중하게 구조화된다.
⑥ 영속적인 이해는 일반화된 완전한 문장으로 구성한다.
⑦ 영속적인 이해는 기능 영역에서 왜, 언제, 어떻게 어떻다는 식으로 구체화한다.

2. 실천: 초등 교과별 영속적인 이해 사례

교과	영속적인 이해
통합	☑ 학교는 여러 친구와 함께 살아가는 곳이다. ☑ 사람들은 겨울의 자연환경에 어울리는 생활을 한다.
국어	☑ 이야기는 전 세계의 장소 및 시대에 따라 다양한 형태로 나타난다. ☑ 독자가 글의 구조를 이해하면 그 의미를 더 잘 이해할 수 있다.
사회	☑ 인종적·문화적 차이는 편견과 차별을 낳을 수 있다. ☑ 역사는 다양한 해석을 포함한다.
도덕	☑ 우정은 기쁠 때보다 어려울 때 더 잘 드러난다. ☑ 진실한 친구가 누구인지 아는 것은 때로는 어렵다.
수학	☑ 측정은 일상생활에서 흔히 하는 활동이다. ☑ 통계 분석과 그래프 표현은 종종 자료에서 여러 패턴을 드러낸다.
과학	☑ 깨끗한 물을 유지하려면 하천을 보호해야 한다. ☑ 물질은 고유한 성질을 가지고 있다.
실과	☑ 자아정체성 형성은 자주적인 삶을 살아가는 기초가 된다. ☑ 생산 기술은 다양한 자원을 활용할 때 재화를 산출한다.
체육	☑ 공을 던질 때 적절한 마무리 동작을 하면 정확도가 높아진다. ☑ 체력 훈련은 개인의 욕구 및 생활양식에 따라 다르다.
음악	☑ 유용한 악기, 기법은 음악 표현에 영향을 미친다. ☑ 노래는 아이디어와 느낌을 소통시킬 수 있다.
미술	☑ 미술 감상은 자신의 감정을 드러낸다. ☑ 표현은 시간, 장소 그리고 문화의 영향을 받는다.
영어	☑ 의미는 어법, 억양 그리고 구문을 통해 전달된다. ☑ 다른 언어는 자신의 언어과 문화에 대해 통찰력을 제공한다.
창의적 체험활동	☑ 창의적인 주제는 창의적 사고에서 나타난다. ☑ 일의 소중함은 땀과 노력으로 형성된다.

 성취기준의 코딩 번호를 알면 교과의 개념을 쉽게 찾을 수 있다.

○ 이론과 실천: 초등 교과별 성취기준 영역 코딩 번호

교과		영역 순서								
통합		01	02	03	04	05	06	07	08	
		학교	봄	가족	여름	마을	가을	나라	겨울	
국어		01	02	03	04	05				
		듣기·말하기	읽기	쓰기	문법	문학				
사회	3~4	01	02	03	04					
		우리가 살아가는 곳	우리가 살아가는 모습	우리 지역의 어제와 오늘	다양한 삶의 모습과 변화					
	5~6	01	02	03	04	05	06	07	08	
		국토와 우리 생활	인권 존중과 정의로운 사회	옛사람들의 삶과 문화	사회의 새로운 변화와 오늘날의 우리	우리나라의 정치 발전	우리나라의 경제 발전	세계의 여러 나라들	통일 한국의 미래와 지구촌의 평화	
도덕		01	02	03	04					
		자신의 관계	타인의 관계	사회·공동체와의 관계	자연·초월과의 관계					
수학		01	02	03	04	05				
		수와 연산	도형	측정	규칙성	자료와 가능성				
과학	3~4	01	02	03	04	05	06	07	08	09
		물질의 성질	자석의 이용	동물의 생활	지표의 변화	식물의 생활	지층과 화석	물질의 상태	소리의 성질	물체의 무게
		10	11	12	13	14	15	16	17	
		동물의 한살이	화산과 지진	혼합물의 분리	식물의 한살이	물의 상태 변화	그림자와 거울	지구의 모습	물의 여행	
	5~6	01	02	03	04	05	06	07	08	09
		온도와 열	태양계와 별	용해와 용액	다양한 생물과 우리 생활	생물과 환경	날씨와 우리 생활	물체의 운동	산과 염기	지구와 달의 운동
		10	11	12	13	14	15	16	17	
		여러 가지 기체	빛과 렌즈	식물의 구조와 기능	전기의 이용	계절의 변화	연소와 소화	우리 몸의 구조와 기능	에너지와 생활	
실과		01	02	03	04	05				
		인간 발달과 가족	가정생활과 안전	자원 관리와 자립	기술 시스템	기술 활용				
체육		01	02	03	04	05				
		건강	도전	경쟁	표현	안전				
음악		01	02	03						
		표현	감상	생활화						
미술		01	02	03						
		체험	표현	감상						
영어		01	02	03	04					
		듣기	말하기	읽기	쓰기					
안전한생활		01	02	03	04					
		생활 안전	교통 안전	신변 안전	재난 안전					
창의적 체험활동		01	02	03	04					
		자율활동	동아리활동	봉사활동	진로활동					

교과 성취기준 한 개당 시간 수를 알면, 시간관리를 효율적으로 할 수 있다.

○ 이론과 실천: 초등 교과별 성취기준 시간 수

교과	바른 생활	슬기로운 생활	즐거운 생활	국어			사회	
학년군	1~2	1~2	1~2	1~2	3~4	5~6	3~4	5~6
수업시간 수	128	192	384	448	408	408	204	204
성취기준 수	17	32	32	25	26	31	24	48
성취기준 시간	**7.5**	**6**	**12**	**17.9**	**15.6**	**13.1**	**8.5**	**4.25**
교과	도덕		수학		과학			실과
학년군	3~4	5~6	1~2	3~4	5~6	3~4	5~6	5~6
수업시간 수	68	68	256	272	272	204	204	136
성취기준 수	12	12	30	48	50	57	56	40
성취기준 시간	**5.6**	**5.6**	**8.5**	**5.6**	**5.4**	**3.5**	**3.5**	**3.4**
교과	체육		음악		미술		영어	
학년군	3~4	5~6	3~4	5~6	3~4	5~6	3~4	5~6
수업시간 수	204	204	136	136	136	136	136	204
성취기준 수	36	36	11	11	14	15	22	23
성취기준 시간	**5.6**	**5.6**	**12.3**	**12.3**	**9.7**	**9**	**6.1**	**8.8**

[성취기준 시간 활용 방법 예시안]

① 사회과 3~4학년군의 교육과정 이수시간은 204시간이다.

② 교육과정에서 확인하면, 사회 수업에서 다뤄야 할 내용 성취기준 수는 24개이다.

③ 교육과정 이수시간을 성취기준 수로 나누면 하나의 성취기준당 가르칠 수 있는 시간이 산정된다.
* 204(교육과정 이수시간) ÷ 24(성취기준 수) = 8

④ 사회과 3~4학년군 하나의 성취기준은 8시간이 필요하다.

⑤ 3~4학년군의 성취기준이면 24개이고, 4개의 학기로 나누면 학기당 6개의 성취기준으로 배정된다.

⑥ 3~4학년군의 사회는 학기당 단원별로 3개이고, 한 단원별 2개의 성취기준을 다룬다.

⑦ 사회과 한 단원이 2개의 성취기준이고, 하나의 성취기준이 8시간이므로 16시간이 필요하다.

⑧ 실제 사회과 단원별 시간 수는 15차시로 정해져 있다. 일반적인 교과서의 단원 차시는 이렇게 결정된다.

⑨ 교과서 없이 백워드 설계를 할 때, 3단계(학습 경험의 조직)에서 이런 계산법으로 시간 수를 정할 수 있다.

1단계 설계 전략 본질적인 질문은 영속적인 이해의 문장을 질문 형식으로 바꾸면 된다.

1. 이론: 본질적인 질문들의 공통적인 특징

① 본질적인 질문은 명확한 정답이 없다.
② 본질적인 질문은 다른 본질적인 질문들을 이끌어 낸다.
③ 본질적인 질문은 철학적이고 개념적인 기초와 연관성이 있다.
④ 본질적인 질문은 학생들의 흥미를 유발하고, 탐구를 지속하게 한다.
⑤ 본질적인 질문은 단원 내의 핵심 개념과 탐구를 이끌어 내는 질문이다.
⑥ 본질적인 질문은 핵심 내용을 학습하는 데 필요하다.

영속적인 이해 → 본질적인 질문

교과	영속적인 이해		본질적인 질문
통합	학교는 여러 친구와 함께 살아가는 곳이다.	···	학교는 어떤 곳일까?
국어	글은 의사 표현의 도구이다.		글을 쓰는 이유는 무엇인가?
과학	물질은 고유한 성질을 가지고 있다.		물질은 왜 다를까?
체육	공을 던질 때 적절한 마무리 동작을 하면 정확도가 높아진다.		공의 정확도는 어떻게 높일까?

2. 실천: 초등 교과별 본질적인 질문 사례

교과	본질적인 질문	
통합	☑ 동, 식물들은 겨울을 어떻게 적응하며 살아갈까?	☑ 여름방학 동안 지켜야 할 생활규칙은 무엇인가?
국어	☑ 왜 글을 쓰는가?	☑ 무엇이 좋은 이야기를 만드는가?
도덕	☑ '공정함'은 어떤 경우에 나타날까?	☑ 우리는 왜 남을 도와야 할까?
사회	☑ 일제감정기가 발발한 원인은 무엇인가?	☑ 무엇이 시장의 가격을 결정하는가?
수학	☑ 소수와 분수는 어떻게 다른가?	☑ 그래프는 왜 다양한 형태를 가지는가?
과학	☑ 생물은 살아가기 위해 환경과 얼마나 상호작용하는가?	☑ 기후에 영향을 주는 요인은 무엇인가?
실과	☑ 경제동물은 우리 생활에 어떤 도움을 제공하는가?	☑ 로봇은 어떤 원리로 움직이는가?
체육	☑ 속도를 향상하는 원인은 무엇인가?	☑ 함께 이길 수 있는 경쟁 활동의 규칙은 무엇인가?
음악	☑ 왜 좋은 연주 자세가 중요할까?	☑ 문화에 따라 음악은 어떻게 변화할까?
미술	☑ 표현 재료와 용구에 따라 작품은 어떻게 달라지는가?	☑ 유명한 미술 작가는 어떤 점이 다른가?
영어	☑ 영어 문화나 언어 학습으로부터 우리는 무엇을 배울 수 있는가?	☑ 상황에 따라 영어는 어떻게 달라지는가?

백워드 2단계의 설계 전략

- 다양한 이해의 증거 결정하기

2단계: 다양한 이해의 증거 결정하기	
수행과제(T): GRASPS → 루브릭	다른 증거(OE)
☑ 학생들은 어떠한 진정한 수행과제를 통해 바라는 이해를 증명할 수 있는가? ☑ 이해의 수행은 어떠한 준거에 따라 판단할 수 있는가? 수행과제는 학생들이 실생활에 적용할 수 있는 상황(Situation)에서 어떤 목표(Goal)를 가지고, 구체적인 대상 혹은 청중(Audience)을 고려하면서 특정 역할(Role)을 맡아서 기준(Standard)에 따라 수행/결과물(Performance/Product)을 만들어 내는 형식으로 개발해야 한다.	☑ 학생들은 어떤 다른 증거(퀴즈, 시험, 학문적인 조언, 관찰, 숙제, 형성평가)를 통해 바라는 결과의 성취를 증명할 수 있는가? ☑ 학생들은 어떻게 자신들의 학습을 자기평가하고 반성할 것인가?

수행과제(Target) 효과적으로 작용하기 위해서 지식을 이용하거나 복잡한 산출을 실현하기 위해 이용된 과제임.

수행과제 요소(GRASPS) 수행과제 제작에 도움이 되는 과제 요소로 목표, 역할, 청중, 상황, 수행, 기준의 여섯 가지임.

루브릭(Rublic) 루브릭은 붉은색 잉크 표시란 뜻으로 학습자의 성취한 수준을 결정하는 평가 척도임.

다른 증거(Other Evidence) 퀴즈 및 검사와 같은 항목이나 이해를 위한 비공식 점검 자료들.

이해의 여섯 가지 측면(증거) 이해를 여섯 측면의 관점으로 전이 능력을 나타낸 것.

설명 (Explanation)	해석 (Interpretation)	적용 (Application)	관점 (Perspective)	공감 (Empathy)	자기지식 (Self-knowledge)
개념을 자세하고 적절한 이론의 근거로 말하는 것	무엇을 의미하는지를 파악하고, 다른 것으로 번역하는 것	지식을 새로운 상황이나 맥락에 효과적으로 사용하는 것	비판적이고 통찰력을 가지는 것	타인의 감정과 세계관을 수용할 수 있는 것	자신의 사고와 행위를 반성할 수 있는 것

2단계 설계 전략 수행과제를 제작할 때 이해의 여섯 가지 증거를 통해 찾으면 된다.

1. 이론: 여섯 가지 이해들의 질문들

① 설명하기 [타당한 근거 찾기]: 그것이 왜 그런지 증명할 수 있는가?
② 해석하기 [맥락적으로 이야기하기]: 그것은 무엇을 의미하는가?
③ 적용하기 [지식을 맥락과 연결하기]: 그 지식, 기능, 과정은 어디에서 어떻게 사용할 수 있는가?
④ 관점 가지기 [비판적이고 통찰력 있는 생각 가지기]: 정당하고 근거가 있는 것은 무엇인가?
⑤ 공감하기 [타인의 감정 수용하기]: 당신은 그것을 어떻게 생각하는가?
⑥ 자기 지식 [자기평가하기]: 나의 관점은 어떻게 형성되었는가?

2. 실천: 초등 교과별 수행과제 사례

이해	설명	해석	적용	관점	공감	자기 지식
통합	우리 동네에 서로 다른 일을 하는 사람들을 찾아 발표하라.	우리나라 상징의 의미에 대해 작성하라.	여름방학 동안의 건강 수칙을 설계하라.	나의 가족에 대한 마음을 표현하라.	다양한 형태의 가족을 존중하는 마음을 편지로 나타내라.	다른 나라 문화 체험 경험을 일기로 기록하라.
국어	글에서 문장 성분과 호응관계를 증명하라.	주인공 인물의 처지와 마음이 드러난 부분을 써라.	사회의 문제를 해결하기 위해 주장하는 글을 작성하라.	『마당을 나온 암탉』을 읽고 토의하라.	『몽실언니』에서 내가 몽실이라고 상상하고, 마지막 장면을 추측하라.	학급 토의에서 나의 참여와 수행을 분석하라.
도덕	통일이 왜 필요한지 설명하라.	공정한 사회에 관한 신문 기사를 작성하라.	우리가 만든 공공장소의 규칙을 직접 공공장소에서 실천하라.	사이버 공간에서 지켜야 할 규칙을 분석하라.	아름답게 살아가는 사람들의 모습을 역할극으로 나타내라.	내가 올바르게 살아가고 있는지를 일주일 동안 살펴보고 반성하라.
사회	자유경쟁은 어떻게 일어나는지 사례를 들어 서술하라.	일제강점기에 광복을 위해 노력한 사람들의 역사를 밝혀라.	학교에서 발생하고 있는 인권 문제를 조사 발표하라.	영·정조의 정치를 읽고, 상대방의 입장에서 비평문을 작성하라.	6·25 전쟁의 참혹함이 나타나는 문학 작품을 읽고, 토의하라.	촌락과 도시의 문제점을 해결할 수 있는 자신만의 해결책을 제안하라.
수학	원주율의 공식을 도출하는 과정을 그림으로 증명하라.	6학년 친구들이 선호하는 놀이를 원그래프로 그리고 해석하라.	나의 하루 일과를 시간, 길이 단위를 사용하여 기록하고, 측정하라.	평면도형이 가진 고유한 성질을 분석하라.	생활 주변의 여러 현상에서 규칙을 찾아 수나 식으로 나타내고 토의하라.	비례식과 비례배분을 계산하는 나의 풀이 과정을 설명하라.
과학	전자석이 작동하는 방법을 보여 주고, 설명하라.	소리의 음파는 어떤 방식으로 전달되는지를 악기로 밝혀라.	생활에서 볼록렌즈가 사용되는 상황을 찾아서 작성하라.	먹이 사슬과 먹이 그물을 비판적인 관점으로 기술하라.	환경 오염이 생물에게 미치는 영향을 에세이로 작성하라.	고장 하천의 생태계 보전을 위해 내가 할 수 있는 해결 방법을 제안하라.

이해 설명	설명	해석	적용	관점	공감	자기 지식
실과	로봇의 기능과 구조를 인체의 작동원리로 규명하라.	일에 따라 직업이 어떤 차이가 있는지 조사하여 발표하라.	학교 텃밭에서 친환경 미래 작물 재배에 직접 참여하고, 그 과정을 설명하라.	아동기의 다른 성의 발달을 비교하라.	애완동물에게 가장 적합한 환경을 찾아서 설계하라.	일주일 동안 자신의 용돈 관리 기입장을 작성하고, 자기평가를 기록하라.
체육	수상 활동에서의 안전 수칙을 순서대로 설명하라.	운동과 여가 생활에서 찾을 수 있는 좋은 점을 파악하라.	속도 도전의 기능과 활동 방법을 익혀, 달리기의 기록을 단축하라.	새로운 신체 표현 동작을 제작하기 위해 창작 동작을 찾아라.	네트형 게임에서 팀원의 협력성을 높일 수 있는 전략을 토의하여 만들어라.	필드형 게임에서 내가 사용하는 기본 기능과 전략을 기술하라.
음악	장조와 단조 음악을 듣고, 그 차이점을 기술하라.	aba 형식을 가진 제재곡은 어떤 느낌을 가지는지 파악하라.	생활 속에서 활용되고 있는 국악을 찾아서 발표하라.	악곡에 어울리는 신체 표현을 모둠에서 협의하고, 최고의 표현을 나타내라.	이야기를 표현한 음악을 듣고, 작곡가의 상황을 추론해 보라.	악기를 활용한 작은 음악회에 참여하고, 연습 내용을 기록하라.
미술	종이·고무판화의 제작 과정을 그림으로 나타내고, 설명하라.	추상화 작품에서 작가가 말하고 싶어 하는 의도를 파악하여 설명하라.	미술관·박물관을 견학하고, 감상 기록문을 작성하라.	수채화와 수묵화의 작품을 보고, 그 차이점을 시로 작성하라.	'학교생활'이라는 주제로 사진을 촬영하고, 다른 친구들의 사진에 이야기를 만들어라.	'나의 하루 생활'을 애니메이션으로 표현하고, 그 과정을 저널로 작성하라.
영어	금지하는 영어 표현이 들어간 상황을 그림으로 그리고 영어 문장을 말하라.	우리 반 친구들의 체험 학습을 영어로 발표하고, 세부 정보를 파악하라.	초대, 감사, 축하하는 문장을 활용하여 영어 엽서를 제작하라.	그림이나 도표에 대한 쉽고 간단한 대화 글을 읽고, 자신의 느낌을 문장으로 작성하라.	우리 생활에서 사용하는 쉽고 간단한 문장을 사용하여 역할극으로 나타내라.	주요 표현이 들어간 영어 일기를 작성하라.

2단계 설계 전략 수행과제를 설계하기 위해 GRASPS 요소를 찾으면 된다.

1. 이론: GRASPS 여섯 가지 기준

① 목적(Goal): 네가 해야 하는 목표는 무엇인가? [나의 과제는 ________ 이다.]

② 역할(Role): 너의 목적과 관련 있는 직업은 무엇인가? [나의 일은 ________ 이다.]

③ 대상(Audience): 너는 누구를 설득시켜야 하는가? [나의 청중은 ________ 이다.]

④ 상황(Situation): 너는 어떤 도전을 해야 하는가? [나의 문제 상황은 ________ 이다.]

⑤ 결과물(Performance): 너는 어떤 근거 자료를 제작할 것인가? [나는 ________을/를 만들 것이다.]

⑥ 기준(Standards): 너의 결과물에는 어떤 준거가 필요한가? [나의 결과물에는 ________ 필요하다.]

2. 실천: 교실에서 활용할 수 있는 GRASPS

GRASPS	선택 항목	
목적(G) 상황(S) 기준(S)	설명	□설명한다 □논증한다 □기술한다 □표현한다 □보여 준다 □도출한다 □증명한다 □예측한다 □말한다
	해석	□비평한다 □유추한다 □평가한다 □판단한다 □비유한다 □번역한다 □의미를 만든다 □이야기를 말한다
	적용	□적용한다 □제작한다 □창안한다 □결정한다 □공개한다 □발명한다 □수행한다 □제안한다 □해결한다
	관점	□분석한다 □주장한다 □비교한다 □대조한다 □비평한다 □추론한다
	공감	□공감한다 □고려한다 □믿는다 □상상한다 □관련짓는다 □역할놀이한다
	자기평가	□알아챈다 □파악한다 □인식한다 □반성하다 □자기평가한다
역할(R) 대상(A)	□배우 □광고기획자 □미술작가 □사장 □사업가 □후보자 □캐릭터 □만화가 □요리사 □대통령 □유튜버	
	□코치 □무용안무가 □디자이너 □고객 □편집자 □전문가 □소방관 □공무원 □농부 □친구 □지질학자	
	□감독 □면접시험관 □사서 교사 □교장 □교사 □변호사 □소설가 □관찰자 □심판 □토론자 □부모	
	□학생 □여론조사원 □통계학자 □학생 □택시기사 □선원 □과학자 □가이드 □사육사 □여행자 □신문기사	
	□선배 □국회의원 □이웃 주민 □경찰 □변호사 □판사 □청소부 □원어민 □이야기꾼 □도슨트 □큐레이터	
	□PD □방송리포터 □배심원 □인턴 □캐스터 □우주인 □작곡가 □가수 □플레이어 □수학자 □강사	
결과물(S)	구두	□연설 □토론 □변호 □뉴스 □연극 □시 낭송 □스토리텔러 □뮤지컬 □강의 □이벤트 □상품광고
		□인터뷰 □인형극 □낭독 □각색 □녹음 □노래 □콜라주 □페어퍼모션 □방송 □라디오 □랩
	쓰기	□연구보고서 □편지 □소책자 □대본 □블로그 □사설 □에세이 □서평 □교본 □분석 □엽서 □전단지
		□도감 □광고지 □답사계획 □잡지 □전기문 □설명문 □논설문 □게임 자료 □설명서 □소설 □게시판
	시각	□오디오 녹음 □팟캐스트 □슬라이드 □그림 □스크랩북 □사진에세이 □동영상 □애니메이션 □웹페이지
		□프로그램 □웹툰 □만화 □뉴스방송 □PPT □프레지 □광고판 □홍보 □유튜브 □입체물(나무, 찰흙, 종이)
	형식	□제안서 □사업계획서 □디자인 □견적서 □청사진 □타임라인 □플로차트 □팸플릿 □설계도(구상도)

2단계 설계 전략 이해의 증거는 수행평가 이외의 형성평가로 수집할 수 있다.

1. 이론

1) 평가 시기별 증거 수집 방법

수업 전 진단평가	수업 중 형성평가	수업 후 총괄평가(수행평가)
↓	↓	↓
알고 있는 지식과 기능 이해의 비공식적 점검	중요한 지식과 기능 관찰과 대화, 퀴즈, 검사	개념과 영속적인 이해 수행과제, 자기평가

2) 진단, 형성, 총괄(수행)평가의 유형

평가 시기	평가 유형
진단평가 형성평가	KWL, 단답·OX퀴즈, 5Why법, 검사, 학생의 작업 샘플, 관찰, 자기평가, 문제(선다형, 진위형, 연결형, 단답형, 선택형), 쪽지시험, 간단한 에세이, 한 줄 쓰기, 두 칸 노트 쓰기, 동료평가, 마인드맵 그리기, 손 수신호, 신호등 카드, Hot Seat, 줄서기, 반성일기, 골든벨, 질문, 토의, 퇴실카드, 중심 개념 글쓰기, 동영상 촬영, 빈칸 채우기, 이야기 만들기, 활동지, 외우기, 인터뷰, 질문 만들기, 1분 에세이, 색인 카드 요약, 질문상자, 유추 길잡이, 개념 지도, 구두 질문, 오개념 점검하기, 추후 탐색
총괄평가 수행평가	서술형, 논술형, 구술시험, 토론법, 실기시험법, 조사보고서, 실험·실습법, 구술평가, 관찰법, 연구보고서, 포트폴리오(portfolio), 역할놀이, 자기평가, 동료평가, 산출물평가, 프로젝트법

2. 실천: 초등 교과별 평가 유형별 사례

교과	성취기준	진단평가	형성평가	총괄평가(수행과제)
통합	[2슬07-03] 내가 알고 싶은 나라를 조사하여 발표한다.	다른 나라 하면 생각나는 것 마인드맵 그리기	다른 나라의 문화 지필평가	세계 문화 축제 홍보 자료 만들기
국어	[2국05-01] 느낌과 분위기를 살려 그림책, 시나 노래, 짧은 이야기를 들려주거나 듣는다.	글쓰기 KWL 차트 작성하기	소개할 책 입체북 만들기	유치원 친구들에게 내가 선정한 책 읽어 주기
도덕	[6도02-03] 봉사의 의미와 중요성을 알고, 주변 사람의 처지를 공감하여 도와주려는 실천 의지를 기른다.	봉사의 경험 발표하기	선인들의 봉사활동 조사 발표하기	우리 지역 하천 청소 후 실천 소감 나누기
사회	[4사02-04] 옛날의 세시 풍속을 알아보고, 오늘날의 변화상을 탐색하여 공통점과 차이점을 분석한다.	전통놀이 OX 퀴즈	세시 풍속 그림 노트 작성하기	세시 풍속의 변화 연구보고서 고학년에게 발표하기

교과	성취기준	진단평가	형성평가	총괄평가(수행과제)
수학	[4수01-03] 세 자릿수의 덧셈과 뺄셈의 계산 원리를 이해하고 그 계산을 할 수 있다.	두 자리의 덧셈과 뺄셈식 2문제 풀어 보기	덧셈과 뺄셈식 풀이 과정 글과 말로 설명하기	덧셈과 뺄셈식 문장제 문제 만들고, 친구 문제 풀어 보기
과학	[4과10-03] 여러 가지 동물의 한살이 과정을 조사하여 동물에 따라 한살이의 유형이 다양함을 설명할 수 있다.	알 속에 무엇이 있는지 그림으로 표현하기	한살이 과정 단원평가지 작성하기	동물의 한살이 소개 자료 제작하여 친구에게 소개하기
실과	[6실05-01] 일과 직업의 의미와 중요성을 이해한다.	나는 어떤 사람인지 5Why기법으로 대답하기	부모님과 나의 적성 인터뷰하기	나의 꿈 플래너 작성하고, 친구들 앞에서 발표하기
체육	[4체01-01] 건강한 생활 습관(몸의 바른 자세, 개인위생, 비만 예방)을 알고 생활 속에서 규칙적으로 실천한다.	나만의 생활일과표를 원그래프로 그려 보기	건강한 생활 습관 규칙 발표하기	일주일 동안 나의 건강한 생활 습관 체크리스판 작성하기
음악	[4음01-06] 바른 자세로 노래 부르거나 바른 자세와 주법으로 악기를 연주한다.	리듬악기로 간단한 노래 연주해 보기	리코더로 '가을바람' 개인적으로 검사받기	학급 연주회 참여하기
미술	[4미03-04] 미술 작품을 감상하는 올바른 태도를 알고 작품을 소중히 다룰 수 있다.	나의 명화 이야기하기	친구 작품 댓글 달기	도슨트의 작품 소개를 듣고, 감상문 쓰기
영어	[6영02-02] 주변 사람에 관해 쉽고 간단한 문장으로 소개할 수 있다.	Let's sing 노래 부르며 의미 생각하기	그림 보고 추측하여 말하기	자기를 소개하는 글쓰기

2단계 설계 전략 분석적 루브릭을 활용하면 피드백과 학생성장기록에 도움이 된다.

1. 이론

1) 루브릭의 두 가지 형태

총체적 루브릭(국가수준 평가기준)	분석적 루브릭
① 총체적 루브릭은 수행물을 전체적으로 평가한다. ② 총체적 루브릭은 결과물의 완성도를 측정한다. ③ 총체적 루브릭은 총괄평가에 활용된다. ④ 총체적 루브릭은 처리과정이 빨라서 다인수 학급에 유리하다. ⑤ 상, 중, 하로 세 가지 기준으로 나타낸다.	① 분석적 루브릭은 학생의 수행이나 결과물을 영역별로 평가한다. ② 분석적 루브릭은 과정과 결과물의 각각의 기준으로 측정한다. ③ 분석적 루브릭은 형성평가와 총괄평가 모두 활용된다. ④ 분석적 루브릭은 많은 정보를 산출하기 때문에 소인수 학급에 유리하다.

2) 수행 준거(분석적 루브릭)의 네 가지 유형

내용 요소(지식)	과정(기능)	이해(수행)	태도(결과)
지식·개념·원리 이해의 정도	기능 숙달의 정도	수행 특징의 정도	성취 결과의 정도
▼	▼	▼	▼
정확한 적절한 참된 완전한 옳은 신뢰할 만한 설명된	신중한 영리한 일관된 협동적인 간명한 대등한 효과적인	매력적인 유능한 창조적인 상세한 외연적인 집중된 영예로운	유익한 결론적인 확신시키는 결정적인 효과적인 참여적인 즐겁게 하는

3) 4점 척도(분석적 루브릭)의 기술적 용어

정도	이해	빈도	효과성	자기주도성	정확성	명료성
4점	철저하고 완전한	항상 또는 지속적으로	아주 효과적인	자주적으로	완전히 정확한	예외적으로 분명한
3점	기본적인	빈번히 또는 일반적으로	일반적으로 효과적인	최소한의 도움으로	일반적으로 정확한	일반적으로 분명한
2점	부분적이거나 완전하지 않은	때때로 또는 가끔	다소 효과적인	보통의 도움으로	부정확한	분명함이 부족한
1점	오해나 심각한 오해	좀처럼 또는 결코	비효과적인	상당한 도움으로	다수의 부정확한	분명하지 않은

2. 실천

1) 총체적 루브릭과 분석적 루브릭

[2바04-01] 여름철의 에너지 절약 수칙을 알고 습관화한다.

총체적 루브릭(국가수준 평가기준)	
척도	수행(결과물)
상	여름철 에너지 절약의 필요성과 방법을 알고, 생활 속에서 꾸준히 실천할 수 있다.
중	여름철 에너지 절약을 실천하는 방법을 알고 실천하려고 노력한다.
하	여름철 에너지 절약을 실천하는 방법을 말할 수 있다.

분석적 루브릭		
척도	이해(지식)	수행(기능)
4	여름철 에너지 절약 수칙을 예를 들어 이야기한다.	여름방학 동안 에너지 절약 실천 기록지를 지속적으로 기록하고 실천했다.
3	여름철 에너지 절약 수칙을 정확하게 이야기한다.	여름방학 동안 에너지 절약 실천 기록지를 간헐적으로 기록하고 실천했다.
2	여름철 에너지 절약 수칙을 1~2가지를 이야기한다.	여름방학 동안 에너지 절약 실천 기록지를 짧게 기록하고 실천했다.
1	여름철 에너지 절약 수칙을 부정확하게 이야기한다.	여름방학 동안 에너지 절약 실천 기록지를 한두 번 기록하고 실천했다.

2) 수행 준거(분석적 루브릭)의 네 가지 유형

[4미03-03] 미술 작품에 대한 자신의 느낌과 생각을 발표하고, 그 이유를 설명할 수 있다.

비중	수행기준	꽃(습득)	새싹(습득 중)	씨앗(미습득)
지식 10%	미술 작품에 대한 나의 느낌과 생각은 무엇인가?	미술 작품에 대한 느낌과 생각을 자신의 경험이나 미술 작품의 특징과 관련지어 정확하게 설명할 수 있다.	미술 작품에 대한 느낌과 생각을 자신의 경험이나 미술 작품의 특징과 관련지어 설명할 수 있다.	미술 작품에 대한 느낌과 생각을 설명할 수 있다.
기능 20%	미술 작품을 주도적으로 감상할 수 있는가?	자기주도적으로 미술 작품을 감상하고 신중하게 비평할 수 있다.	자기주도적으로 미술 작품을 감상하고, 비평할수 있다.	미술 작품을 감상할 수 있다
수행(역량) 50%	자신의 미술 작품 스토리 북을 발표할 수 있는가?	자신의 미술 작품 스토리를 작성하여, 분명하고 매력적으로 발표한다.	자신의 미술 작품 스토리를 작성하여 분명하게 발표한다.	자신의 미술 작품 스토리를 작성한다.
결과(자기평가) 20%	나는 미술 감상과 비평에 적극적으로 참여하였는가?	나는 미술 감상과 비평에 생각과 느낌을 바탕으로 의사소통을 효과적으로 나눈다.	나는 미술 감상과 비평에 생각과 느낌을 주고받을 수 있다.	나는 미술 감상과 비평에 생각과 느낌을 교사의 도움으로 주고받을 수 있다

백워드 3단계의 설계 전략

- 학습 활동의 선정과 계열화하기

교수·학습 활동(L)

☑ 어떤 학습 경험과 수업이 학생들이 의도한 결과를 성취하는 것을 가능하게 할 것인가? 어떻게 설계할 것인가?

W= 단원이 어디로(Where) 향하고 있는지, 무엇을(What) 기대하는지 학생들이 알도록 돕는가?
학생들이 어디(선행지식과 흥미)에서 오고 있는지 교사가 알도록 돕는가?

H= 모든 학생의 주의를 환기(hook)시키고 그들의 흥미를 유발(hold)하는가?

E= 학생들을 준비(equip)시키고, 그들이 핵심 아이디어를 경험(experience)하게 하며, 이슈를 탐구(explore) 하도록 돕는가?

R= 학생들의 이해와 작업을 재고(rethink)하고 수정(revise)하는 기회를 제공하는가?

E= 학생들이 그들의 작업과 그것의 함축적인 의미를 평가(evaluate)하도록 허용하는가?

T= 서로 다른 요구와 흥미, 학습자의 능력에 맞추도록(tailor) 개별화하는가?

O= 효과적인 학습뿐만 아니라 처음부터 일관된 참여를 최대한 조직(organize)하는가?

교수·학습 활동(Learn)
평가 증거의 반영으로서 바라는 결과를 성취하는 데 필요한 수업 전략과 학습 경험 계획

목표, 기대, 관련성과 가치, 진단(Where to, Where from, What, Why)
교사가 학생들의 성취 정도의 증거의 명확성을 위해 성취 확인하는 요소

주의 환경, 흥미 유발, 동기 제공(Hook)
학생들의 흥미 유발을 위한 주의 환기, 브레인스토밍하는 요소

탐구 학습, 설명식 수업, 과제 및 교실 밖 경험(Equip, Experience, Explore)
학생들이 이해에 도달하기 위해 아이디어와 본질적 질문을 탐구하는 학습 계획 요소

재사고, 수정, 반성(Rethink, Revise)
학습 경험과 관련해서 학생들의 생각과 반성하기 위한 학습 계획 요소

평가, 자기평가(Evaluate)
학생의 자기평가 기회 및 반성적인 성찰을 안내하는 학습 계획 요소

자기주도 내용, 과정, 결과(Tailor)
학습 차이점을 이끌기 위한 학생 맞춤형 학습 계획 요소

심층적 학습 논리(Organize)
설계의 조직과 범위로 학습을 심층적으로 구성하는 학습 계획 요소

3단계 설계 전략 W: 학습자의 위치를 파악하고, 방향을 제시한다.

1. 이론: Where to, Where from, What 개요도

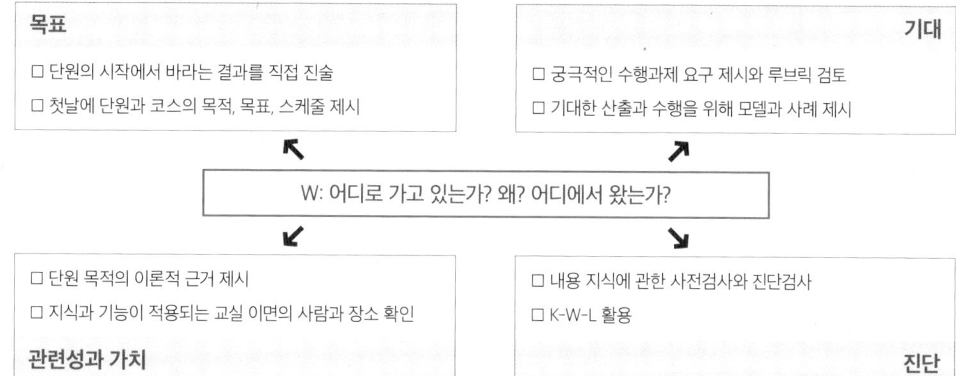

목표
□ 단원의 시작에서 바라는 결과를 직접 진술
□ 첫날에 단원과 코스의 목적, 목표, 스케줄 제시
기대
□ 궁극적인 수행과제 요구 제시와 루브릭 검토
□ 기대한 산출과 수행을 위해 모델과 사례 제시
W: 어디로 가고 있는가? 왜? 어디에서 왔는가?
□ 단원 목적의 이론적 근거 제시
□ 지식과 기능이 적용되는 교실 이면의 사람과 장소 확인
관련성과 가치
□ 내용 지식에 관한 사전검사와 진단검사
□ K-W-L 활용
진단

2. 실천: 교과별 실천 사례

교과	성취기준	교사의 실천 사례
통합	[2바03-02] 가족의 형태와 문화가 다양함을 알고 존중한다.	우리 주변의 다양한 가족에 대해 토의하고, 우리가 이번 단원을 통해 무엇을 할지 학생 수행과제를 제안함.
국어	[2국04-02] 소리와 표기가 다를 수 있음을 알고 낱말을 바르게 읽고 쓴다.	스승의 날 선생님이 받은 편지를 학생들이 살펴보고, 잘못된 부분을 바로 찾는 과제를 제안함.
도덕	[4도02-02] 친구의 소중함을 알고 친구와 사이좋게 지내며, 서로의 입장을 이해하고 인정한다.	제비뽑기를 통해 지정된 친구의 수호천사(마니또)가 되어서 우정 과제를 실천 제안함.
사회	[6사08-03] 지구촌의 평화와 발전을 위협하는 다양한 갈등 사례를 조사하고 그 해결 방안을 탐색한다.	UN 한국본부의 어린이 홍보대사 역할로 시리아 내전의 심각성을 알려 달라는 수행과제를 제안함.
수학	[6수05-04] 자료를 수집, 분류, 정리하여 목적에 맞는 그래프로 나타내고, 그래프를 해석할 수 있다.	교장 선생님이 학교 가을 신문을 발행하면서 6학년 학생들이 신문기자가 되어 학생들의 삶과 관련된 통계자료를 요청함.
과학	[4과06-02] 동물의 한살이 관찰 계획을 세우고, 동물을 기르면서 한살이를 관찰하며, 관찰한 내용을 글과 그림으로 표현할 수 있다.	곤충학자 파브르의 편지로 배추흰나비를 관찰하여 알에서부터 나비가 될 때까지의 과정를 발표하는 과제를 제시함.
실과	[6실03-04] 쾌적한 생활공간 관리의 필요성을 환경과 관련지어 이해하고 올바른 관리 방법을 계획하여 실천한다.	우리 지역 하천 오염 사실을 알고, 시장님이 영상으로 우리 반 친구들에게 쾌적한 생활공간 조성을 요청함.
체육	[6체01-02] 건강을 유지하기 위한 체력 운동을 선택하고 자신의 수준에 맞게 계획을 세워 실천한다.	영양사님이 PAPS 측정 후 학생들의 높은 비만도를 낮출 수 있는 체력 운동을 제안하는 헬스트레이닝을 요청함.
음악	[4음01-06] 바른 자세로 노래 부르거나 바른 자세와 주법으로 악기를 연주한다.	교감 선생님이 교실에 찾아와서 12월 초 학급 교육과정 발표회에서 3학년 8반 친구들에게 리코더 합주 발표를 제안함.
미술	[4미02-05] 조형 요소(점, 선, 면, 형태, 색, 질감, 양감 등)의 특징을 탐색하고, 표현 의도에 적합하게 적용할 수 있다.	이탈리아의 유명 디자이너가 4학년 한결반 친구들에게 수학적인 느낌이 있는 티셔츠 디자인 제작을 제안함.
영어	[6영02-07] 일상생활 속의 친숙한 주제에 관해 간단히 묻거나 답할 수 있다.	가을 인문학 축제 때 초등 영어 스피치 대회가 열리고, 대회 참석자가 되어 자신의 생각 발표하는 수행과제를 제시함.

3단계 설계 전략 H: 단순한 흥미보다 학생의 삶과 관련 있는 이슈를 활용한다.

1. 이론: Hook, Hold 개요도

H: 우리는 어떻게 학생의 흥미를 환기시키고 유발할 것인가?

↙ ↘

주의 환기	흥미 유발
☐ 이상한 사실, 예외적, 비관적인 사례	☐ 실험-성과 예측
☐ 자극적인 도입 질문과 미스터리	☐ 역할놀이, 모의실험
☐ 도전, 문제, 이슈	☐ 개인 경험과 학생 선택 허용

2. 실천: 교과별 실천 사례

교과	성취기준	교사의 실천 사례
통합	[2슬06-01] 가을 날씨의 특징과 주변의 생활 모습을 관련짓는다.	아침 산책으로 학교 주변을 돌아다니면서 봄, 여름, 가을을 지나며 꽃과 식물들의 변화 이야기하기
국어	[4국02-01] 문단과 글의 중심 생각을 파악한다.	주말 숙제로 부모님께 간단한 미션을 주고, 자녀에게 전하고 싶은 이야기 작성해서 그 내용을 읽고, 의미 파악하기
도덕	[6도01-02] 자주적인 삶을 위해 자신을 이해하고 존중하며 자주적인 삶의 의미와 중요성을 깨닫고 실천 방법을 익힌다.	나와 너의 '에고 그램'을 작성하고, 우리가 다른 이유와 달라서 좋은 이유 발표하기
사회	[4사01-04] 고장에 전해 내려오는 대표적인 문화유산을 살펴보고 고장에 대한 자긍심을 기른다.	네이버 '지식iN'에서 안동의 옛이야기 관련한 질문을 보고, 안동의 여러 옛이야기를 조사하여 답변하기
수학	[6수02-06] 각기둥과 각뿔을 알고, 구성 요소와 성질을 이해한다.	세계 여러 건축물에서 여러 가지 기둥 찾아보기
과학	[6과11-03] 볼록렌즈를 이용하여 물체의 모습을 관찰하고 볼록렌즈의 쓰임새를 조사할 수 있다.	볼록렌즈 효과를 넣은 BTS의 뮤직비디오를 보여 주면서 빛의 새로운 성질인 '굴절'이라는 말 유도하기
실과	[6실05-01] 그 일과 직업의 의미와 중요성을 이해한다.	우리 사회의 존경받는 직업인 1명 선정하여 '나는 어떤 사람일까요?'라는 하얀 거짓말로 소개하고, 존경할 점 찾기
체육	[6체02-06] 표적/투기 도전과 관련된 여러 유형의 활동에 참여해 자신의 성공 수행을 높일 수 있는 기본 자세와 동작을 이해하고 도전 상황에 적용한다.	6~7월 표적 도전을 볼링게임으로 하기 전에 물풍선을 굴려서 볼링핀을 쓰러트려 보는 활동하기
음악	[4음01-02] 악곡에 어울리는 신체 표현을 한다.	'아기 상어' 율동 동영상을 보면서 제재곡의 노랫말에 맞게 신체 표현을 해 보기
미술	[4미03-03] 미술 작품에 대한 자신의 느낌과 생각을 발표하고, 그 이유를 설명할 수 있다.	고흐 '파이프를 물고 귀에 붕대를 한 자화상'에 숨어 있는 이야기를 상상해서 지어 보기
영어	[6영02-03] 말하기 여러 개의 사물이 무엇인지 묻고 답하는 말을 할 수 있다.	여러 개의 사물이 무엇인지 묻고 답하는 말과 관련된 표현을 배우기 위해 Question box에서 보물(사물) 이름 알아맞히기

3단계 설계 전략 E1: 탐구 중심으로 교사의 지식과 기능을 가르친다.

1. 이론: Explore, Enable, Equip 개요도

경험적·귀납적 학습

- □ 개념 달성
- □ 연구/조사 프로젝트
- □ 역사적 조사
- □ 예술적 또는 산출물
- □ 문제 중심 학습
- □ 구성 프로젝트

직접 수업

- □ 주제와 정보 비교
- □ 정보 찾기(조사연구 등)
- □ 정보와 아이디어 평가
- □ 시간관리와 자기평가
- □ 정보 조직과 수정
- □ 설득과 소통

↖ ↗

E: 우리는 기대한 수행을 위해 학생들을 어떻게 준비시킬 것인가?

↓

숙제와 기타 교실 밖 경험

- □ 기능을 실행하고 수정하기
- □ 프로젝트나 수행과제 작업하기
- □ 연구하고 정보를 총괄하기(개념지도 만들기)
- □ 아이디어, 과정, 산출물을 반영하기(저널 입문)

2. 실천: 교과별 실천 사례

교과	성취기준	교사의 실천 사례
통합	[2슬06-01] 가을 날씨의 특징과 주변의 생활 모습을 관련짓는다.	가을 열매 관찰 수업을 하면서, '가을에는 왜 열매가 많이 열릴까?'를 아이들과 고민하고 이야기하기
국어	[6국05-06] 작품에서 얻은 깨달음을 바탕으로 하여 바람직한 삶의 가치를 내면화하는 태도를 지닌다.	이육사 전기문의 절정 부분을 읽고, 이육사의 삶을 살펴보고, 등장인물의 가치관 비교하기
도덕	[4도02-02] 친구의 소중함을 알고 친구와 사이좋게 지내며, 서로의 입장을 이해하고 인정한다.	일주일 동안 나의 친구를 찰하여 패들렛에 기록하면서, 그 친구의 관점으로 행동 이해하기
사회	[6사07-03] 세계 주요 기후의 분포와 특성을 파악하고 이를 바탕으로 하여 기후 환경과 인간 생활 간의 관계를 탐색한다.	'구글 팁즈' 프로그램을 활용하여 세계의 다양한 삶의 모습을 조사하여 보고서 작성하기
수학	[6수02-06] 각기둥과 각뿔을 알고, 구성 요소와 성질을 이해한다.	4D 프레임 교육자료로 각기둥, 각뿔 제작하고, 각기둥 도형의 공통점과 특징을 생각해 보기
과학	[6과01-02] 온도가 다른 두 물체를 접촉하여 온도가 같아지는 현상을 관찰하고 물체의 온도 변화를 열의 이동으로 설명할 수 있다.	비커에 차가운 물과 따뜻한 물을 넣을 때 두 물질의 온도는 어떻게 변할지 추리하기
실과	[6실05-02] 나를 이해하고 적성, 흥미, 성격에 맞는 직업을 탐색한다.	진로탐색 인터넷 사이트 '커리어넷'에서 나의 적성과 흥미를 파악하고, 나에게 맞는 미래 직업인의 정보를 찾고 정리하기
체육	[6체01-06] 건강 증진을 위해 계획에 따라 운동 및 여가 활동에 열정을 갖고 꾸준히 참여한다.	건강 체력에 대한 이론을 거꾸로 영상으로 시청하고, 건강과 운동 체력 게임활동에 참여하기
음악	[4음01-04] 제재곡의 리듬꼴이나 장단꼴을 바꾸어 표현한다.	'남생아 놀아라' 자진모리 기본 장단을 3단계(손과 발 → 리듬악기 → 장구)로 친구와 함께 연습하고 교사에게 검사받기
미술	[4미02-05] 조형 요소(점, 선, 면, 형태, 색, 질감, 양감 등)의 특징을 탐색하고, 표현 의도에 적합하게 적용할 수 있다.	한국 전통 기와 무늬 그림에 따뜻한 느낌, 차가운 느낌, 비슷한 느낌의 작품 색칠하고 색감 키우기
영어	[6영02-03] 주변 사람과 사물에 관해 쉽고 간단한 문장으로 묘사할 수 있다.	집 내부 소개하는 챈트를 하면서 주요 표현 익히기

3단계 설계 전략 R: 학생들의 수행을 위해 피드백할 기회를 제공한다.

1. 이론: Reflect, Rethink, Revise 개요도

재고

- ☐ 핵심 가정 재고려
- ☐ 새로운 정보 고려
- ☐ 역할 맡기
- ☐ 논의와 토론
- ☐ 악마 변호하기 역할
- ☐ 놀람과 변칙에 고려

수정 또는 정련

- ☐ 초안과 편집
- ☐ 동료 응답 그룹
- ☐ 동료 비평
- ☐ 실제적 부분
- ☐ 리허설
- ☐ 자기평가

↖ ↗

R: 우리는 학생들이 재고하고 수정하도록 어떻게 도울 것인가?

↓

반성

- ☐ 반성적 저널과 사고 일지
- ☐ 분명한 사고와 초인지 자극
- ☐ 규칙적인 자기평가
- ☐ 조사 기록

2. 실천: 교과별 실천 사례

교과	성취기준	교사의 실천 사례
통합	[2즐02-03] 봄에 볼 수 있는 동식물을 다양하게 표현한다.	봄을 담은 작품을 보면서 자기 및 동료평가지를 작성하고 평가 결과를 통한 자기 작품 보완하기
국어	[6국05-06] 작품에서 얻은 깨달음을 바탕으로 하여 바람직한 삶의 가치를 내면화하는 태도를 지닌다.	독립운동가가 되어 유튜브로 촬영하여 시 발표하고 비유적인 표현 사용에 대해 친구들에게 피드백 받기
도덕	[6도02-03] 봉사의 의미와 중요성을 알고, 주변 사람의 처지를 공감하여 도와주려는 실천 의지를 기른다.	<울지 마 톤즈>를 시청하고, '봉사의 조건'에 대해 토론하기 무엇이 진정한 봉사일까? 논의하기
사회	[6사07-03] 세계 주요 기후의 분포와 특성을 파악하고 이를 바탕으로 하여 기후 환경과 인간 생활 간의 관계를 탐색한다.	'팀즈' 프로그램을 활용하여 세계의 다양한 삶의 모습 평가를 실시하고 교사에게 실시간 피드백 받기
수학	[4수01-03] 세 자릿수의 덧셈과 뺄셈의 계산 원리를 이해하고 그 계산을 할 수 있다.	'세 자릿수 + 세 자릿수' 문제를 문제 풀이와 그 과정을 설명식으로 교사에게 설명하면서 계산 과정의 오류 찾기
과학	[6과10-02] 온도와 압력에 따라 기체의 부피가 달라지는 현상을 관찰하고, 일상생활에서 이와 관련된 사례를 찾을 수 있다.	1학년에게 기체의 성질 강의하기 전에 선생님에게 미리 발표하고 기체의 종류와 쓰임새 설명 자료 수정하기
실과	[6실03-04] 쾌적한 생활공간 관리의 필요성을 환경과 관련지어 이해하고 올바른 관리 방법을 계획하여 실천한다.	우리 지역 하천에 있는 쓰레기를 수거하여 학교 분리배출장에서 분류 기준에 맞게 쓰레기를 분리배출하고, 재점검하기
체육	[6체02-03] 거리 도전의 결과를 시기별로 측정하여 도전 과정의 장단점을 분석하고 기록을 향상할 수 있는 방법을 지속적으로 수행하고 평가한다.	자신의 100m 달리는 영상을 친구 휴대폰으로 촬영하고, 자신의 달리기 자세의 단점을 찾아서 수정해 가면서 재시도하기
음악	[4음01-06] 바른 자세로 노래 부르거나 바른 자세와 주법으로 악기를 연주한다.	제재곡을 리코더로 연주하는 자신의 모습을 휴대폰으로 촬영하여 바른 자세와 주법이 되었는지를 확인하기
미술	[4미03-03] 미술 작품에 대한 자신의 느낌과 생각을 발표하고, 그 이유를 설명할 수 있다.	내가 선택한 미술 작품 이야기가 미술 작품과의 연관성이 있는지 수정할 부분 찾아서 친구에게 설명하기
영어	[6영01-02] 일상생활 속의 친숙한 주제에 관한 간단한 말이나 대화를 듣고 세부 정보를 파악할 수 있다.	미국 음식점에서 사용하는 영어 의사소통 동영상을 촬영하고, 오류점 찾기

3단계 설계 전략 E2: 시기별로 진단평가, 형성평가, 총괄평가를 실시한다.

1. 이론: Evaluate, Exhibit 개요도

E2: 학생들은 어떻게 그들의 학습을 자기평가하고 반성할 것인가?

↓

- □ 나는 실제로 ______________________ 이해하는 것은?
- □ 나는 ______________ 에 관해 여전히 가지고 있는 질문과 불확실성은 무엇인가?
- □ 무엇이 ______________________ 에 가장 효과적인가/않은가?
- □ 나는 ______________________ 을/를 어떻게 향상시켰는가?
- □ 무엇이 ______________________ 에서 당신의 강점/결점인가?
- □ 나에게 ______________________ 은/는 얼마나 어려웠는가?
- □ 내가 선호하는 학습 스타일은 ______________________ 에 얼마나 영향을 주는가?

2. 실천: 교과별 실천 사례

교과	성취기준	교사의 실천 사례
통합	[2바03-02] 가족의 형태와 문화가 다양함을 알고 존중한다.	우리 가족과 주변 친구들 가족의 생활 모습을 비교해 보고 비슷한 점과 다른 점을 허니보드에 작성해서 칠판에 붙이기
국어	[4국01-04] 적절한 표정, 몸짓, 말투로 말한다.	『쿵푸 아니고 똥푸』 책을 돌아가면서 읽고, 인물의 표정, 몸짓, 말투를 생각하며 낭독해야 하는 이유 발표하기
도덕	[4도02-01] 가족을 사랑하고 감사해야 하는 이유를 찾아보고, 가족 간에 지켜야 할 도리와 해야 할 일을 약속으로 정해 실천한다.	5월 어버이날 가족 사랑 실천 프로젝트 미션 결과를 발표하고, 높임 표현 사용하여 감사 편지 쓰기
사회	[6사02-02] 생활 속에서 인권 보장이 필요한 사례를 탐구하여 인권의 중요성을 인식하고, 인권 보호를 실천하는 태도를 기른다.	인권의 의미 파악하고, 인권 침해(가정, 학급 문제) 사례에 빗대어 세계인권선언문 고쳐 쓰기
수학	[4수01-07] 나눗셈이 이루어지는 실생활 상황을 통하여 나눗셈의 의미를 알고, 곱셈과 나눗셈의 관계를 이해한다.	학생들이 직접 실생활과 관련 있는 나눗셈 문장제 문제를 단원평가지로 제작하고 풀고, 함께 채점해 보기
과학	[6과15-03] 연소의 조건과 관련지어 소화 방법을 제안하고 화재 안전 대책에 대해 토의할 수 있다.	'연소와 소화'의 조건과 방법이 드러나는 화재예방 UCC(유튜브)를 제작하여 겨울방학식 날 전교생에게 방송하기
실과	[6실05-02] 나를 이해하고 적성, 흥미, 성격에 맞는 직업을 탐색한다.	3월 말 학부모 공개수업 때 나의 부모님 앞에서 나의 장래 희망 직업과 관련된 '나의 꿈 플래너'를 제작하여 발표하기
체육	[6체05-01] 운동 시 발생할 수 있는 응급 상황(출혈, 염좌, 골절 등)의 종류와 특징을 조사하고 상황에 따른 대처법을 탐색한다.	학교 응급처치경연대회를 위해 골절의 부위별 사고 시 붕대법을 사용하는 방법을 짝과 함께 서로 문제를 내고 시연해 보기
음악	[6음01-03] 제재곡의 노랫말을 바꾸거나 노랫말에 맞는 말붙임새로 만든다.	친구와 함께 내가 좋아하는 가요를 선정하여 노랫말을 바꾸어 불러 보고, 노랫말의 의미가 제대로 전달되었는지 점검하기
미술	[6미03-03] 미술 작품의 내용(소재, 주제 등)과 형식(재료와 용구, 표현 방법, 조형 요소와 원리 등)을 미술 용어를 활용하여 설명할 수 있다.	다른 나라의 대표적인 건축물을 지점토로 제작하여 조형 원리의 특징으로 설명하기
영어	[6영04-01] 물건을 나타내는 낱말을 듣고 쓸 수 있다.	물건의 주인이 누구인지 묻고 답하는 말하기 활동으로 물건을 나타내는 낱말 작성하기

3단계 설계 전략 T: 학생마다 수행과제 해결을 위한 다양한 방식을 존중한다.

1. 이론: Tailor 개요도

과정

- □ 혼자 그리고 그룹으로 작업하는 기회를 제공함으로써 상이한 학습 스타일을 가진 학생들을 조절하라.
- □ 핵심 주제나 질문의 깊은 탐구를 위해 자신의 연구 문제를 개발하도록 학생들을 격려하라.

결과

- □ 혼자 그리고 그룹으로 작업하는 기회를 제공함으로써 상이한 학습 스타일을 가진 학생들을 조절하라.
- □ 핵심 주제나 질문의 깊은 탐구를 위해 자신의 연구 문제를 개발하도록 학생들을 격려하라.

T: 우리는 어떻게 다양한 요구, 흥미, 양식에 학습을 맞출 것인가?

내용

- □ 단원 학습의 시작에서 선행지식과 기능을 평가하고, 상이한 지식과 기능 수준을 조절하기 위하여 구별 짓는 활동을 개발하라.
- □ 상이하지만 동등하게 타당한 반응을 줄 수 있는 열린 질문, 활동, 과제, 평가를 학생들에게 제공하라.

2. 실천: 교과별 실천 사례

교과	성취기준	교사의 실천 사례
통합	[2슬01-03] 나의 몸을 살펴보고 몸의 여러 부분의 이름과 하는 일을 관련짓는다.	'이게 정말 나일까?' 나의 몸 관련 부분 책 만들어서 내 몸의 각 부분 알아 가기
국어	[4국03-04] 읽는 이를 고려하며 자신의 마음을 표현하는 글을 쓴다.	'내게 가장 소중한 것' 심성놀이를 통해 자신의 마음을 시로 표현하기
도덕	[4도04-02] 참된 아름다움을 올바르게 이해하고 느껴 생활 속에서 이를 실천한다.	우리 반 31명이 '예술가' 직업인으로 자신의 음악 연주곡을 선정하여 지역 양로원에서 재능기부하기
사회	[6사08-03] 지구촌의 평화와 발전을 위협하는 다양한 갈등 사례를 조사하고 그 해결 방안을 탐색한다.	난민 수용에 대한 자신의 생각을 바탕으로 찬성과 반대편에 참여하여 토론하기
수학	[6수05-04] 자료를 수집, 분류, 정리하여 목적에 맞는 그래프로 나타내고, 그래프를 해석할 수 있다.	우리 학교 6학년 학생들이 사용하는 나만의 언어 사용 관련 주제를 선정하고, 그래프가 포함된 데이터 신문을 제작하기
과학	[4과06-03] 여러 가지 동물의 한살이 과정을 조사하여 동물에 따라 한살이 유형이 다양함을 설명할 수 있다.	내가 아는 동물을 선정하고, 유튜브와 동물사전을 참고하여 한살이 과정을 그림과 글로 표현하기
실과	[6실04-09] 프로그래밍 도구를 사용하여 기초적인 프로그래밍 과정을 체험한다.	엔트리의 기본적인 기능을 학습한 후, 나만의 캐릭터를 선택하여 나의 학교 가는 길을 애니메이션으로 제작하기
체육	[6체01-02] 건강을 유지하기 위한 체력 운동을 선택하고 자신의 수준에 맞게 계획을 세워 실천한다.	자신의 운동 실천 성찰 계획표를 작성하여 2주간 실천하고 기간 동안 운동의 양과 느낌을 매일 패들렛으로 작성하기
음악	[6음02-02] 다양한 문화권의 음악을 듣고 음악의 특징에 대해 발표한다.	내가 선호하는 문화권의 음악을 유튜브로 찾아서 친구들 앞에서 소개하기
미술	[6미02-05] 다양한 표현 방법의 특징과 과정을 탐색하여 활용할 수 있다.	나만의 나라를 상징하는 시각문화를 다양한 방법으로 표현하기
영어	[6영04-05] 예시문을 참고하여 간단한 초대, 감사, 축하 등의 글을 쓸 수 있다.	초대, 감사, 축하의 표현을 사용하여 선생님과 카카오톡이나 문자로 주고받으면서 약속 정하기

3단계 설계 전략 O: 이야기처럼 자연스러운 흐름으로 수업을 전개한다.

1. 이론: Organize, Sequence 개요도

O: 어디로 가고 있는가? 왜? 무엇이 기대되는가?

'파상적 학습'의 논리

□ 논리적이고 단계적인 단계의 정보를 제시하라

□ 교과서의 계열성을 따르라.

흥미 유발

□ 전개된 스토리나 문제로 단원을 생각하라

□ 필요한 기초로 주의를 환기하고 가르치기 시작하라.

2. 실천: 교과별 실천 사례

교과	성취기준	교사의 실천 사례
통합	[2슬01-03] 나의 몸을 살펴보고 몸의 여러 부분의 이름과 하는 일을 관련짓는다.	『이게 정말 나일까?』 책 읽기 → 수행과제 파악 → 내 몸 살펴보기 → 우리 몸이 하는 일 알아보기 → 꼬리잡기 놀이 → 책 부분 만들기 → 나의 성장 과정 살펴보기 → 책 완성 → 자기소개 → 성찰
국어	[4국03-01] 중심 문장과 뒷받침 문장을 갖추어 문단을 쓴다.	부모님의 의견 읽기 → 『으뜸 헤엄이』 읽기 → 의견 파악 → 수행과제 안내 → 학교 둘러보기 → 문제점 이야기 나누기 → 의견 제시하기 → 손팻말 문구, 모양 만들기 → 수행평가 → 반성
도덕	[4도04-02] 참된 아름다움을 올바르게 이해하고 느껴 생활 속에서 이를 실천한다.	『누가 아름다운 사람일까?』 읽고 이야기 나누기 → 아름다운 마인드맵 그리기 → 탐구질문 제시 → 질문 만들기 → NIE 활동으로 아름다움 찾고 발표 → 재능기부 계획 세우기 → 탐정보고서 발표하기 → 경로당에서 재능기부 → 반성 및 약속
사회	[4사01-03] 고장과 관련된 옛이야기를 통하여 고장의 역사적인 유래와 특징을 설명한다.	사전 설문조사 → 핵심 질문과 수행과제 알기 → 문화관광해설사 알기 → 답사 → 탐구 주제 정하기 → 자료 수집 → 나의 문화유산 발표 → 사후평가 → 반성일기
수학	[6수05-04] 자료를 수집, 분류, 정리하여 목적에 맞는 그래프로 나타내고, 그래프를 해석할 수 있다.	생활 속의 그래프 사용 찾기 → 수행과제 제안서 읽기 → 그림·띠·원그래프 조사 → 그래프 해석 → 우리말 사용 실태 조사 → 우리말 사용 실태 설문 그래프 제작하기 → 기사문 작성 → 반성·토의
과학	[6과12-02] 식물의 전체적인 구조 관찰과 실험을 통해 뿌리, 줄기, 잎, 꽃의 구조와 기능을 설명할 수 있다.	식물의 구조와 기능 단원 설명 → 수행평가 안내 → 식물 구조 관찰 → 뿌리, 줄기가 하는 일 → 잎에서 만든 물질 → 꽃의 생김새와 일 → 식물의 기관 → 현미경 관찰 → 우리 학교 주변 식물 조사 → 식물 협동화 만들기 → 식물관찰일지 → 수행 발표 → 반성글 쓰기
실과	[6실05-02] 나를 이해하고 적성, 흥미, 성격에 맞는 직업을 탐색한다.	5Why 질문지로 나 파악하기 → 자긍심 의미 알기→ 나의 꿈 확인→ 선인들의 삶의 가치 찾기→ 나의 직업 조사하기→ 나의 꿈 플래너 제작 발표하기→ 피드백
체육	[6체01-05] 운동 능력을 향상시키기 위한 체력 운동을 선택하고 자신의 수준에 맞는 운동 계획을 세워 실천한다.	PAP 수시측정 → 유연성, 근력, 근지구력 알기 → 심폐지구력 알기 → 순발력, 민첩성 알기 → 평행성, 협응성 알기 → 계획 세우기 → 실천 점검 → PAP 정시측정 → 자기평가
음악	[6음02-02] 다양한 문화권의 음악을 듣고 음악의 특징에 대해 발표한다.	영화에서 다양한 문화 음악 감상하기 → 수행과제 논의하기 → 대륙 조사, 발표하기 → 모둠별 문화권 선정 → 발표 자료 제작 및 공연 준비 → 다문화의 날 공연 → 반성
미술	[4미03-04] 미술 작품을 감상하는 올바른 태도를 알고 작품을 소중히 다룰 수 있다.	명화 이야기 나누기 → 수행과제 확인하기 → 나의 작품 선정 → 이야기 만들기 → 이야기 짝에게 발표하고, 수정 → 발표 준비 → 미술관 관람 및 감상 → 감상문 작성 → 반성일기 작성
영어	[6영02-07] 일상생활 속의 친숙한 주제에 관해 간단히 묻거나 답할 수 있다.	실생활 동영상 보며 표현 익히기 →모둠 행사 일정표 만들기 → 억양과 강세 문장 읽고 쓰기 → 그림 보고 추측하기 → '여우와 두루미' 역할극 → 초대하는 글쓰기 → 초대장 만들기 → 자기 및 상호 평가하기

백워드 실천 전략 1-2-3

[백워드 실천 전략 1] 교육과정 조망도 제작은 백워드 교육과정 실천의 바탕이 된다.

1. 이론: 교육과정 조망도 제작 방법

① 교육과정 책(초등학교 교육과정, 교육부 고시 제2015-80호)과 교과 지도서를 준비한다.

② 한글 또는 엑셀 표를 활용해서 오른쪽 표처럼 조망도를 제작한다.

③ '단원명'은 지도서의 단원 지도 계획을 찾아서, 단원 이름과 차시를 입력한다.

④ 지도서의 단원 개요 또는 교육과정 책의 단원 해설에서 '단원 개관'을 찾고, 입력한다.

⑤ 지도서 단원 시작 부분에서 단원별 '성취기준'을 찾아서 입력한다.

⑥ 교육과정 책에서 성취기준을 찾고, 성취기준 해설 및 평가 방법을 읽는다.

⑦ 교과 교육과정 앞부분의(3. 내용 체계 및 성취기준) 내용 체계표를 펼쳐서, 성취기준에 맞는 '영역', '핵심 개념', '일반화된 지식', '내용 요소', '기능'을 찾아서 입력한다.

⑧ 지금까지 작성한 내용을 바탕으로 백워드 1단계의 '영속적인 이해'를 1~2문장으로 입력한다.

⑨ 본질적인 질문은 영속적인 이해를 최종적으로 대답할 수 있는 관점으로 생각해서 입력한다.

⑩ 백워드 2단계의 '수행과제'는 작성된 모든 내용을 바탕으로 학생의 맥락적인 삶과 관련해서 입력한다.

2. 실천: 교육과정 교과 단원별 분석표 및 조망도 활용

<3학년 2학기 국어교과 교육과정-교과 분석표>

단원명 (차시)	단원 개관	영역	핵심 개념	일반화된 지식	백워드 1단계	백워드 1단계			성취기준	백워드 2단계
					영속적인 이해	본질적인 질문	지식	기능		수행과제
1. 작품을 보고 느낌을 나누어요. (10차시)	이 단원은 학생들이 알맞은 표정, 몸짓, 말투를 생각하며 작품을 감상하도록 하는 것이 목적이다.	듣기·말하기	듣기·말하기의 표현 전략 (표현 전략)	화자와 청자는 의사소통의 목적과 상황, 매체에 따라 적절한 전략과 방법을 사용하여 듣기·말하기 과정에서의 문제를 해결하며 소통한다.	의사소통은 상황에 따라 다양한 전략이 필요하다.	가장 효율적인 의사소통의 방법은 무엇인가?	표정, 몸짓, 말투	표현 전달하기	[4국01-04] 적절한 표정, 몸짓, 말투로 말한다.	극작가가 되어 책을 읽고, 연극 대본을 제작하여 낭독극으로 발표하기
		문학	문학에 대한 태도 (문학의 생활화)	문학의 가치를 인식하고 인간과 세계를 성찰하며 문학을 생활화할 때 문학 능력이 효과적으로 신장된다.			작품을 즐겨 감상하기	감상·비평하기	[4국05-05] 재미나 감동을 느끼며 작품을 즐겨 감상하는 태도를 지닌다.	관련 온작품 『꼬마 니콜라』

초등학교 모든 학년 학기의 '교육과정 교과 단원별 분석표 및 조망도'를 한글로 제작하여, 학년별 실천지 마지막 부분에 QR코드로 넣어두었습니다. 활용하시길 바랍니다.

[백워드 실천 전략 2] 백워드 교육과정 실천에는 새로운 실천 단계가 필요하다.

1. 이론: 백워드 교육과정 설계 기반 학습 경험의 실천 단계

실천 1단계 준비 과정		실천 2단계 설계 과정		실천 3단계 탐구 과정		실천 4단계 수행 과정
① 자리 배치 ② 사회적 공동체 구성 ③ 인적·물적 자원 준비	⋯›	① 맥락적인 도입 활동 ② 수행과제 제안 ③ 본질적 질문 만들기	⋯›	① 탐구활동 지도 ② 모둠활동 진행 ③ 형성평가 도전 ④ 비평하고 반성	⋯›	① 수행과제 발표 ② 평가 및 성찰 ③ 기록 및 결과 통지

2. 실천: 실행 세부 사례

단계	세부 단계	실천 사례
1단계 준비 과정	자리 배치	학생들의 수행과제 준비와 발표를 위해 중간 공간을 확보하기 위해 'ㄷ' 또는 'ㅁ' 배치하기
	사회적 공동체 구성	공동체 역량을 발휘하는 탐구 중심 수업을 위해 공동체 역량을 발휘하기 위해 4명의 소집단 모둠구조로 책상 배치하고, 매월 새로운 친구와 만날 수 있도록 구성하기
	인적·물적 자원 준비	학생 수행과제 실행 전 교사는 사전 답사를 통해 지원할 수 있는 인적 자원 요청과 물적 자원을 준비하고, 학생은 공책과 각종 결과물 제작 도구 준비하기
2단계 설계 과정	맥락적인 도입 활동	탐구 중심 수업 도입 단계에서는 학생들이 문제 상황에 빠져들 수 있는 흥미와 관심으로 학생의 삶과 연관된 맥락적인 상황 제안하기
	수행과제 제안	교육과정의 위계성과 계열성을 참고해서 우리 친구, 우리 사건, 우리 배경을 바탕으로 수행과제를 개발하고, 단원 초반에 제안하기
	본질적 질문 만들기	설계 1단계의 본질적인 질문을 학생에게 제시하고, 질문과 수행과제를 해결하기 위한 학생만의 새로운 세부 질문들을 만들어 수업으로 진행하기
3단계 탐구 과정	탐구활동 지도	학생들의 수행과제를 해결하기 위해 교과서, 도서관 서적, 온라인 자료를 바탕으로 교사가 재구조하여 지식과 기능 형성하기
	형성평가 제공	지식과 기능 형성 과정과 형성 후의 적절한 형성평가 도구 제공하고, 교사의 1:1 피드백 실천하기
	모둠활동 진행	교사는 학생의 사회 관계성과 협력성을 위해 모둠 갈등 문제 발생 시 해결자와 수행과제 해결의 퍼실리테이터 역할로 효율적인 모둠활동 진행하기
4단계 수행 과정	수행과제 발표	완벽한 수행과제 제작을 위해 사전에 교사가 예시 작품 보여 주고, 수행과제 발표와 가장 어울리는 장소를 선정해서 모든 학생이 참여하는 발표 시간 제공하기
	평가 및 성찰	수행과제 발표 시 교사 또는 친구평가지를 개발하여 발표 시 평가하고, 그 결과를 알려 주고, 이 결과를 바탕으로 루브릭과 관련된 질문을 통해 반성적인 글쓰기
	기록 및 결과 통지	교사의 과정 중심 관찰 평가, 학생들의 결과물, 친구평가지 등 다양한 증거 자료 기록물을 통해 학생과 학부모에게 평가 결과 통지문 작성하고, 가정으로 보내고 피드백 받기

[백워드 실천 전략 3] 학생의 진정한 이해 확인은 증거 자료의 기록·정리 및 결과 통지 과정이 필요하다.

1-1. 이론: 증거 자료 기록 방법(교무업무 시스템)

① 수업 및 평가 관찰 내용을 날짜별로 수시로 기록한다.

② 한글이나 엑셀 파일 등으로 다운로드가 가능하다.

③ 학기 말 종합의견을 작성할 때 누가 기록한 관찰 내용을 바로 볼 수 있다.

④ 누가 기록 자료는 교과별, 영역별 학생의 이해도를 정확한 증거를 통해 파악하게 된다.

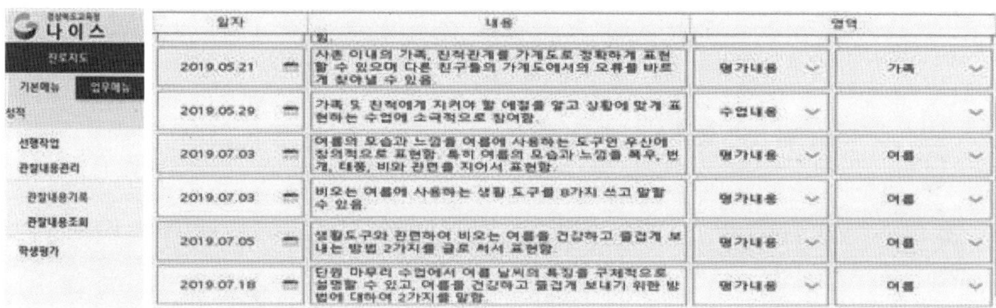

1-2. 이론: 증거 자료 기록 방법(개인 온라인 플랫폼 및 커뮤니티)

① 교사는 수업시간에 학생들의 활동 사진과 동영상들은 교사 휴대폰으로 촬영한다.

② 학생들의 다양한 수행과제물은 수업시간이나 집에서 개별적으로 플랫폼에 탑재한다.

③ 교사는 수업이 끝난 이후에 오늘 수업 단원의 백워드 설계와 실천 연계성 관점의 반성글을 사진과 함께 커뮤니티에 작성한다.

④ 하나의 단원 수업이 끝난 이후에 지금까지 작성한 내용을 바탕으로 학생 성장 보고서를 작성한다. 매월 작성한 학생 성장 보고서를 기초로 나이스의 교과학습발달을 학기말에 입력한다.

2-1. 실천: 교사·학년별 평가 결과 통지 사례(1학년)

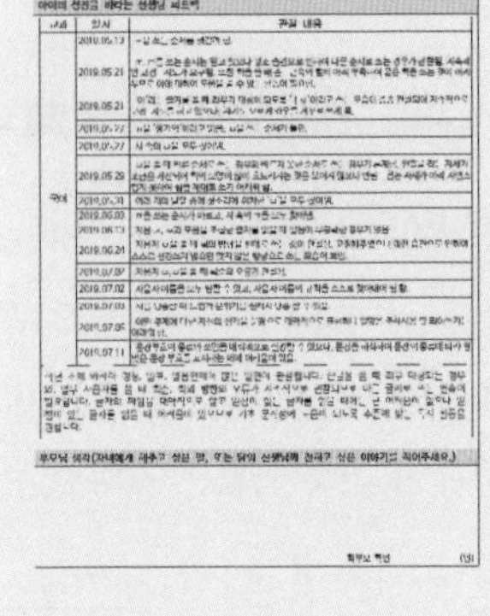

2-2. 실천: 교사·학년별 평가 결과 통지 사례(3학년)

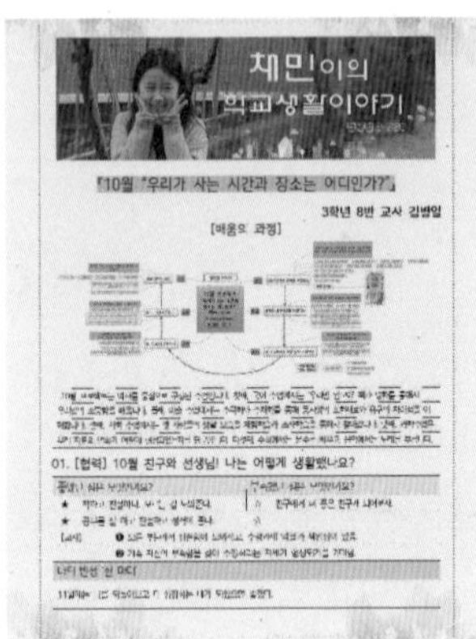

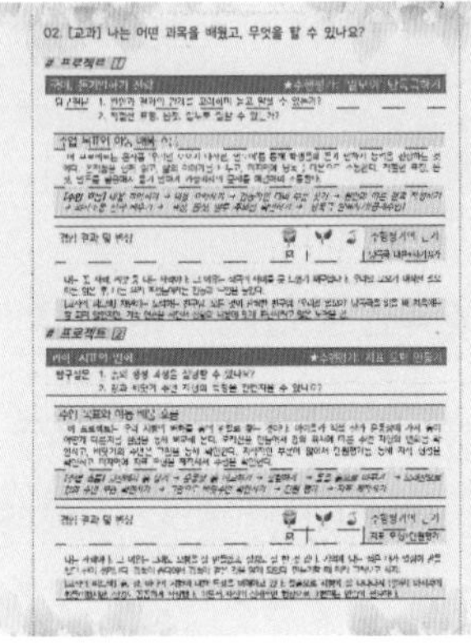

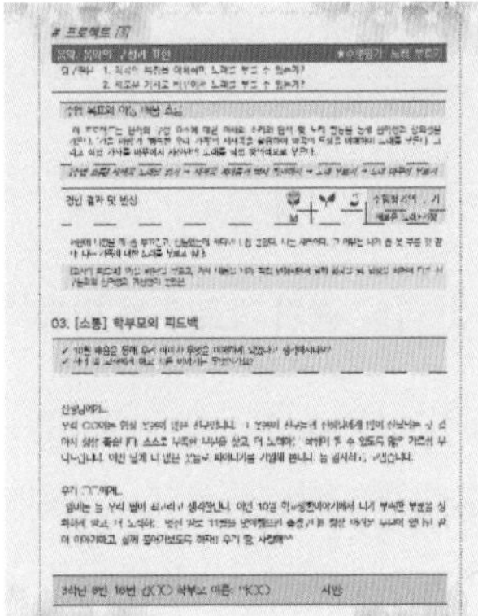

2-3. 실천: 교사·학년별 평가 결과 통지 사례(6학년)

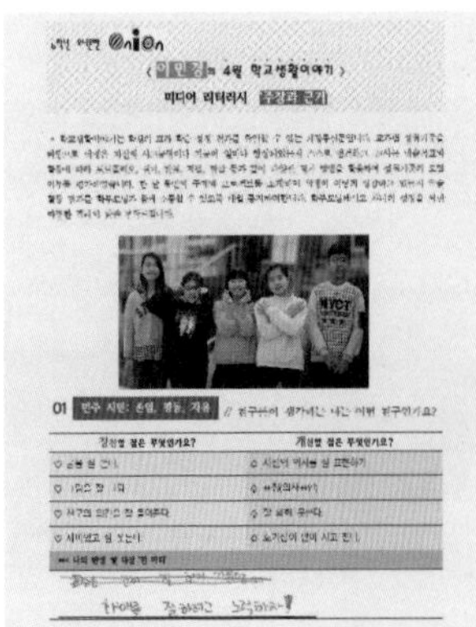

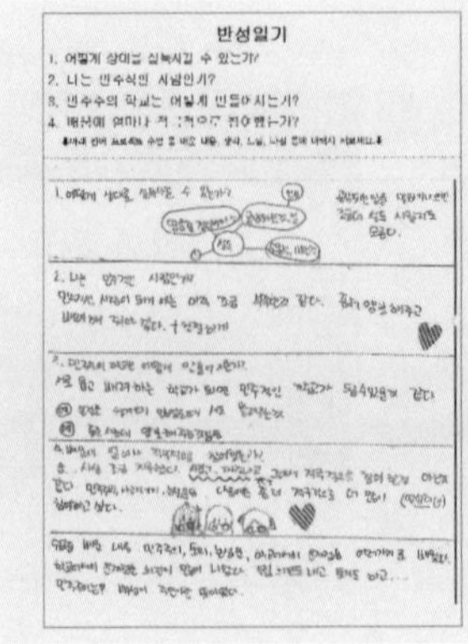

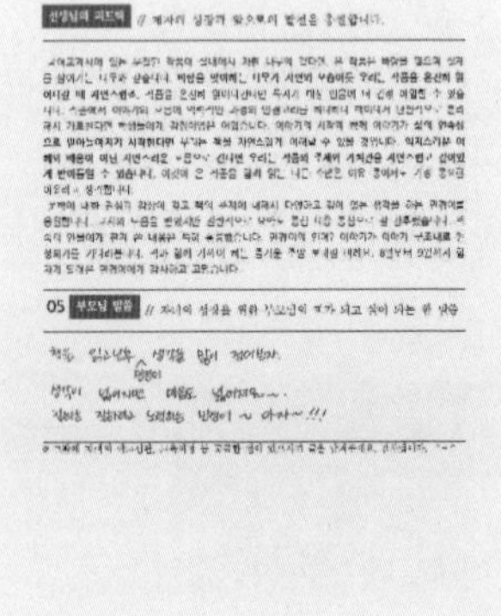

백워드 교육과정 설계와 다른 교육과정의 연계성

백워드 교육과정 설계는 새로운 것이 아니다. 교육과정의 발생에서부터 구현되고 있는 진정한 이해를 위한 교육과정 설계 모형이다. 전이와 이해라는 두 가지 개념으로 설계된 교육과정 모델은 다른 교육과정에서도 그 의미성을 찾을 수 있다. 지금 학교현장에서 발현되고 있는 교육과정들을 살펴보면 백워드 교육과정 설계와의 관련성이 많이 발견된다. 그래서 그 관련성을 이야기하고, 실천지에 제시하고자 한다. 우리들의 초등학교 교사 실천 이야기에서 개념기반 교육과정은 실천에서, 초등 바칼로레아는 주제에서, 프로젝트 학습법은 학생 참여 시나리오에서, 역량기반 교육과정은 수행과제에서 각각의 요소를 담아내고 있다.

1. 개념기반 교육과정(Concept-Based Curriculum)

개정교육과정 내용 체계표가 새롭게 제시된 이유는 교사가 수준 높은 교육과정을 설계하기 위함이다. 내용 체계표에 있는 개념, 일반화된 지식, 내용 요소, 기능이라는 요소들 간의 관계성을 통해 수준 높은 교육과정을 제공해야 학생들의 이해를 도울 수 있다. 이해는 학습자의 문제해결 패턴을 형성시키고, 장기적인 기억에서 남게 만들어 준다. 결국, 교사에게는 개념, 원리, 이해를 바탕으로 한 큰 그림을 바라볼 수 있는 메타인지적인 사고력이 요구된다. 교사는 개념 덩어리를 학생들이 학습 활동을 통해 충분히 연습해 볼 기회를 제공하고, 그 과정에서 학생은 자신의 학습 활동을 확인, 점검, 평가할 수 있다.

개념기반 교육과정이란 교과의 사실과 기능, 학문적 개념과 일반화로 구성된 3차원적 교육과정 설계 모델이다. 이 수업 모델에서 교사는 사실, 저차원 기능을 도구로 사용하여 학생들이 전이 가능한 개념과 일반화를 더 깊이 이해할 수 있도록 돕는다. 교사의 수업은 목표한 일반화를 구성하기 위해 학생들의 사고를 의도적으로 지도하는 수단으로서 탐구 과정에 초점을 둔다. 학생들은 자신의 스키마에 개념적인 구조를 만듦으로써 이해를 전이한다(출처: 개념기반 교육과정 및 수업, 2019).

개념기반 교육과정에서 사용되는 개념적 렌즈는 학습에 초점을 제시하고, 깊이를 더해 줄 수 있다. 또한 사실적 지식이나 기능을 고차원적인 수준에서 생각하게 하고, 더 오랫동안 기억을 할 수 있는 교육과정 설계의 장치다. 교사는 교육과정을 설계할 때, 교과의 성격에 따라 개념적 렌즈를 포함하는 구조적인 설계 도안을 구성할 수 있다. 교과의 개념적 렌즈는 개정교육과정의 내용 체계표에 제시되어 있다. 이러한 교육과정 설계 과정은 백워드 교육과정 설계의 1단계와 같은 맥락으로 볼 수 있다.

다음 장의 학년별 '초등 백워드 교육과정 실천'에서 개념기반 교육과정의 지식과 과정의 구조를 개념렌즈로 제시한다.

2. 초등학교 바칼로레아 프로그램(Primary Years Programme)

국제 바칼로레아 프로그램은 2차 세계대전 이후 국제 교류가 확대되면서 국제기구나 외교부에서 근무하는 사람들의 자녀에게 어느 국가에서나 질적인 교육을 받기 위해 개발된 국제 교육과정이며 프로그램이다. 비영리 교육재단인 IBO에서 프로그램을 관리한다.

우리나라에서는 1980년에 처음으로 IB학교를 시작했고, 지금 국제학교나 외국어학교에서 프로그램을 적용하고 있다. 초등학교에서는 PYP 프로그램, 중학교에서는 MYP 프로그램, 고등학교에서는 DP 프로그램을 운영하고 있다.

PYP 프로그램은 아동의 전인적인 성장에 초점을 맞춘 내용, 방법, 평가의 교육과정 모형을 제안하고, 언어, 사회, 수학, 과학, 예술, 체육의 6개 교과를 지정하고 있다. 또한 6개의 초학문적 주제가 있으며, 교사가 국가교육과정을 6개 주제에 맞게 설계하고 수업으로 구현하고 있다. 6개의 초학문적 주제는 첫째, 우리는 누구인가?(Who we are), 둘째, 우리는 어떤 장소와 시대에 살고 있는가?(Where we are in place and time), 셋째, 우리는 자신을 어떻게 표현할까?(How we express ourselves), 넷째, 세계는 어떻게 움직이는가?(How the world works), 다섯째, 우리는 우리 자신을 어떻게 구성할까?(How we organize ourselves), 여섯째, 지구촌에서 어떻게 함께 살아갈까?(Sharing the planet)이다.

6개의 초학문적 주제는 실제 세계와의 관련성을 고려하여 탐구기반으로 학습을 하고, 학생들의 학습 성과를 공개 발표하는 전시회를 한다. 이 두 가지 측면이 이해와 전이를 목적으로 삼는 백워드 교육과정과의 관련성이 높다. PYP 프로그램은 대부분 유연한 교육과정으로 운영하기 때문에 교육과정 자율화를 요구하는 개정교육과정과의 맥락성을 함께 고려할 수 있다.

다음 장의 학년별 '초등 백워드 교육과정 실천'에서 PYP 초학문적 주제의 연관성을 1단계 설계안에서 제시한다.

3. 프로젝트 학습법(Project Based Learning)

1918년 윌리엄 허드 킬패트릭의 논문 「The Project Method」에서 제안한 것이 프로젝트 학습법이다. 프로젝트 학습법은 교육 사상가인 듀이의 교육철학을 킬패트릭이 학교 수업으로 구현하기 위해 만들어졌다. 그는 교사가 주도적으로 수업을 구현하는 것에 대한 전통적인 수업을 비판하기 위해 학생들이 적극적으로 수업을 주도하는 학습 방법을 제안했다. 학생 스스로 자유롭게 목적을 정하고 해결하는 것이 학습 동기를 높인다고 생각했기 때문이다.

하지만 듀이는 무제한적인 학생선택권에 대한 킬패트릭의 견해가 잘못되었다고 주장했다. 듀이는 학생들의 활동의 중요성에 초점을 두기보다 '사고행위'에 초점을 두었다. 사고행위는 학생들에게 도전과제를 제공하고, 그것에 대해 해결책을 세워 실천하고, 그 결과를 성찰하는 것이다. 듀이는 학생들이 프로젝트에 참여하면서 자신의 의사를 반영하고 어느 정도는 선택권을 부여하는 것이 필요하다고 제안했다. 그 필요조건을 위해 교사가 학생이 사고, 탐구, 성찰할 수 있는 상황을 만들어 내는 존재가 되어야 한다고 제안했다. 교사는 국가교육과정(성취기준)을 기반으로 학생이 배울 가치가 있는 것을 재구성하여 해결 방법을 탐구할 수 있도록 이끌고, 학습이 성공할 수 있도록 비계와 자료를 제공해야 한다.

프로젝트 학습법은 학생들이 교사가 설계한 실제성을 가진 수행 과정에 처음부터 끝까지 참여하는 것이고, 친구와 함께 협력하며 세상에 의미 있는 수행 결과물을 만들어 내는 것이다. 프로젝트 학습법에서 가장 중요하게 생각하는 문제 상황(시나리오)은 실제적인 탐구의 역할을 제공한다. 백워드 교육과정 설계에서 수행과제를 개발할 때, 사용할 수 있는 길잡이(GRASPS)는 이런 문제 상황이 체계적으로 만들어질 수 있도록 도와준다.

다음 장의 학년별 '초등 백워드 교육과정 실천'에서 프로젝트 학습법을 활용할 수 있는 시나리오를 2단계 설계안에서 제시한다.

4. 역량기반 교육과정(Competency Based Curriculum)

학생들은 미래 사회의 격심한 변화에 따라 개념과 사실을 연결하고 다양한 관점으로 문제를 해결해야 한다. 학교의 교육은 학생을 복잡한 미래 사회의 문제를 해결할 수 있는 인재로 육성하는 것이 목적이다. 그 목적의 도달점은 문제를 발견하고, 해결할 수 있는 능력, 역량을 가진 존재성이다.

역량은 OECD DeSeCo 프로젝트에서 제시되었으며 학생들이 미래 사회에서 살아갈 수 있는 능력을 말한다. 학교 교육을 통해서 사회의 일원으로 살아가기 위해 교과를 통해서 수행할 수 있는 능력을 제공할 필요가 있다. 이러한 역량의 본질은 학교 교육에서 실시하고 있는 수행평가와 의미가 같다. 수행은 지식적인 차원에서 무언가를 알고 있는 수준이 아닌 직접적으로 행할 수 있는 것이다. 그래서 교사는 지식과 기능을 통해 최종적으로 수행을 확인해야 하고, 삶과 연관성 있는 수행과제를 통해서 역량을 확인해 나가야 한다.

교사는 학생들의 잠재력을 충분히 발현할 수 있는 기회를 제공하고 있다. 그 잠재력이 단순한 지식을 바탕으로 기억하고 재생하는 존재자가 아닌 다양한 사회적 문제를 해결할 수 있는 실력자로 나가게 한다. 할 수 있다는 의미성을 가진 존재로 교육과정으로 적용하는 역량기반 교육과정은 수업을 통해서 그 역량을 계속적으로 이해하고 그 이해가 적용될 수 있도록 전이성을 확인해야 한다.

백워드 교육과정 설계의 2단계는 평가 설계자이다. 1단계의 핵심적인 개념을 확인하기 위한 평가 도구가 2단계 수행과제이다. 교사가 설계한 수행과제(평가)에서 학생들의 역량이 발현되고, 점검된다.

<표. 2015 개정 교과 교육과정의 역량 분류표>

교과	역량					
바른 생활	공동체 역량	자기관리 역량	의사소통 역량			
슬기로운 생활	창의적 사고 역량	지식정보처리 역량	의사소통 역량			
즐거운 생활	심미적 역량	창의적 사고 역량	의사소통 역량			
국어	창의적 사고 역량	자료·정보 활용 역량	의사소통 역량	공동체·대인관계 역량	문화 향유 역량	자기 성찰·계발 역량
도덕	자기 존중 및 관리 능력	도덕적 사고 능력	도덕적 대인관계 능력	도덕적 정서 능력	도덕적 공동체 의식	윤리적 성찰 및 실천 성향
사회	창의적 사고력	비판적 사고력	문제해결력 및 의사결정력	의사소통 및 협업 능력	정보 활용 능력	
수학	문제해결	추론	창의·융합	의사소통	정보처리	태도 및 실천
과학	과학적 사고력	과학적 탐구 능력	과학적 의사소통 능력	과학적 참여와 평생학습 능력	과학적 문제해결력	
실과	기술적 문제해결 능력	기술 시스템 설계 능력	기술활용 능력	관계형성 능력	생활자립 능력	실천적 문제해결 능력
체육	신체 수련 능력	신체 표현 능력	건강관리 능력	경기 수행 능력		
음악	음악적 감성 역량	음악적 창의·융합 사고 역량	음악적 소통 역량	문화적 공동체 역량	음악 정보처리 역량	자기관리 역량
미술	미적 감수성	시각적 소통 능력	창의·융합 능력	미술문화이해 능력	자기주도적 미술 학습 능력	
영어	자기관리 역량	공동체 역량	영어 지식정보 처리 역량	영어 의사소통 역량		

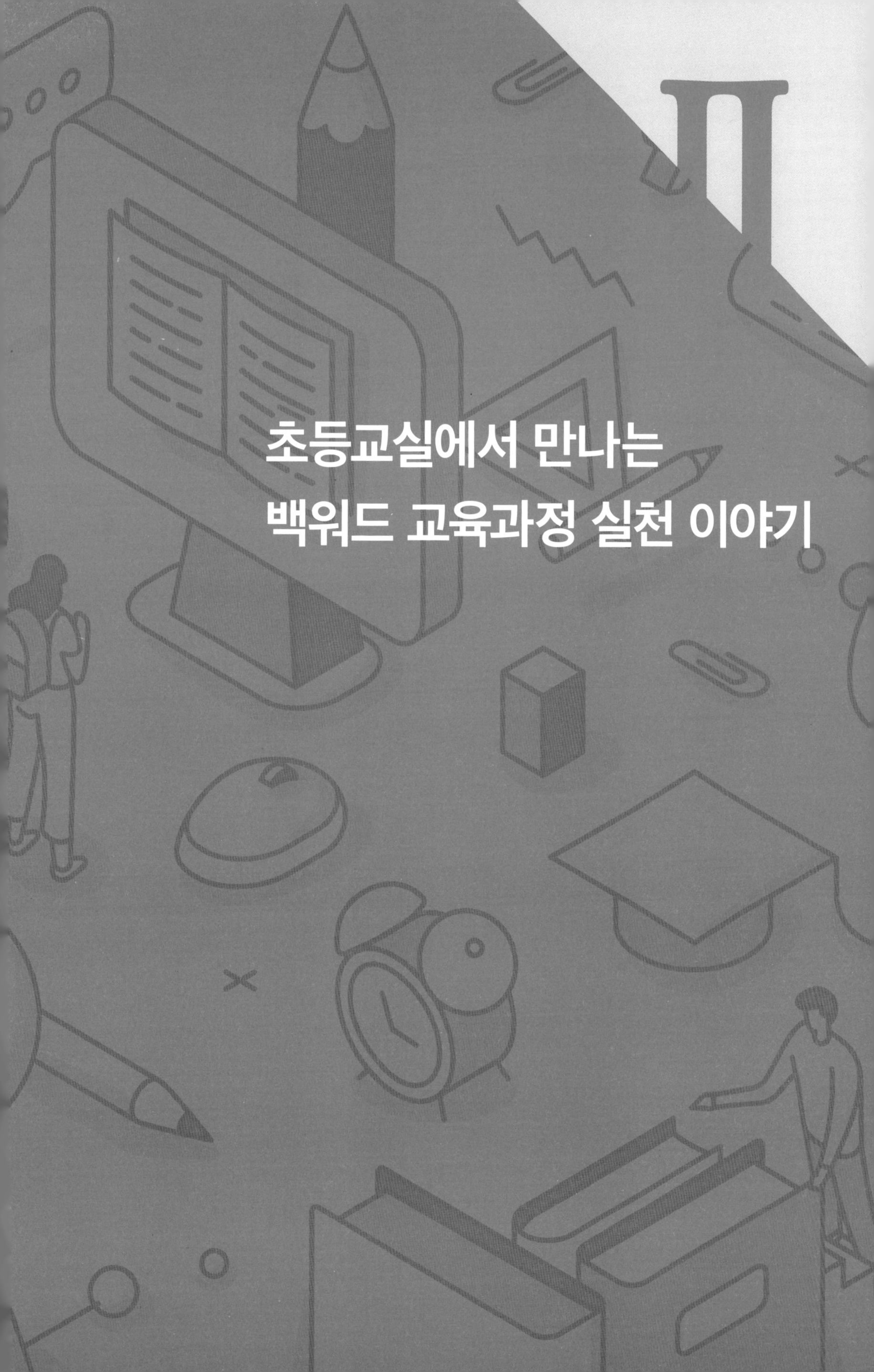

II

초등교실에서 만나는 백워드 교육과정 실천 이야기

1학년
백워드 교육과정
실천 이야기

국어

IB-PYP How We Express Ourselves

자모의 이름과 소릿값을 알면 우리말과 글을 바르게 사용할 수 있다.

교사 권은주

1학년 1학기 국어 2. 재미있게 ㄱㄴㄷ
3. 다 함께 아야어여
4. 글자를 만들어요
6. 받침이 있는 글자

1학년 국어과 백워드 교육과정 설계

[1단계] 단원의 목표 찾기: 왜 배워야 할까요?

단원명	1학년 1학기 국어 2. 재미있게 ㄱㄴㄷ/ 3. 다함께 아야어여/ 4. 글자를 만들어요/ 6. 받침이 있는 글자 (70차시)			
단원 개요	이 단원은 훈민정음이 밝히고 있는 제자원리를 반영하여 한글 자모의 모양과 소리를 다양한 감각을 사용하여 탐구하고 익히도록 한다. 이를 통해 취학 전의 국어 경험을 발전시켜 일상생활과 학습에 필요한 기초 문식성을 갖추고, 말과 글에 흥미를 가지도록 한다.			
성취기준	[2국02-01] 글자, 낱말, 문장을 소리 내어 읽는다. [2국02-02] 문장과 글을 알맞게 띄어 읽는다. [2국02-05] 읽기에 흥미를 가지고 즐겨 읽는 태도를 지닌다. [2국03-01] 글자를 바르게 쓴다. [2국04-01] 한글 자모의 이름과 소릿값을 알고 정확하게 발음하고 쓴다. [2국04-04] 글자, 낱말, 문장을 관심 있게 살펴보고 흥미를 가진다. [2국05-01] 느낌과 분위기를 살려 그림책, 시나 노래, 짧은 이야기를 들려주거나 듣는다. [2국05-03] 여러 가지 말놀이를 통해 말의 재미를 느낀다.			
개념	국어 규범과 국어 생활			
영속적인 이해	자모의 이름과 소릿값을 알면 우리말과 글을 바르게 사용할 수 있다.			
지식과 기능	지식	읽기에 대한 흥미 글자 쓰기 한글 자모의 이름과 소릿값 글자·낱말·문장에 대한 흥미 작품 낭독·감상 말놀이와 말의 재미	기능	몰입하기 표현하기 적용·검증하기 적용·검증하기 공유·소통하기 몰입하기
본질적 질문	글자를 알면 무엇을 할 수 있을까요?			

* 본 단원은 국어 교과서 2, 3, 4, 6단원을 합한 41차시와 1학기 국어 총 수업시수에서 남은 20차시, 그리고 국어의 다른 단원에서 감축한 9차시를 합하여 70차시로 구성하였다.

[2단계] 단원평가 정하기: 배움을 어떻게 확인할 수 있을까요?

01. 수행과제_GRASPS

교과 역량 | 자료·정보 활용 역량

Goal	목표	모음자·자음자를 익히면서 배운 시 작품 중 하나를 선택하여 학교 방송을 통해 낭독하는 것	
Role	역할	시 낭독가	
Audience	대상/청중	학교 방송을 듣는 청취자	
Situation	문제 상황	한글을 아직 배우지 않아 우리의 말과 글인 한글을 제대로 알고 싶어 하는 상황	
Product	결과물	한글 공책 포트폴리오, 시 낭독	
Standards	기준	지식	읽기에 대한 흥미, 글자 쓰기, 한글 자모의 이름과 소릿값, 글자·낱말·문장에 대한 흥미, 작품 낭독·감상, 말놀이와 말의 재미
		기능	몰입하기, 표현하기, 적용·검증하기, 공유·소통하기

02. 학생 참여 시나리오와 배경_STORY

PBL | 글자를 알면 무엇을 할 수 있을까?

우리 반 친구들은 한글을 아직 배우지 않았지만, 글자를 잘 읽고 쓰고 싶어 합니다. 여러분은 이 단원에서 한글을 배우고 난 뒤 한글을 아름답게 표현하는 시 낭독가가 되어야 합니다. 먼저 한글을 깊이 이해하기 위해서 한글 공책(세상을 품은 한글 공책)을 여러분이 직접 제작합니다. 한글 공책에는 여러분이 배운 글자와 시가 있어야 합니다. 또한 단원을 통해 배운 시를 느낌과 분위기를 살려 낭독하는 방법도 알아보고 연습해 봅시다.
7월 첫째 주에 여러분이 배운 시 작품 중 한 편을 선택하여 학교 방송을 통해 전교생에게 들려주고, 친구의 낭독도 감상할 예정입니다. 이 단원을 통해 우리 반 모두 한글을 깊이 이해하고 바르게 표현할 수 있으면 좋겠습니다.

교육 환경과 교사 의도

❶ **지리 환경**: 안동시, 중소 도시, 면소재지에 학교 위치

❷ **학교 규모**: 6학급, 전교생 37명, 1학년 단식학급

❸ **교실 구성**: 5명(남 3명, 여 2명)

❹ **학생 실태**: 취학 전 기초 한글을 습득한 학생이 2명, 미습득한 학생이 3명이다. 기초 한글을 습득한 학생 2명은 단자음, 단모음을 알고 있으나 이중모음이나 받침이 있는 글자를 읽고 쓰는 것에는 어려움이 있다.

❺ **교사 의도**: 현재의 1학년 1학기 국어 교과서는 자모의 이름과 소릿값을 특별한 탐구 과정 없이 바로 학생들에게 제시하고 있다. 한글 해득이 어느 정도 되는 아이들에게 적합한 방식이다. 그러나 한글을 깊이 이해하기 위해서는 자모의 모양과 소리를 바로 가르치기보다 제자원리를 탐구하는 과정이 필요하다. 그래서 학생이 충분히 탐구할 수 있도록 한글 습득과 직접 관련된 교과서 4개의 단원을 하나의 단원으로 통합하여 총 70차시의 단원을 설계하였다. 표음성과 표의성을 모두 지니는 훈민정음의 제자원리를 이해한다면 한글을 좀 더 깊이 이해하고 제대로 사용할 수 있기 때문이다. 학생은 한글을 배우면서 자모의 모양과 소리의 관계를 이해하고, 배운 것을 한글 공책 포트폴리오로 기록한다. 또한 시를 낭독하는 수행과제를 통해 학생이 제대로 글자를 읽고, 그 의미를 이해하는지 확인한다.

03. 평가준거_RUBRIC

구조	기준	꽃(습득)	새싹(습득 중)	씨앗(미습득)
지식	한글 자모의 이름과 소릿값을 정확하게 알고 찾을 수 있는가?	교사가 제시하는 모음자(자음자)를 모두 바르게 찾아 표시할 수 있다.	교사가 제시하는 모음자(자음자)를 대부분 바르게 찾아 표시할 수 있다.	교사의 도움을 받아 제시한 모음자(자음자)를 표시할 수 있다.
기능	글자의 짜임에 주의하며 글자, 낱말, 문장을 바르게 읽을 수 있는가?	글자, 낱말, 문장을 정확하고 능숙하게 소리 내어 읽을 수 있다.	한글 자모의 이름과 소릿값을 알고 글자, 낱말, 문장을 소리 내어 읽을 수 있다.	한글 자모 중 일부의 이름과 소릿값을 알고 글자, 낱말, 문장의 일부를 소리 내어 읽을 수 있다.
	글자를 바르게 쓸 수 있는가?	바른 자세를 유지하면서 글자를 낱자의 모양과 간격을 고려하여 짜임과 필순에 맞게 쓸 수 있다.	바른 자세를 유지하면서 글자를 짜임과 필순에 맞게 쓸 수 있다.	단순한 짜임의 글자 모양을 다른 사람의 도움을 받아 쓸 수 있다.
수행	느낌과 분위기를 살려 작품을 낭독할 수 있는가?	시나 노래 작품을 느낌과 분위기를 살려 실감 나게 들려줄 수 있다.	시나 노래 작품을 느낌과 분위기를 살려 들려줄 수 있다.	시나 노래 작품을 들려줄 수 있다.
자기	나는 글 읽기에 흥미를 가지고 즐겨 읽었는가?	나는 평소 글 읽기에 흥미를 가지고 주변의 읽을거리를 스스로 찾아 즐겨 읽는다.	나는 글 읽기에 흥미를 가지고 주어진 읽을거리를 즐겨 읽는다.	나는 글 읽기에 흥미가 있다.

[3단계] 단원 수업 구성하기: 학생들은 무엇을 배울까요?

01. 교수·학습_WHERETO

교수·학습 활동(안내 질문)	계열화	평가 증거
1. 나는 무엇을 배워야 할까요?	W, H, E2	진단평가
가. 말과 글이 없다면 어떻게 될까?		
나. KWL은 무엇인가?		▸구술
다. 우리의 수행과제는 무엇인가?		
라. 글자를 알면 무엇을 할 수 있을까?		▸구술
2. 모음은 어떻게 만들어졌을까요?	E1, E2, R	형성평가
가. 모음은 무엇일까?		
나. 모음은 어떤 것들이 있으며, 어떻게 읽고 쓸까?		▸관찰, 구술
다. 나는 바르게 읽고 쓸 수 있는가?		▸관찰, 포트폴리오
3. 자음은 어떻게 만들어졌을까요?	E1, E2, R	형성평가
가. 자음은 무엇일까?		
나. 자음은 어떤 것들이 있으며, 어떻게 읽고 쓸까?		▸관찰, 구술
다. 나는 바르게 읽고 쓸 수 있는가?		▸관찰, 포트폴리오
4. 나는 시 낭독을 어떻게 발표할까요?	E1, E2, T	총괄평가
가. 나는 글자의 짜임에 주의하며 바르게 읽고 쓸 수 있는가?		▸관찰, 한글 또박또박 프로그램
나. 느낌과 분위기를 살려 작품을 읽는 방법은 무엇일까?		
다. 어떤 작품을 낭독할까?		
라. 느낌과 분위기를 살려 작품을 낭독할 수 있는가?		▸수행과제, 자기·동료 평가
5. 나는 무엇을 이해하고 있나요?	E2, R	총괄평가
가. 나는 이 단원의 지식과 기능을 형성하고 있는가?		▸자기평가, 포트폴리오
나. 수업 경험에서 배운 점, 좋았던 점, 아쉬운 점은 무엇인가?		▸자기평가
다. 글자를 알면 무엇을 할 수 있을까?		▸구술

Unit 2 1학년 국어과 백워드 교육과정 실천

단원 설계의 조직과 계열_Organize

CBC | 국어 규범과 국어 생활

이해	자모의 이름과 소릿값을 알면 우리말과 글을 바르게 사용할 수 있다.
↑	
수행	모음자·자음자를 익히면서 배운 시 작품 중 하나를 선택하여 학교 방송을 통해 낭독하는 것
↑	
개념렌즈	국어 규범과 국어 생활
↑	
질문	글자를 알면 무엇을 할 수 있을까요?
↑	
지식	읽기에 대한 흥미 → 글자 쓰기 → 한글 자모의 이름과 소릿값 글자·낱말·문장에 대한 흥미 → 작품 낭독·감상 말놀이와 말의 재미
↑	
기능	몰입하기 → 표현하기 → 적용·검증하기 → 공유·소통하기 몰입하기
↑	
수업 흐름	진단 활동 → 모음 이해하기 → 자음 이해하기 → 지식 기능 확인하기 → 수행과제 준비하기 → 수행과제 발표하기 → 자기 평가

01. 나는 무엇을 배워야 할까요?

약 2주간의 입학 적응 기간이 끝나고, 아이들에게 국어 교과서를 나누어 준다. 아이들은 처음 만나는 교과서라 호기심 가득한 눈으로 이리저리 뒤적인다.

(교과서를 훑어보며)

학생 1 어? ㄱ, ㄴ 나온다.

학생 2 해, 바람 나오는 이야기가 있네.

학생 3 선생님, 선 긋기랑 그림 그리는 것도 나와요.

<그림 1> 말과 글 없이 생각 표현하기

교과서를 훑어본 학생들은 1학년 국어에서 '글자'와 관련된 공부를 많이 할 것 같다고 말한다. 자발적인 배움을 위해서는 글자를 배우기에 앞서 말과 글의 필요성을 느껴야 한다. 언어의 필요성을 느낄 수 있도록 교사가 제시하는 내용을 말과 글 없이 몸짓으로만 표현하고 어떤 의미인지 맞히는 활동을 한다. 이 활동 후에 아이들은 '답답하다', '얘기를 못 해서 힘들다'라고 이야기하며 언어의 필요성을 느낀다.

말과 글의 필요성을 느낀 후 글자 탄생 이야기를 들려준다. 『속임수로 세상을 차지한 소별왕』(편해문, 소나무, 2013)을 재구성한 이야기다. 이 이야기는 아이들에게 글자에 대한 경이감을 주는 동시에 한글의 창제원리를 알게 한다.

한글과 관련된 KWL(what I Know-what I Want to know and Learn: 한글에 대하여 알고 있는 것, 알고 싶거나 배우고 싶은 것) 활동으로 배경지식을 확인한다. 단원의 본질적 질문인 '글자를 알면 무엇을 할 수 있을까?'에 대한 학생의 배움 전 생각을 들어 본다. 아래는 KWL과 본질적 질문에 대한 아이들 대답 중 일부이다.

① 한글에 대해서 무엇을 알고 있나요?	② 한글에 대하여 알고 싶거나 배우고 싶은 것은 무엇이 있나요?	③ 글자를 알면 무엇을 할 수 있을까요?
- 우리나라 말이다. - 세종대왕님께서 만드셨다. - ㄱ, ㄴ, ㄷ이 있다. - 한글이 없었을 때는 한자를 썼다.	- 자음, 모음이 뭘까? - 한글이 왜 생긴 걸까? - 세종대왕님이 글자를 어떻게 만드셨을까? - 세상에 글이 어떻게 생겼는지 알고 싶다. - 한글을 쓰고 싶다.	- 사람 머리가 좋아진다. - 책을 읽을 수 있다. - 어려운 글자를 알 수 있다. - 기역, 니은을 알 수 있다. - 글자를 모르면 무엇을 외우기 힘들다. - 영화, 책을 만들 수 있다. - 동생을 가르치고, 수학도 잘할 수 있다.

Q. 배움 전 아이들의 생각을 어떻게 진단할 수 있을까?

학생에게 어떤 교육적 경험을 주어야 하는지, 그 경험으로 아이들이 얼마나 성장했는지 확인하기 위해서는 배움 전 학생의 상황을 진단하는 활동이 필요하다. 이때, KWL 활동과 본질적 질문에 대한 학생의 생각을 확인하는 방법이 유용하다. KWL은 what I Know(내가 알고 있는 것), what I Want to know and Learn(내가 알고 싶고 배우고 싶은 것)을 줄인 말이다.

예를 들어, 아래와 같이 KWL과 본질적 질문에 대한 학생들의 생각을 확인할 수 있다.

① 한글에 대해서 무엇을 알고 있나요?
② 한글에 대하여 알고 싶거나 배우고 싶은 것은 무엇이 있나요?
③ 글자를 알면 무엇을 할 수 있을까요?

진단활동 후 단원을 통해 해결해야 할 탐구질문과 수행과제를 학생에게 소개하며 본격적인 한글 공부를 시작한다.

<학생에게 제시한 탐구질문 목록 중>

① 글자를 알면 무엇을 할 수 있을까?
② 한글은 어떻게 만들어졌을까?
③ 한글은 어떤 것들이 있으며, 어떻게 읽고 쓸까?
④ 느낌과 분위기를 살려 작품을 읽는 방법은 무엇일까?

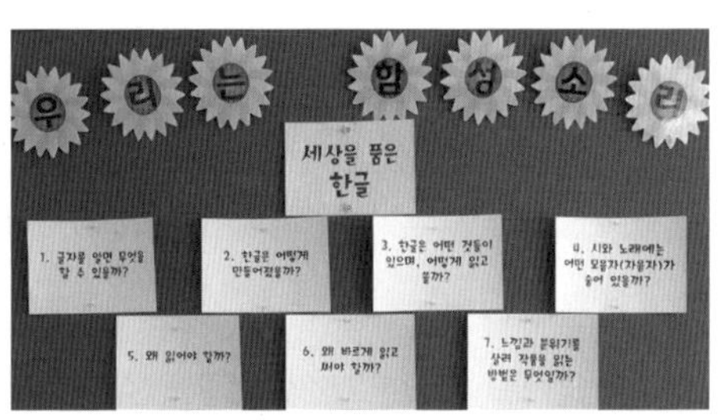

<그림 2> 단원 탐구질문 제시하기

수행과제 포트폴리오인 '세상을 품은 한글 공책'을 만든다. 연필 사용이 쉽지 않은 1학년 초기 상황에 맞게 A4 크기의 스케치북을 한글 공책으로 정하여 크레파스로 글자를 적는다. 이 공책에 모음과 자음 이야기, 모음과 자음을 쓰는 순서, 모음과 자음이 사용된 낱말을 아이들이 직접 작성하고, 모음(자음)이 사용된 시를 붙이게 된다.

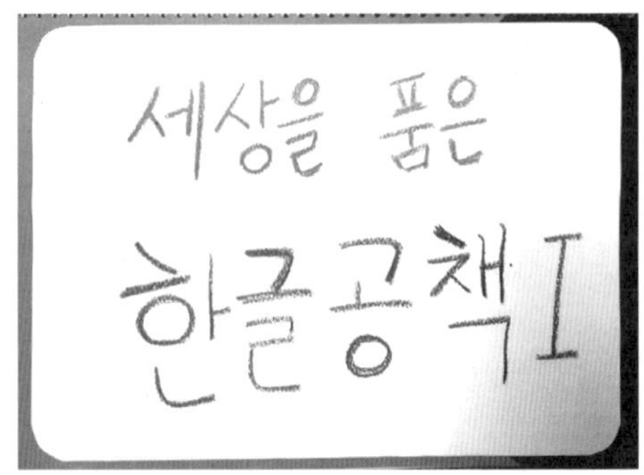

<그림 3> 포트폴리오 표지 만들기

02. 모음은 어떻게 만들어졌을까요?

<그림 4> 모음 탄생 이야기 그리기

<그림 5> 모음자 소리의 느낌을 몸으로 표현하기

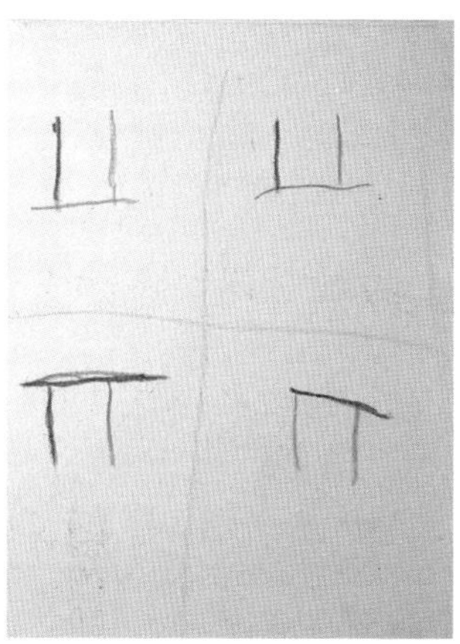

<그림 6> 모음 쓰기

<그림 7> 모음이 들어간 낱말 쓰기

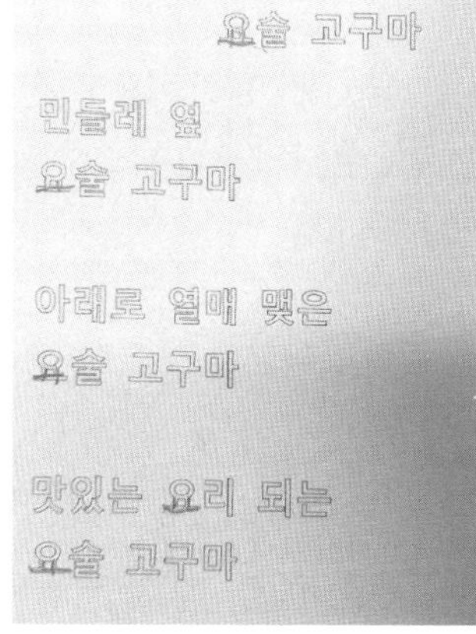

요술 고구마

민들레 옆
요술 고구마

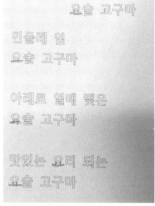

아래로 열매 맺은
요술 고구마

맛있는 요리 되는
요술 고구마

<그림 8> 시를 읽고 오늘 배운 모음 표시하기

<그림 9> 개인 칠판에 모음 쓰기

모음을 탐구하는 과정에서 학생은 모음의 근본이 되는 ·, ㅡ, ㅣ가 각각 天(하늘의 둥근 모양), 地(땅의 평평한 모양), 人(사람이 서 있는 모양)을 의미함을 알게 된다. 모음 기본자인 ·, ㅡ, ㅣ를 먼저 배우고, 이를 바탕으로 파생된 다른 모음을 배우는 것이 자연스럽다.

하나의 모음자는 2~3차시 동안 지도한다. 한꺼번에 두 개의 짝이 되는 모음(예를 들어 ㅛ, ㅠ)을 배울 수도 있다. 모음 지도 순서는 다음과 같으며 새로운 모음을 배울 때마다 이러한 순서가 반복된다.

모음 지도 순서		
<1차시>	<2차시>	<3차시>
① 시 '아름다운 말'(출처: 『하늘에서 온 글 한글』, 수신제, 2017, 144쪽)을 낭송하며 한글수업 열기 ② 모음 이야기 들려준 뒤 오늘 배울 모음 추측하여 칠판에 적기 ③ 모음 이야기 다시 들으며 한글 공책에 이야기 표현 그림 그리기 ④ 오늘 배울 모음 이름, 모양, 소리 확인하고 모음(글자 자석 교구) 찾아 칠판에 붙이기 ⑤ 모음 소리의 느낌 이야기 나누고 몸으로 표현하며 모음의 모양이 왜 그러한 모양일지 추론하기 ⑥ 모음 쓰는 순서 알아보고 다양한 방법으로 쓰기	⑦ 모음이 들어간 낱말 브레인스토밍 ⑧ 모음이 들어간 낱말 한글 공책에 쓰고 읽기 ⑨ 모음 시 따라 읽고 시의 내용 살펴보기 ⑩ 시에서 오늘 배운 모음 찾아 표시하기	⑪ 개인 칠판에 모음 쓰기 및 시 낭독 형성평가(지난 차시 복습) ⑫ 『1학년 첫 배움 책』으로 모음 바르게 읽고, 쓰기 연습

첫째 시간, 교사는 오늘 배울 모음을 바로 제시하지 않는다. 대신 오른쪽과 같이 모음자 탄생 이야기를 학생에게 들려주고, 학생은 이야기를 그림으로 그린다.

학생들은 이야기를 통해 떠오르는 이미지로 배울 글자를 추측한다. 그리고 추측한 글자를 각자 칠판에 써 본다.

충분히 추측할 시간을 가진 후 교사는 오늘 배울 모음자의 이름과 소리를 제시한다. 또한 모음자 소리의 느낌을 이야기로 나누고 몸으로도 표현해 본다. 학생들은 몸으로 소리의 느낌을 표현하면서 왜 모음자가 그러한 모양인지 각자의 생각을 나눈다. 이 활동을 통해 글자 소리와 모양의 관계를 탐구할 수 있다.

글자를 공책에 쓰기 전 손가락, 팔, 발 등 여러 가지 신체를 이용하여 모음을 쓰는 순서대로 허공에 써 본다. 이것은 글자를 바르게 읽고 쓰는 데 도움이 된다. 이때, 교사는 학생이 신체로 글자를 쓰는 모습을 관찰하며 순서가 바르지 않은 학생에게 개별 피드백을 준다.

둘째 시간, 해당 모음이 들어간 낱말을 브레인스토밍하고 그중 네 글자를 골라 한글 공책에 쓴다. 낱자와 낱말을

모음 이야기 중 <'ㅓ' 이야기>

아이는 땅의 요정과 함께 재미있는 하루를 보냈습니다. 하늘이 점점 어두워지더니 아이 뒤로 해님이 사라졌습니다.
"어? 해님이 사라졌네?"
하늘에는 해님의 친구 달님이 어두운 밤을 비추어 주었습니다.

<'ㅓ' 모음 시>

어두운 밤

어디 있나
어디 있나
환한 해님
해님이 사라지면
달님이 찾아와
어두운 밤을 비추어요

〈교사 자작시〉

익힌 후 시를 만난다. 모음이 들어간 시를 따라 읽고 시의 주요 내용을 살펴본다. 그리고 오늘 배운 모음을 시에서 찾아 크레파스로 표시한다. 학생들이 표시하는 동안 교사는 학생들이 모음을 잘 찾는지 관찰하고 어려움이 있는 학생에게 도움을 준다.

셋째 시간, 지난 시간에 배운 모음을 개인 칠판에 써 보고, 모음 시를 함께 낭독하며 모음의 소리와 모양을 복습한다. 그리고 『1학년 첫 배움 책』(박지희, 휴먼어린이, 2017)으로 배운 모음을 익힌다.

Q. 학생들은 어떻게 하면 모음을 깊이 이해할 수 있을까?

① 자음과 모음 중 무엇부터 배울까?

국어 교과서에는 2단원에서 자음을 학습하고 난 뒤 3단원에서 모음을 익히도록 되어 있다. 자음, 모음 중 무엇부터 배우는가 하는 문제는 각각 장단점이 있을 수 있다. 자음은 홀로 소리 날 수 없으나 모음은 홀로 소리 날 수 있다는 점에서 모음부터 지도하는 것이 효과적일 수 있다. 실제로 한국교육과정평가원에서 개발한 한글 해득 프로그램인 '찬찬한글'을 보면 교과서와는 다르게 모음부터 지도하도록 제시되어 있다. 먼저 모음을 배우고 난 뒤 자음을 배우면 기존에 익힌 모음과 결합하여 글자의 짜임을 더 쉽게 이해할 수 있다.

② 모음은 어떤 순서로 배울까?

모음을 지도하는 순서를 보면, 교과서에서는 ㅏㅑㅓㅕㅗㅛㅜㅠㅡㅣ의 순서로 제시되어 있다. 훈민정음 해례본을 살펴보면 모음은 기본자 ·, ㅡ, ㅣ에서 ㅗㅏㅜㅓ(초출자)가 나왔으며, 이 초출자에서 ㅛㅑㅠㅕ(재출자)가 생겼다고 설명하고 있다. 예를 들어 'ㅣ'와 '·'가 합하여 'ㅏ'가 되며, 'ㅣ'와 'ㅏ'가 합하여 'ㅑ'가 된다. 이러한 원리를 반영하여 모음 기본자인 ·, ㅡ, ㅣ를 배우고 난 뒤 그것을 조합하여 만든 ㅏ/ㅓ/ㅑ, ㅕ/ㅗ, ㅜ/ㅛ, ㅠ 순으로 모음 지도를 하였다.

③ 어떠한 방법으로 모음의 모양과 소리를 탐구하도록 도울까?

각각의 모음은 형상과 의미를 담고 있다. 예를 들어 'ㅡ'는 평평한 모양, 땅, 소리가 깊지도 얕지도 않은 것을 의미한다. 이러한 의미를 아이들에게 바로 설명하기보다는 이야기나 시로 들려주며 모음의 제자원리를 추론해 보는 과정에서 탐구와 깊은 이해가 일어난다.

모음 이야기는 전래동화나 발도르프 한글 교육에서 쓰이는 이야기를 재구성하거나 교사가 직접 지을 수 있다. 이야기를 보고 읽어 주기보다는 교사가 외워서 들려주는 것이 좋다. 학생이 이야기에 더욱 몰입할 수 있으며, 교사는 학생의 반응과 이야기 이해 정도를 바로 확인하여 즉각적인 피드백을 줄 수 있기 때문이다. 모음 시는 작가의 시를 이용하거나 교사가 직접 만든다.

03. 자음은 어떻게 만들어졌을까요?

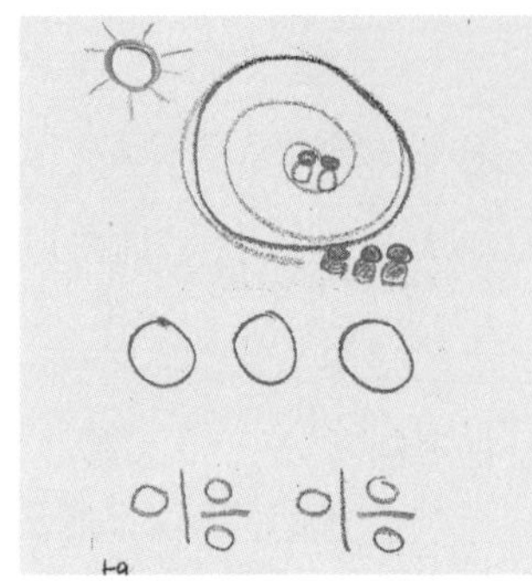

<그림 10> 자음 탄생 이야기 그리기

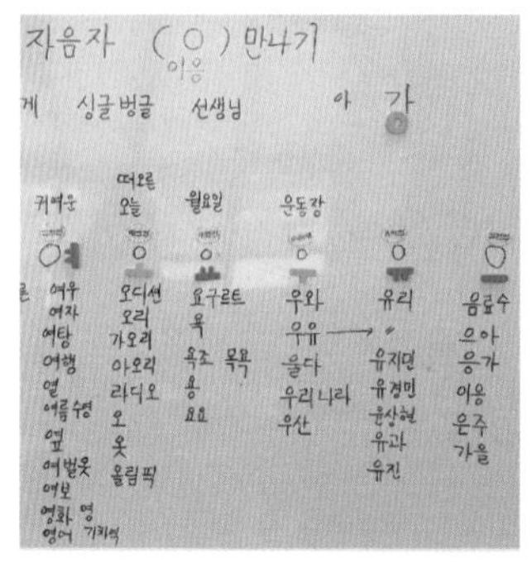

<그림 11> 자음이 들어간 낱말 브레인스토밍

<그림 12> 자음이 들어간 낱말 쓰기

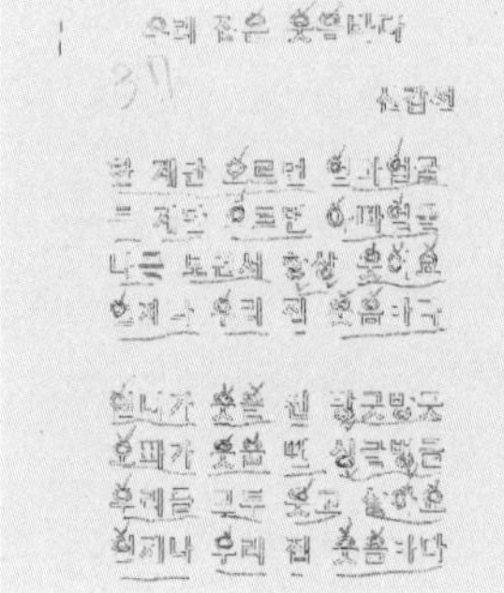

<그림 13> 시를 읽고 오늘 배운 자음 표시하기

<그림 14> 붙임쪽지로 한글표 만들기

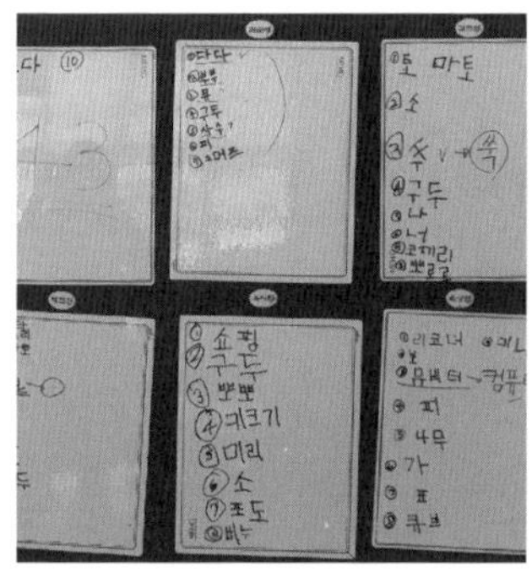

<그림 15> 한글표를 보고 숨은 낱말 찾기

자음 지도 순서		
<1차시>	<2차시>	<3차시>
① 시 '아름다운 말'을 낭송하며 한글수업 열기 ② 자음 이야기 듣고 오늘 배울 자음 추측하여 칠판에 적기 ③ 자음 이야기 다시 들으며 한글 공책에 이야기 표현 그림 그리기 ④ 오늘 배울 자음 이름, 모양, 소리 확인하고 자음(글자 자석 교구) 찾아 칠판에 붙이기 ⑤ 자음 소리의 느낌 이야기 나누고 몸으로 표현하며 자음의 모양이 왜 그러한 모양일지 추론하기 ⑥ 자음 쓰는 순서 알아보고 다양한 방법으로 쓰기	⑦ 자음이 들어간 낱말 브레인스토밍한 후 한글 공책에 쓰고 읽기 ⑧ 자음 시 따라 읽고 시의 내용 살펴본 후 오늘 배운 자음 찾아 표시하기	⑨ 개인 칠판에 자음 쓰기 및 시 낭독 형성평가(지난 차시 복습) ⑩ 한글표를 만들고 한글표에 있는 글자를 조합하여 낱말을 만들어 개인 칠판에 적기 ⑪ 『1학년 첫 배움 책』으로 자음 바르게 읽고, 쓰기 연습 ⑫ 배움 공책에 바른 순서와 바른 글씨로 글자 읽으며 쓰기

자음은 발음 기관의 모양을 본떠 만들었다고 한다. 책 『하늘에서 온 글, 한글』(박규현, 수신제, 2017)에 따르면 발음 기관의 모양만으로 자음의 창제원리가 다 설명되지 않는다. 음양오행의 원리도 자음의 창제원리 속에 담겨 있다고 한다. 이 부분은 1학년 학생들이 이해하기 어렵기 때문에 학생들에게는 입의 모양을 보고 만들었다고 설명한다. 어금닛소리 ㄱ, 혓소리 ㄴ, 입술소리 ㅁ, 잇소리 ㅅ, 목구멍소리 ㅇ을 기본자로 하여 획을 추가(이체자인 ㄹ은 제외함)하여 다른 자음도 만들어지게 된다.

하나의 자음자마다 2~3차시 동안 지도하는데, 앞서 설명한 모음자 지도 순서와 비슷하다. 다만, 세 번째 차시에 붙임쪽지로 한글표 만들기가 추가된 점이 다르다. 제자원리를 이해하는 한글수업이므로 학생들은 'ㄱ, ㄴ, ㄷ, ㄹ…' 순서가 아닌 'ㄱ, ㅋ, ㄲ/ㄴ, ㄷ, ㅌ, ㄸ, ㄹ…'과 같이 같은 발음 기관에 해당하는 자음을 순서대로 만난다. 그중 'ㅎ' 수업에 사용한 자음 이야기와 자음 시는 다음과 같다.

<ㅎ 이야기>

옛날 옛날 갈라산 마을에 머리카락은 하얗고, 볼에 큰 혹이 달린 혹부리 할아버지가 살고 있었어요. 혹부리 할아버지는 한 가지 재주를 가지고 있었어요. 노래를 잘 불러서 즐거운 노래를 할 때면 사람들이 허허 웃고, 슬픈 노래를 할 때면 흑흑 울었지요.
하루는 혹부리 할아버지가 한 고개를 넘고 또 한 고개를 넘어 깊은 산속으로 들어갔어요. 쓱싹쓱싹 나무 하나를 베고, 쓱싹쓱싹 나무 하나를 더 베었더니, 하늘 위에 떠 있는 환한 해는 사라지고 그만 깜깜한 밤이 되고 말았어요. 혹부리 할아버지가 어둡고 무서운 산속을 겨우겨우 헤쳐 나오니 저 멀리서 불이 보였어요. 활활 타고 있는 불을 따라 가 보니 오두막 한 채가 보였어요.
오두막 안으로 들어가서 혼자 방 안에 있으니 너무 무서워 노래를 불렀는데 갑자기 험상궂게 생긴 도깨비가 나타났어요.

"으하하하! 나는 도깨비다!"

할아버지의 두 다리가 후덜덜 떨렸어요. 할아버지의 길쭉한 혹도 덜덜덜 떨렸어요. 혹을 본 도깨비들이 혹에서 노래가 나오는 줄 알고 너무너무 신기해서 방망이로 뚝 떼어 갔답니다. 할아버지는 혹을 떼고 좋아서 더덩실 춤을 추었답니다.

(혹부리 할아버지 이야기를 담임교사가 재구성)

산 할아버지

산울림

산 할아버지
구름모자 썼네
나비같이
훨훨 날아서
살금살금
다가가서
구름모자
벗겨 오지

이놈 하고
불벼락 내리시네
천둥처럼
고함을 치시네
너무 놀라
뒤로 자빠졌네
하하하하
웃으시네

자음과 모음이 함께 있어야 글자가 완성된다. 그래서 모음을 공부할 때는 낱말에 대한 공부에 중점을 두지 않는다. 하지만 자음자를 익힐 때는 자음자가 들어간 낱말을 브레인스토밍하는 시간을 충분히 준다. 또한 붙임쪽지를 사용하여 아이들이 직접 한글표도 제작한다. 아이들이 직접 만든 한글표는 한글 쓰기가 익숙해질 때까지 교실에 붙여 둔다.

자음의 모양과 소리를 탐구하는 수업이 지속되면서 아이들은 배움 전에는 궁금하지 않았던 글자 자체에 대한 호기심을 보인다. 예를 들어 '크다'라는 글자와 그 의미를 수동적으로 인식하는 것이 아닌, '크다'에 쓰인 자음 'ㅋ'의 개념(훈민정음 제자해에 따르면 '발생', '목(木)의 발전이 과하여 폭발함'을 의미함)을 적용하여 '크다'라는 글자에서 'ㅋ'이 쓰인 이유를 추론한다. 당연한 것에 대해 의문을 품는 과정에서 깊은 이해와 성장이 일어난다.

(점심을 먹으러 가는 길, ㅍ을 배우기 전)

학생 선생님! 왜 팽이는 팽이예요?

교사 OO은 어떻게 생각해?

학생 1 팽팽 도니까 팽이 아닐까요?

(ㅋ을 만나는 수업 중)

학생 1 선생님 그래서 큰 걸 ㅋ을 써서 크다고 한 거네요.

교사 그렇지.

학생 2 '키가 크다'도요.

학생 3 쾅쾅!

학생 1 쿵쿵!

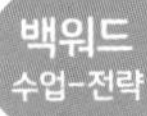

Q. 학생들은 어떻게 자음을 깊이 이해할 수 있을까?

교과서 2단원에서는 ㄱㄴㄷㄹ…의 순서로 자음이 제시되어 있으며 쌍자음자는 8단원에 나온다. 훈민정음에 따르면 자음은 ㄱㄴㅁㅅㅇ을 기본자로 하여 여기에 획이 추가되는 방식으로 다른 자음이 만들어진다. 예를 들어 'ㄱ'에 획을 추가하여 'ㅋ'(가획자)이 나왔으며, 'ㄱ'을 두 번 사용하여 'ㄲ'이 된다. 이러한 원리를 반영하여 자음을 지도할 때는 같은 발음기관에 해당하는 순서대로 가르치는 것이 효과적이다. 어금닛소리 ㄱ, ㅋ, ㄲ/ 혓소리 ㄴ, ㄷ, ㅌ, ㄸ, ㄹ/ 입술소리 ㅁ, ㅂ, ㅃ, ㅍ/ 잇소리 ㅅ, ㅆ, ㅈ, ㅉ, ㅊ/ 목구멍소리 ㅇ, ㅎ 순으로 지도를 하면 된다. 이러한 지도 순서는 자음의 제자원리를 이해하는 데 도움이 되고 자음의 모양과 소리의 관계를 좀 더 쉽게 추론할 수 있다.

04. 나는 시 낭독을 어떻게 발표할까요?

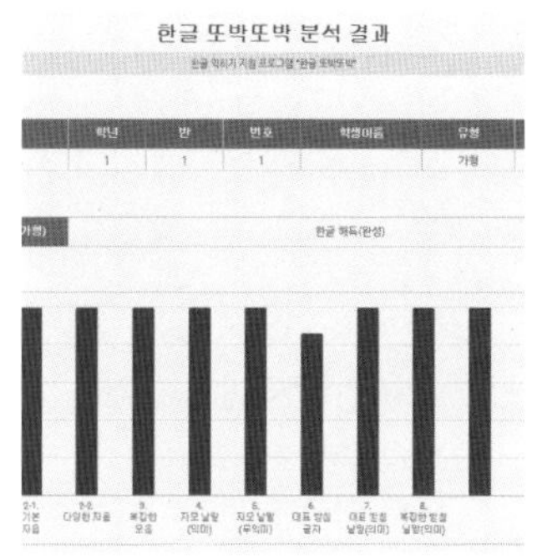

<그림 16> 구술, 서술 평가(한글 또박또박 프로그램)

<그림 17> 느낌과 분위기를 살려 시 낭독 연습하기

<그림 18> 시 낭독 수행과제 실시

기본 모음자와 자음자를 모두 익힌 후 교육부에서 만든 '한글 또박또박' 프로그램(http://www.ihangeul.kr/)을 이용하여 개별 학생의 지식과 기능을 총괄평가한다. 평소 수업시간에 학생이 바르게 읽을 수 있도록 지속적인 교사 피드백도 제공한다.

수행과제인 시 낭독 발표를 준비하기 위해 느낌과 분위기를 살려 읽는 이유와 방법에 대하여 생각을 나눈다. 느낌과 분위기를 살려 작품을 읽는 방법을 지도할 때에는 국어 교과서의 지문과 동화책을 활용한다.

학생들이 한글을 읽고 쓰고, 낭독할 수 있는 지식과 기능을 제대로 배웠는지 확인한 후 최종 수행과제를 준비한다. 어떠한 시를 낭독할지 학생에게 선택권을 준다. 이때까지 배운 시를 이용해도 되고, 동시집에서 원하는 시를 선택해도 된다. 수행과제를 발표하기 전에 교실에서 발표를 하며 자신과 동료의 시 낭독을 평가하고 부족한 점을 보완하는 시간을 가진다.

학급회의를 통해 시 낭독 순서를 정하고, 하루에 1명씩 점심시간에 학교 방송을 통해 시 낭독을 한다.

05. 나는 무엇을 이해하고 있나요?

모든 발표를 마치고, 단원 성찰 활동을 한다. 먼저, 교사가 평가 루브릭을 1학년 수준에 맞게 재구성하여 제시하면 학생은 자신의 이해도를 체크리스트로 평가한다. 아직 글 읽기가 능숙하지 않기 때문에 평가 내용과 기준을 교사의 말로 안내하는 것이 필요하다.

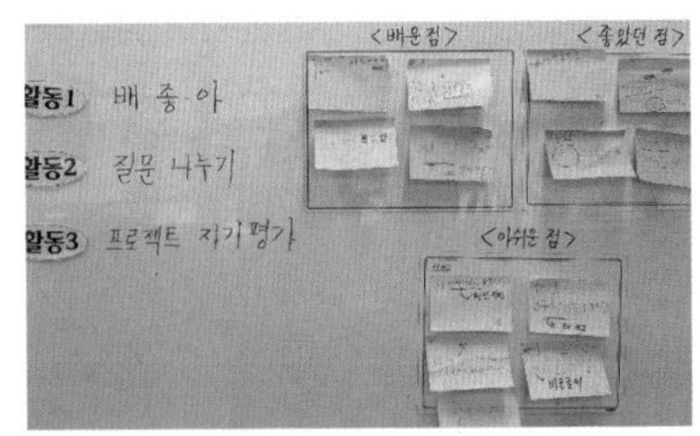

<그림 19> 배·좋·아 활동 결과

그리고 배·좋·아 활동(단원을 통해 배운 점, 좋았던 점, 아쉬운 점 표현하기)으로 배움의 의미를 나눈다. 마지막으로 본질적 질문인 '글자를 알면 무엇을 할 수 있을까'에 대한 의견을 말하며 배움 전과 배움 후의 아이들의 생각을 비교한다.

1학년 학생 특성상 서술형 중심의 총괄평가보다는 구술의 방법으로 평가하면 학생들의 생각을 보다 정확하게 알아볼 수 있다.

글자를 알면 무엇을 할 수 있을까?

[학생 1] 문장을 쓸 수 있다. 띄어쓰기도 할 수 있다. 문장부호도 쓸 수 있다. 집에서 편지 써서 학교 와서 선생님한테 드릴 수 있다.

[학생 2] 글자를 읽고 쓸 수 있다. 글자를 좋아할 수 있다.

[학생 3] 한글을 배우니까 책을 읽을 수 있게 된다. 나의 생각을 글로 만들 수 있다.

[학생 4] 편지를 써서 가족한테 보낼 수 있다.

[학생 5] 글자를 읽을 수 있다. 쓸 수도 있다. 엄마, 아빠에게 편지를 쓸 수 있다.

Unit 3 학생 이해의 증거

01. 이해의 증거_EVIDENCE

측면	설명	해석	적용	관점	공감	자기 지식
확인	증거 ❶	-	증거 ❷, ❸, ❺	증거 ❹, ❼	-	증거 ❻
	한글 공책 포트폴리오		시 낭독 발표 한글 공책 포트폴리오 글자 읽기, 쓰기 형성평가	자기·동료 평가 구술평가		자기평가

02. 수행과제 결과물

<증거 ❶> 한글 공책 포트폴리오(글자 바르게 쓰기)

<증거 ❷> 시 낭독 발표 장면 및 영상

03. 그 밖의 증거

<증거 ❸> 한글 공책 포트폴리오(시에서 자음·모음 찾기)

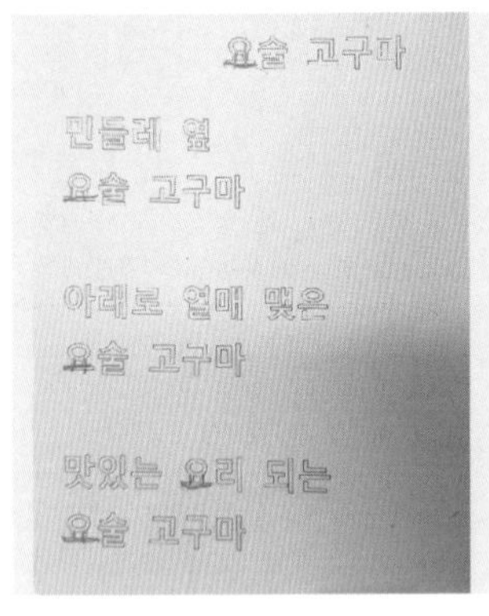

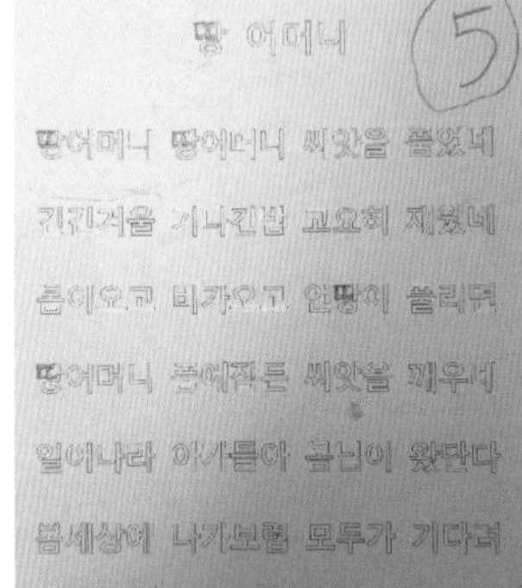

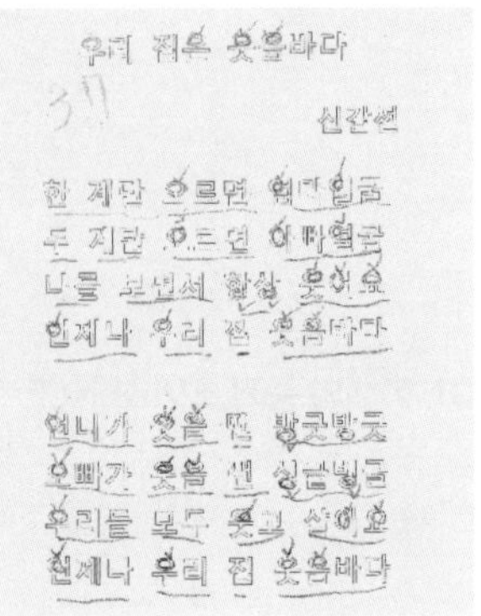

<증거 ❹> 자기·동료 평가(느낌과 분위기를 살려 작품 낭독하기)

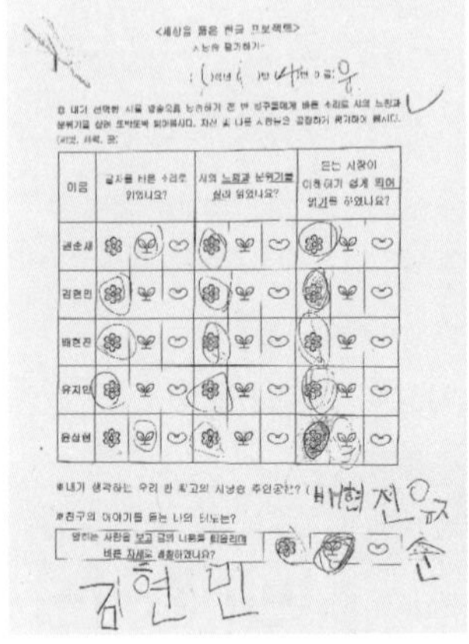

<증거 ❺> 형성평가(첫 배움 책으로 글자 읽기, 쓰기 평가)

<증거 ❺> 형성평가(배움 공책으로 글자 읽기, 쓰기 평가)

<증거 ❺> 형성평가(개인 칠판으로 글자 쓰기 평가)

<증거 ❻> 자기평가(단원 총괄평가)

과	성취기준	수행과제	평가결과					
			자기평가			교사평가		
	(2국03-01)글자를 바르게 쓴다.	모음자와 자음자를 바른 순서, 바른 글씨로 써서 한글공책 완성하기		○		◎		
	(2국04-01)한글의 자모의 이름과 소릿값을 알고, 정확하게 발음하고 쓴다.	시, 노래 속의 모음자·자음자 찾기	○			◎		
	(2국02-05)읽기에 흥미를 가지고 즐겨 읽는 태도를 지닌다. (2국04-04)글자, 낱말, 문장을 관심 있게 살펴보고 흥미를 가진다.	글 읽기에 흥미를 가지고 즐겨 읽기	○			◎		
어	(2국02-01)글자, 낱말, 문장을 소리 내어 읽는다.	글자의 짜임에 주의하여 여러 가지 한글 바르게 읽기	○			◎		
		한글작품 속 받침이 있는 글자에 관심을 갖고 바르게 소리 내어 읽기		○		◎		
	(2국01-05)말하는 이와 말의 내용에 집중하며 듣는다.	친구의 시 낭송 경청하기	○			◎		
	(2국05-03)여러 가지 말놀이를 통해 말의 재미를 느낀다. (2국05-01)느낌과 분위기를 살려 그림책, 시나 노래, 짧은 이야기를 들려주거나 듣는다.	느낌과 분위기를 살려 작품 낭송하기	○			◎		

<증거 ❼> 구술평가(본질적 질문에 대한 생각 나누기)

글자를 알면 무엇을 할 수 있을까?	
배움 전	배움 후
[학생 1] 사람 머리가 좋아진다. 책을 읽을 수 있다. [학생 2] 동생들 가르치고, 수학도 잘할 수 있다.	[학생 1] 문장을 쓸 수 있다. 띄어쓰기도 할 수 있다. 문장부호도 쓸 수 있다. 집에서 편지 써서 학교 와서 선생님한테 드릴 수 있다. [학생 2] 글자를 읽고 쓸 수 있다. 글자를 좋아할 수 있다.

04. 교사의 학생 성장 기록: ○○학생의 NEIS 관찰기록 및 가정통지 내용

2019. 5. 13.	ㅌ을 쓰는 순서를 헷갈려 함. ㅌ을 읽을 때 '티읃'이라고 하여 교정 지도함.
2019. 5. 21.	ㅌ 쓰는 순서를 바르게 알고 쓰게 됨. 하지만 아직 ㅌ을 읽을 때 '티읃'이라고 하는 것이 관찰됨.
2019. 5. 21.	시, 노래 속의 자음자 ㄹ을 모두 찾을 수 있음.
2019. 5. 27.	ㅋ을 '키읃'이라고 읽음. ㅁ 쓰는 순서에 오류가 있음.
2019. 5. 27.	시 속의 ㅁ을 모두 찾아냄.
2019. 5. 29.	ㅁ을 쓸 때 바른 순서로 쓰는 경우와 바르지 못한 순서로 쓰는 경우가 혼재함. 곧은 획을 쓰는 것에 어려움이 있어 자형이 바르지 못함.
2019. 5. 31.	여러 개의 낱말 중에 첫소리에 위치한 'ㅂ'을 모두 찾아냄.
2019. 6. 3.	ㅍ을 쓰는 순서가 바르고, 시 속의 ㅍ을 모두 찾아냄.
2019. 6. 13.	시 속의 ㅈ, ㅉ을 모두 찾아냄.
2019. 6. 24.	자음자 ㅇ을 쓸 때 획의 방향을 반대로 쓰는 것이 관찰됨. 교정해 주었으나 예전 습관으로 인하여 스스로 신경 쓰지 않으면 반대 방향으로 쓰는 모습이 보임.
2019. 6. 26.	자음자 ㅎ을 쓸 때 획순에 오류가 보임. 획순을 신경을 쓰는 경우에는 정확한 순서로 쓰나, 주의를 기울이지 않을 경우에는 획순에 오류가 있음.
2019. 7. 2.	자음자 ㅇ을 쓸 때 획의 방향을 반대로 쓰는 것이 관찰됨.
가정통지 내용	자음, 모음을 쓸 때 획순과 획의 방향에서 교정 연습이 필요합니다. 곧은 획을 쓰기 어려워 바른 자형으로 글씨 쓰기를 힘들어하므로 소근육 발달에 도움이 되는 활동을 권합니다. 학년 초에 비해 발음 면에서 많은 성장을 보였으며 느낌과 분위기를 살려 시를 낭독할 수 있게 되었습니다. 띄어 읽기와 문장 쓰기, 문장부호를 바르게 사용하는 것을 힘들어하므로 유창한 언어생활에 도움이 되도록 독서활동과 일기 쓰기를 권합니다.

Unit 4 교사의 반성과 성찰

Q. 1학년 한글교육, 어떻게 해야 할까?

1학년 교육과정에서 가장 중요한 배움을 꼽으라면 기초 문식성 교육이라고 할 수 있다. 문식성이란 무엇인가? 사전적으로는 글을 읽고, 쓰고, 이해하는 능력을 의미한다. 하지만 단순히 글을 이해하고 표현하는 것을 넘어 읽기와 쓰기에 대한 태도까지 포함한다. 듣고, 말하고, 읽고, 쓴다는 것은 배움의 바탕이 되며, 문화를 향유하기 위한 기본 능력이다. 그래서 1학년의 한글교육은 중요하며, 한글교육의 방향에 대한 깊은 고민이 필요하다.

> 현행 교과서는 단적으로 말하여 '한글 해득'이 어느 정도 되는 아이들에게 적합한 내용과 방식이다.
> 그렇다면 현행 교육과정의 한글 교육은 '이미 알고 있는 아이들은 확실히 알고 넘어가지만, 모르는 아이들은 모르는 채로 넘어갈 수밖에 없는' 변형된 초기 문해력 교육의 빈자리 현상을 유발할 가능성이 높다.
>
> (『초기 문해력 교육-한글 교육인가, 초기 문해력 교육인가?』 중에서, 엄훈, 2019. 1. 10.)

엄훈 교수의 글 속 '이미 알고 있는 아이들'은 정말 아는 것일까? '아는' 아이와 '모르는' 아이 모두에게 의미 있는 한글교육은 어떤 것일까? 교실 속 모든 아이를 탐구로 이끄는 한글수업을 다음과 같이 제안해 본다.

첫째, 훈민정음의 제자원리를 담은 수업이다.

글자를 제대로 이해한다는 것은 단순히 읽고 쓰는 기능적인 면만 습득하는 것은 아니다. 모음자와 자음자의 모양과 소리를 탐구하고, 글자를 깊이 들여다볼 수 있을 때 한글을 제대로 이해할 수 있다. 한글은 표음성과 더불어 표의성도 가지는 인류사에서 유일한 자질문자*라고 한다. 소리-형태-뜻을 연결하여 만든 한글의 창제 원리를 학생에게 추론하는 기회를 준다면 암기식 한글교육이 가지는 한계를 해결할 수 있다.

둘째, 실제성이 있는 수행과제를 통해 배움을 적용하는 수업이다.

기초 한글을 익히는 1학년에서는 다양한 낱말을 읽고 쓰는 것이 중요하다. 하지만 단편적인 낱말 익히기를 넘어 맥락이 있는 글을 제대로 '읽을 수' 있는 교육이 되어야 한다. 이러한 이유로, 시를 읽고 이해하며 느낌과 분위기를 살려 낭독하는 수행과제를 만들었다. 글자의 모양, 소리, 뜻은 물론 글의 맥락을 제대로 이해할 수 있어야 제대로 시를 낭독할 수 있기 때문이다.

셋째, 학생이 충분히 탐구할 수 있도록 시수를 확보한 수업이다.

단순한 글자 익히기가 아닌 글의 맥락을 읽을 수 있는 수행과제를 포함하는 단원이기에 70차시의 긴 호흡의 단원을 설계했다. 국어 교과서로 따지자면 1학기 9개의 단원 중 4개의 단원과 직접 관련이 있으며, 그 밖의 단원과도 연계된다. 1학년에게 긴 호흡의 단원이지만 아이들에게 한글에 대한 깊이 있는 탐구 경험을 주고자 했다. 시수 확보를 위해서 국어 교과서 2, 3, 4, 6단원을 합한 41차시와 1학년 1학기 국어과 총 수업시수에서 남은 20차시, 그리고 국어의 다른 단원에서 감축한 9차시를 합하여 70차시로 구성했다. 감축한 다른 단원은 다른 교과와 연계 지도를 통해 관련 지식과 기능 습득이 소홀해지지 않도록 노력했다. 개정교육과정에서는 한글교육의 중요성이 대두되어 1~2학년군의 한글교육이 68차시로 확대되었다. 하지만 더 충분히, 제대로 탐구할 수 있는 시간이 필요하다고 생각한다.

"글자를 알면 무엇을 할 수 있을까?"라는 본질적 질문에 대한 아이들의 대답이 의미 있게 다가온다. 배움 전에는 무엇인가를 읽기 위해 글자를 배운다는 대답이 많았다. 배움 후 아이들은 배움의 수단이자 사람과의 관계와 소통을 위한 매개체로서 한글을 바라보게 되었다.

같은 것을 배우더라도 깊이 들여다보면 그것의 의미와 가치를 찾을 수 있게 된다.

* 문자가 나타내는 음소들의 자질이 그 글자의 외형에 체계적으로 반영되어 있는 문자 체계(출처: 한국민족문화대백과).

바·슬·즐

IB-PYP Who We Are

가족은 소중하고 고마운 사람이다.

교사 권은주

1학년 1학기 바·슬·즐 여름 1. 우리는 가족입니다

Unit 1 1학년 바·슬·즐 백워드 교육과정 설계

[1단계] 단원의 목표 찾기: 왜 배워야 할까요?

<table>
<tr><td>단원명</td><td colspan="4">1학년 1학기 바·슬·즐 여름 1. 우리는 가족입니다(40차시+5차시 증배)
국어 5. 다정하게 인사해요(10차시)</td></tr>
<tr><td>단원 개요</td><td colspan="4">이 단원은 '가족과 친척' 주제를 중심으로 바른 생활에서는 가족에 대한 사랑을 근본으로 하여 가족과 친척 간에 필요한 예절을 습관화한다. 슬기로운 생활에서는 가족의 특징과 가족과 친척의 관계를 이해한다. 즐거운 생활에서는 가족에 대한 마음과 가족 활동 및 행사를 다양한 방법으로 표현한다. 이 단원을 통해 가족의 소중함을 알고 생활 속에서 표현할 수 있도록 지도한다.</td></tr>
<tr><td>성취기준</td><td colspan="4">[2바03-01] 가족 및 친척 간에 지켜야 할 예절을 실천한다.
[2슬03-01] 우리 가족의 특징을 조사하여 소개한다.
[2슬03-02] 나와 가족, 친척의 관계를 알고 친척과 함께 하는 행사나 활동을 조사한다.
[2즐03-01] 가족 구성원이 하는 역할을 고려하여 고마운 마음을 작품으로 표현한다.
[2즐03-02] 가족이나 친척이 함께 한 일을 다양한 방법으로 표현한다.
[2국01-01] 상황에 어울리는 인사말을 주고받는다.
[2국01-06] 바르고 고운 말을 사용하여 말하는 태도를 지닌다.
[2국05-05] 시나 노래, 이야기에 흥미를 가진다.</td></tr>
<tr><td>개념</td><td colspan="4">가족과 친척</td></tr>
<tr><td>영속적인 이해</td><td colspan="4">가족은 소중하고 고마운 사람이다.</td></tr>
<tr><td>지식과 기능</td><td>지식</td><td>가정 예절
가족의 특징
가족·친척의 관계, 가족 행사
가족에 대한 마음 표현
가족 활동 및 행사 표현</td><td>기능</td><td>습관화하기
조사하기
관계망 그리기, 조사하기
표현하기
표현하기</td></tr>
<tr><td>본질적 질문</td><td colspan="4">가족은 무엇일까요?
가족에 대한 마음을 어떻게 표현할 수 있을까요?</td></tr>
</table>

[2단계] 단원평가 정하기: 배움을 어떻게 확인할 수 있을까요?

01. 수행과제_GRASPS

교과 역량 | 공동체 역량

Goal	목표	가족의 모습을 영화로 만들면서 가족의 의미를 깨닫고 가족에 대한 마음을 표현하는 것	
Role	역할	○씨네 가족 구성원을 연기하는 배우	
Audience	대상/청중	가족	
Situation	문제 상황	어버이날을 계기로 가족에 대한 마음을 표현하고 싶은 상황	
Product	결과물	영화	
Standards	기준	지식	가정 예절, 가족의 특징, 가족 및 친척의 관계, 가족 행사, 가족에 대한 마음 표현
		기능	습관화하기, 조사하기, 관계망 그리기, 표현하기

02. 학생 참여 시나리오와 배경_STORY

PBL | 가족은 무엇일까?

어버이날을 계기로 우리 반 친구들은 가족에게 마음을 표현하기를 원합니다. 이 단원에서 여러분은 ○씨네 가족 구성원을 연기하는 배우가 되어, 가족이 함께하는 여러 가지 행사와 가족에 대한 마음을 담아 영화 <가족의 탄생>으로 만들게 됩니다. 이 영화 내용에는 가족(친척) 관계와 여러 가지 가족 행사, 가정 예절이 들어가야 합니다. 영화를 만들기 위해 여러분은 가족의 특징과 가족 및 친척의 관계를 알아봅니다. 그리고 가족 간에 지켜야 할 예절을 상황에 맞게 표현하는 방법을 배웁니다.

가족에 대한 마음을 표현한 작품은 실제 여러분의 가족을 우리 교실에 초대하여 6월 넷째 주에 발표할 예정입니다. 이번 단원을 통해 가족의 의미를 알아 가는 기회가 되었으면 좋겠습니다.

교육적 실태와 의도

❶ **지리 환경**: 안동시, 중소 도시, 면소재지에 학교 위치

❷ **학교 규모**: 6학급, 전교생 37명, 1학년 단식학급

❸ **교실 구성**: 5명(남 3명, 여 2명)

❹ **학생 실태**: 5명 모두 부모, 형제와 함께 살고 있으며, 모든 학생이 부모님에 대한 애정이 있다. 하지만 진단활동을 분석한 결과 가족은 자신의 생존을 위해 필요하다고 인식한다.

❺ **교사 의도**: 학생들은 가족이 소중한 이유를 밥을 해 주는 사람, 돌봐 주는 사람 등 자신의 생존을 위한 관점에서 생각하고 있다. 이러한 학생의 관점을 넓혀 주기 위해 다양한 가족의 역할과 상황에 몰입하여 가족의 의미를 탐구할 수 있는 수행과제가 필요하다. 따라서 나와 가족(친척) 관계 이해와 상황에 맞는 가정 예절을 실제 상황에 적용할 수 있도록 아이들이 가상 가족이 되어 영화를 제작하는 수행과제를 제시한다. 또한 영화를 제작하는 과정에서 알게 된 가정 예절을 학생의 실제 가족에게도 실천하여 습관화하도록 돕는다.

03. 평가준거_RUBRIC

구조	기준	꽃(습득)	새싹(습득 중)	씨앗(미습득)
지식	나와 가족 및 친척의 관계를 정확하게 알고 말할 수 있는가?	나와 가족, 사촌 이내의 친척 관계를 바르게 알고 가족 관계와 호칭을 정확하게 말할 수 있다.	나와 가족, 사촌 이내의 친척의 관계를 알고 가족 관계와 호칭 대부분을 말할 수 있다.	나와 가족, 친척을 나열하여 말할 수 있다.
기능	가족 및 친척 간에 지켜야 할 예절을 알고 상황에 맞게 표현할 수 있는가?	가족 및 친척 간에 지켜야 할 예절을 바르게 알고 상황에 맞게 표현할 수 있다.	가족 및 친척 간에 지켜야 할 예절을 알고 일부 상황에 맞게 표현할 수 있다.	가족 및 친척 간에 지켜야 할 예절에 대해 말할 수 있다.
	우리 가족의 특징을 조사하여 소개할 수 있는가?	가족의 특징을 다양하게 조사하고, 이를 그림이나 글로 상세하게 소개할 수 있다.	가족의 특징을 조사하여 그림이나 글로 나타내고 소개할 수 있다.	가족의 특징을 간단히 나타낼 수 있다.
수행	나는 가족의 의미를 말할 수 있는가?	나는 가족의 의미에 대하여 깊이 고민하여 나의 생각을 말할 수 있다.	나는 가족의 의미에 대하여 나의 생각을 말할 수 있다.	가족의 의미에 대한 나의 생각을 말하기 어렵다.
자기	가족에 대한 마음을 작품으로 표현하는 데 적극적으로 참여하는가?	가족에 대한 고마운 마음을 작품으로 표현하는 데 적극적이다.	가족에 대한 고마운 마음을 작품으로 표현할 수 있다.	가족에 대한 고마운 마음을 작품으로 표현하는 활동에 소극적으로 참여한다.

[3단계] 단원 수업 구성하기: 학생들은 무엇을 배울까요?

01. 교수·학습_WHERETO

교수·학습 활동(안내 질문)	계열화	평가 증거
1. 나는 무엇을 배워야 할까요? 가. 나에게 소중한 사람은 누구일까? 나. 가족은 무엇일까? 다. KWL은 무엇인가? 라. 우리의 수행과제는 무엇인가?	W, E2, H	진단평가 ▸ 서술 ▸ 구술 ▸ 구술
2. 가족과 친척은 누가 있으며 언제, 왜 만날까요? 가. 우리 가족은 어떤 특징이 있을까? 나. 나의 가족과 친척은 누가 있으며 어떤 관계일까? 다. 가족이나 친척과 함께 하는 행사나 활동은 무엇이 있을까?	E1, E2, R	형성평가 ▸ 구술, 보고서, 퀴즈 ▸ 관찰, 구술, 퀴즈 ▸ 구술, 서술
3. 가족에 대한 마음을 어떻게 표현할 수 있을까요? 가. 가족에 대한 마음을 어떻게 표현할까? 나. 왜 가족끼리 예절을 지켜야 할까? 다. 가족에 대한 마음을 어떻게 영화로 표현할까?	E1, E2, R, T	형성평가 ▸ 구술, 서술 ▸ 관찰
4. 수행과제를 어떻게 발표할까요? 가. 나는 실제 가족에게 예절을 지킬 수 있는가? 나. 가족에 대한 마음을 나만의 방법으로 어떻게 표현할까? 다. 나는 수행과제를 잘 발표할 수 있는가?	E2, R, T	총괄평가 ▸ 관찰, 자기평가 ▸ 관찰, 수행과제 ▸ 관찰, 수행과제
5. 나는 무엇을 이해하고 있나요? 가. 나는 이 단원의 지식과 기능을 제대로 형성하였는가? 나. 배운 점, 좋았던 점, 아쉬운 점은 무엇인가? 다. 가족은 무엇일까?	E2	총괄평가 ▸ 구술, 서술, 자기평가 ▸ 구술 ▸ 구술

Unit 2

1학년 바·슬·즐 백워드 교육과정 실천

단원 설계의 조직과 계열_Organize

CBC | 가족 관계 & 가정 예절

구분	가족 관계	가정 예절
이해	가족은 소중하고 고마운 사람이다.	
수행	가족에 대한 마음 표현하기	
개념렌즈	가족 관계	가정 예절
질문	가족은 무엇일까요?	가족에 대한 마음을 어떻게 표현할 수 있을까요?
지식	가족의 특징 가족, 친척의 관계 가족 행사	가정 예절 가족에 대한 마음 표현 가족 활동 및 행사 표현
기능	가족의 특징 조사하기 가족, 친척 관계망 그리기 가족 행사 조사, 표현하기	가정 예절 습관화하기 가족에 대한 마음 표현하기 가족 활동 및 행사 표현하기

수업 흐름: 진단 활동 → 가족의 특징, 관계 이해하기 → 가족 행사 표현하기 → 가정 예절 습관화하기 → 가족에 대한 마음 표현하기 → 수행과제 준비하기 → 수행과제 발표하기 → 자기 평가

01. 나는 무엇을 배워야 할까요?

어버이날 당일, '나에게 소중한 사람은 누구일까?'라는 주제로 수업을 하며 아이의 마음을 엿본다. 우리 반 친구, 동네 형 등 다양한 반응이 나오지만, 그중 가장 소중한 사람은 가족이라고 말한다.

이어서 '가족은 무엇일까?'에 대한 배움 전 생각과 KWL(what I Know-what I Want to know and Learn)을 다음과 같이 나눈다.

① 가족은 무엇일까요?

행복한 사람, 꼭 살아야 하는 사람, 우리들 밥을 만들어 주시는 사람, 내가 좋아하는 사람 등

② 가족과 관련하여 어떤 것들을 알고 있나요?

- 나의 가족은 4명이다.
- 엄마, 아빠는 나를 좋아하신다.
- 엄마는 나를 안아 주신다 등

③ 가족에 대하여 알고 싶거나 배우고 싶은 것은 무엇이 있나요?

- 엄마, 아빠는 어떻게 태어났을까?
- 다른 나라의 가족에 대해서 배우고 싶다.
- 엄마만 있어도 내가 태어났을까? 등

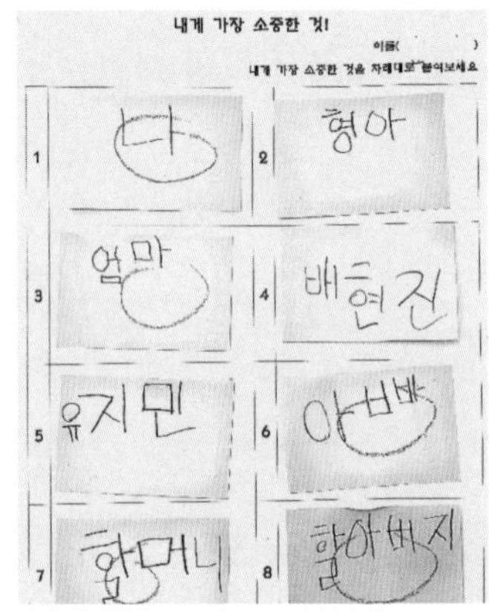

<그림 1> 나에게 소중한 사람은 누구일까?

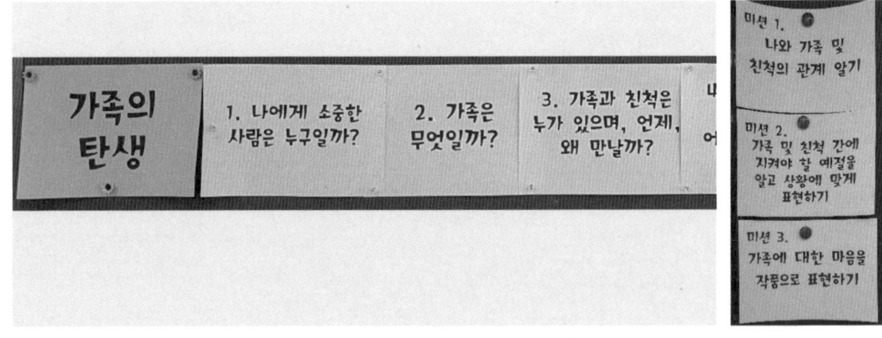

<그림 2> 본질적 질문 및 수행과제 게시

학생 모두는 가족에 대한 긍정적인 생각(소중한 사람, 꼭 지켜야 하는 사람 등)을 가지고 있다. '꼭 결혼해야 아기를 낳을까?', '엄마, 아빠는 어떻게 태어났을까?' 등 가족에 대하여 배우고 싶은 것도 다양하다. 본질적 질문과 수행과제를 소개한 뒤 인쇄하여 교실 게시판에 붙인다. 학생이 잘 보이는 곳에 붙여 두면 학생이 질문과 수행과제를 지속적으로 고민하는 데 도움이 된다.

02. 가족과 친척은 누가 있으며 언제, 왜 만날까요?

이제 본격적으로 가족을 탐구할 시간이다. 책 『가족은 꼬옥 안아 주는 거야』(박윤경, 웅진주니어, 2011)를 함께 읽으며 가족이 어떻게 만들어지고 함께 살아가는지 알아본다. 책을 보고 나서 알게 된 점을 이야기 나눈다.

학생 1 책 볼 때, 청소할 때, 빨래할 때 가족이 같이해요.

학생 2 언니가 울 때는 동생이 달래 줘야 해요.

학생 3 가족들은 소중한 걸 알았어요.

학생 4 가족은 흩어지면 울고 싶어요.

학생 5 가족은 서로 때리지 말고 아껴 줘야 돼요.

<그림 3>가족의 특징 소개하기

<그림 4> 가족의 관계 퀴즈로 형성평가

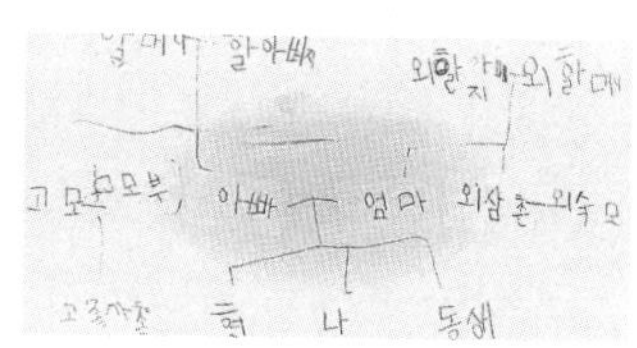

<그림 5> 가족의 관계를 가계도로 표현하기

<그림 6> 가족 행사 조사하기

학생들은 생각 나눔을 통해 가족의 구성원 모두가 소중하다는 것을 깨닫는다.

책 속 가족을 살펴본 뒤 실제 나의 가족의 특징을 알아본다. 주말 과제로 가족의 특징을 조사하여 자료를 가져올 수 있도록 한다. 조사한 자료를 바탕으로 학교에서 도화지를 집 모양으로 접어(하우스북) 자신의 가족 구성원을 소개하는 자료를 만들고 발표 및 평가 시간을 가진다. 자기·동료 평가 후 교사는 발표 내용에 대해 간단한 퀴즈를 낸다. 학생마다 가족 구성원이 다르기 때문에 퀴즈를 통해 학생이 다양한 가족 관계를 이해하도록 돕기 위해서다. 학생들은 발표와 퀴즈를 통해 각 가정마다 가족의 구성원이 다르고 관계에 따라 부르는 말도 달라짐을 알게 된다.

다음으로 가족의 범위를 넓혀 친척의 관계까지 생각할 단계이다. 교사는 책 『가족의 가족을 뭐라고 부르지?』(채인선, 미세기, 2010)를 읽어 준 뒤 가족을 넘어선 사촌 이내의 친척 관계 및 호칭을 가계도로 표현하며 설명한다.

학생들은 가족 관계에 따른 호칭을 맞히는 퀴즈를 통해 이해도를 점검하고 가계도로 자신의 친척 관계를 나타낸다. 교과서에는 가계도로 표현하는 과제가 없으나, 나와 친척의 관계를 제대로 이해한다면 가계도로 표현할 수 있기에 이러한 과제를 제시한다. 다만, 1학년 수준에 맞게 사촌 이내의 가족 범위에서 간단히 표현한다.

가족과 친척의 관계를 탐구하고 여러 차례 형성 평가한 뒤 가족이나 친척이 함께하는 행사나 활동을 조사한다. 조사한 내용은 자신의 가족을 소개할 때 만든 하우스북의 빈 곳에 덧붙여 적는다. 생일, 추석, 설날, 가족여행, 결혼식 등 자신이 직접 경험한 것을 중심으로 기록한다.

03. 가족에 대한 마음을 어떻게 표현할 수 있을까요?

영화를 만들기 전 가족에 대한 마음을 어떻게 표현할 수 있을지 학생의 생각을 들어 본다. 학급회의를 통해 공통 수행과제인 영화 만들기뿐만 아니라 자신만의 방법으로도 마음을 표현하기로 결정이 난다. 학생들은 어떤 방법으로 표현하고 싶은지 각자 생각을 내놓는다. 대부분은 평소 즐기는 레고로 작품을 만들고 싶어 한다. 편지를 보내고 싶다는 학생도 있다. 신중히 생각하고 결정할 수 있게 영화 제작 후에 다시 회의하기로 한다.

이제 영화 만들기가 시작된다. 지금까지 배우면서 알게 된 가족 관계와 친척, 가족이 함께하는 행사를 바탕으로 우리 반 가족을 만들고, 영화로 표현할 행사를 정한다.

가족의 의미를 찾아가는 영화 대본을 만들기 위해서는 가족에 대한 소중함, 가정 예절의 필요성과 방법에 대한 배움이 우선될 필요가 있다. 학생들에게 "왜 가족끼리 예절을 지켜야 할까?"라고 질문을 먼저 던진 후, 책 『돼지책』(앤서니브라운, 웅진주니어, 2009)과 애니메이션 〈검정고무신〉 중 '조상의 묘'편을 함께 보며 가족의 의미와 가정 예절을 생각해 보는 시간을 가진다. 『돼지책』과 〈검정고무신〉 모두 가족이 갑자기 사라지거나 가족이 위험에 처한 상황을 그려 내어 가족의 의미를 탐구하는 데 도움이 된다.

국어 교과서 1학년 1학기 5단원 '다정하게 인사해요'와 연계하여 상황에 따른 예절 표현 방법에 대하여 학습한 뒤, 영화에서 자기가 맡은 역할의 대사를 직접 써 본다.

아래의 대화 내용에서 알 수 있듯, 영화 촬영이라는 가상의 경험이었지만 학생들은 일상생활에서도 극 중 역할에 몰입하고 있고, 나와 가족의 관계를 깊이 이해하고 있음을 확인할 수 있다.

(영화 첫 촬영인 결혼식을 찍은 날 급식시간 중)

학생 1(엄마 역할)	(할아버지 역할을 한 친구를 보며) 아버님, 식사 맛있게 하세요.
학생 2(아빠 역할)	선생님, 나는 아빠답게 반찬 다 먹었어요!
학생 1(엄마 역할)	선생님, 저는 엄마라서 젓가락질을 잘해요.
학생 3(나 역할)	선생님, 선생님은 증조할머니니까 할아버지한테 아들이라고 해야 되는 것 아니에요?
학생 4(동생 역할)	선생님, 할아버지가 아빠보다 키가 작은데, 왜 그래요?

<그림 7> 결혼식 촬영하기

<그림 8> 설 명절의 가족 모습 촬영하기

<그림 9> 증조할머니의 제사 촬영하기

백워드 수업-전략

Q. 아이들은 어떤 과정으로 영화를 만들었을까?

이 단원에서는 국어와 연계하여 상황에 맞는 인사말, 정확한 발음, 띄어 읽기, 문장 쓰기 등을 함께 가르쳤다. 영화를 만들 때 각자 맡은 역할의 대사는 학생들이 썼다. 가족 구성원의 나이, 이름과 표현할 가족 행사를 정할 때 학생의 의견을 최대한 반영하였다. 대본을 쓸 때 해설 부분은 교사가 초안을 만들고, 학생들과 회의를 통해 수정했다.

영화 제목은 <가족의 탄생>이다. [엄마, 아빠의 결혼식], [나와 동생이 태어난 날], [친척과 함께 즐거운 설날], [증조할머니의 장례식], [증조할머니의 제사] 이렇게 다섯 장면으로 구성했다. 등장인물은 증조할머니, 할아버지, 아버지, 어머니, 나, 동생, 고모, 주례이다. 아래는 [증조할머니의 장례식] 의 대본이다.

	부르는 말	이름	나이	부르는 말	이름	나이
나오는 사람들	증조할머니	윤○○	100	할아버지	권○○	69
	아버지	권○○	38	어머니	배○○	39
	나	권○○	9	동생	권○○	2
내가 맡은 역할	○○○					
표현할 가족 행사	4. 증조할머니의 장례식					

해설: 이곳은 장례식장이에요. 얼마 전부터 증조할머니께서 몸에 큰 병이 생기셨대요. 결국 증조할머니께서는 하늘나라로 가시게 되셨지요.

아빠: 할머니!

엄마: 시할머니! 돌아가시지 마세요.

나: 증조할머니!

동생: 증조할머니! 돌아가시면 안 돼요. 보고 싶어요!

할아버지: 어머니! 하늘나라에서 행복하게 사세요.

해설: 가족을 잃는 건 하늘이 무너지는 아주 슬픈 일이에요. 가족은 가장 소중한 사람이에요.

04. 수행과제를 어떻게 발표할까요?

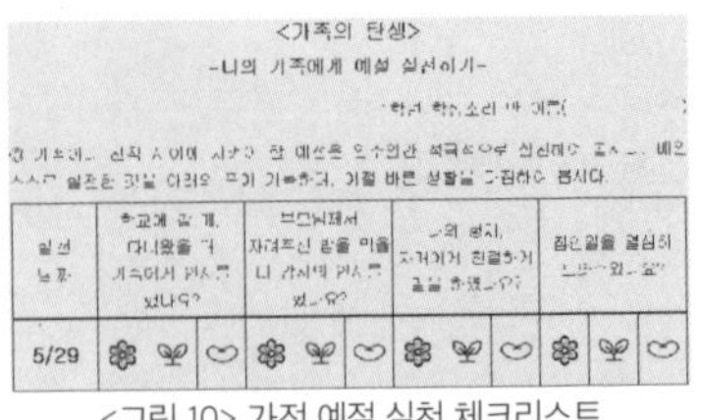

<가족의 탄생>

-나의 가족에게 예절 실천하기-

[illegible]	[illegible]	[illegible]	[illegible]	[illegible]
5/29				

<그림 10> 가정 예절 실천 체크리스트

가상 체험이지만 가족의 탄생부터 이별까지의 간접경험은 실제 가족에 대한 마음에 영향을 줄 수 있다. 이 경험이 실제 가족에 대한 예절 실천으로 이어질 수 있도록 실천 체크리스트를 학생과 함께 만들어 일주일간 실천한다. 그리고 실천한 결과를 나누고 되돌아본다.

영화 제작이 마무리될 즈음, 가족에 대한 마음을 자기만의 방법으로 표현한다. 처음에 레고로 작품을 만들고 싶다는 학생이 대부분이었지만, 다시 회의를 하자 편지와 아이클레이 작품으로 마음을 표현하려고 하는 학생들이 많아졌다. 회의를 통해 수행과제 발표 방법과 내용을 결정하고 부모님을 초대하여 아래 순서와 같이 발표회를 실시한다.

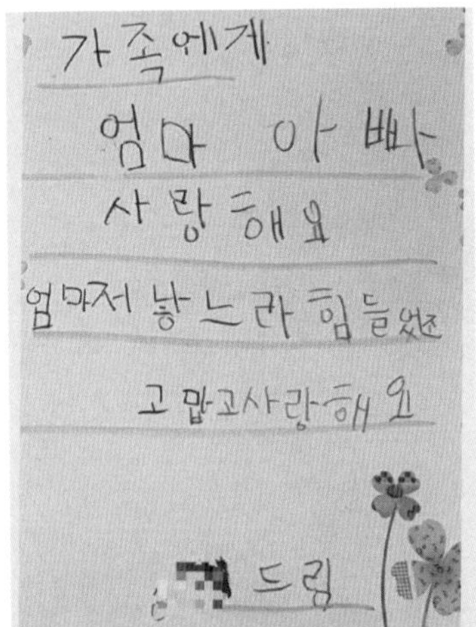

<그림 11> 나만의 방법으로 마음 표현하기(편지)

<수행과제 발표회 발표 내용 순서>

① 영화 속에 나온 배경 장소 소개하기

② 영화 감상하기

③ 가족에 대한 마음을 나만의 방법으로 표현한 작품을 소개하고 선물하기

④ 노래와 악기로 '어머님 은혜' 공연하기

<그림 12> 발표회가 끝난 뒤 편지 다시 읽으며 가족과 대화 나누기

학생들이 준비한 발표회가 끝난 뒤 어머니들도 미리 준비한 손편지를 읽어 준다. 엄마의 편지를 처음으로 받은 한 학생은 감동해서 눈물이 날 뻔했다고 소감을 말한다.

05. 나는 무엇을 이해하고 있나요?

수행과제 발표회 다음 날, 단원 성찰 활동으로 배움을 되돌아본다. 먼저, 나와 가족 및 친척과의 관계를 제대로 이해했는지 구술 및 서술로 총괄평가(교육부, 바·슬·즐 교과서 CD 자료, 2019)를 실시한다. 평가 루브릭을 1학년 수준에 맞게 재구성하여 자신의 이해도를 체크리스트 평가하고 배·좋·아(단원을 통해 배운 점, 좋았던 점, 아쉬운 점 표현하기)를 나눈다.

배운 점	좋았던 점	아쉬운 점(반성할 점)
-가족은 죽으면 안 된다. -가족은 엄청 소중하다. -엄마는 나를 사랑한다. -엄마는 나를 혼낼 때도 있지만 나를 사랑한다 등	-발표회에서 엄마가 안아 주신 것 -<가족의 탄생> 영화 찍은 것 -가족에 대한 마음을 나만의 작품으로 만들어서 선물한 것 -엄마가 나에게 편지를 선물한 것 등	-가족 소개 하우스북을 제대로 조사하지 못하고, 가족을 제대로 못 그린 것 -<가족의 탄생>이 끝나서 아쉽다. -엄마에게 반말 쓴 것 -엄마 말 안 들은 것 등

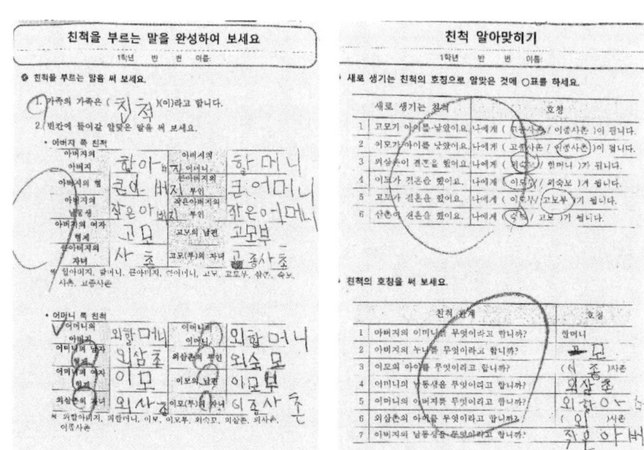

<그림 13> 가족 관계 이해도 총괄평가

Q. 본질적 질문에 대한 학생의 이해 정도를 어떻게 파악할 수 있을까?

단원을 통해 아이들은 본질적 질문에 대한 생각을 스스로 구성하게 된다. 학생이 질문에 대해 탐구하고 개념을 이해하였는지 확인하는 방법으로 배움 전과 배움 후의 생각을 파악하고 분석하는 것을 제안한다. 아래는 본 단원에서 학생들이 진단평가와 총괄평가에서 같은 질문에 어떻게 응답하는지를 기록한 것이다.

이름	배움 전 생각(진단평가)	배움 후 생각(총괄평가)
권○○	행복한 사람	가족은 엄청 소중하다.
김○○	꼭 살아야 하는 사람 우리들 밥을 만들어 주시는 사람 꼭 지켜야 하는 사람	가족은 보물이다. 소중하니까…… 가족은 사랑이 많다.
배○○	소중한 사람 내가 좋아하는 사람 엄마, 아빠, 나, 언니, 할머니, 할아버지	가족은 너무너무 소중하다.
유○○	우리 엄마, 아빠, 동생, 나, 할머니, 할아버지 돌아가시면 눈물 날 것 같은 사람들	가족은 소중하다. 가족은 날 돌봐 주신 분들이다.
윤○○	우리를 처음부터 잘 키워 주시고 우리를 잘 돌봐 주시니까 죽으면 안 되는 사람	가족은 소중한 사람이다. 가족은 엄청 좋은 사람들이다. 나를 낳아 주시고, 돌봐 주고, 키워 주시는 분들이다.

Unit 3 학생 이해의 증거

01. 이해의 증거_EVIDENCE

측면	설명	해석	적용	관점	공감	자기 지식
확인	증거 ❸, ❹, ❻	-	증거 ❶, ❷, ❺	증거 ❽	-	증거 ❼
	가족 소개 자료 가계도 가족 및 친척 관계 알기 퀴즈		영화 가족에 대한 마음을 표현한 개인 작품 가정 예절 실천 체크리스트	구술평가		자기평가

02. 수행과제 결과물: 영화, 가족에 대한 마음을 표현한 개인 작품

<증거 ❶> 영화(영상 일부)

<증거 ❷> 가족에 대한 마음을 표현한 개인 작품

03. 그 밖의 증거: 가족 소개 자료, 가계도, 가정 예절 실천 체크리스트, 가족 및 친척 관계 알기 퀴즈, 자기평가, 구술평가

<증거 ❸> 가족 소개 자료(하우스 북)

<증거 ❹> 가계도

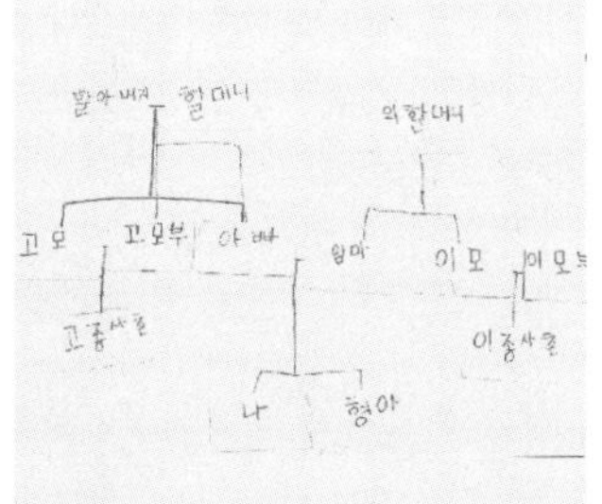

<증거 ❺> 가정 예절 실천 체크리스트

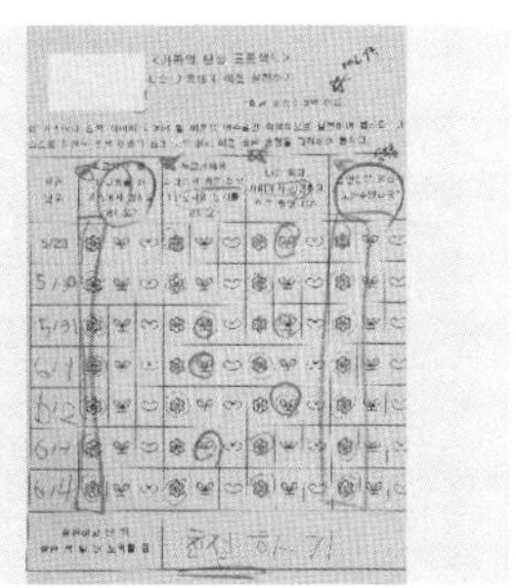

<증거 ❻> 가족 및 친척 관계 알기 퀴즈

<증거 ❼> 자기평가(단원 총괄평가)

				❀	🌱	☺	❀	🌱	☺
프로젝트 관련 평가	바른생활	(2바03-01)가족 및 친척 간에 지켜야 할 예절을 실천한다.	가족 및 친척 간에 지켜야 할 예절을 알고 상황에 맞게 표현하기		O				
	슬기로운 생활	(2슬03-01)우리 가족의 특징을 조사하여 소개한다.	우리 가족의 특징을 조사하여 소개하기	O					
		(2슬03-02)나와 가족, 친척의 관계를 알고 친척과 함께 하는 행사나 활동을 조사한다.	나와 가족 및 친척의 관계 알기		O				
			가족이나 친척과 함께 하는 행사나 활동 조사하기	O					
	즐거운 생활	(2즐03-01)가족 구성원이 하는 역할을 고려하여 고마운 마음을 작품으로 표현한다.	가족에 대한 마음을 작품으로 표현하기	O					
		(2즐03-02)가족이나 친척이 함께 한 일을 다양한							

<증거 ❽> 구술평가(본질적 질문에 대한 생각 나누기)

Q1: 가족은 무엇일까요?

[학생 1] 가족은 소중하다. 가족은 날 돌봐 주신 분들이다.

[학생 2] 가족은 소중한 사람이다. 가족은 엄청 좋은 사람들이다. 나를 낳아 주시고 돌봐 주고, 키워 주시는 분들이다.

Q2: 가족에 대한 마음을 어떻게 표현할 수 있을까요?

[학생 1] 가족의 마음이 행복하게 해 준다.

[학생 2] 가족이 힘들면 도와주어야 한다. 가족에게 사랑 표현을 많이 한다.

04. 교사의 학생 성장 기록: NEIS 관찰기록 및 가정통지 내용

2019. 5. 14.	가족의 특징을 다양하게 조사하여 글과 그림으로 자세하게 나타냄.
2019. 5. 20.	나와 가족, 친척 관계를 정확하게 알고 퀴즈로 평가하는 활동에서 가족 관계와 가족을 부르는 말을 모두 정확하게 맞힘.
2019. 5. 21.	사촌 이내의 가족, 친척관계를 가계도로 정확하게 표현할 수 있으며 다른 친구들의 가계도에서 오류를 바르게 찾아낼 수 있음.
2019. 5. 29.	가족 및 친척에게 지켜야 할 예절을 알고 상황에 맞게 표현하는 수업에 소극적으로 참여함.
가정통지 내용	가족의 특징을 자세히 조사하여 소개할 수 있습니다. 나와 가족, 친척의 관계를 이해하고 가족 관계와 호칭을 정확히 말할 수 있습니다. 가족에 대한 마음을 편지로 표현하는 활동에 진지하게 참여했습니다.

성취기준	수행과제	평가결과					
		자기평가			교사평가		
(2바03-01)가족 및 친척 간에 지켜야 할 예절을 실천한다.	가족 및 친척 간에 지켜야 할 예절을 알고 상황에 맞게 표현하기		○			◎	
(2슬03-01)우리 가족의 특징을 조사하여 소개한다.	우리 가족의 특징을 조사하여 소개하기	○			◎		
(2슬03-02)나와 가족, 친척의 관계를 알고 친척과 함께 하는 행사나 활동을 조사한다.	나와 가족 및 친척의 관계 알기		○		◎		
	가족이나 친척과 함께 하는 행사나 활동 조사하기	○				◎	
(2즐03-01)가족 구성원이 하는 역할을 고려하여 고마운 마음을 작품으로 표현한다. (2즐03-02)가족이나 친척이 함께 한 일을 다양한 방법으로 표현한다.	가족에 대한 마음을 작품으로 표현하기	○			◎		

Unit 4 교사의 반성과 성찰

Q1. 교실에 없는 가족을 어떻게 교실에서 가르치고 배울까?

최근 사회적 문제가 되고 있는 가족의 붕괴로 인하여 서로의 가족 소개도 민감한 수업 주제가 되고 있다. 그래서 교실에 존재하지 않는 가족을 교실 속에서 가르쳐야 했을 때 많은 고민을 하였다. 같은 지역 1학년 선생님 몇 분과 함께 고민하여 우리 반 아이들이 한 가족이 되어 보자는 결론에 이르렀다.

우리 반이 한 달 정도 가상 가족으로 지내면서 가족의 탄생부터 이별의 과정을 영화로 엮으며 가족을 교실에 있도록 만들면 어떨까?

아이의 단편적인 경험만으로는 가족의 관계와 가정 예절을 깊이 탐구하는 것이 쉽지 않다. 그래서 백워드 설계를 통해 가족의 의미를 1학년 수준에서 깊이 이해할 수 있도록 단원을 설계하고자 하였다. 특히, 가족이 겪는 여러 일을 영화 제작을 통해 경험하게 되면 행복한 가정은 그냥 만들어지는 것이 아니라 모든 가족의 노력과 사랑으로 이루어짐을 깨닫는 데 도움이 되지 않을까?

영화 제작이라는 수행과제는 1학년에게 쉽지 않다. 하지만 순수한 1학년이기에 역할과 상황에 더욱 몰입할 수 있었다. 영화 만들기 자체가 중요한 것이 아니다. 영화를 찍는 과정에서 나와 가족 및 친척의 관계를 이해하고 가족에 대한 마음을 느끼고 표현하면서 가족의 의미를 스스로 찾는 것이 중요하다.

> 진정한 이해의 증거는 학생들이 단순히 재생과 재인하는 것을 요구하는 단서에 얼마나 쉽고 빠르게 반응하는가를 보는 것이 아니라 학생들이 과제를 통해 진정한 수행이 이루어지는 동안 학습자의 이해 도달 여부를 판단하는 것이다.
>
> 따라서 수행과제를 설계할 때는 맥락에서 벗어난 반복 중심 연습이 아니라 맥락 속에서 학습자가 직면하는 많은 선택과 도전에 대한 사고를 요구하는 문제(problem) 중심의 수행과제를 개발해야 한다.
>
> (『이해중심 교육과정을 위한 백워드 설계의 이론과 실천: 교실혁명』, 강현석·이지은 공저, 학지사, 2016.)

Q2. '가족의 탄생'은 아이들에게 어떠한 의미를 가지는가?

아이들에게 가족은 어떤 의미일까? 그 답을 찾아가고자 우리 반이 하나의 가족이 되어 한 달 정도 가상 가족으로 지냈다. 가족의 탄생부터 이별의 과정을 영화로 만들며 가족에 대한 자신의 마음을 바라보았다. 그리고 그 마음을 자신만의 방법으로 표현하는 경험을 하게 되었다. 교과서에서는 본 단원이 40차시로 되어 있으나 국어교과와 통합하여 단원을 설계하여 55차시로 시수를 확대하였다.

이 단원을 설계하면서 성취기준에 제시된 가족에 대한 감사를 아이들에게 답처럼 강요하고 싶지 않았다. 아이들이 하나의 가족이 되어 가족을 탐구하면서 가족에 대한 마음을 있는 그대로 바라보기를 원했고 그 마음을 표현할 수 있기를 바랐다. 그래서 수행과제를 '가족에 대한 고마운 마음 표현하기'가 아닌 '가족에 대한 마음 표현하기'로 제시하였다.

이 단원에서 아이들은 가상의 상황임에도 불구하고 실제 가족처럼 깊게 몰입했다. 가족에 대한 마음을 다양한 방법으로 표현하는 과정에서 아이들은 자신이 얼마나 가족을 사랑하는지, 그리고 사랑을 받고 있는지 깨닫고 있었다.

단원 처음부터 끝까지 아이들에게 지속적으로 '가족이 무엇일까'라는 질문을 던졌다. 1학년 아이들에게 가족의 의미가 어떤 것인지 알고 싶어서 단원의 본질적 질문 또한 '가족은 무엇일까?'로 설정하였다. 1학년 아이들에게 가족은 세상 그 무엇보다 크고 깊은 것이었다. 배·좋·아 활동 및 단원 마무리 탐구질문을 통해 본 아이들의 배움은 처음에 설정한 영속적인 이해와 밀접하게 연결되었다. 이 단원을 통해 아이들은 가족에 대한 고마움을 깨닫게 되었다. 수행과제가 재미있는 활동으로 끝나지 않고 아이들에게 의미와 배움을 주게 되었다는 점에서 교사에게도 의미 있는 수업이었다.

1학년 백워드 설계중심 교육과정과 교과 단원 분석표 및 조망도

<1-1학기>

<1-2학기>

2학년
백워드 교육과정
실천 이야기

바·슬·즐

IB-PYP How The World Works

우리 동네 사람들이 하는 일은 우리에게 도움을 준다.

교사 서수정

2학년 2학기 바·슬·즐 1. 동네 한 바퀴

2학년 바·슬·즐 백워드 교육과정 설계

[1단계] 단원의 목표 찾기: 왜 배워야 할까요?

<table>
<tr><td>단원명</td><td colspan="4">2학년 2학기 바·슬·즐 1. 동네 한 바퀴 (40차시)
2학년 2학기 국어 6. 자세하게 소개해요 (3차시)</td></tr>
<tr><td>단원 개요</td><td colspan="4">'동네 한 바퀴'의 주제는 '우리 동네'이다. 동네 모습과 동네 사람들이 하는 일을 중심으로 우리 동네를 관찰하고 탐구하는 기회를 제공한다. 바른 생활에서는 각자의 일을 존중하고 소중히 여기는 자세를 갖도록 한다. 슬기로운 생활에서는 동네에 대한 관심 및 이해를 높이기 위해 동네 사람들이 하는 일을 다양한 자료를 활용하여 탐색한다. 즐거운 생활에서는 동네를 소재로 놀이를 하거나 표현한다.</td></tr>
<tr><td>성취기준</td><td colspan="4">[2바05-02] 동네를 위해 할 수 있는 일을 찾아 실천하면서 일의 소중함을 안다.
[2슬05-03] 동네의 모습을 관찰하고, 그림으로 그려 설명한다.
[2슬05-04] 동네 사람들이 하는 일, 직업 등을 조사하여 발표한다.
[2즐05-03] 동네 모습을 다양하게 표현한다.
[2즐05-03] 동네에서 볼 수 있는 직업과 관련하여 놀이를 한다.
[2국03-03] 주변의 사람이나 사물에 대해 짧은 글을 쓴다.</td></tr>
<tr><td>개념</td><td colspan="4">우리 동네</td></tr>
<tr><td>영속적인 이해</td><td colspan="4">우리 동네 사람들이 하는 일은 우리에게 도움을 준다.</td></tr>
<tr><td>지식과 기능</td><td>지식</td><td>일의 소중함
동네에 있는 것들
동네 사람들이 하는 일, 직업
동네 모습 표현
직업 놀이</td><td>기능</td><td>내면화하기
관찰하기
조사하기
표현하기
놀이하기</td></tr>
<tr><td>본질적 질문</td><td colspan="4">우리 동네 사람들은 어떤 일을 하나요?
우리 동네 사람들이 하는 일은 우리와 어떤 관계가 있나요?</td></tr>
</table>

[2단계] 단원평가 정하기: 배움을 어떻게 확인할 수 있을까요?

01. 수행과제_GRASPS

교과 역량 | 의사소통 역량

Goal	목표	자랑스러운 하양인을 찾아서 추천하는 것	
Role	역할	행정복지센터 직원(공무원)	
Audience	대상/청중	우리 동네 사람들(자랑스러운 하양인)	
Situation	문제 상황	우리 동네에서 열심히 일하는 '2019 자랑스러운 하양인'을 선정하여 상을 주어야 하는 상황	
Product	결과물	자랑스러운 하양인 추천서	
Standards	기준	지식	일의 소중함, 동네 사람들이 하는 일
		기능	관찰하기, 조사하기

02. 학생 참여 시나리오와 배경_STORY

PBL | 누가 최고의 자랑스러운 하양인인가?

하양읍 행정복지센터에서는 새로운 행사를 계획하고 있습니다. 우리 하양에서 열심히 일하고 있는 분들을 찾아 '자랑스러운 하양인'으로 선정하여 상장을 전달하는 일입니다.
우리 반은 행정복지센터 직원(공무원)이 되어 우리 동네 분들은 어떤 일을 하고 있는지 조사하고, 그분들 중 '자랑스러운 하양인'에 가장 어울리는 분을 추천해야 합니다. 추천서에는 사람들이 하는 일과 추천 이유가 포함되어야 합니다. 시상식은 9월 마지막 주에 있을 예정입니다.

교육 환경과 교사 의도

❶ **지리 환경:** 경산시, 중소도시, 대구시와 인접, 상업지역

❷ **학교 규모:** 33학급, 2학년 1~5반

❸ **교실 구성:** 22명(남 14명, 여 8명)

❹ **학생 실태:** 대부분의 학생들이 '우리 동네'를 떠올렸을 때 이웃과의 관계보다 자신이 자주 이용하는 장소 위주의 좁은 경험적 장소로 인식하고 있다.

❺ **교사 의도:** 학생들은 동네에 대해 자신이 자주 가는 장소만 기억할 뿐 우리 동네의 다양한 장소나 그곳에서 일하는 이웃에 대해서는 잘 모르는 경우가 많다. 우리 지역명을 넣은 '자랑스러운 하양인 선정'을 위해 우리 동네를 살펴보고, 사람들이 하는 일을 조사하고, 직업 체험 놀이를 통해 일의 어려움 체험한다. 이를 통해 우리 동네 사람들에 대한 관심과 일의 소중함을 알았으면 한다.

03. 평가준거_RUBRIC

구조	기준	꽃(습득)	새싹(습득 중)	씨앗(미습득)
지식	우리 동네 사람들이 하는 일을 알고 말할 수 있는가?	우리 동네 사람들이 하는 일은 무엇이 있는지, 그 일은 어떤 일을 하는지 자세하게 말할 수 있다.	우리 동네 사람들이 하는 일은 무엇이 있는지, 그 일은 어떤 일을 하는지 말할 수 있다.	우리 동네 사람들이 하는 일을 말할 수 있다.
기능	사람들이 하는 일을 조사하여 글로 쓸 수 있는가?	사람들이 하는 일을 조사하여 글로 상세하게 나타낼 수 있다.	사람들이 하는 일을 조사하여 글로 나타낼 수 있다.	사람들이 하는 일을 조사할 수 있다.
	동네의 모습을 표현할 수 있는가?	동네의 모습을 정확하게 표현할 수 있다.	동네의 모습을 표현할 수 있다.	동네의 모습을 표현하는 것이 어렵다.
수행	나는 우리 동네 사람들이 하는 일의 의미를 말할 수 있는가?	나는 우리 동네 사람들이 하는 일이 우리와 어떤 관계가 있는지 자세하게 말할 수 있다.	나는 우리 동네 사람들이 하는 일이 우리와 어떤 관계가 있는지 말할 수 있다.	나는 우리 동네 사람들이 하는 일이 우리와 어떤 관계가 있는지 말하기 어렵다.
자기	나는 프로젝트에 적극적으로 참여하였는가?	나는 우리 동네 사람들이 하는 일을 관찰하고 조사하는 데 적극적으로 참여하였다.	나는 우리 동네 사람들이 하는 일을 관찰하고 조사하는 데 참여하였다.	나는 우리 동네 사람들이 하는 일을 관찰하고 조사하는 데 소극적으로 참여하였다.

[3단계] 단원 수업 구성하기: 학생들은 무엇을 배울까요?

01. 교수·학습_WHERETO

교수·학습 활동(안내 질문)	계열화	평가 증거
1. 나는 무엇을 배워야 할까요? 가. '우리 동네'에 대해 알고 있는 것은 무엇인가? 나. 우리의 수행과제는 무엇인가?	W	**진단평가** ▸ 마인드맵
2. 우리 동네는 어떤 모습인가요? 가. 우리 동네에는 무엇이 있는가? 나. 우리 동네의 모습을 어떻게 나타낼 수 있는가?	H,E1	**형성평가** ▸ 관찰, 구술 ▸ 관찰, 실기
3. 우리 동네 사람들은 어떤 일을 하나요? 가. 우리 동네에는 어떤 다양한 직업이 있는가? 나. 동네 사람들이 하는 일을 어떻게 조사하는가?	E1	**형성평가** ▸ 구술 ▸ 서술
4. 누가 자랑스러운 하양인인가요? 가. 자랑스러운 하양인은 어떤 기준으로 뽑아야 하는가? 나. 나는 누구를 자랑스러운 하양인으로 뽑을 것인가? 다. 직업 체험 축제를 통해 알게 된 점은 무엇인가? 라. 자랑스러운 하양인을 소개하는 글은 어떻게 써야 하는가? 마. 자랑스러운 하양인으로 누구를 뽑을 것인가?	E1, E2, T	**형성평가** ▸ 관찰, 서술 ▸ 관찰 ▸ 관찰, 서술
5. 수행과제를 어떻게 발표할까요? 가. 자랑스러운 하양인 시상식을 어떻게 진행해야 하는가? 나. 친구 발표의 장단점은 무엇인가? 다. 수행과제를 잘 수행할 수 있는가?	R, E2	**총괄평가** ▸ 관찰 ▸ 동료 피드백 ▸ 수행과제
6. 나는 무엇을 이해하고 있나요? **우리 동네 사람들이 하는 일은 우리와 어떤 관계가 있나요?** 가. 우리 동네 사람들이 하는 일은 우리와 어떤 관계가 있는가? 나. 수업 경험에서 배운 점, 좋았던 점, 아쉬운 점은 무엇인가? 다. 우리 동네 사람들에 대한 고마운 마음을 어떻게 표현할 것인가?	E2	**총괄평가** ▸ 서술 ▸ 자기평가 ▸ 관찰, 체크리스트

Unit 2 2학년 바·슬·즐 백워드 교육과정 실천

단원 설계의 조직과 계열_Organize

CBC | 우리 동네

이해	우리 동네 사람들이 하는 일은 우리에게 도움을 준다.	
수행	자랑스러운 하양인 추천하기	
개념렌즈	**우리 동네**	
질문	우리 동네 사람들은 어떤 일을 하나요?	우리 동네 사람들이 하는 일은 우리와 어떤 관계가 있나요?
지식	동네에 있는 것들 직업 동네 모습	일의 소중함 직업 놀이
기능	동네에 있는 것들, 동네 모습 관찰하기 동네 사람들 직업 조사하기 동네 모습 표현하기	일의 소중함 내면화하기 동네를 위해 할 수 있는 일 습관화하기 직업 놀이하기

수업 흐름: 진단 활동 → 동네 모습 관찰하기 → 동네 사람들이 하는 일 조사하기 → 자랑스러운 하양인 선정하기 → 선정한 직업 관찰, 조사, 체험하기 → 수행과제 준비하기 → 수행과제 발표하기 → 자기 평가

01. 나는 무엇을 배워야 할까요?

'우리 동네' 하면 떠오르는 것을 마인드맵으로 나타내며 시작한다. 학생들이 '우리 동네'와 관련하여 가지고 있는 선지식을 파악하기 위함이다. 대부분의 학생들이 자기가 자주 가는 장소 위주로 마인드맵을 표현했으며 우리 동네에 있는 다양한 사람들(직업)을 표현한 친구는 거의 없다. 우리 동네의 영역과 사람들(직업)에 대해 알 수 있는 수행과제를 제안하고 질문을 받는다. 수행과제 안내는 '자랑스러운 한국인상' 이야기로 시작한다. 우리 동네에서 열심히 일하시는 분들에게 '자랑스러운 하양인상'을 드리게 되었으며 우리 반 친구들이 대상자를 조사하고 선정해야 한다고 말한다.

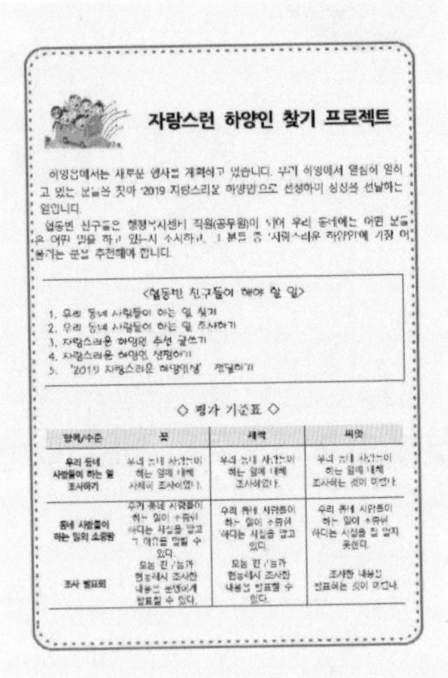

자랑스런 하양인 찾기 프로젝트

하양읍에서는 새로운 행사를 계획하고 있습니다. 우리 하양에서 열심히 일하고 있는 분들을 찾아 '2019 자랑스러운 하양인'으로 선정하여 상장을 선물하는 일입니다.
협동반 친구들은 행정복지센터 직원(공무원)이 되어 우리 동네에는 어떤 분들이 어떤 일을 하고 있는지 조사하고, 그 분들 중 '자랑스러운 하양인'에 가장 어울리는 분을 추천해야 합니다.

<협동반 친구들이 해야 할 일>

1. 우리 동네 사람들이 하는 일 찾기
2. 우리 동네 사람들이 하는 일 조사하기
3. 자랑스러운 하양인 수상 글쓰기
4. 자랑스러운 하양인 선정하기
5. '2019 자랑스러운 하양인상' 전달하기

◇ 평가 기준표 ◇

항목/수준	꽃	새싹	씨앗
우리 동네 사람들이 하는 일 조사하기	우리 동네 사람들이 하는 일에 대해 자세히 조사하였다.	우리 동네 사람들이 하는 일에 대해 조사하였다.	우리 동네 사람들이 하는 일에 대해 조사하는 것이 미흡하다.
동네 사람들이 하는 일의 소중함	우리 동네 사람들이 하는 일이 소중하다는 사실을 알고 그 이유를 말할 수 있다.	우리 동네 사람들이 하는 일이 소중하다는 사실을 알고 있다.	우리 동네 사람들이 하는 일이 소중하다는 사실을 잘 알지 못한다.
조사 발표회	모둠 친구들과 협동해서 조사한 내용을 친구들에게 발표할 수 있다.	모둠 친구들과 협동해서 조사한 내용을 발표할 수 있다.	조사한 내용을 발표하는 것이 미흡하다.

<그림 1> 수행과제 안내장

아이들의 질문 목록은 다음과 같다.

> 학생 질문 1. '자랑스러운 하양인상'은 누구에게 주나요?
> 학생 질문 2. '자랑스러운 하양인상'을 줄 사람을 어떻게 찾나요?
> 학생 질문 3. '자랑스러운 하양인상'은 어떻게 주나요?
> 학생 질문 4. 어떻게 조사를 하나요?

02. 우리 동네는 어떤 모습인가요?

'우리 동네의 모습 알아보기'로 수업을 시작한다. 안전을 위해 보조교사(1수업 2교사)의 도움을 받아 2시간 정도 동네를 한 바퀴 돌며 탐험한다. 동네 탐험 도중 자기 집이나 아는 장소가 나오면 선생님과 친구들에게 적극적으로 소개하는 아이들의 모습을 볼 수 있다. 교실에 돌아와서는 동네를 탐험하며 본 것을 배움 공책에 기록한다(다이소, 버스정류장, 메가박스, 꿈바우 시장, 행정복지센터, 조산천, 다리, 도서관, 보건소, 우방 아파트 등).

다음 날, 교과서에 나오는 '동네 한 바퀴' 노래를 부르며 동네를 돌아본 기억을 떠올린다. 배움 공책에 적은 것을 바탕으로 돌아가며 이야기하고, 교사는 칠판에 기록한다. 동네 모습을 알기 위해 교과서에는 동네 지도 그리기 활동을 제시한다. 그러나 우리 동네는 길이 매우 복잡해서 2학년 학생들과 지도를 완성하는 데 많은 노력과 시간이 필요하다. 지도를 그리는 대신 교사가 어느 정도 완성된 지도를 제공한다. 동네 모습에 집중할 수 있도록 학교를 중심으로 동네 탐험을 하며 본 장소, 우리 집 위치 등을 함께 지도에 표시한다. 완성된 지도는 교실 뒤편 게시판에 붙여 둔다.

<그림 2> 동네 탐험하기

<그림 3> 우리 마을 지도 만들기

백워드 수업-전략

Q. 교육용 지도를 어떻게 구할까?

국토교통부에서 제공하는 국토지리정보원 홈페이지 '국토정보플랫폼'에서 수업에 필요한 다양한 지도를 구할 수 있다. '공간정보 받기'-'국토정보맵'에 들어가면 내가 원하는 위치의 교육용 백지도, 백지도, 일반, 영상지도, 색각, 큰 글씨, 영문, 중문, 일문 지도를 검색할 수 있다.

[출처-국토지리정보원 국토정보플랫폼 국토정보맵]

03. 우리 동네 사람들은 어떤 일을 하나요?

우리 동네 지도에 표시한 다양한 장소에서 어떤 분들이 일하고 계시는지 돌아가며 직업 발표하기 활동을 한다. 이틀에 걸쳐 직업 찾기 활동을 했는데 발표가 계속 이어져서 칠판이 직업으로 가득 찬다. 뭐가 나왔는지 알아보기가 힘들어 나왔던 직업을 다시 발표하는 일이 종종 벌어지자 알아보기 쉽게 직업별로 분류를 하자는 의견이 나온다. 배달원, 사장님(직원), 기술자, 선생님 등으로 분류하여 직업을 정리하고 교실에 게시한다.

2학년 수준에서 우리 동네 사람들이 하는 일을 조사하는 방법을 고민했다. 2학년 수준의 탐구 활동을 위해 도서관과 집에서 직업 관련 책을 가져오도록 한다. 1차 직업조사 활동에서는 중요한 내용만 간단하게 직업 조사 학습지(그림, 글)에 기록한다. 학습지는 직업인이 일하고 있는 장소와 털실로 연결하여 게시한다. 장소와 사람을 연결 지어 생각하기 위해서다.

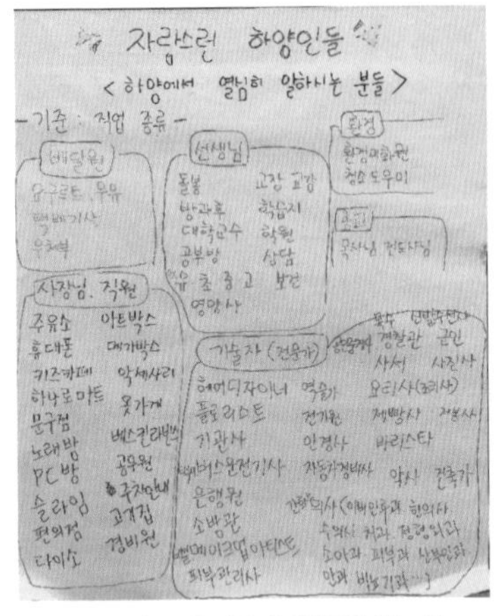

<그림 4> 우리 동네 사람들이 하는 일

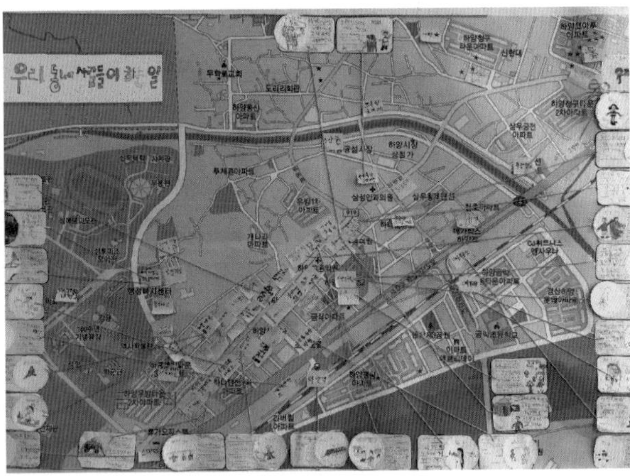
<그림 5> 우리 동네 사람들이 하는 일 조사하기

04. 누가 자랑스러운 하양인인가요?

'자랑스러운 하양인' 선정에 앞서 학생들과 어떤 분을 뽑아야 하는지 기준을 정한다.

교사　자랑스러운 하양인상은 어떤 분에게 드리면 좋을까요?

학생 1　항상 열심히 일하시는 분들에게 줘야 해요.

학생 2　우리에게 도움을 주는 분들에게요.

학생 3　우리가 편하게 지낼 수 있게 도와주시는 분이면 좋겠어요.

교사　친구들이 말한 기준으로 결정해도 될까요?

학생들　네~

교사　한 가지 기준을 더 추가해도 될까요? 자랑스러운 하양인상을 드릴 때는 그분이 하시는 일을 잘 알고 드려야겠지요? 그래서 친구들이 잘 관찰할 수 있는 자주 만날 수 있는 분 중에서 드리면 좋을 것 같아요.

<자랑스러운 하양인 선정 기준>
1. 항상 열심히 일하시는 분(조○○, 김○○) 2. 우리 하양 사람들에게 도움도 주고 편리하게 만들어 주는 분(이○○, 곽○○, 남○○) 3. 우리와 자주 만나는 분(선생님)

기준 설정 후에는 1차 직업 조사를 바탕으로 각자 '자랑스러운 하양인'이라고 생각되는 분을 선정한다. 그리고 2차 직업 조사를 실시한다. 책을 통해 좀 더 자세히 조사하고, 매일 그분이 하는 일을 관찰하여 배움 공책에 기록한다.

<김○○의 우체부 관찰일기>

9월 ○일: 차에 실은 택배 상자가 많았다. 다 배달하려면 많이 힘들 것 같았다.
9월 ○일: 우리 집에 택배를 배달해 주셔서 감사했다.
9월 ○일: 아파트에서 택배를 가지고 엘리베이터를 타서 층층마다 택배 상자를 주는 걸 봤다. 왔다 갔다 해서 힘들 것 같다.

<그림 6> 직업 조사하기

개별 탐구활동이 끝나면 모둠 친구들과 조사한 내용을 나눈다. '자랑스러운 하양인' 선정 기준에 가장 적합한 분을 우리 모둠의 '자랑스러운 하양인' 후보로 결정한다.

모둠별로 선정한 자랑스러운 하양인	선정 이유
초등학교 선생님	공부를 알려 주고 도와준다. 질서를 지키게 하고, 학생들의 폭력을 예방하며 학교 안에서 안전하게 생활할 수 있게 해 준다.
환경미화원	추운 날에도 누가 쓰레기를 버리면 깨끗하게 청소를 해서 도시나 학교를 깨끗하게 한다.
영양사	건강을 유지하고 질병에 걸리지 않도록 균형 잡힌 식단을 짜 주신다. 사람들이 많아도 그 많은 양을 다 만든다.
우체부	편지나 무거운 물건을 편리하게 우리 집에 가져다준다.
키즈카페 사장님	키즈카페 사장님은 아이들이 놀 때 안전도 챙겨 주시고 다 놀고 아이들이 가도 청소를 하고 다 깨끗이 정리를 하신다.
요리사	요리를 할 때 손이 베이고 화상을 입을 수 있는데도 손님이 주문한 요리를 해 준다. 요리를 하느라 밤늦게까지 일한다.

그리고 책이나 관찰과 같은 간접적인 체험을 넘어 직접 몸으로 체험하기 위한 '직업 체험 축제'를 교실에서 연다. 직업 체험 부스 운영 전 직업 소개 대사, 준비물, 역할 등을 미리 계획한다. 축제는 둘 가고 둘 남기 방식으로 운영한다. 직업 체험 후에는 줄줄이 발표로 소감을 나눈다.

<그림 7> 직업 체험 축제

모둠별로 선정한 자랑스러운 하양인	직업 체험 소감(좋은 점과 어려운 점)
초등학교 선생님	초등학교 선생님은 아이들에게 설명하는 게 힘드실 것 같다(김○○, 이○○), 아이들이 말을 안 들어도 공부를 가르쳐야 해서 힘드신 것 같다(남○○, 김○○)
환경미화원	환경미화원은 사람들이 버린 쓰레기를 줍느라 허리가 너무 아팠다(배○○), 쓰레기 치우는 거랑 분류하는 게 너무 허리가 아프고 힘들었다(박○○), 쓰레기를 계속 치우니까 아프고, 집게로 잘 안 되는 쓰레기는 손으로 또 집어야 해서 힘들었다(김○○), 환경미화원이 이렇게 힘들지 몰랐다(박○○)
영양사	영양사 선생님은 매일매일 영양에 맞게 식단을 짜는 게 힘들 것 같다(남○○, 노○○, 이○○), 사람들이 잘 먹으면 좋겠다(김○○)
우체부	우체부 아저씨들은 편지를 배달하고 왔다 갔다 해서 다리가 아플 것 같다(한○○), 편지를 배달할 때는 기분이 좋았다(이○○), 편지를 아이들이 잘 써 줘서 고마웠다(조○○)
키즈카페 사장님	키즈카페 사장님은 메뉴가 너무 많아서 헷갈렸다(곽○○), 아이들도 돌봐야 하고 간식도 해 줘야 해서 너무 힘들었다(김○○)
요리사	요리사는 계속 사람이 많이 오면 좋지만 요리를 많이 만들어야 해서 힘들 것 같다(김○○, 신○○, 이○○), 친구들이 맛있게 먹어 줘서 고마웠다(정○○)

국어 6단원은 주변 사람을 소개하는 글을 쓰는 단원이다. 교과서에는 학급 친구를 소개하는 글쓰기 활동이 제시되어 있다. 좀 더 맥락적인 글쓰기를 위해 '자랑스러운 하양인 찾기 프로젝트'와 연결시킨다. 국어 시간에 소개하는 글을 쓰는 방법을 익힌 후 '자랑스러운 하양인'을 소개하는 글을 작성한다.

<그림 8> 자랑스러운 하양인 소개 글 쓰고 검토하기

학생들과 같이 소개하는 글에 들어갈 내용을 정한다.

소개하는 직업, 하는 일, 힘든 점, 자랑스러운 하양인으로 추천하는 이유를 넣어 개인별로 소개 글을 작성한다. 다 쓴 글은 기준(자세하게 소개했는지, 내용이 잘 이어지는지)에 맞는지 자기 점검, 짝 점검을 한다. 1차 점검을 마친 글은 교실에 게시하여 2차로 교사와 학생들의 피드백을 받는다.

05. 수행과제를 어떻게 발표할까요?

'자랑스러운 하양인'으로 선정된 분께 모둠별로 직접 방문하여 상장과 우리가 쓴 소개 글을 전달하기로 한다. 상장 내용은 아이들과 함께 만든다. 시상식 대본은 꼭 들어가야 할 내용만 같이 결정하고 모둠별로 작성하여 연습한다. 반 친구들과 교사 앞에서 예행 연습을 하면서 부족한 점을 보완한다.

모둠별로 쉬는 시간, 또는 하교 후 시간을 활용해 '자랑스러운 하양인'들이 있는 곳을 방문하여 시상식을 연다. 선정된 분께 준비한 상장과 직업 소개 글이 들어간 액자를 전해 드린다. 시상식 후 돌아오는 길에 소감을 물었더니 '엄청 떨렸지만 기쁘게 상장을 받아 주셔서 뿌듯했다'는 반응이 많다.

자랑스러운 하양인상 수상 소감

상까지 챙겨 주셔서 감사하게 생각합니다. 앞으로도 깨끗한 하양 거리를 만들 수 있도록 노력하겠습니다. (환경미화원)

친구들이 멋진 상을 주어서 너무 감격스럽습니다. 앞으로도 더 열심히 하라는 뜻으로 알고 친구들이 안전한 환경에서 깨끗하게 놀 수 있도록 하겠습니다. (키즈카페 사장님)

감사합니다. 친구들이 오면 맛있는 짜장면을 대접하도록 하겠습니다. (중국집 요리사)

학생들에게 받은 상은 처음이라 기억에 많이 남을 것 같습니다. 상을 받을 만큼 제가 한 일이 있나 다시 한 번 돌아보게 되었습니다. 앞으로도 친구들이 안전하고 즐겁게 학교에 다닐 수 있도록 신경 쓰겠습니다. (교감 선생님)

친구들에게 이런 상을 받게 되어 너무 감사합니다. 앞으로도 친구들에게 맛있고 건강한 급식을 제공할 수 있도록 노력하겠습니다. (영양사)

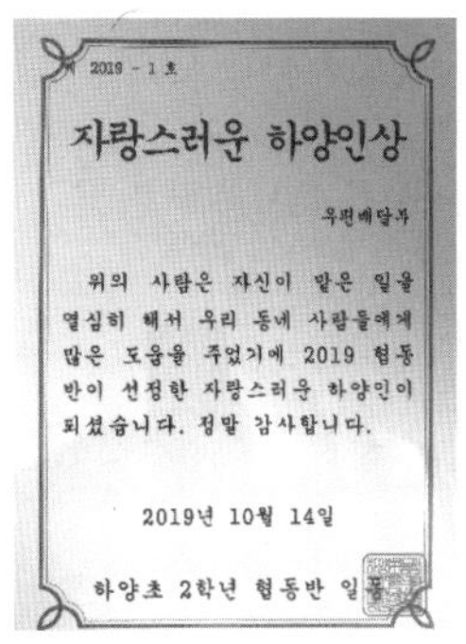

제 2019 - 1 호

자랑스러운 하양인상

우편배달부

위의 사람은 자신이 맡은 일을 열심히 해서 우리 동네 사람들에게 많은 도움을 주었기에 2019 협동반이 선정한 자랑스러운 하양인이 되셨습니다. 정말 감사합니다.

2019년 10월 14일

하양초 2학년 협동반 일동

<그림 9> 자랑스러운 하양인상

<그림 10> 시상식

06. 나는 무엇을 이해하고 있나요?

배움 공책에 본질적 질문에 대한 대답과 배·좋·아(배운 점, 좋았던 점, 아쉬운 점)를 적으며 마무리한다.

(본질적 질문) 우리 동네 사람들이 하는 일은 우리와 어떤 관계가 있을까?	
-환경미화원은 우리가 내놓은 쓰레기를 가져가시고 도로의 쓰레기를 치워 주신다. 너무 고맙다. -우편배달부는 덥고 추울 때도 편지를 배달해 주셔서 너무너무 감사하다. 만나면 먹을 것을 드려야겠다. -키즈카페 사장님은 아이들이 놀 때 안 다치게 안전도 챙겨 주시고 다 놀고 아이들이 가도 청소를 하고 다 깨끗이 정리를 하신다.	-영양사님이 우리에게 좋은 것만 주시니 좋고 식사를 맛있게 만들려고 노력해 주셔서 고맙다. -교감 선생님은 폭력을 예방해 주고 질서를 지키게 하고 공부도 알려 주시고 학교에서 안전하게 생활을 할 수 있게 해 주신다. 나도 공부를 더 열심히 해야겠다. -요리사는 우리가 밥을 먹을 수 있게 해 주고 엄마가 밥을 안 만들어도 되니까 엄마도 편하게 해 주신다.

<배·좋·아 활동으로 수업 성찰하기>

배운 점	좋았던 점	아쉬운 점(반성할 점)
청소를 직접 해 봤더니 환경미화원은 허리가 많이 아픈 걸 알게 되었다. 공부를 열심히 해서 나도 자랑스러운 하양인이 되어야겠다. 우편배달부가 소포나 편지를 배달할 때 이렇게 힘든 것을 알았고 다른 직업들도 얼마나 힘든지 배웠다. 우리 동네 직업이 이렇게 많은 줄 몰랐다. 요리사가 요리를 만들 때 힘들다는 것을 배웠다. 식단을 짜는 게 얼마나 힘든 것인지 알게 되었다. 사람들이 얼마나 힘들게 일하는지를 배웠다. 학생들이 집중을 안 하면 선생님이 엄청 힘드시다는 걸 알게 되었다.	웃는 얼굴로 상을 받아 주셔서 좋았다. 자랑스러운 하양인이 웃는 얼굴로 이야기를 잘 들어주셔서 좋았다. 우리 모둠이 소개하는 글을 잘 써서 투표에서 제일 많이 스티커를 받아서 좋았다. 내가 상을 드린 게 좋았다. 직업 체험 축제를 한 게 좋았다. 상을 드린 게 뿌듯하면서 좋았다. 동네 탐험을 한 게 좋았다. 교감 선생님께 상을 드렸는데 고맙다고 칭찬을 해 주셔서 좋았다. 내가 만든 샌드위치를 아이들이 맛있다고 했을 때 엄청 뿌듯했다.	발표를 잘 못한 것 같아서 아쉽다. 대본을 다 외우고 갔어야 했는데 못 외워서 아쉽다. 엄마, 아빠 직업도 상을 드리고 싶었는데 못 드려서 아쉽다. 상장을 다른 분들한테도 드리고 싶었는데 다 못 드려 아쉽다. 다른 자랑스러운 하양인들에게도 상을 드리고 싶었는데 다 못 줘서 아쉽다.

수업 반성일기에는 나에게 많은 도움을 주는 동네 사람들에게 감사하다는 내용이 많다. 고마운 하양 사람들을 위해 내가 할 수 있는 일은 무엇이 있을지 생각해 보기로 한다. 각 모둠에서 선정한 직업인들의 입장에서 도움이 되는 일을 구체적으로 생각한다.

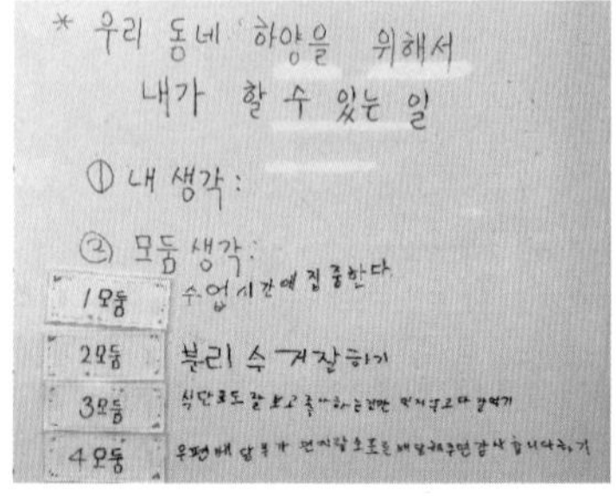

<그림 11> 동네를 위해 실천할 일

모둠별로 선정한 자랑스러운 하양인	실천할 일
초등학교 교사	수업시간에 집중하기
환경미화원	분리수거 잘하기
영양사	식단표도 잘 보고 좋아하는 것만 먹지 말고 다 잘 먹기
우체부	우체부가 편지랑 소포를 배달해 주면 감사합니다 인사하기
키즈카페 사장	키즈카페를 깨끗하고 안전하게 이용하기
요리사	밥을 먹고 잘 먹었다고 인사하기

모둠별로 한 가지씩 결정하여 매일 실천하기로 한다. 실천 점검 체크리스트를 교실 뒤편에 게시하고 실천 여부를 매일 스티커로 표시한다. 일주일간 실천한 뒤 실천 소감을 나눈다.

우리 동네를 위해 내가 할 수 있는 일 실천 소감
-다른 모둠에서 실천하기로 한 것까지 나는 다 실천해서 뿌듯하다. -영양사 선생님께 먹기 전에 인사는 했는데 먹고 나서 인사를 잘 못했다. 먹기 전에 인사할 때 웃으면서 반찬을 주셔서 좋았다. -수업시간에 집중을 3번밖에 못 했다. 집중해야 하는데 집중하기가 힘들다. -분리수거를 학교에서는 했는데 집에서 잘 못했다. -동네를 위해 내가 할 수 있는 일이 없을 줄 알았는데 할 수 있는 게 있다는 걸 알았다.

Unit 3 학생 이해의 증거

01. 이해의 증거_EVIDENCE

측면	설명	해석	적용	관점	공감	자기 지식
확인	증거 ❶, ❷, ❸, ❹, ❺	-	증거 ❷, ❼	-	증거 ❻	증거 ❽
	우리 동네 사람들이 하는 일 조사, 관찰기록 자랑스러운 하양인 추천서 자랑스러운 하양인 시상식 대본 지도에 동네에서 볼 수 있는 것 우리 동네 모습 지도		자랑스러운 하양인 추천서 우리 동네를 위해 내가 할 수 있는 일 실천 체크리스트		직업 체험 축제 소감	자기평가

02. 수행과제 결과물

<증거 ❶> 자랑스러운 하양인 조사, 관찰기록

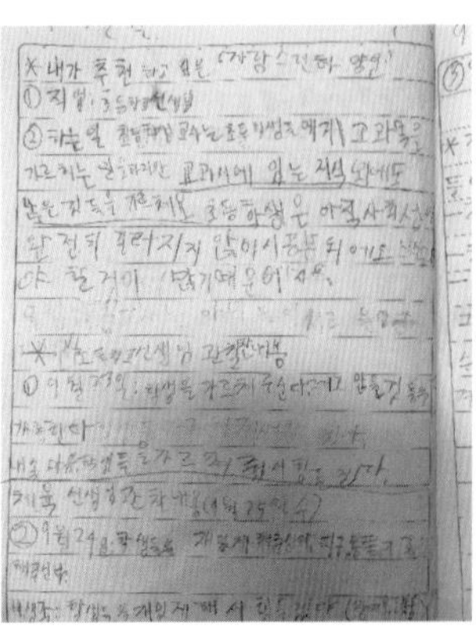

<증거 ❷> 자랑스러운 하양인 추천서(소개 글)

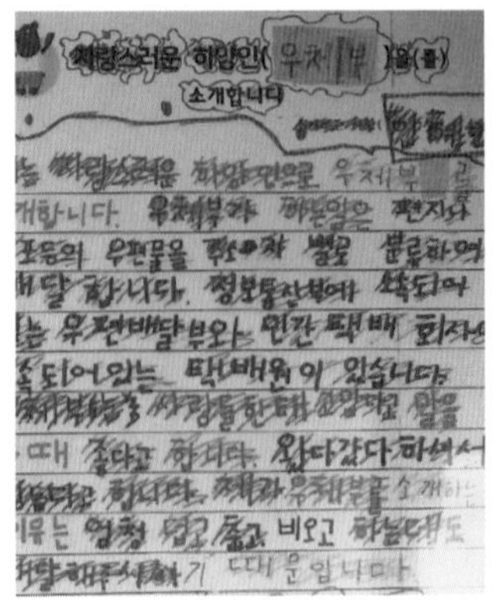

자랑스러운 하양인(우체부)을(를)
소개합니다

우체부가 하는 일은 편지나 소포 등의 우편물을 받아서 ... 분류하며 배달 합니다. ... 우편배달부와 민간 택배 회사에 ... 되어 있는 택배원이 있습니다.
... 때 좋다고 합니다. ... 이유는 엄청 덥고 춥고 비오고 ... 기 때문입니다.

<증거 ❸> 자랑스러운 하양인 시상식 대본

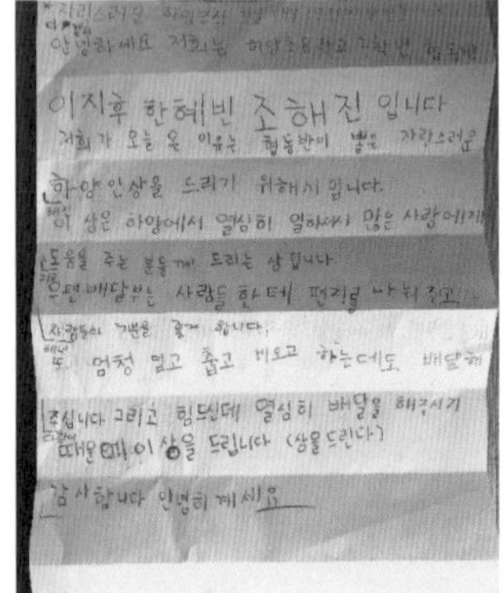

안녕하세요 저희는 ...
이지후 한혜빈 조해진 입니다
저희가 오늘 온 이유는 협동반이 뽑은 자랑스러운
하양인상을 드리기 위해서 입니다.
이 상은 하양에서 열심히 일하셔서 많은 사람에게
도움을 주는 분들께 드리는 상 입니다.
우편배달부는 사람들 한테 편지를 나눠 주고
사람들의 기분을 좋게 합니다.
또 엄청 덥고 춥고 비오고 하는데도 배달해
주십니다 그리고 힘드신데 열심히 배달을 해주시기
때문에 이 상을 드립니다 (상을 드린다)
감사합니다 안녕히 계세요

02. 그 밖의 증거

<증거 ❹> 우리 동네에서 볼 수 있는 것(배움 공책)

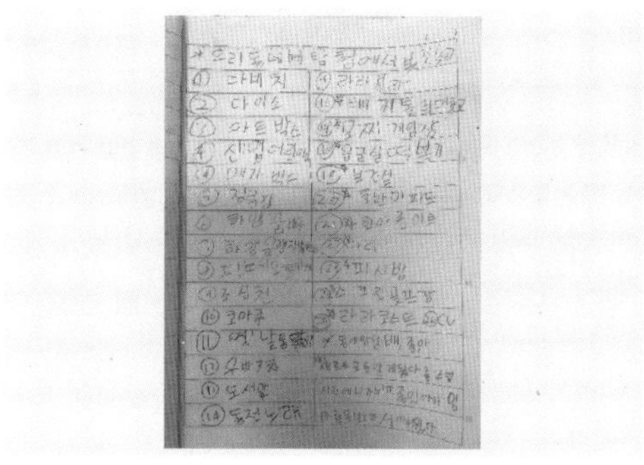

<증거 ❺> 우리 동네 모습을 나타낸 지도

<증거 ❻> 직업 체험 축제 소감

-초등학교 선생님은 아이들에게 설명하는 게 힘드실 것 같다.(김○○), 아이들이 말을 안 들어도 공부를 가르쳐야 해서 힘드신 것 같다.(남○○)

-환경미화원은 사람들이 버린 쓰레기를 줍느라 허리가 너무 아팠다.(배○○), 쓰레기 치우는 거랑 분류하는 게 너무 허리가 아프고 힘들었다.(박○○), 쓰레기를 계속 치우니까 아프고, 집게로 잘 안 되는 쓰레기는 손으로 또 집어야 해서 힘들었다.(김○○)

<증거 ❼> 우리 동네를 위해 내가 할 수 있는 일 실천 체크리스트

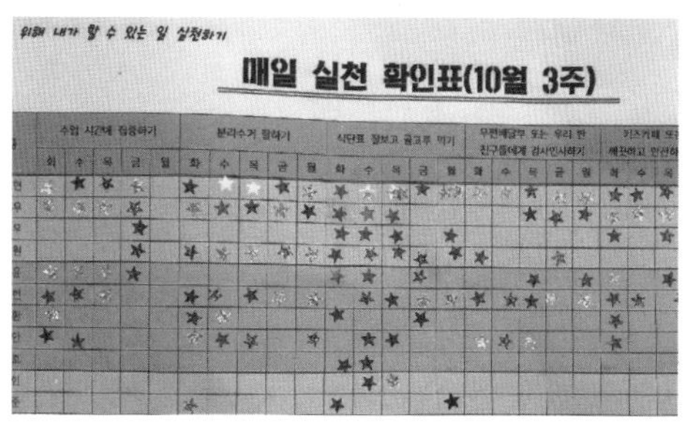

<증거 ❽> 자기반성일기

[학생 1] 우리 동네에 직업이 정말 많다는 것을 알게 되었다. 공부를 열심히 해서 나도 자랑스러운 하양인이 되어야겠다.

[학생 2] 교감 선생님은 폭력을 예방해 주고 질서를 지키게 하고 공부도 알려 주고 학교에서 안전하게 생활하게 해 주신다. 나는 장난을 안 칠 거다. 교감 선생님이 웃으며 상을 받아줘서 좋았다. 아쉬운 점은 다른 하양인들한테도 상을 드리고 싶었는데 다 못 줘서 아쉬웠다.

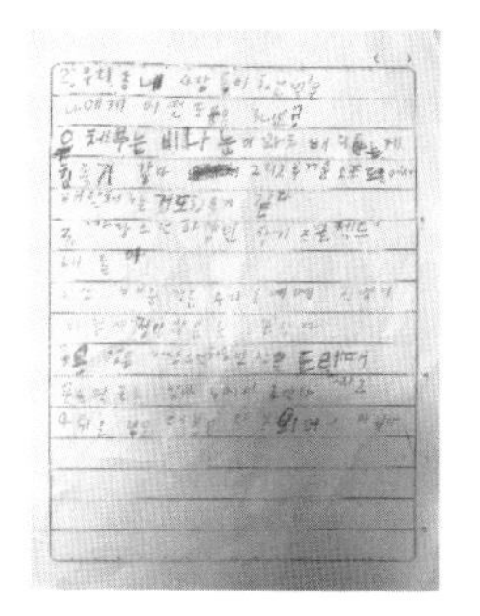

03. 교사의 학생 성장 기록: NEIS 관찰기록 및 가정통지 내용

가을 1단원 교사의 성장 평가 기록	2학년 1반 ○번 ○○○	꽃(습득)	새싹(습득 중)	씨앗(미습득)
		√		

지민(가명)이는 우리 동네를 둘러보고 우리 동네 사람들이 하는 일을 찾을 수 있음. 동네 사람들이 하는 일을 조사하는 활동을 조금 어려워함. 친구들이 적은 내용을 참고해서 조사내용을 정리하는 방법을 조금씩 익히도록 함. '환경미화원' 직업 체험을 통해 환경미화원의 어려움을 몸으로 직접 체험하고 알게 됨. 환경미화원님께 고마운 마음을 담아 정성껏 소개 글과 상장을 준비하여 '자랑스러운 하양인' 시상식을 연습하고 예의 바르게 수행함. 우리 동네에 도움이 되기 위해 '분리수거하기'를 실천사항으로 정했으나 매일 실천하지 못해 교사와 함께 구체적인 실천 계획을 다시 세움. 앞으로도 꾸준히 노력하겠다고 함.

Unit 4 교사의 반성과 성찰

Q1. 2학년 바·슬·즐 통합교과 지도는 어떻게 해야 하는가?

통합교과는 바른 생활, 슬기로운 생활, 즐거운 생활 세 교과의 성취기준이 소주제 중심으로 통합되어 단원으로 구성되어 있다. 그래서인지 주변에서 저학년은 통합교과가 이미 주제 중심으로 묶여 있는데 따로 재구성할 필요가 있냐는 이야기를 종종 듣는다. 하지만 통합교과도 교과서 중심의 수업을 하다 보면 우리 반 실정과 다르거나 주제와 흐름이 맞지 않는 부분이 있다. 2015 개정 교육과정 교사용 지도서를 보면 주제별 교과서는 성취기준을 수업으로 구현해 놓은 표준차시를 담고 있는 것으로 여건에 맞춰 재구성할 수 있다고 제시되어 있다. 백워드에서 말하는 '이해'에 학생들이 도달하기 위해서는 이해의 증거를 먼저 생각한 다음 수업 활동을 증거 중심으로 재구성할 필요가 있다.

앞서 본 수업의 단원은 가을 1단원 동네 한 바퀴이다. 이 단원의 영속적 이해는 '우리 동네 사람들은 우리에게 도움을 준다.'이다. 이해에 도달했다는 증거로 '자랑스러운 하양인 찾기' 수행과제를 계획하였다. 그리고 증거 중심으로 단원을 재구성하였다. 방법은 다음과 같다.

첫째, 맥락 만들기이다. 바생, 슬생, 즐생이 단순히 주제 중심의 나열적인 활동 수업이 아닌 하나의 흐름으로 묶여 진행될 수 있도록 수행과제를 중심으로 교과서 활동을 일관성 있게 조정하였다. 기존의 직업 조사 활동, 직업 놀이 활동, 일의 소중함 알기를 '자랑스러운 하양인 찾기' 수행과제의 해결 단계로 설정하여 분절되지 않는 하나의 흐름으로 흘러갈 수 있도록 하였다.

둘째, 활동 생략이다. 우리 교실의 여건 및 학생의 상황, 수업의 흐름과 맞지 않는다고 생각되는 노래와 놀이(장사꾼 노래, 직업 카드 모으기 놀이, 배달놀이, 우리 동네 소식지 만들기 등)는 수업 진행에서 생략하였다. 대신 통합교과에서 하지 못한 노래나 놀이 중 필요하다고 생각되는 것은 창체 시간을 활용하여 지도하였다.

셋째, 활동 수정이다. 교과서만 무작정 따라가다 보면 탐구가 빠진 활동 중심으로 수업이 흘러가기 쉽다. 아직 논리적이거나 추상적인 사고가 어려운 2학년 학생들은 구체적인 놀이와 활동을 통해 탐구가 이루어져야 한다. '직업'에 대해 책이나 영상으로 학습하는 것보다 주변 사람들의 직업을 매일 관찰하도록 하였다. 또 직접 그 직업인이 되어 보는 직업 체험 축제를 통해 몸으로 체험할 수 있도록 하였다. '자랑스러운 하양인상'을 드리는 것을 수행과제로 선정했지만 상을 드리는 활동이 중요한 것은 아니었다. 자랑스러운 하양인을 선정하는 과정에서 구체적인 경험을 통해 2학년 수준에서 가능한 탐구가 일어나도록 주의를 기울였다.

이미 주제 중심으로 묶여 있는 통합교과이지만 '이해'를 중심으로 우리 학생들의 상황에 맞게 재구성이 이루어진다면 교사에게도, 학생에게도 좀 더 의미 있는 수업이 될 것이다.

수학

IB-PYP | How We Express Ourselves

분류는
사물의 이해를 돕는다.

교사 서수정

2학년 1학기 수학 5. 분류하기

Unit 1

2학년 수학과 백워드 교육과정 설계

[1단계] 단원의 목표 찾기: 왜 배워야 할까요?

<table>
<tr><td>단원명</td><td colspan="4">2학년 1학기 수학 5. 분류하기(10차시)
창의적 체험활동 자율활동 창의주제활동-주제 탐구형 소집단 공동 연구(2차시)</td></tr>
<tr><td>단원 개요</td><td colspan="4">자료의 분류와 정리는 중요한 통계 활동이다. 통계의 과정에서 어떤 집단에 대해 조사한 결과 그 자체로는 전체의 구성이나 특징을 파악하기 어렵다. 그렇기 때문에 자료를 특정 관점에 의해 분류하는 활동이 필요하다. 이러한 분류는 학생들로 하여금 주변의 사물을 이해하도록 도울 뿐 아니라 사물을 다양한 방법으로 분류하는 과정 속에서 유연하게 사고하도록 한다.</td></tr>
<tr><td>성취기준</td><td colspan="4">[2수05-01] 교실 및 생활 주변에 있는 사물들을 정해진 기준 또는 자신이 정한 기준으로 분류하여 개수를 세어 보고, 기준에 따른 결과를 말할 수 있다.</td></tr>
<tr><td>개념</td><td colspan="4">자료 처리</td></tr>
<tr><td>영속적인 이해</td><td colspan="4">분류는 사물의 이해를 돕는다.</td></tr>
<tr><td>지식과 기능</td><td>지식</td><td>분류하는 방법</td><td>기능*</td><td>분류하기, 설명하기</td></tr>
<tr><td>본질적 질문</td><td colspan="4">왜 분류를 해야 할까?</td></tr>
</table>

[2단계] 단원평가 정하기: 배움을 어떻게 확인할 수 있을까요?

01. 수행과제_GRASPS

교과 역량 | 정보처리 역량

Goal	목표	분류를 통해 우리 반을 자세히 소개하는 것	
Role	역할	조사 연구원	
Audience	대상/청중	교생 선생님	
Situation	문제 상황	새로 오신 교생 선생님이 우리 반에 대해 잘 알지 못하는 상황	
Product	결과물	우리 반 분류 보고서	
Standards	기준	지식	분류하는 방법
		기능	분류하기, 설명하기

02. 학생 참여 시나리오와 배경_STORY

PBL | 우리 반을 분류 기준으로 소개한다면?

우리 학교에 반가운 손님들이 찾아오십니다. 바로 친구들이 기대하던 교생 선생님입니다! 교생 선생님은 우리 반에 어떤 친구들이 있는지 무척 궁금해하고 계십니다. 우리 반에 대해 잘 알지 못하는 교생 선생님께 우리 반을 소개해 봅시다. 여러분은 분명한 기준에 따라 우리 반을 분류한 보고서를 작성해서 교생 선생님 앞에서 발표를 해야 합니다. 발표회는 6월 첫째 주에 있을 예정입니다.

교육 환경과 교사 의도

❶ **지리 환경:** 경산시, 중소도시, 대구시와 인접, 상업지역

❷ **학교 규모:** 33학급, 2학년 1~5반, 교생실습 학교

❸ **교실 구성:** 23명(남 14명, 여 9명)

❹ **학생 실태:** 수학 부진 학생은 4명으로 기초 수 개념이 제대로 형성되어 있지 않으며 수학 학습에 대한 흥미도도 낮다.

❺ **교사 의도:** 2학년 분류 단원은 기준에 따라 '나눈다'는 것에 초점을 두기 쉽다. 그러나 분류는 기준에 따라 나누는 활동을 통해 사물에 대한 이해를 높이는 단계까지 나아가야 한다. 이를 위해 학교에 온 손님(교생 선생님)에게 분류를 통해 우리 반을 소개하는 활동을 계획하였다.

03. 평가준거_RUBRIC

구조	기준	꽃(습득)	새싹(습득 중)	씨앗(미습득)
지식	분류 방법(분류 기준)을 알고 있는가?	분명한 분류 기준을 만들 수 있다.	분류 기준을 만들 수 있다.	분류 기준을 만들지 못한다.
기능	분류할 수 있는가?	기준에 따라 알맞게 분류할 수 있다.	기준에 따라 분류할 수 있다.	기준에 따라 분류하는 것이 어렵다.
수행	분류 보고서 발표를 통해 분류한 것을 설명할 수 있는가?	분류한 결과를 보고 알 수 있는 사실을 설명할 수 있다.	분류한 결과를 보고 어느 것이 많고 적은지 설명할 수 있다.	분류한 결과를 보고 어느 것이 많고 적은지 개수를 셀 수 있다.
자기	나는 프로젝트에 적극적으로 참여하였는가?	나는 보고서를 정확하게 작성하고, 분명하게 발표할 수 있다.	나는 보고서를 작성하고 발표할 수 있다.	나는 보고서를 도움을 받아 작성할 수 있다.

[3단계] 단원 수업 구성하기: 학생들은 무엇을 배울까요?

01. 교수·학습_WHERETO

교수·학습 활동(안내 질문)	계열화	평가 증거
1. 나는 무엇을 배워야 할까요? 가. 분류란 무엇인가? 왜 분류를 해야 하는가? 나. 우리의 수행과제는 무엇인가?	W, H	**진단평가** ‣ 구술
2. 분류는 어떻게 해야 할까요? 가. 분류란 무엇인가? 나. 좋은 분류 기준은 어떤 것인가? 다. 분류는 어떻게 해야 하는가? 라. 나는 분류를 할 수 있는가?	E1, R, E2	**형성평가** ‣ 구술 ‣ 구술 ‣ 구술, 교과서 ‣ 관찰, 학습지
3. 우리 반을 어떻게 분류할까요? 가. 우리 반을 분류할 수 있는 기준에는 어떤 것이 있는가? 나. 분류 보고서는 어떻게 써야 하는가?	E1, T, E2	**형성평가** ‣ 구술 ‣ 구술, 보고서
4. 수행과제를 어떻게 발표할까요? 가. 나의 발표 주제와 방법은 무엇인가? 나. 나의 발표의 장단점은 무엇인가? 다. 분류를 통해 우리 반을 소개할 수 있는가?	R, E2	**형성평가** ‣ 관찰, 구술 ‣ 관찰, 동료 피드백 ‣ 수행과제
5. 나는 무엇을 이해하고 있을까요? 가. 나는 분류 보고서 작성과 발표에 적극적으로 참여했는가? 나. 왜 분류를 해야 하는가?	E2	**총괄평가** ‣ 자기평가 ‣ 서술

Unit 2 2학년 수학과 백워드 교육과정 실천

단원 설계의 조직과 계열_Organize

CBC | 자료 처리

이해	분류는 사물의 이해를 돕는다.
수행	분류를 통해 우리 반 소개하기
개념렌즈	자료 처리
질문	왜 분류를 해야 할까?
지식	분류하는 방법
기능	분류하기 / 설명하기
수업 흐름	진단 활동 → 분류 방법 탐구하기 → 우리 반 분류하기 → 수행과제 준비하기 → 수행과제 발표하기 → 서술평가 자기평가

01. 나는 무엇을 배워야 할까요?

이번 단원에서 배우는 '분류'에 대해 학생들이 알고 있는 사실이 무엇인지 물어보며 수업을 시작한다. '나누는 것'이라는 대답이 많다. 학생들의 출발점 수준을 파악한 후 본질적 질문인 '왜 분류를 해야 할까?'에 대한 학생들의 배움 전 생각을 확인한다. '물건을 잘 정리할 수 있다'는 대답이 많다.

교사　이번 단원에서는 분류하기를 배울 건데, 분류가 뭔지 알고 있나요?

학생 1　나누는 거요.

교사　나누는 걸 왜 배워야 할까요? 나누면 뭐가 좋을까?

학생 2　물건을 잘 정리해서 예뻐요.

학생 3　어디 있는지 잘 찾을 수 있어요.

학생 4　알아보기 쉬워요.

교사　물건만 분류할 수 있을까요? 우리 반은 분류할 수 없을까요? 다음 주에 오시는 교생 선생님께 우리 반을 분류해서 그 결과를 알려 드리도록 합시다.

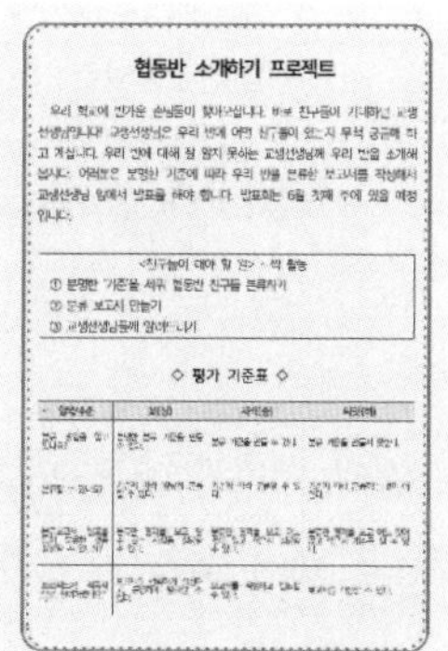

협동반 소개하기 프로젝트

① 분명한 '기준'을 세워 협동반 친구들 분류하기

② 분류 보고서 만들기

◇ 평가 기준표 ◇

<그림 1> 수행과제 안내장

교생 선생님에게 우리 반을 소개하는 수행과제를 제안하고, 학생들에게 궁금한 내용을 물어본다.

학생 질문 1. 우리 반 아이들을 어떻게 분류하나요?

학생 질문 2. 분류 보고서는 어떻게 쓰나요?

학생 질문 3. 발표 방법은 어떻게 하나요?

02. 분류는 어떻게 해야 할까요?

첫 번째, '분류'를 이해하기 위해 먼저 학생 생각을 듣고, 사전의 의미를 공책에 쓰고 기억한다. '같은 성질을 가진 것끼리 종류별로 나누는 것'이라는 분류의 의미를 생각하며 교과서 활동인 옷장과 신발장 분류하기 활동을 한다. 자신이 어떤 성질로 옷과 신발을 나누었는지 짝과 서로 비교한다.

두 번째, 지난 시간에 옷과 신발을 분류하는 기준이 되었던 사물의 성질이 '분류 기준'이라는 것을 안내한다. '분류 기준'을 자세히 알아보기 위해 명확한 기준(색깔, 종류, 끈의 유무 등)과 그렇지 않은 기준(예쁜 것과 예쁘지 않은 것, 좋아하는 것과 그렇지 않은 것 등)이 섞인 PPT를 제시한다.

학생들은 제시된 기준으로 옷과 신발을 분류한다. 짝과 나의 분류 결과를 비교한다. 같은 결과가 나올 경우와 그렇지 못한 경우를 살펴보며 '좋은 분류 기준'이 무엇인지 함께 이야기 나눈다.

교사　'색깔'로 신발을 나누었을 때는 모든 친구들의 결과가 똑같았지요? 그런데 '예쁜 신발과 예쁘지 않은 신발' 기준에서는 (학생 1)과 (학생 2)의 결과가 다른 것 같네요?

학생 1 저는 빨간 운동화 예쁜 것 같은데요!!

학생 2 저는 안 예뻐요!!

교사 누구는 예쁘다고 하고, 누구는 안 예쁘다고 하는데 이 빨간 운동화는 어디에 넣어야 할까요? 이렇게 결과가 왔다 갔다 하는 기준은 좋은 기준일까요? 어떤 기준이 좋은 기준일까?

학생 3 나랑 짝꿍이랑 똑같이 나오는 기준이에요.

<그림 2> 분류하기 활동

세 번째, 자기가 만든 '분류 기준'에 따라 분류하는 활동을 한다. 다양한 속성(털의 유무, 다리의 개수, 뿔의 유무, 눈의 개수 등)을 가진 분류 학습지를 제시한다. 스스로 '분류 기준'을 세우고 분류하는 활동을 한다. 분류 후에는 개수를 세어 표시하고 분류 결과를 교사에게 설명한다. 교사는 학생들 개개인의 부족한 부분을 확인하고, 피드백한다.

<그림 3> 자기가 만든 기준에 따라 분류하기

03. 우리 반을 어떻게 분류할까요?

첫 번째, 수행과제 관련 질문 중 '우리 반을 어떻게 분류하나요?'를 해결하기 위해 우리 반 분류 기준을 함께 토의한다. 좋은 분류 기준을 만들기 위해 '분명한 분류 기준인가?', '소개할 만한 가치가 있는 것인가?'라는 두 가지 조건을 교사가 제시한다. 조건을 고려하여 돌아가며 한 명씩 발표한다. 애매한 기준은 학생들끼리 토의하여 좀 더 분명한 기준으로 바로잡는다. 토의한 기준 중 자기가 제안한 기준을 보고서 주제로 삼는다.

<그림 4> 우리 반 분류 기준

학생들이 제시한 분류 기준		
•이름(성) •성별 •키가 120cm보다 큰 사람과 작은 사람 •혈액형 •안경 쓴 사람과 안 쓴 사람	•사는 집(아파트, 단독주택…) •사는 동네 •방과후를 다니는 사람 안 다니는 사람 •태권도를 다니는 사람과 안 다니는 사람	•휴대폰이 있는 사람과 없는 사람 •학교 우유를 먹는 사람과 안 먹는 사람 •불소양치를 하는 사람과 안 하는 사람

두 번째, 수행과제 관련 질문 중 '분류 보고서는 어떻게 쓰나요?'를 해결하기 위해 보고서에 들

어갈 내용을 함께 생각한다. 프로젝트 제목, 이름, 분류 기준, 분류한 것, 분류를 통해 알게 된 점을 보고서에 기록한다. 분류를 위해 조사하는 활동, 보고서를 작성하는 활동을 충분히 하기 위해 창체 시간 등을 할애하여 추가 시간을 배정한다.

04. 수행과제를 어떻게 발표할까요?

수행과제 관련 질문 중 '발표 방법은 어떻게 하나요?'를 해결하기 위한 단계이다. 교생 선생님들께 어떤 방법으로 우리 반을 소개할지 결정한다. 간단한 소개 대본을 함께 작성하고 본인의 내용에 맞게 수정한다. 발표 연습을 혼자 그리고 짝과 함께 충분히 한 후에 모둠 친구들과 피드백을 주고받는다. 부족한 연습 시간은 아침활동 시간을 활용한다. 연습이 충분히 된 학생들은 반 전체 학생들 앞에서 발표를 한 뒤 전체 학생들의 피드백을 받는다.

드디어 수행과제 발표 시간이다. 짝과 함께 교생 선생님께 보고서를 보여 드리며 우리 반 소개하기를 진행하고 교생 선생님의 피드백을 받아 온다. 발표회 후에는 선생님들께 받은 피드백을 살펴보고 느낀 점을 나눈다.

교생 선생님 피드백

* 분명한 분류 기준을 세우고 알맞게 분류를 했네요. 2-1반은 김씨가 제일 많구나~
* 학생들이 직접 분류 기준을 세우고 기준에 맞게 분류하는 모습이 대견하고 스스로 잘 해내는 모습이 멋져요.
* 분류 기준을 알맞게 세워 분류하여 대단하다는 생각이 들었고 발표를 잘해서 인상 깊었다. 2-1반에 대해 더 잘 알 수 있게 되었다.
* 2-1반 친구들이 스스로 기준을 잘 세워서 분류하여 결과까지 잘 분석한 모습이 멋있었습니다. 또랑또랑한 목소리로 발표를 잘해 주어서 좋았어요.

<그림 5> 보고서 작성하기

<그림 6> 발표 연습하기

<그림 7> 수행과제 발표하기

05. 나는 무엇을 이해하고 있을까요?

모든 발표를 마치고, 반성일기를 쓴다. 반성일기에는 본질적 질문인 '왜 분류를 해야 할까요?'에 대한 각자의 답과 함께 배·좋·아(배운 점, 좋았던 점, 아쉬운 점)를 적도록 한다. 학생들이 이 단원의 영속적인 이해에 어느 정도로 도달했는지를 확인해 보기 위한 활동이다.

배운 점	좋았던 점	아쉬운 점(반성할 점)
* 분류를 하지 않고 섞여 있으면 찾기가 힘들다. 그래서 분류를 한다. * 분류를 하니까 친구들이 어디에 많이 사는지 알 수 있었다. * 분류를 해서 정리하면 더 깔끔하다. * 분류를 하니까 내가 모르는 것을 알 수 있게 되었다.	* 많이 긴장됐지만 그래도 열심히 했다. * 발표하는 게 좀 부끄러웠는데 다 하고 나니까 뿌듯했다. * 우유를 먹는 사람과 안 먹는 사람을 알 수 있어서 좋았다. * 생각보다 발표를 잘해서 좋았다. * 교생 선생님들께 발표를 해서 좋았다.	* 더 많은 교생 선생님들께 발표를 하고 싶었는데 많이 못해서 아쉽다. * 기준을 세우는 게 좀 어려웠다. * 좋은 분류 기준을 찾는 게 좀 어렵다. * 좋은 분류 기준과 나쁜 분류 기준이 헷갈린다.

Unit 3 학생 이해의 증거

01. 이해의 증거_EVIDENCE

측면	설명	해석	적용	관점	공감	자기 지식
확인	증거 ❶, ❸, ❹	증거 ❶	증거 ❶, ❷	-	-	증거 ❺
	분류 보고서 수학 교과서 학습지	분류 보고서	분류 보고서 교생 선생님 피드백			자기평가

02. 수행과제 결과물

<증거 ❶> 분류 보고서

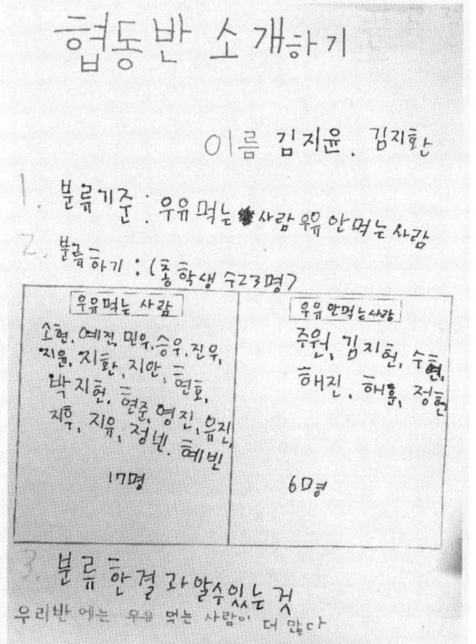

협동반 소개하기

이름 김지윤, 김지환

1. 분류기준: 우유 먹는 사람 우유 안 먹는 사람
2. 분류하기: (총 학생 수 23명)

우유 먹는 사람	우유 안먹는 사람
소현, 예진, 민우, 승우, 진우, 지윤, 지환, 지안, 박지현, 연호, 영준, 영진, 유진, 지후, 지유, 정빈, 예빈 17명	주원, 김지현, 수현, 해진, 해훈, 정훈 6명

3. 분류한 결과 알 수 있는 것
우리반에는 우유 먹는 사람이 더 많다

<증거 ❷> 교생 선생님 피드백

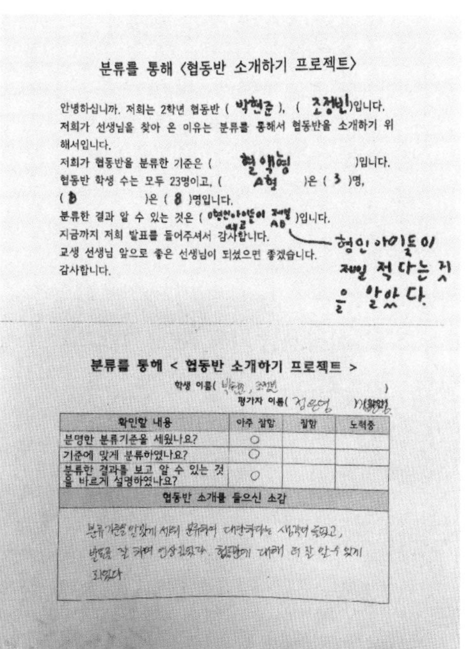

분류를 통해 〈협동반 소개하기 프로젝트〉

안녕하십니까. 저희는 2학년 협동반 (박현준), (조정빈)입니다.
저희가 선생님을 찾아 온 이유는 분류를 통해서 협동반을 소개하기 위해서입니다.
저희가 협동반을 분류한 기준은 (혈액형)입니다.
협동반 학생 수는 모두 23명이고, (A형)은 (3)명,
(B)은 (8)명입니다.
분류한 결과 알 수 있는 것은 (0형인 아이들이 제일 많고 AB)입니다.
지금까지 저희 발표를 들어주셔서 감사합니다.
교생 선생님 앞으로 좋은 선생님이 되셨으면 좋겠습니다.
감사합니다.

형인 아이들이 제일 적다는 것을 알았다.

분류를 통해 < 협동반 소개하기 프로젝트 >

학생 이름(박현준, 조정빈)
평가자 이름(정은영)(확인)

확인할 내용	아주 잘함	잘함	노력중
분명한 분류기준을 세웠나요?	○		
기준에 맞게 분류하였나요?	○		
분류한 결과를 보고 알 수 있는 것을 바르게 설명하였나요?	○		
협동반 소개를 들으신 소감			
분류 기준을 알맞게 세워 분류하여 대단하다는 생각이 들었고, 발표를 잘 하며 인상깊었다. 협동반에 대해 더 잘 알 수 있게 되었다			

03. 그 밖의 증거

<증거 ❸> 수학 교과서

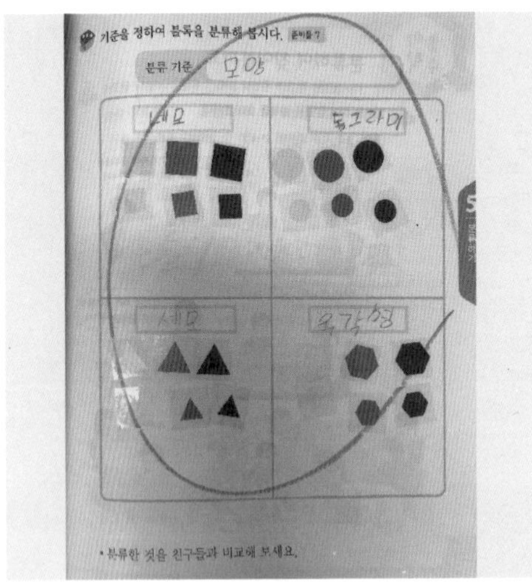

<증거 ❹> 학습지

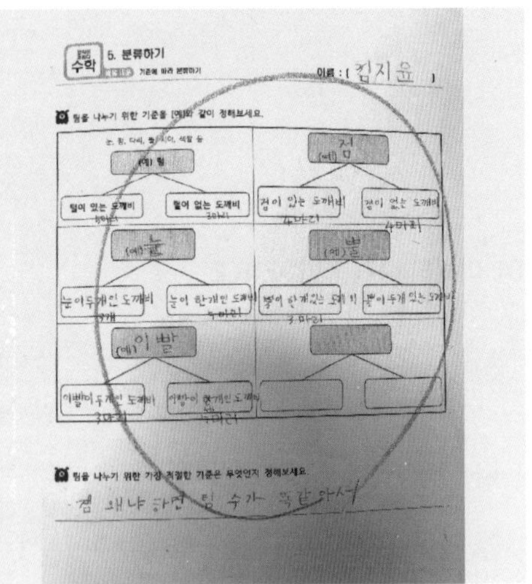

<증거 ❺> 자기반성일기

<table>
<tr>
<td>[학생 1] 왜 분류를 해야 하느냐면 분류를 했더니 자기가 모르는 것을 결과를 보고 알 수 있게 되었다. 분류를 할 때 좋은 분류 기준을 찾는 게 어려웠다.

[학생 2] 분류라는 것을 알게 되었고, 분류를 그냥 하는 게 아니라 기준에 따라 하는 걸 배웠다. 분류 나누는 것은 할 수 있는데 분류한 결과 알 수 있는 것을 적는 것은 아직 잘 모르겠다.</td>
<td>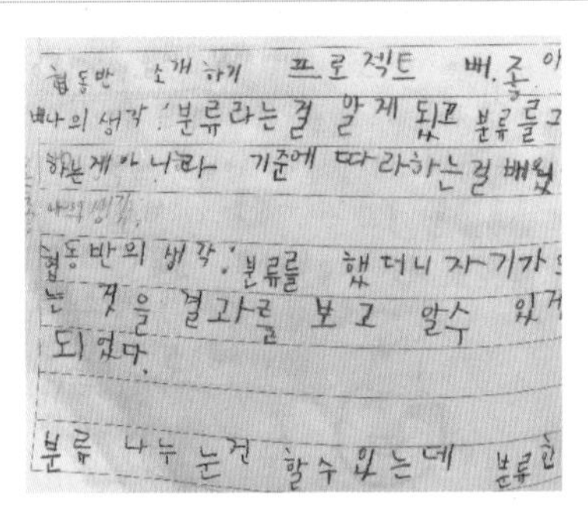</td>
</tr>
</table>

04. 교사의 학생 성장 기록: NEIS 관찰기록 및 가정통지 내용

수학 5단원 교사의 성장 평가 기록	2학년 1반 ○번 ○○○	꽃(습득)	새싹(습득 중)	씨앗(미습득)
		√		

미지(가명)는 처음에는 주어진 분류 기준에 맞게 분류하는 활동은 잘하였지만 분류 기준 세우는 것을 어려워하였음. 분류 기준을 세우는 연습을 꾸준히 한 결과 어느 정도 명확한 분류 기준을 세울 수 있게 되었음. 짝과 함께 우리 반 친구들이 사는 곳을 기준으로 정하여 우리 반 소개하기 프로젝트를 수행함. 보고서는 분류된 내용이 분명하게 드러나게 잘 작성하였으며, 알맞은 목소리와 태도로 발표를 함. 프로젝트를 수행하며 분류를 통해 우리 반 친구들이 어디에 많이 사는지 알게 되었다고 함.

Unit 4 교사의 반성과 성찰

Q1. 2학년 아이들은 왜 분류하기를 어려워하는가?

저학년 아이들은 논리적, 추상적 사고 발달이 부족하기 때문에 객관적인 기준을 설정하는 데 어려움을 느낀다.

> 분류하기란 어떤 기준에 따라 대상을 나누는 것인데, 초등학교 저학년에게는 아직 어려울 수 있다. 이때는 아이들이 논리적 사고보다 직관적 사고에 의존하는 시기이기 때문이다. 그래서 자신의 기호에 따라 마음에 드는 물건과 마음에 들지 않는 물건으로 분류하기도 한다. 또한 대상의 특성이 2가지 이상인 경우에 한쪽을 보지 못할 가능성이 많다.
>
> (『개념연결 초등수학사전 1·2학년』, 비아에듀, 전국수학교사모임 초등수학사전팀, 2018년)

실제로 우리 반 학생들이 반성일기에 가장 어렵다고 이야기한 부분이 기준 정하기이다. 이럴 때는 백워드 교육과정에서 중요하게 다루는 탐구활동이 도움이 된다. 자신이 직관적으로 생각한 기준을 다른 사람과 서로 질문을 주고받는 탐구 과정을 통해 객관적인 기준으로 수정해 나가도록 지도한다. 교사의 직접적인 수정보다 반 친구들과 토의를 통해 기준을 세우는 것이 효과적이다. 학생 수준에서 자신들의 언어로 피드백을 해 줄 때 이해하기 쉽다. 기준에 대해 알고 있는 학생 또한 성장할 수 있는 기회가 된다. 자신이 세운 기준뿐만 아니라 다양한 기준으로 분류하는 과정 속에서 유연하게 사고하는 힘을 기를 수 있기 때문이다.

Q1. 우리 반 아이들에게 '분류'는 어떤 의미를 가지는가?

내가 의도한 배움이 학생들의 실제적인 성장으로 연결될 수 있을까? 백워드 교육과정으로 수업을 설계하며 내가 가장 고민하는 부분이다. '분류하기'를 통해 학생들에게 의도한 성장은 분류가 사물을 더 잘 이해하도록 돕는다는 것을 알고 실생활에서 활용하는 것이었다.

그리고 2학기 어느 날, 내가 바랐던 성장을 관찰할 수 있는 사건이 일어났다. 2학기 '가을' 교과서의 1단원은 '우리 동네 한 바퀴'이다. 이 단원에서는 우리 동네의 모습과 우리 동네 사람들이 하는 일에 대한 공부를 한다. 동네를 한 바퀴 돌아본 후 우리 동네 사람들이 하는 일을 한 사람씩 돌아가며 발표하는 활동을 하였다. 한 바퀴 두 바퀴 돌아갈수록 동네 사람들의 직업으로 칠판이 빈틈없이 빼곡하게 채워진다. 그때 이제껏 수업시간에 자신의 의견을 뚜렷하게 이야기한 적이 없던 진수(가명)가 "선생님 너무 복잡해서 뭐가 뭔지 모르겠어요. 분류 한번 해 봐요"라고 이야기를 한다. 곧 몇몇 아이들도 그러자는 말이 나와 칠판 한쪽에 분류를 시작했다. '직업의 종류'에 따라 칠판에 가득했던 직업을 하나둘 분류했는데 처음에는 뭘 귀찮게 분류까지 하느냐며 심드렁했던 아이들도 열을 내며 분류에 참여했다. 직업만 마구잡이로 적을 때는 '우리 동네 사람들이 하는 일이 많다'는 반응이었다. 그런데 분류를 하고 나니 우리 동네에는 많은 직업들이 있지만 사장님과 전문가들이 많다는 걸 발견했다. 분류를 통해 우리 동네 사람들이 하는 일에 대한 아이들의 이해가 좀 더 깊어지는 것을 알 수 있었다. 실제 문제 상황 속에서의 학습이 아이들의 이해를 깊어지게 만들 수 있다.

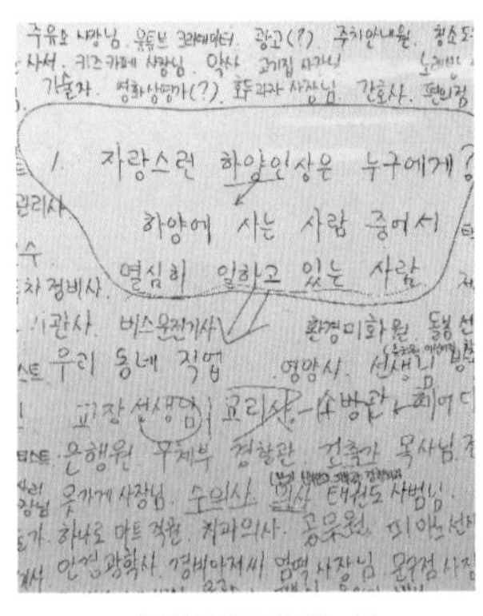

<동네 사람들이 하는 일>

→
분류 후

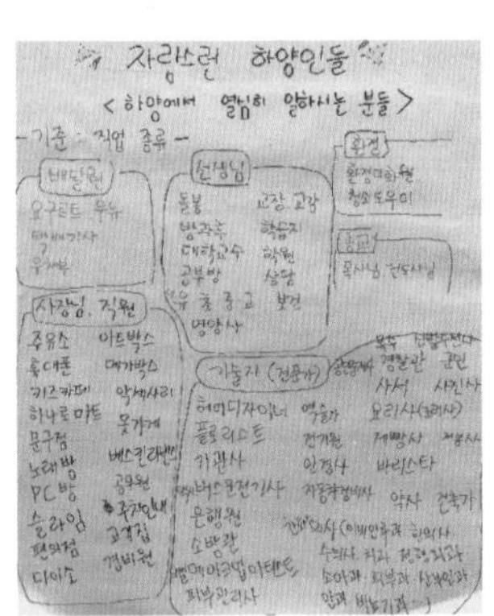

<동네 사람들이 하는 일 분류하기>

2학년 백워드 설계중심 교육과정과 교과 단원 분석표 및 조망도

<2-1학기>

<2-2학기>

3학년
백워드 교육과정
실천 이야기

국어+미술

IB-PYP | How We Express Ourselves

시는 감정을 표현하고 소통하는 도구다.

교사 김현희

3학년 1학기 국어 1. 재미가 톡톡톡
미술 4. 온몸으로 만나는 세상

Unit 1 3학년 국어과+미술과 백워드 교육과정 설계

[1단계] 단원의 목표 찾기: 왜 배워야 할까요?

<table>
<tr><td>단원명</td><td colspan="4">3학년 1학기 국어 1. 재미가 톡톡톡(10차시)
미술 4. 온몸으로 만나는 세상(4차시) / 천재교과서</td></tr>
<tr><td>단원 개요</td><td colspan="4">이 단원은 감각적 표현에 주의하며 시와 이야기를 읽는 데 중점을 둔다. 감각적 표현이 무엇인지 알고, 시에서 감각적 표현을 사용하면 좀 더 생생하고 실감 나게 느낌을 전달할 수 있음을 알 수 있다.</td></tr>
<tr><td>성취기준</td><td colspan="4">[4국02-05] 읽기 경험과 느낌을 다른 사람과 나누는 태도를 지닌다.
[4국05-01] 시각이나 청각 등 감각적 표현에 주목하며 작품을 감상한다.
[4미01-01] 자연물과 인공물을 탐색하는 데 다양한 감각을 활용할 수 있다.</td></tr>
<tr><td>개념</td><td colspan="4">읽기의 태도, 문학의 수용과 생산(국어)
지각(미술)</td></tr>
<tr><td>영속적인 이해</td><td colspan="4">시는 감정을 표현하고 소통하는 도구다.</td></tr>
<tr><td>지식과 기능</td><td>지식</td><td>경험과 느낌 나누기, 감각적 표현(국어)
대상의 탐색(미술)</td><td>기능</td><td>독서 경험 공유하기, 감상·비평하기(국어)
활용하기(미술)</td></tr>
<tr><td>본질적 질문</td><td colspan="4">시를 읽으면 무엇이 좋을까요?
자연에서 무엇을 느꼈나요?</td></tr>
</table>

[2단계] 단원평가 정하기: 배움을 어떻게 확인할 수 있을까요?

01. 수행과제_GRASPS

교과 역량 | 문화 향유 역량

Goal	목표	탐색한 자연을 시로 표현하고 낭송하는 것	
Role	역할	시인	
Audience	대상/청중	선생님, 반 친구들	
Situation	문제 상황	시와 자연의 가치를 모르고 있는 상황	
Product	결과물	시화, 낭송	
Standards	기준	지식	경험과 느낌 나누기, 감각적 표현(국어) 대상의 탐색(미술)
		기능	독서 경험 공유하기, 감상·비평하기(국어) 활용하기(미술)

02. 학생 참여 시나리오와 배경_STORY

PBL | 시인이 되면, 어떻게 낭송할까?

날씨가 제법 따뜻해졌어요. 여러분, 봄은 어디서 왔을까요? 봄을 맞이하며 친구들과 함께 특별한 봄나들이를 떠날 거예요. 선생님이 보물찾기도 준비했지요. 그런데 자세히 들여다보지 않으면 보물을 발견하는 건 조금 어려울 수도 있어요. 선생님이 자연과 시집 속에 보물을 꼭꼭 숨겨 뒀거든요. 가까이에서 들여다보고, 냄새도 맡아 보고, 만져 보면서 자연을 느껴 보세요. 또, 시 속에는 무엇이 담겨 있는지 살펴보세요. 지금부터 여러분은 시인이 되어서 자연에서 보물을 찾아 자신의 느낌과 감정을 시로 표현하고 친구들 앞에서 낭송해야 해요. 친구들의 시화 작품을 함께 감상해 보는 시울림 콘서트도 기대해 주세요.

교육 환경과 교사 의도

❶ **지리 환경**: 칠곡군, 면 소재지, 농촌 지역

❷ **학교 규모**: 11급, 3학년 총 2반

❸ **교실 구성**: 16명(남 9명, 여 7명)

❹ **학생 실태**: 기존에 알고 있는 시가 있는 학생은 7명, 시를 써 본 경험이 있는 학생은 2명에 불과하며 전반적으로 시에 대한 관심도가 낮은 편이다.

❺ **교사 의도**: 학생들에게 시를 통해 자신의 감정을 표현하고 다른 사람과 소통하는 기회를 부여하고자 한다. 봄나들이를 하며 오감으로 느낀 자연을 시로 표현하고 친구들 앞에서 낭송하며 자연과 시의 가치를 깨닫도록 설계하였다.

03. 평가준거_RUBRIC

구조	기준	꽃(습득)	새싹(습득 중)	씨앗(미습득)
지식	[국어] 작품에서 감각적 표현을 찾아 그 느낌을 말할 수 있는가?	작품에 나타난 감각적 표현을 찾고, 감각적 표현이 주는 느낌이나 효과를 자세히 말할 수 있다.	작품에 나타난 감각적 표현을 찾고, 감각적 표현이 주는 느낌을 말할 수 있다.	작품에 나타난 감각적 표현을 찾을 수 있다.
기능	[국어] 시를 감상하고 시에 대한 생각이나 느낌을 말할 수 있는가?	시를 읽고 생각이나 느낌을 다른 사람과 적극적으로 소통할 수 있다.	시를 감상하고 시에 대한 생각이나 느낌을 말할 수 있다.	시를 찾아 읽을 수 있다.
	[미술] 다양한 감각을 활용하여 자연을 탐색하는가?	자연을 탐색할 때 감각을 어떻게 활용할지 알고, 몸 전체의 감각을 활용할 수 있다.	자연을 탐색하는 데 신체의 다양한 감각을 활용할 수 있다.	자연 탐색에 일부 감각을 활용할 수 있다.
수행	오감으로 느낀 자연을 시로 표현하여 낭송할 수 있는가?	오감으로 느낀 자연을 시로 표현하여 시울림 콘서트에서 자작시를 낭송할 수 있다.	자연의 느낌을 시로 표현하고 낭송할 수 있다.	자연의 느낌을 말할 수 있다.
자기	나는 표현과 낭송에 적극적으로 참여하였는가?	내가 느낀 자연을 시로 표현하고, 시울림 콘서트에 적극적으로 참여하여 친구들 앞에서 낭송할 수 있다.	내가 느낀 자연을 시로 표현하고, 자작시를 낭송할 수 있다.	내가 느낀 자연을 말 또는 글로 표현할 수 있다.

[3단계] 단원 수업 구성하기: 학생들은 무엇을 배울까요?

01. 교수·학습_WHERETO

교수·학습 활동(안내 질문)	계열화	평가 증거
1. 나는 무엇을 배워야 할까요? 가. KWL은 무엇인가? 나. 우리의 수행과제는 무엇인가?	W, H	진단평가 ▸ 설문조사
2. 시에는 무엇이 담겨 있을까요? 가. 시에서 재미있게 표현한 부분은 어디인가? 나. 시로 어떻게 표현할 것인가?	E1, R, E2	형성평가 ▸ 서술 ▸ 서술
3. 자연(봄)을 어떻게 탐색할까요? 가. 자연 탐색을 위해 감각을 어떻게 활용하는가? 나. 봄나들이를 통해 무엇을 느꼈는가?	E1, T, E2	형성평가 ▸ 구술 ▸ 구술, 관찰
4. 자연(봄)을 어떻게 표현하면 좋을까요? 가. 오감으로 느낀 자연을 시로 어떻게 표현하는가? 나. 시에 어울리는 그림은 어떻게 표현할까?	E2, T	총괄평가 ▸ 수행과제 ▸ 수행과제
5. 수행과제를 어떻게 발표할까요? 가. 시로 어떻게 소통하는가? 나. 친구의 작품 중 내 마음에 들어온 시는 무엇인가?	E2, T	총괄평가 ▸ 수행과제 ▸ 구술, 동료 피드백
6. 나는 무엇을 이해하고 있을까요? 가. 나는 표현과 발표에 적극적으로 참여했는가? 나. 무엇을 이해하고, 앞으로 나는 무엇을 할 수 있을까?	R, E2	총괄평가 ▸ 자기평가 ▸ 서술

Unit 2 3학년 국어과+미술과 백워드 교육과정 실천

단원 설계의 조직과 계열_Organize

CBC | 문학의 수용과 생산, 지각

이해	시는 감정을 표현하고 소통하는 도구다.	
수행	탐색한 자연을 시로 표현하고 낭송하기	
개념렌즈	문학의 수용과 생산	지각
질문	시를 읽으면 무엇이 좋을까요?	자연에서 무엇을 느꼈나요?
지식	경험과 느낌 나누기, 감각적 표현	대상의 탐색
기능	독서 경험 공유하기, 감상·비평하기	활용하기

수업 흐름: 진단 활동 → 시 읽고 시 쓰는 방법 익히기 → 감각을 통해 탐색 방법 익히기 → 자연 탐색하고 시로 표현하기 → 수행과제 발표하기 → 서술평가 자기평가

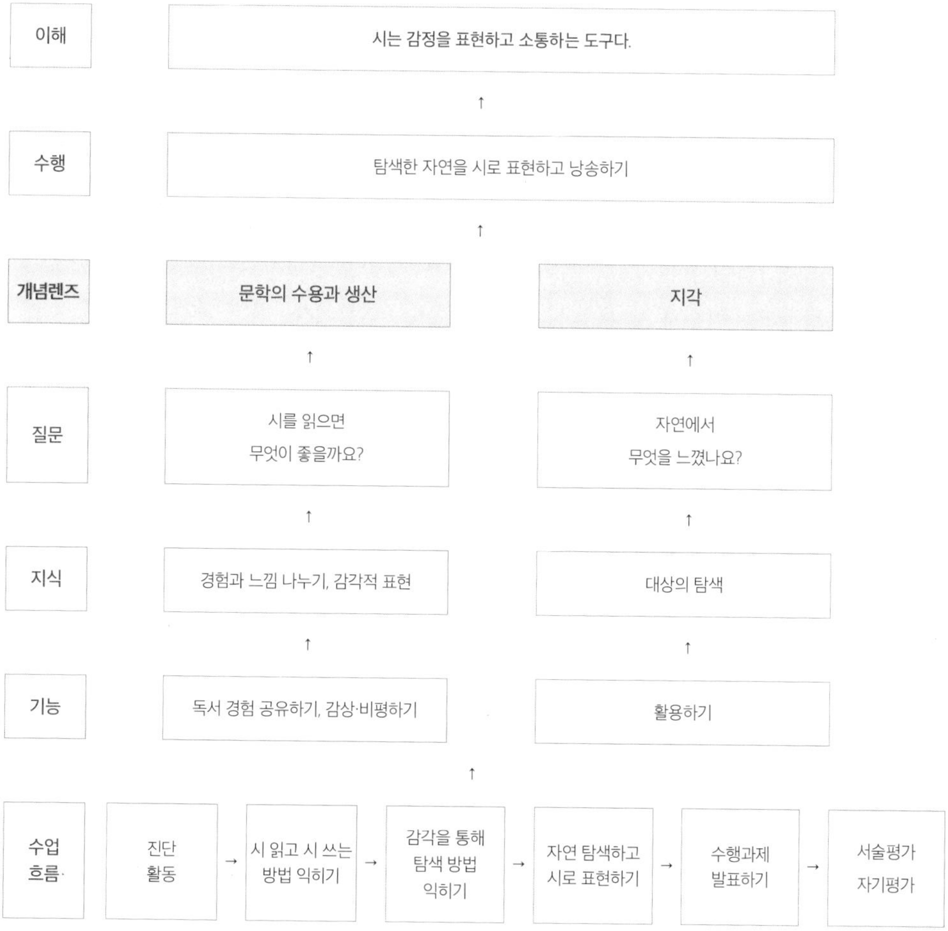

01. 나는 무엇을 배워야 할까요?

수업을 시작하면서 맛보기로 어린이 시집에서 시 몇 편을 골라 학생들에게 읽어 준다. 그리고 진단평가를 위해 시에 대한 학생들의 관심도를 설문조사로 알아본다. 기존에 알고 있는 시가 있는 학생은 7명, 시를 써 본 경험이 있는 학생은 2명에 불과하다.

교사 시는 무엇이라고 생각하나요?

학생 1 공부요. 왜냐하면 공부하는 것처럼 글로 써야 하니까.

학생 2 지옥이에요. 시를 쓸 때 지옥같이 힘들기 때문에요.

학생 3 시는 그냥 시예요.

여러분이 배울 국어수업에 대해 얼마나 알고 있는지 알아보고자 합니다. 이것은 시험이 아니며 국어수업을 계획하는데 참고로 활용할 예정입니다. 솔직하게 답해주세요.

3학년 색연필반 (11)번 이름: (정)

1. 봄이 왔음을 가장 먼저 무엇을 통해 알 수 있나요?
벚꽃
2. 봄을 어떻게 표현하면 좋을까요?
따뜻한햇빛
3. 알고 있는 시가 있나요? 있다면 무엇인가요?
학교탈출
4. 시어 지어본 적이 있나요? 있다면 언제? 왜 써 보았나요?
없다.
5. 시를 쓰는 방법을 알고 있나요? 알고 있다면 무엇인지 설명해주세요.
무엇인지 모른다.
6. 시를 가까이하면(쓰거나 읽으면) 좋은 점은 무엇인가요?
모르겠다.
7. 시는 무엇이라고 생각하나요? 이유도 함께 적어주세요.

시는 [지옥이] 다. 왜냐하면 시를 쓸때 지옥같이 힘들기때문이다.

<그림 1> 설문조사

학생들과의 대화에서도 전반적으로 시에 대한 관심도가 낮음을 알 수 있다.

시가 주는 가치를 모르고 있는 학생들에게 시를 통해 자신의 감정을 표현하고 다른 사람과 소통하는 기회를 부여하고자 시화 제작과 시 낭송 수행과제를 제시한다. 이번 수행과제는 감각적 표현에 주의하며 시를 읽는 국어과 단원과 다양한 감각을 활용하여 자연과 생활 주변을 탐색하는 미술과 단원을 결합하여 설계하였다. 봄나들이를 하며 오감으로 느낀 자연을 시로 표현하고 친구들 앞에서 낭송하며 자연과 시의 가치를 깨닫도록 하기 위함이다.

02. 시에는 무엇이 담겨 있을까요?

먼저, 학생들은 도서관에서 시집을 여러 권 빌려 읽으며 시에서 재미있게 표현한 부분을 찾아 발표한다.

교사 내 마음에 들어온 시나 재미있게 표현한 시를 소개해 볼까요?

학생 1 저는 진현정 시인의 「백 점 맞기」를 읽었는데 엄마의 폭풍 잔소리가 꼭 우리 엄마가 내 귀에다 잔소리하는 것 같아요.

학생 2 안겸재 시인의 현장체험학습 시에서 화가 나는 마음을 속이 부글부글, 화산이 우르르릉 쾅, 폭발한다고 말해서 웃겼어요.

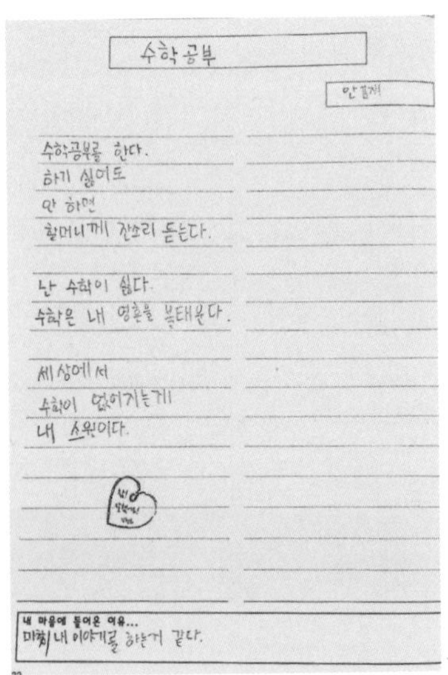

수학공부

안겸재

수학공부를 한다.
하기 싫어도
안 하면
할머니께 잔소리 듣는다.

난 수학이 싫다.
수학은 내 영혼을 불태운다.

세상에서
수학이 없어지는게
내 소원이다.

내 마음에 들어온 이유...
마치 내 이야기를 하는거 같다.

<그림 2> 내 마음에 들어온 시(이유)

다음으로 감각적 표현이 무엇인지 탐구하기 위해 교사는 학생들에게 감각적 표현을 없앤 내용의 시와 감각적 표현이 들어간 원래의 시를 제시한다. 학생들은 두 편의 시를 읽고 차이점을 비교하며 감각적 표현을 파악한다.

*감각적 표현을 없앤 내용

라면 맛있게 먹는 법

권오삼

노란 양은 냄비에다가
라면 끓은 뒤
냄비 뚜껑 안쪽에다
건더기를 올려놓고
젓가락으로 집어
입김 불며
먹으면 된다.
소리 내어
먹을수록
더 맛있
다.

*원래 시

라면 맛있게 먹는 법

권오삼

노란 양은 냄비에다가
파르르 라면 끓은 뒤
냄비 뚜껑 안쪽에다
건더기를 올려놓고
젓가락으로 집어
후후 입김 불며
후루룩후루룩
먹으면 된다.
소리 내어
먹을수록
더 맛있
다.

교사 두 편의 시를 읽고 차이점을 비교해 볼까?

학생 1 첫 번째는 후루룩후루룩이 없고, 두 번째는 후후, 후루룩후루룩이 있어요.

교사 '후루룩후루룩'이란 표현이 어떤 느낌을 주니?

학생 1 후루룩후루룩이 있어서 라면이 더 맛있을 것 같고 실감 나는데 없으면 라면 맛이 제대로 안 날 것 같아요.

시에서 감각적 표현을 사용해 좀 더 생생하고 실감 나게 생각이나 느낌을 전달할 수 있음을 알게 한다. 재미있고 실감 나는 표현의 일부로 '감각적 표현'이 있음을 인식하도록 한다.

다음으로 시 쓰는 방법을 익힌다. 문학은 작가와 독자가 창의적으로 작품을 생산하고 수용하는 활동이다. 시 쓰는 방법을 알면 자신의 모든 경험을 자신만의 언어로 표현할 수 있고 다른 사람의 시를 다양한 맥락과 관점에서 감상할 수 있게 된다.

교사 시를 쓸 때 무엇을 주의해야 할까요?

학생 1 잘 모르겠어요.

교사 시에는 반드시 내가 있어야 하고 내 마음이 있어야 하며 설명하지 않고 내 마음을 보여 줘야 해요. 잘 쓰려고 욕심내지 않아도 돼요. 예쁘고 멋진 말, 어른의 시를 흉내 낸 말보다는 여러분의 이야기로 솔직하게 감동을 줄 수 있어야 합니다.

학생 2 뭘 써야 할지 모르겠어요. 배추흰나비 알 관찰한 거 써도 돼요?

교사 그럼요. 여러분이 경험한 모든 것이 글감이 되지요. 보고, 듣고, 경험하고, 느낀 것 중 가장 기억에 남는 일을 골라서 일기처럼 쓰면 돼요. 그런 다음 시의 느낌이 나게 필요한 말만 남기면 시가 되는 거죠.

학생들에게 자신의 경험 중 가장 기억에 남는 일을 골라 있는 그대로의 생각, 감정, 사실을 솔직하게 시를 쓰도록 지도한다. 시 쓰기에 부담이 있는 학생은 앞서 탐구한 감각적 표현이 드러나게 일기를 쓰도록 안내한다.

학생들은 각자 마음속에서 떠오르는 장면을 글감을 정해 시를 쓴다. 성은이는 며칠 전 학급에서 실시한 칭찬 릴레이를 글감으로 정했다. 시를 쓰고 난 후 당시의 상황과 분위기, 기분을 다시 한 번 떠올리며 다듬기 과정을 거친다.

교사 여러분이 쓴 시를 여러 번 소리 내어 낭독해 보세요. 모자라는 것을 보충하고 필요없는 것을 뺍니다. 그리고 읽어 보았을 때 껄끄러운 것은 고치고 다듬어서 시 한 편을 완성해야 합니다.

교사 성은아, 칭찬 샤워를 하면서 친구들에게 칭찬을 해 주고, 또 네가 칭찬받으니까 어떤 기분이 들었어?

성은 기분이 좋고 친구들과 더 가까워지는 기분이 들었어요.

교사 그럼 그때의 기분을 마지막 연에 보태어 볼래?

성은 '신기하다. 칭찬을 하니 친구랑 더 가까워진다.'

칭찬 샤워

약목초 3학년 김성은

"시윤아, 너는 공부 잘해."
"재경아, 너는 그림을 잘 그려."
"다윤아, 너는 글을 잘 써."

"성은아, 너는 달리기가 빨라."
"성은아, 너는 시를 잘 써."
"성은아, 너는 줄넘기를 잘해."

신기하다.
칭찬을 하니
친구랑 더 가까워진다.

성은이는 마지막 연을 추가하여 시를 완성했다. 교사는 학생들과 대화하며 감정을 이끌어 내고 표현을 다듬어 시의 완성도를 높이도록 돕는다.

03. 자연(봄)을 어떻게 탐색할까요?

자연을 탐색하기 전, 신체의 다양한 감각으로 주변을 자각하는 연습을 한다. 먼저 눈을 감고 소리, 촉감, 맛, 냄새 등으로 교실 속 여러 환경 요소들을 탐색해 본다.

교사 여러분, 눈을 감고 무엇이 느껴지는지 말해 볼까요?

학생 1 유치원 동생들이 놀이터에서 노는 소리가 들려요.

학생 2 시원한 바람이 느껴져요.

학생 3 책상을 만지니까 맨질맨질해요.

학생 4 아무 냄새도 안 나요.

학생 5 우유 맛이 너무 차가워서 입안이 얼얼해요.

그리고 교실 밖으로 나가 자연을 탐색할 때 감각을 어떻게 활용할지 이야기 나눈다.

교사 봄나들이에서 여러분이 직접 만져 보거나 찾아보고 싶은 것은 무엇인가요?

학생 1 눈으로 벚꽃을 찾고 코로 꽃향기를 맡고 손으로 새싹을 만져 볼 거예요.

학생 2 피부로 따뜻한 햇볕을 맞으면서 개구리나 곤충 같은 것들이 있는지 살펴보고 싶어요.

학생 3 입으로 맛보고 싶은데 먹을 게 있었으면 좋겠어요.

학생 4 귀로 새소리, 개구리 소리, 곤충 소리, 고양이 소리를 듣고 싶어요.

야외 미술 활동 전 학생들과 함께 주의사항을 확인하고 안전교육을 실시한 후, 야외로 나가 다양한 신체 감각을 활용하여 자연을 탐색한다. 정해진 장소가 아닌 학교 주변의 산책로에서 카메라, 돋보기 등을 활용해 자연물을 탐색하며 자연스럽게 자신의 신체적인 감각을 확장하고 자연과 깊이 교감한다. 야외 활동을 마치고 새롭게 발견하고 탐색한 것, 감각 기록을 마인드맵으로 나타내고 친구들과 이야기 나눈다.

교사 봄나들이를 통해 자연에서 무엇을 느꼈나요?

학생 1 멀리서 보면 벚꽃이 흰색인 줄 알았는데 자세히 관찰해 보니까 꽃봉오리 부분이 핑크색이었어요.

학생 2 따뜻하기도 하고 바람이 불어서 춥기도 해서 진짜 봄인지, 가짜 봄인지 헷갈려요.

<그림 3> 자연 탐색하기

<그림 4> 탐색 결과 마인드맵

04. 자연(봄)을 어떻게 표현하면 좋을까요?

학생들은 자신의 경험과 자연에서 느낀 감흥을 시로 표현한다. 교사의 피드백을 통해 필요 없는 말은 빼고, 더 넣을 말이 있으면 보태어 시를 다듬는다.

교사	찬율아, 슬피 우는 벚꽃나무에게 뭐라고 말해 주면 좋을까?
찬율	벚꽃나무에게 친구가 되어 준다고 말할래요.
교사	좋아, 그럼 그 내용도 보태어 적어 볼래?
찬율	괜찮아. 내가 친구 되어 줄게.

최종적으로 자신의 시를 눈으로 또는 소리 내어 읽어 보며 다듬기를 한 뒤 시를 완성한다. 시에 어울리는 그림을 그려 넣고 색종이로 액자를 만들어 시화 작품을 만든다. 시화는 전시의 효과는 물론 시화를 감상하며 시를 음미하고 독자와 소통하게 한다.

벚꽃 산책

약목초 3학년 장찬율

봄에 산책하러 가면
늘 내 곁에서
벚꽃나무가 날 맞이한다.

벚꽃길을 걸으면
마음이 따뜻해진다.

벚꽃나무 친구
작은 벌들은
벚꽃나무를 맴돈다.

사람들이 괴롭히면
작은 벌은 죽는다.

대신 영양분이 되어
벚꽃나무에게
힘이 되어 준다.

벚꽃나무는
친구 잃어
슬피 운다.

괜찮아.
내가 친구 되어 줄게.

<그림 5> 시화 작품

05. 수행과제를 어떻게 발표할까요?

<그림 6> 시울림 콘서트

<그림 7> 시울림 콘서트 식전 영상

본격적인 발표에 앞서 시 낭송 방법을 익힌다. 시 낭송은 시에 대한 이해도, 발음, 감정 처리, 강약 조절, 자세, 시선 처리가 중요하다. 학교에서 연습한 시 낭송을 발표 전날 부모님 앞에서 리허설해 본다.

시 낭송 준비가 완료되면 학생들의 자작시를 감상하는 시울림 콘서트를 개최한다. 교사는 학생들의 긴장을 풀어 주기 위해 그동안의 활동 장면을 영상으로 엮어 배경음악과 함께 보여 준다. 긴장된 분위기가 풀어지면 사회자 친구의 소개를 받으며 본격적인 시 낭송이 시작된다. 시울림 콘서트를 마무리하며 학생들은 친구의 작품 중에서 마음에 들어온 시를 정한다.

교사	친구의 시 중에서 여러분 마음에 들어온 시는 무엇인가요?
학생 1	저는 지원이 시를 뽑았어요. 봄나들이 나와서 사진만 찍는 짝꿍을 관찰해서 재미있게 썼어요.
학생 2	찬율이 시가 감동적이었어요. 시 낭송을 듣고 마음이 따뜻해졌어요.
학생 3	우성이는 벚꽃을 팝콘이라 표현해서 실감 났어요.

06. 나는 무엇을 이해하고 있을까요?

첫 시간에 실시한 설문조사를 학생들에게 다시 한 번 더 질문하며 이번 수행과제를 통해 학생들은 무엇을 이해하고, 앞으로 무엇을 할 수 있게 될지 확인한다.

시를 가까이하면 어떤 점이 좋을까요?	이번 수업을 통해 배운 점은 무엇인가요?	배운 점을 바탕으로 앞으로 나는 무엇을 할 수 있을까요?
* 정신건강에 좋다. * 마음이 편해진다. * 심심하고 외로울 때 재미있게 해 준다.	* 시 쓰는 방법을 알아서 좋았다. * 시를 통해 내 마음을 표현할 수 있게 되었다. * 시가 생각을 키워 줄 수 있다.	* 시로 감정을 표현할 수 있다. * 멋진 시인이 될 수 있다. * 시를 계속 쓰고 싶다.

이번 수행과제를 해결하며 학생들의 이해는 어떻게 전이되었는지 확인한다.

시의 매력에 빠진 학생들은 지난 1년간 적게는 30편, 많은 사람은 100편 이상의 시를 완성했다. 교내외에서 실시한 시 낭독대회에 자작시로 참가하여 우수한 성적도 거두었다. 부모님의 피드백을 살펴보면 시를 통해 감성이 풍부해졌다는 느낌이 든다는 평이다.

<그림 8> 시 공책

<그림 9> 교내 시 낭송대회 참가

05 부모님 말씀 // 자녀의 성장을 위한 부모님의 피가 되고 살이 되는 한 말씀

· 자녀가 이번 4월 한 달간의 수업을 통해 무엇을 이해하게 되었다고 생각하십니까?
· 자녀가 이번 수업을 통해 알게 된 점을 바탕으로 앞으로 무엇을 할 수 있을 것이라 기대하십니까?
· 교사의 수업 방법에 대해 기존의 수업과 비교하여 특징적인 것이나 차이점이 있다면 무엇입니까?
· 교사의 수업 방식에 대해 아쉬운 점은 무엇인가요?

① 봄의 계절 4월에 자연의 섭리와 오감을 체험할수 있었다는 생각에 감사합니다.
② 시를 통해 감성이 풍부해졌다는 느낌이 듭니다.
③ 틀에 박힌 수업보다 자율적인 수업방식이 좋다는 생각입니
④ 앞으로는 늘~ 감사드리고 꾸준한 노고 부탁드립니다.

<그림 10> 학부모 피드백

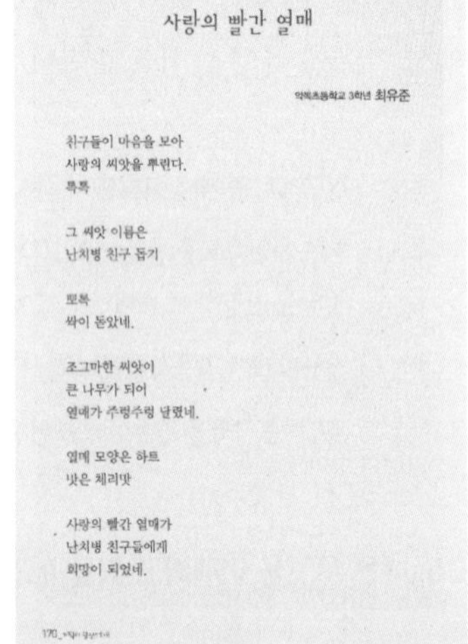
사랑의 빨간 열매

악박초등학교 3학년 최유준

친구들이 마음을 모아
사랑의 씨앗을 뿌린다.
톡톡

그 씨앗 이름은
난치병 친구 돕기

뽀록
싹이 돋았네.

조그마한 씨앗이
큰 나무가 되어
열매가 주렁주렁 날렸네.

열매 모양은 하트
맛은 체리맛

사랑의 빨간 열매가
난치병 친구들에게
희망이 되었네.

170

<그림 11> 난치병 학생 희망 스토리 문예 수상

Unit 3 학생 이해의 증거

01. 이해의 증거_EVIDENCE

측면	설명	해석	적용	관점	공감	자기 지식
확인		증거 ❸	증거 ❶	증거 ❶		증거 ❷
		자연물 탐색	시화	시화		자기평가

02. 수행과제 결과물

<증거 ❶> 시화

03. 그 밖의 증거

<증거 ❷> 자기평가

6. 시를 가까이하면 (쓰거나 읽으면) 좋은 점은 무엇인가요?	시라는 것에 더 집착해 자세히 알아보고 시를 잘쓰는 시인처럼 되니까
7. 시는 무엇이라고 생각하나요? 이유도 함께 적어주세요. 시는 [도움] 다. 왜냐하면	시는 도움이다 왜나하면 시를적으면 다른사람에게 도움을 받는것 같으니까
8. 이번 수업을 통해 배운 점은 무엇인가요?	봄에 대해 알아보고 시도 자세이 배워보았다.
9. 배운 점을 바탕으로 앞으로 나는 무엇을 할 수 있을까요?	멋진 시인을 할 겁니다.
10. 이번 프로젝트에서 좋았던 점과 아쉬운 점은 무엇인가요?	친구들과 봄나들이도 가고 시 발표회도 해서 좋았고 좋았던 3월이 벌써 지나가서 아쉬웠다.

<증거 ❸> 자연물 탐색(마인드맵)

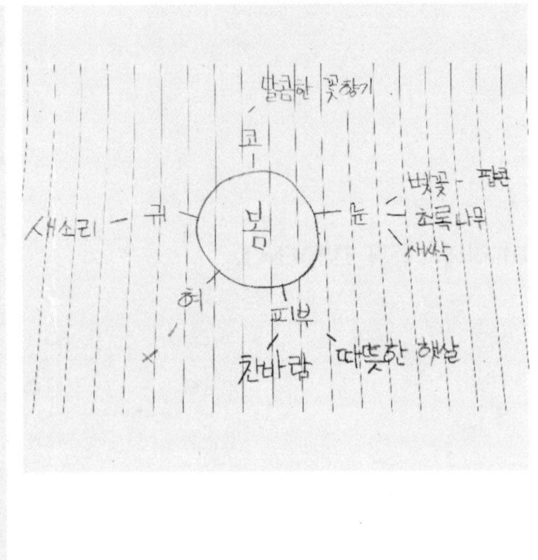

04. 교사의 학생 성장 기록: NEIS 관찰기록 및 가정통지 내용

국어+미술 교사의 성장 평가 기록	3학년 1반 O번 OOO	꽃(습득)	새싹(습득 중)	씨앗(미습득)
			√	

읽기, 쓰기 부진으로 글쓰기 자체를 매우 힘들어함. 여러 시를 읽어 주고 시집을 접하게 하여 시에 대한 관심을 이끎. 자신의 생각과 감정을 짧은 글로 표현하는 것을 집중 지도하며 글쓰기에 부담감을 없애려 노력함. 글감을 제공하고 한두 줄이라도 시를 쓰도록 유도함. 봄나들이 경험을 시로 표현하고 친구들 앞에서 낭송할 수 있게 됨. 이후 봄을 시로 표현하고 싶다고 말함.

Unit 4 교사의 반성과 성찰

Q1. 우리 아이들은 어떻게 시를 즐길 수 있을까?

설문조사 결과에 따르면 시집을 즐겨 읽는 학생은 드물다. 시를 만나는 경험은 교과서에 실린 몇 편의 시가 전부이며 그마저 학생들의 공감을 얻기 어렵다. 이러한 이유로 학생들은 시가 낯설고 어렵다. 학생들에게 시를 가까이하며 자신의 생각이나 감정을 시로 표현할 수 있도록 백워드 설계를 통해 국어과와 미술과를 연계하여 수행과제를 제시했다. 먼저, 오감으로 자연을 탐색한다. 교실이라는 제한된 공간에서 벗어나 학생들은 눈, 코, 귀, 혀, 피부를 통해 자연과 주변의 변화를 발견한다. 이때의 경험과 자연에서 느낀 감홍은 그 자체로 훌륭한 글감이 된다.

시의 기법이나 형식을 특별히 가르쳐 주지 않아도 된다. 보고, 듣고, 느낀 모든 것들은 마음에서 우러나오는 감정이며 짧은 글로 표현할 수 있다. 잘 쓴 시와 못 쓴 시는 따로 없다. 세상을 보는 눈을 넓히고, 시를 통해 감정을 표현하면 그것으로 충분하다. 그 과정에서 교사의 역할은 학생들과의 대화와 질문을 통해 삶의 이야기를 이끌어 내는 일이다. 학생들과 대화하며 글감을 뽑아 제공해 주고 질문으로 학생만의 순수함과 빛깔을 드러내 주며 학생들이 시를 한 편씩 써서 가져오면 폭풍 칭찬해 주면 된다.

시울림 콘서트를 통해 학생들은 자신의 작품을 친구들과 공유하며 시에서 발견되는 감정을 읽는다. 학생들은 시를 통해 소통과 표현의 즐거움을 경험하게 된 것이다. 점심시간이면 양치질도 건너뛰고, 운동장에서 뛰어놀기 바빴던 우성이가 텅 빈 교실에 홀로 남아 무언가를 한다. 갑자기 글감이 떠올랐다며 '나 혼자'라는 제목의 시 한 편을 뚝딱 써낸다. 그날 이후 우성이는 감성 시인이란 별명이 생겼다. 다윤이는 시를 같이 쓰기로 한 성은이가 기다려 주지 않고 먼저 써 버렸다며 울상이다. 다윤이에게 지금 기분을 글로 표현해 보라 하니 냉큼 '시'라는 제목의 시 한 편 써낸다. 개구쟁이 유준이는 수업시간에도 글감이 생각나면 시 공책을 꺼내 시 쓰고 친구들 앞에서 낭독하는 것을 즐긴다. 난치병 친구 돕기 문예대회에 시 작품을 출품하여 교육감 상도 받았다. 지금까지 시를 써 본 적도 없고, 시 쓰는 방법도 몰랐던 학생들이 이제는 시를 통해 자신의 감정을 이야기하고 친구와 소통하게 되었다.

어렵고 낯설게 느껴졌던 시가 나의 삶 그 자체인 것을 깨닫는 순간 학생들은 소소한 일상에 관심을 가지고 세상을 아름답게 바라보며 내면의 불만과 응어리를 시로 풀어내고 있다. 학생들의 시에서는 감정 표현을 넘어서 그 사람을 만나게 됨을 느낀다. 내면에 묻혀 있던 마음 씨앗 하나가 퐁 하고 싹을 틔워 자신만의 언어로 선명하게 드러나기 때문이다. 시 쓰기를 통해 학생들은 스스로를 되돌아보며 작은 일상도 지나치지 않고 생생하게 붙잡는다. 그리고 자신의 진짜 마음을 발견한다. 그 마음을 온전히 담아 세상에 단 하나뿐인 이야기를 꽃피운다.

봄을 느끼자

함께 떠난 봄나들이.
벌들은 윙윙.
벚꽃은 향긋.
바람은 살랑.

벚꽃은 우리 반 선생님처럼 예쁘다.
윙윙.
흩날리는 꽃잎 따라 선생님에게로.

바람이 살랑 불며
더운 우리를 부채질한다.

임다운 109

사회

IB-PYP Who We Are

가족의 모습은 시대에 따라 다양하게 변화한다.

교사 김병일

3학년 2학기 사회 3. 가족의 형태와 역할 변화

Unit 1 3학년 사회과 백워드 교육과정 설계

[1단계] 단원의 목표 찾기: 왜 배워야 할까요?

단원명	3학년 2학기 사회 3. 가족의 형태와 역할 변화(15차시)			
단원 개요	이 단원은 옛날과 오늘날의 혼인 풍습과 가족 구성을 비교하고 가족의 모습과 가족 구성원의 역할이 어떻게 변화하였는지를 알아보는 데 주안점을 둔다.			
성취기준	[4사02-05] 옛날과 오늘날의 혼인 풍습과 가족 구성을 비교하고, 시대별 가족의 모습과 가족 구성원의 역할 변화를 탐색한다. [4사02-06] 현대의 여러 가지 가족 형태를 조사하여 가족의 다양한 삶의 모습을 존중하는 태도를 기른다.			
개념	가족제도 현대의 사회 변동			
영속적인 이해	가족의 모습은 시대에 따라 다양하게 변화한다.			
지식과 기능	지식	가족 구성원의 역할 가족 형태의 변화	기능	비교하기 조사하기
본질적 질문	옛날과 오늘날의 가족의 모습(혼인 풍습과 역할)은 어떻게 다를까? 오늘날 가족의 모습은 왜 다양할까?			

[2단계] 단원평가 정하기: 배움을 어떻게 확인할 수 있을까요?

01. 수행과제_GRASPS

교과 역량 | 문제해결력 및 의사결정력

Goal	목표	결혼, 가족 역할, 가족 모습을 다양한 자료로 변화를 설명하는 것	
Role	역할	가족의 모습 변화를 설명하는 연구학자가 되는 것	
Audience	대상/청중	선생님과 반 친구들	
Situation	문제 상황	우리 반에서 친구의 가족 형태에 대해 무시하는 모습이 관찰된 상황	
Product	결과물	가족의 변화 개인 연구보고서 결과물	
Standards	기준	지식	가족의 모습과 역할 변화, 가족 형태 변화
		기능	비교하기, 역사적 상황 파악하기

02. 학생 참여 시나리오와 배경_STORY

PBL | 왜 가족의 형태는 다를까?

지난 8월 말 여름방학이 끝나고 며칠 지난 어느 날에 우리 반 친구 2명이 다른 친구 가족을 나쁘게 말하는 것을 우연히 들었어요. 그 친구는 아버지가 없고, 할아버지와 할머니, 그리고 엄마만 있다고 이야기했어요. 그래서 선생님이 가족과 관련된 단원을 학습하면 좋겠다고 생각했어요. 지금부터 여러분은 가족을 연구하는 연구학자가 되어서 가족의 모습 변화와 구성원의 역할 변화, 가족 형태를 다양한 방법과 보고서로 발표해야 합니다. 그리고 그 보고서에는 옛날과 오늘날의 가족의 변화인 모습, 역할, 형태 중 한 가지를 비교하는 방법이 포함되어 있어야 해요. 마지막으로 서술형 평가와 추석맞이 엽서를 제작합니다.

교육 환경과 교사 의도

❶ **지리 환경:** 칠곡군, 중소 도시, 대구시와 인접, 공단 지대, 대부분 아파트 거주

❷ **학교 규모:** 52학급, 3학년 총 9반

❸ **교실 구성:** 26명(남 14명, 여 12명)

❹ **학생 실태:** 핵가족 23명, 다문화 가족 1명, 조손 가족 1명, 편모 가족 1명이고, 1학년 '가족과 친척'과 2학년 '다양한 가족' 개념을 7명이 습득, 19명은 미습득이다.

❺ **교사 의도:** 우리 반 친구들 가족의 다양함을 인지하기 위해 가족의 세 가지 변화를 조사·발표하고, 추석과 연계한 자신 가족의 소중함을 편지를 통해 느껴 보도록 의도하였다.

03. 평가준거_RUBRIC

구조	기준	꽃(습득)	새싹(습득 중)	씨앗(미습득)
지식	가족의 변화(모습, 역할, 형태)는 어떻게 다른가?	옛날과 오늘날의 가족의 변화상을 자세하게 작성할 수 있다.	옛날과 오늘날의 가족의 변화상을 작성할 수 있다.	옛날과 오늘날의 가족의 변화상을 간단하게 작성할 수 있다.
기능	가족의 변화를 비교하여 설명할 수 있는가?	옛날과 오늘날의 가족의 변화 세 가지를 비교를 통해 탐구하고 말할 수 있다.	옛날과 오늘날의 가족의 변화 세 가지를 비교를 통해 탐구할 수 있다.	옛날과 오늘날의 가족의 변화 세 가지를 비교할 수 있다.
수행	연구보고서 발표를 통해 가족의 변화를 이해하고 설명할 수 있는가?	가족의 변화를 이해하고, 옛날과 오늘날의 가족 변화를 비교하는 자료를 제작하여 설명할 수 있다.	가족의 변화를 이해하고, 옛날과 오늘날의 가족 변화를 비교하는 자료를 만들 수 있다.	가족의 변화를 이해하고, 옛날과 오늘날의 가족 변화를 조사할 수 있다.
자기	나는 제작과 발표를 적극적으로 참여하였는가?	나는 연구보고서를 정확하게 작성하고, 발표를 분명하게 전달할 수 있다.	나는 연구보고서를 작성하고 발표할 수 있다.	나는 연구보고서를 작성할 수 있다.

[3단계] 단원 수업 구성하기: 학생들은 무엇을 배울까요?

01. 교수·학습_WHERETO

교수·학습 활동(안내 질문)	계열화	평가 증거
1. 나는 무엇을 배워야 할까요? 가. KWL은 무엇인가? 나. 우리의 수행과제는 무엇인가?	W, H	진단평가 ▸ 퀴즈
2. 왜 옛날과 오늘날의 혼인 풍습은 다를까요? 가. 우리 부모님의 결혼식을 알고 있나? 나. 옛날의 결혼식은 어떤 특징이 있나? 다. 혼인 풍습은 왜 변했을까?	E1, E2	형성평가 ▸ 모둠탐구
3. 가족 구성원의 역할은 왜 변했을까요? 가. 가족 관계도로 확대가족과 핵가족을 어떻게 표현할까? 나. 옛날과 오늘날 구성원의 역할은 왜 다를까?	E1, E2	형성평가 ▸ 모둠탐구
4. 오늘날의 가족은 어떻게 다양할까요? 가. 오늘날에는 어떤 가족이 있을까? 나. 가족의 다양성을 어떻게 볼 것인가?	E1, E2	형성평가 ▸ 모둠탐구
5. 나는 지식과 기능을 형성하고 있나요? 가. 이 단원의 지식을 알고 있는가? 나. 나는 무엇을 모르고 있었는가?	E2, R	형성평가 ▸ 단원평가 ▸ 교사 피드백
6. 나는 연구보고서를 어떻게 발표할 것인가요? 가. 나의 발표 주제와 방법은 무엇인가? 나. 다른 친구 발표의 장단점은 무엇인가?	E2, T	총괄평가 ▸ 수행과제 ▸ 친구 피드백
7. 나는 무엇을 이해하고 있나요? 가. 나는 자료 제작과 발표에 적극적으로 참여했는가? 나. 가족의 소중함을 어떻게 실천할 것인가?	T	총괄평가 ▸ 자기평가

Unit 2 3학년 사회과 백워드 교육과정 실천

단원 설계의 조직과 계열_Organize

CBC | 가족제도, 사회변동

이해	가족의 모습은 시대에 따라 다양하게 변화한다.		
수행	가족의 변화 보고서 제작하기		
개념렌즈	가족제도	+	현대의 사회변동
질문	옛날과 오늘날의 가족의 모습은 어떻게 다를까?		오늘날 가족의 모습은 왜 다양할까?
지식	가족의 모습과 역할 변화		가족 형태의 변화
기능	시대적 배경 이해하기		비교하기

수업 흐름: 진단 활동 → 혼인 풍습 변화 이해하기 → 가족 역할 변화 이해하기 → 가족 다양성 이해하기 → 지식기능 확인하기 → 수행과제 준비하기 → 수행과제 발표하기 → 서술평가 자기평가

01. 나는 무엇을 배워야 할까요?

수업을 시작하면서, 『돼지책』(앤서니 브라운, 웅진주니어, 2001)을 읽어 준다. 아이들에게 가족이 무엇인지 생각하도록 한다. 그리고 개인 공책에 아이들이 가지고 있는 선지식을 알기 위해 '나의 가족'을 마인드맵으로 그려 본다.

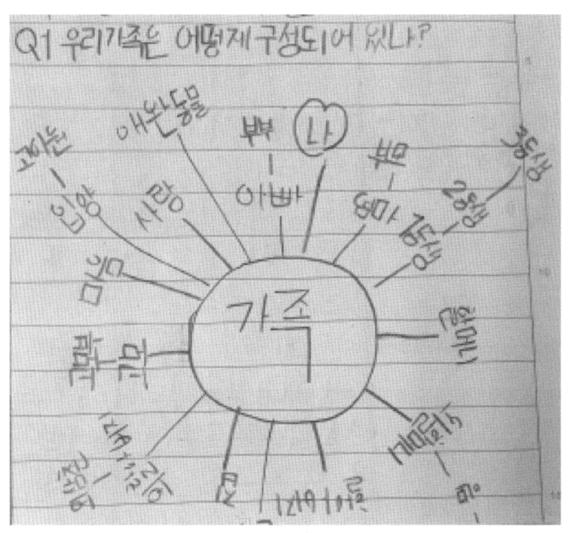

<그림 1> 우리 가족 마인드맵 그리기

교사가 칠판에 가족의 특징과 관련된 KWL(Know-Want to know-Learn)를 확인하면서 학생들의 생각을 파악한다. 가족의 변화 연구보고서 작성 수행과제를 제안하고 사회 3단원에 대한 수업 계획을 토의한다.

2학년 때 배운 내용을 조사한다. 조사 결과, 학생 대부분이 저학년 때 학습한 가족 관계를 이해하지 못하고 있었다. 간단한 가족도 그리기 활동을 통해 가족 관계도를 어떻게 작성하는지 다시 배운다.

02. 왜 옛날과 오늘날의 혼인 풍습은 다를까요?

우선, 개념을 이해하기 위해 학생에게 '가족'과 '혼인'의 뜻을 먼저 물어본다. 토의한 결과를 바탕으로 한 의미를 공책에 작성하고 기억한다.

가장 먼저, 배울 옛날과 오늘날의 가족 변화의 모습은 '결혼 풍습'이다. 사전 과제로 학생들에게 부모님의 결혼식 모습을 알아 오도록 하고, 그 내용을 활동지에 기록한다. 그리고 오늘날의 결혼식은 교사가 준비한 PPT 자료를 통해 그 특징을 살펴본다. 옛날의 혼인 풍습은 학생의 삶에서 찾을 수 없기 때문에 유튜브 동영상 <전통 혼례>라는 제복의 다큐멘터리를 보고, 참고해시 조사보고서를 작성한다.
개인별로 옛날과 오늘날의 혼인 풍습을 비교할 수 있는 활동지를 작성한다. 다음, 모둠별로 함께 토의해서 비교 결과를 미니 보드에 작성해서 학급 칠판에 붙인다. 교사가 전체 모둠의 내용을 차례로 읽어 가면서 정리한다. 그 과정에서 가족 변화에 대한 비교 탐구 결론을 함께 짓고, 교사의 질문을 통해 첫 번째 변화를 정리한다.

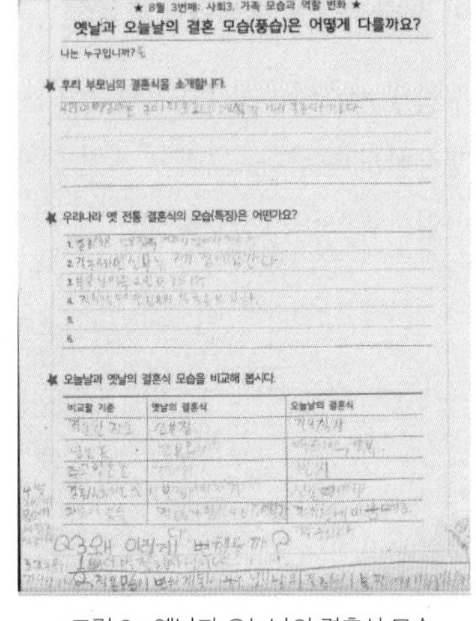
★ 8월 3번째: 사회3. 가족 모습과 역할 변화 ★

옛날과 오늘날의 결혼 모습(풍습)은 어떻게 다를까요?

나는 누구입니까?

★ 우리 부모님의 결혼식을 소개합니다.

★ 우리나라 옛 전통 결혼식의 모습(특징)은 어떤가요?

★ 오늘날과 옛날의 결혼식 모습을 비교해 봅시다.

비교할 기준	옛날의 결혼식	오늘날의 결혼식

<그림 2> 옛날과 오늘날의 결혼식 모습 비교하기

교사 왜 이렇게 변화했을까?

학생 1 결혼 모습이 변하게 된 이유는 옛날의 결혼식이 불편해서 외국과 비슷한 결혼식이 생겼기 때문이다.

학생 2 사람들이 옛날 전통혼례식이 마음에 들지 않고 불편하고 복잡한 혼례여서 다른 결혼식으로 변했을 것 같다.

03. 가족 구성원의 역할은 왜 변했을까요?

가족 구성원을 이해하기 위해 학습해야 할 개념 '확대가족'과 '핵가족'의 의미를 유추한다. 유추한 결과를 교과서를 통해 확인하고 공책에 정리한다. 옛날과 오늘날의 가족 모습 변화 학습은 '가족 구성원의 역할'이다. 확대가족과 핵가족의 가족도를 그려 보게 한다. 이때 확대가족의 가족도는 조부모 기준으로 그리게 한다. 작성 후 핵가족의 가족 구성원이 하는 일은 자신의 가족이 하는 일을 조사하여 기록하고, 확대가족은 교과서를 활용하여 작성하도록 한다. 오른쪽 사진에 있는 탐구 활동지 비교하기를 통해 변화를 확인한다. 모둠별로 가족 모습 변화를 비교 탐구한다. 마지막으로 교사는 질문을 통해 비교 탐구 결과를 확인하고, 학생들은 그 결과를 공책에 정리한다.

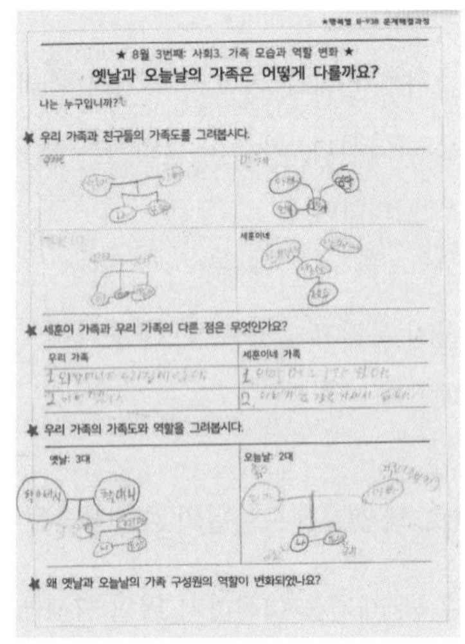
★ 8월 3번째: 사회3. 가족 모습과 역할 변화 ★

옛날과 오늘날의 가족은 어떻게 다를까요?

나는 누구입니까?

★ 우리 가족과 친구들의 가족도를 그려봅시다.

세훈이네

★ 세훈이 가족과 우리 가족의 다른 점은 무엇인가요?

우리 가족	세훈이네 가족

★ 우리 가족의 가족도와 역할을 그려봅시다.

옛날: 3대	오늘날: 2대

★ 왜 옛날과 오늘날의 가족 구성원의 역할이 변화되었나요?

<그림 3> 옛날과 오늘날의 가족 비교하기

교사 가족 구성원의 역할은 어떻게 변화했을까?

학생 1 아빠는 옛날에는 오늘날보다 하는 일이 없다. 엄마는 집안일이 줄어들었다. 자녀는 똑같다.

학생 2 세상이 바뀌면서 엄마와 아빠의 역할이 공평해졌다.

04. 오늘날의 가족은 어떻게 다양할까요?

다음 학습은 '옛날과 오늘날의 가족 모습 변화 학습'에 대한 기능 형성이다. 가족 모습 변화는 탐구활동지에 우리 가족 관계도를 그려 보고, 우리 반의 다른 가족 관계도를 세 개 더 조사해서 그린다. 교사는 학생들이 다른 가족 관계도에 다문화, 조손, 편모 가족의 관계도를 그릴 수 있도록 한다. 네 개의 가족 관계도를 살펴보며 다른 점을 찾아보도록 한다.

이어서 우리 교실에 없는 가족의 형태는 교과서를 활용하여 마인드맵 형태로 정리하도록 한다. 마지막으로 교사는 마인드맵에 나타난 가족의 다양성을 확인하고 질문을 통해 정리한다. 그리고 질문을 주고받으면서 학생들에게 다른 가족을 존중하는 마음을 다짐하도록 한다.

교사 나와 다른 가족의 모습을 어떻게 생각해야 할까?

학생 1 가족의 모습은 중요하지 않다. 서로 사랑하는 마음이 있다면 가족이다.

학생 2 다양한 가족을 무시하지 말고, 존중해야 한다.

<그림 4> 다양한 가족 마인맵으로 정리하기

05. 나는 지식과 기능을 형성하고 있나요?

가족의 변화 세 가지를 다시 한 번 살펴보고, 중요한 개념들과 의미를 정리한다. 학생들의 지식이 제대로 형성되어 있는지 확인하기 위해 온라인 자료(출처: 티셀파)를 활용하여 단원평가를 실시한다. 교사는 서열이 아닌 성장의 관점으로 채점하고, 학생들은 평가를 통해 자신의 부족한 부분을 찾아보도록 한다. 마지막에는 교사가 학생 개인별로 틀린 부분을 확인하고, 피드백한다.

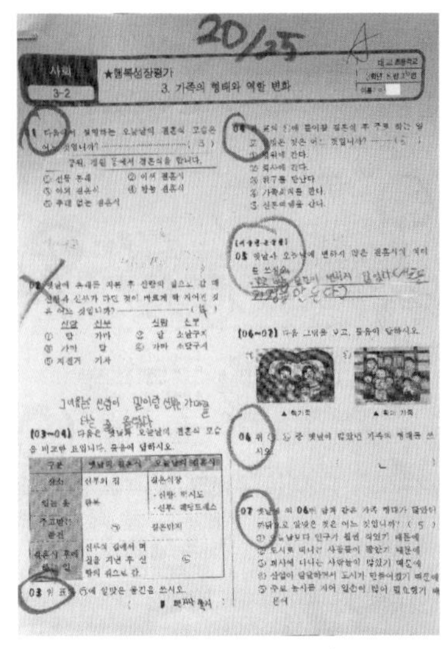
20/25
사회 3-2
★행복성장평가
3. 가족의 형태와 역할 변화

<그림 5> 단원평가 피드백 받기

06. 나는 연구보고서를 어떻게 발표할 것인가요?

학생들의 지식과 기능이 형성되는지 확인한 후 최종 수행과제를 해결하도록 한다. 교사는 학생들이 옛날과 오늘날의 변화 중 어떤 부분에 관심이 있는지를 확인한다. 탐구질문과 발표 방법을 스스로 정한다. 개인별로 준비하거나 자신의 탐구 주제와 같은 학생과 팀을 구성한다. 자신이 선정한 주제에 대해 조사하고, 발표 준비를 한다.

발표 준비가 끝나면, 교사에게 리허설을 한다. 그리고 수정한 부분을 다시 연습한다. 개인 또는 팀별로 준비한 연구보고서를 발표한다. 발표하는 동안 다른 친구들은 '친구평가'를 한다.

<그림 6> 수행과제 발표하기

07. 나는 무엇을 이해하고 있나요?

모든 발표를 마치고, 반성일기를 쓰고, 서술형 평가를 실시한다. 서술형 평가에는 자신의 발표 자료 요약과 가족이 왜 중요한지를 기술한다. 이 서술평가의 결과는 학생이 이 단원의 영속적인 이해를 이해했는지 확인하기 위한 최종적인 증거 자료가 된다. 가족의 모습은 시대에 따라 다양하게 변화한다는 발표 자료와 함께 미래적인 관점에서의 개인적인 의견을 물어본다. 평가 후, 개인별 서술형 평가지는 교사에게 피드백을 받는다.

이 단원의 가장 중요한 부분인 다른 가족을 존중하는 마음의 연속성을 가지기 위해, 자신의 가족의 소중함을 실천적인 관점으로 접근하도록 의도했다. 9월 추석을 맞이하여 할아버지, 할머니에게 가족의 소중함을 엽서를 작성해서 직접 발송한다. 엽서는 공책에 먼저 작성하고, 교사가 가족의 소중함이 잘 드러났는지를 확인한다. 그리고 우편으로 발송할 엽서에 깨끗하게 작성한다. 다 작성한 엽서를 다음 날 교사가 우체국에 가서 발송한다.

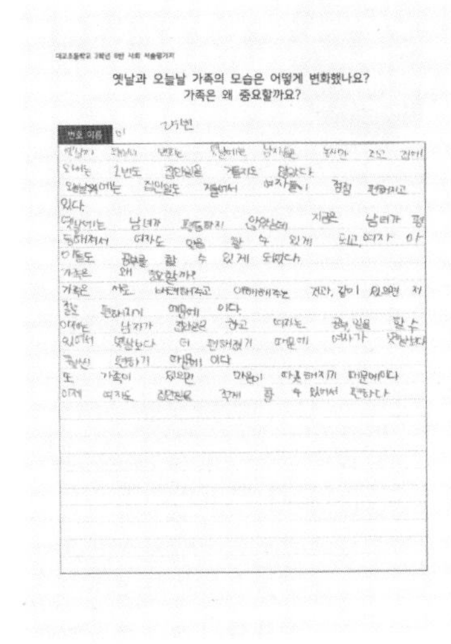
옛날과 오늘날 가족의 모습은 어떻게 변화했나요?
가족은 왜 중요할까요?

번호 이름

<그림 7> 서술형 평가 및 피드백 받기

백워드 수업-전략

Q. 어떻게 이해의 증거를 수집할까?

백워드 설계의 목표는 '이해와 전이'다. 배움의 과정에서는 학생들의 개별적인 이해를 다양한 증거 자료를 통해서 확인한다. 하지만 일반적으로 20명이 넘는 학급에서는 증거 자료 수집이 어렵다. 이러한 점을 해결하기 위해 학생의 공책을 활용할 수 있다. 공책에는 질문으로 개인적인 사고의 흐름과 탐구 과정, 학생 활동지, 반성일기를 기록하도록 한다. 학생 공책이 이해 증거물인 스크랩북이 되는 것이다.

학생 공책 정리는 질문 중심의 코넬식 노트 필기법을 활용하면 효율적이다. 학기 초에 코넬식 노트 필기법을 배우고, 공책 작성법을 계속 알려 주면 2학기 즈음에는 모든 학생들이 공책 정리를 깔끔하게 하게 된다.

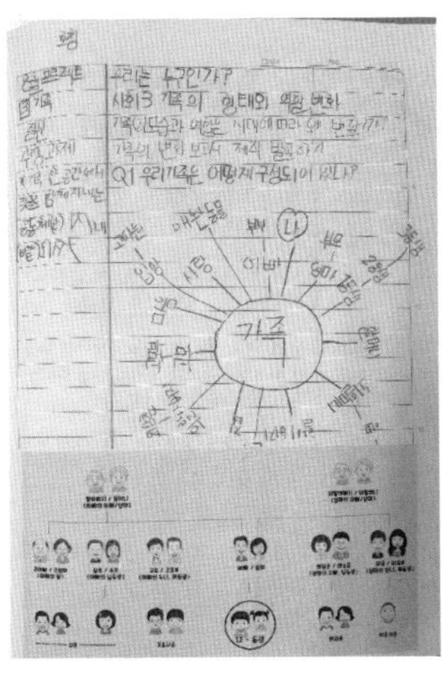

Unit 3 학생 이해의 증거

02. 이해의 증거_EVIDENCE

측면	설명	해석	적용	관점	공감	자기 지식
확인	증거 ❶, ❷	증거 ❸, ❺	증거 ❹	증거 ❺, ❻	-	증거 ❼
	수행평가 PPT 보고서	서술평가지 단원평가지	실천엽서	서술평가지 친구평가지		자기반성일기

02. 수행과제 결과물: 연구보고서 발표 자료 [종이 보고서, PPT, 만화…]

<증거 ❶> 수행평가 종이 보고서

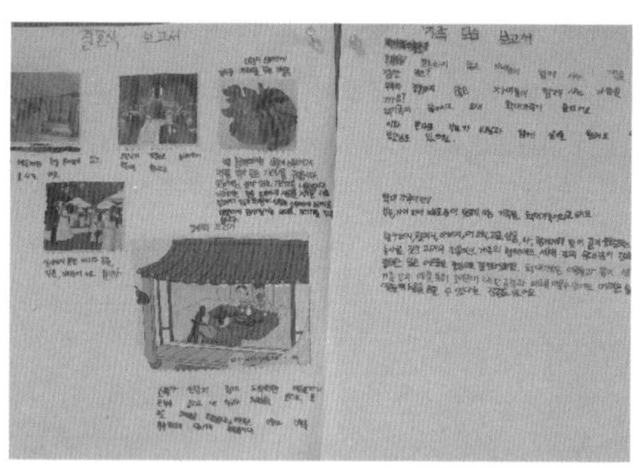

<증거 ❷> 수행평가 PPT 보고서

03. 그 밖의 증거: 형성평가, 자기평가

<증거 ❸> 단원평가지

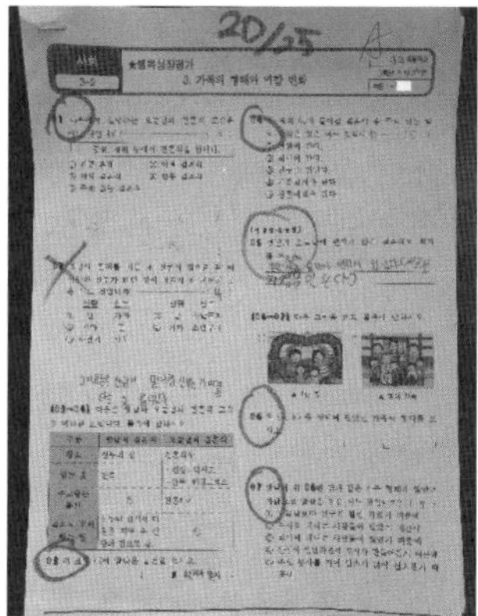

<증거 ❹> 실천 엽서

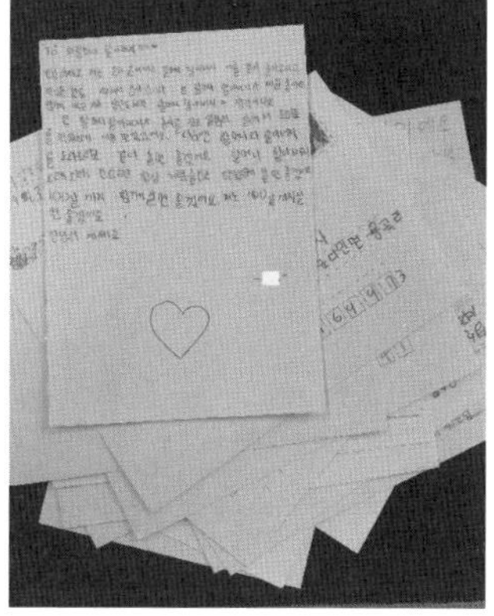

<증거 ❺> 서술평가지

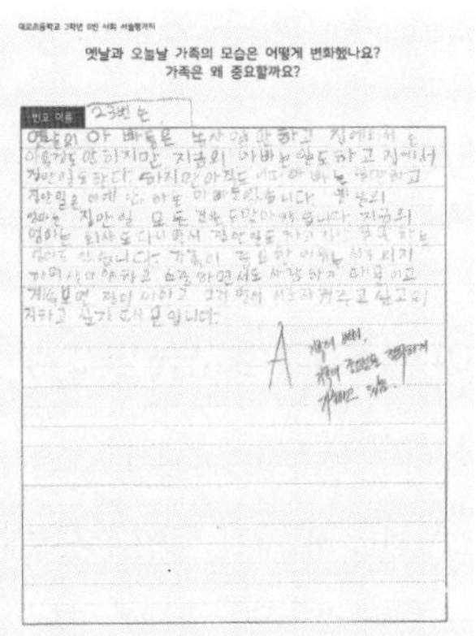

옛날과 오늘날 가족의 모습은 어떻게 변화했나요?
가족은 왜 중요할까요?

<증거 ❻> 친구평가지

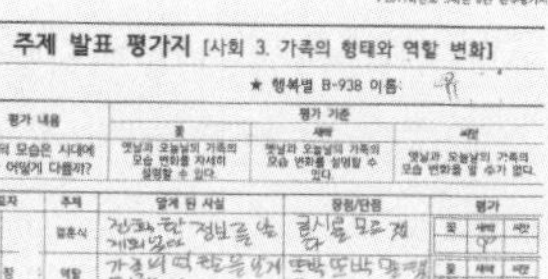

주제 발표 평가지 [사회 3. 가족의 형태와 역할 변화]

<증거 ❼> 자기반성일기

[여학생] 이번 배움 가족의 변화에서 나는 새싹이다. 그 이유는 발표를 잘했지만, 목소리가 작고 말을 더듬거려서 새싹이다. 나의 발표 자료에는 자세하게 내용을 작성했지만, 글을 너무 많이 쓰고 자세하게 설명을 하지 않고 목소리를 작게 말했다. 다음에 기회가 된다면 결혼의 변화를 발표하고 싶다. 사회 수업에 또 발표를 하고 싶고, 너무 재미있었다.

[남학생] 나의 성장은 꽃이다. 친구와 함께 결혼식의 변화를 발표했는데, 다른 친구와 다르게 큰 목소리로 한 것 같다. 기분이 좋다. 나는 옛날의 결혼식보다 오늘날의 결혼식이 더 좋고, 나도 재미있는 결혼식을 하고 싶다. 결혼은 왜 해야 할까 궁금하다.

04. 교사의 학생 성장 기록

사회 3단원 교사의 성장 평가 기록	3학년 8반 7번 OOO	꽃(습득)	새싹(습득 중)	씨앗(미습득)
		√		

푸름이(가명)는 옛날과 오늘날의 결혼식의 변화를 친구와 함께 발표를 했음. 발표물은 종이에 그림과 변화를 정리하여 명료하게 발표를 했음. 수행과제 리허설 과정에서는 변화가 뚜렷하게 나타나지 않았지만, 하나하나씩 비교하는 발표 방식으로 다시 연습을 해서 수행 발표를 했을 때는 분명함이 잘 드러났음. 서술형 평가에는 혼인의 의미를 정확하게 파악하고 있으나 전체적인 글의 구조에 맞게 글 쓰는 능력이 필요함.

Unit 4 교사의 반성과 성찰

Q1. 사회과의 '탐구'는 어떤 의미인가?

사회과 탐구의 과정은 사회 현상을 제대로 이해함이 목적이고, 탐구 발견의 과정으로 학습된다. 단순히 교사가 질문을 하고 학생은 답하는 식의 탐구보다는 실제 상황에서 생각의 과정으로 탐구를 이끌어 내는 것이 중요하다. 그리고 탐구는 교과서의 단순한 자료를 바탕으로 눈으로 하는 것이 아니라 실제적인 몸으로 느끼고 머리로 고민한 결과, 입으로 표현해야 한다.

> 몸으로 느끼기 전까지 바다의 참모습을 알았다고 하기 힘들겠지요. 해수욕을 하며 바닷물이 짜다는 사실을 깨닫게 되고, 물살에 몸을 부딪쳐 보고서야 그 위력을 실감할 수 있습니다. 바다를 발견하는 것은 이처럼 직접 보고 느끼고 체험하는 것을 통해 가능합니다. 책을 통해 배워서 알고 있는 것을 뛰어넘는 깨달음으로부터 나온 것이었습니다.
>
> (『탐구한다는 것』, 너머학교, 남창훈, 2010년)

교과서에 있는 내용을 읽고 탐구하는 것보다 우리 생활 속에서 직접 탐구하는 것이 중요하다. 교과서 읽기에만 그치지 않고, 직접 경험한다면 우리 아이들은 몸으로 기억할 수 있다. 경험하지 하지 않으면, 나의 것이 되지 않기 때문이다. 우리 아이들에게 사회를 가르치기 위해서는 직접 경험을 보장해 주어야 한다. 경험이 없는 환경에서는 사회의 그 어떤 현상도 자신의 문제 현상으로 들어오지 않고, 더불어 자신의 감각으로 남지 않는다. 감각은 학생의 사고를 만들어 내고, 그 사고의 작동원리는 다른 문제 상황에서 다시 전이되어 일어난다. 이렇게 우리들의 전이성은 우리 아이들의 성장으로 나아갈 수 있다.
교사에게 가장 필요한 것은 바로 아이들을 사회의 맥락에서 오감으로 느끼고, 생각하고, 판단하고, 자신만의 지식을 가질 수 있도록 수업을 구성하는 것이다. 그 탐구의 과정을 위해서는 우리는 수많은 요소를 바탕으로 삶의 탐구적인 상황을 설계하고, 아이들이 그 속에서 자신의 적극성으로 노력하고, 고민하고 해결하도록 해야 한다. 지금 내가 수업을 실천하는 것도 역시 맥락과 오감을 통해서 발현되는 과정이다. 그 결과 탐구는 학생의 지식으로 형성되고, 전이가 일어난다. 물론 그 속에는 자신들이 하고자 하는 열정이 들어가 있어야 한다. 사회 교과가 제시하는 이치와 교훈을 알기 위해 교사가 열정으로 학생의 탐구 상황을 만들어서 수업을 재구성한나면, 그 속에서 아이들은 사회의 진리를 몸으로 기억되고, 마음에 새긴다. 그것은 그 아이의 미래 사회의 원동력이 된다.

Q2. 사회과의 과거와 현재, 미래는 아이들에게 어떤 의미를 가지는가?

학습자는 자신의 과거 경험을 바탕으로 현재의 삶을 살아가고 있다. 그리고 학습자는 자신만이 가진 경험의 확장으로 삶을 살아가는 삶의 주체자이다. 그 사실을 인정하고 받아들이는 순간, 교육이 시작된다. 교육과정을 바탕으로 학습자는 사회학자가 만들어 놓은 과거의 개념으로 학습하고 연구해야 한다. 현재의 시점에서 과거의 경험을 받아들이고, 그 아동의 미래로 나아가는 것이 성장이다. 교육과정의 과거와 현재를 알면 우리 아이들의 미래를 성장으로 나아가게 할 수 있다. 학자들은 어떻게 지금의 지식을 형성시키고, 그 결과를 나타나게 되었는가를 고민해 보아야 한다. 그 고민에 빠져드는 순간이, 우리가 하고 있는 영속적인 이해와 구조주의적 관점에서의 교육과정 문해를 시작하는 순간이다.

사회 3단원의 설계와 실천은 이러한 관점에서 살펴볼 수 있다. 학생 자신의 가족 배경을 바탕으로 과거와 현재를 살펴보고, 나아가 미래의 사회 현상을 사고할 수 있도록 구성된다. 여기에 빠지면 안 되는 것이 바로 '아동의 경험'이다. 우리의 최종 목적은 바로 단원에 있는 목표이며, 그 목표가 목적이 되고, 그 목적이 성장으로 거듭될 것이다. 아동 경험의 과거, 현재, 미래의 연계선이 바로 백워드 교육과정의 이해가 된다.

3학년 백워드 설계중심 교육과정과 교과 단원 분석표 및 조망도

<3-1학기>

<3-2학기>

4학년
백워드 교육과정
실천 이야기

도덕+국어+창체

IB-PYP Sharing the Planet

협동은 다름을 이해하고
더불어 사는 즐거움을 준다.

교사 이규만

4학년 1학기 도덕4. 힘과 마음을 모아서
국어 6. 회의를 해요
창체(진로)Ⅲ. 진로 탐색

Unit 1 4학년 도덕과 백워드 교육과정 설계

[1단계] 단원의 목표 찾기: 왜 배워야 할까요?

단원명	4학년 1학기 도덕 4. 힘과 마음을 모아서(8차시) 창체(진로)III. 진로 탐색(3차시) 국어 6. 회의를 해요(1차시)			
단원 개요	이 단원은 협동하는 생활을 하기 위하여 협동의 의미와 협동하는 생활의 중요성을 이해하고, 생활 속에서 협동하는 방법을 활용하여 이를 실천하려는 자세를 기르는 것이 중요하다.			
성취기준	[4도02-04] 협동의 의미와 중요성을 알고, 경청·도덕적 대화하기·도덕적 민감성을 통해 협동할 수 있는 능력을 기른다. [2015-EIII2.2] 다양한 체험활동을 통해 직업을 이해한다. [4국01-02] 회의에서 의견을 적극적으로 교환한다. [4국01-06] 예의를 지키며 듣고 말하는 태도를 지닌다.			
개념	협동의 중요성			
영속적인 이해	협동은 다름을 이해하고 더불어 사는 즐거움을 준다.			
지식과 기능	지식	협동의 의미 협동의 중요성	기능	경청·도덕적 대화하기 다양성 수용하기 실천 의지 기르기
본질적 질문	함께하면 무엇이 좋은가?			

[2단계] 단원평가 정하기: 배움을 어떻게 확인할 수 있을까요?

01. 수행과제_GRASPS

교과 역량 | 도덕적 공동체의식

Goal	목표	주어진 자본을 가지고 친구들과의 협동을 통해 아이디어를 모으고 창업 물품을 생산·판매하여 수익을 남기고 수익의 일부를 기부하는 것	
Role	역할	창업을 준비하고 협동하여 물건, 서비스를 생산·판매하는 창업인이 되는 것	
Audience	대상/청중	4학년 친구들	
Situation	문제 상황	협동하지 못하는 현재의 상황을 극복하기 위해 협동의 경험을 하는 것	
Product	결과물	창업 체험 수행 과정 속 협동의 실천 과정, 창업 물품	
Standards	기준	지식	협동의 의미, 협동의 중요성
		기능	경청·도덕적 대화하기, 다양성 수용하기, 실천 의지 기르기

02. 학생 참여 시나리오와 배경_STORY

PBL | 협력이 왜 필요할까?

최근 모둠활동을 힘들어하는 친구들이 있어요. 대부분의 친구들은 모둠의 공동 목표를 위해 함께 노력합니다. 하지만 함께 노력하지 않고 장난만 치는 친구들로 인해 힘들어하는 모둠도 있습니다. 우리는 왜 함께 모둠활동을 할까요? 혼자 하는 것과 함께 하는 것은 어떻게 다를까요?
우리가 함께 힘을 모아 본다면 어떨까요? 협동의 의미를 알기 위해 창업 체험전을 개최하고자 합니다. 여러분 모두가 기업가가 되어 활동 과정과 수익 결과를 보고서의 형태로 작성합니다. 결과물에는 협동의 실천 과정이 구체적으로 드러나야 합니다.

교육 환경과 교사 의도

❶ **지리 환경:** 구미시, 중소 도시, 대구시와 인접, 공단 지대, 대부분 아파트 거주

❷ **학교 규모:** 25학급, 4학년 총 3반

❸ **교실 구성:** 31명(남 18명, 여 13명)

❹ **학생 실태:** 모둠별로 협력의 모습의 편차가 크다. 경청과 의사소통의 어려움으로 인해 모둠활동에 부담을 가지고 어려워하는 학생들이 있다.

❺ **교사 의도:** 서로의 다름을 인정하고 경청과 협의 과정 속에서 소중함을 느껴 보고, 협동을 위한 하나의 과제로 창업 체험전을 제시한다.

03. 평가준거_RUBRIC

구조	기준	꽃(습득)	새싹(습득 중)	씨앗(미습득)
지식	협동하면 무엇이 좋을까?	협동의 의미와 중요성을 이해하고 적절한 예를 들어 설명할 수 있다.	협동의 의미와 중요성을 이해하고 설명할 수 있다.	협동의 의미와 중요성을 설명하는 것을 어려워한다.
기능 태도	다른 사람의 말을 경청하고 소통하였는가?	문제를 해결하기 위해 다른 사람의 말을 경청하고 적극적으로 소통하였다.	문제를 해결하기 위해 다른 사람의 말을 경청하고 소통하려 노력하였다.	문제를 해결하기 위해 다른 사람의 말을 경청하고 소통하려 노력하지 못하였다.
수행	창업 체험전에 참여하여 협동을 실천하였는가?	협동을 실천하며 서로의 다름을 인정하고 경청과 협력의 과정 속에서 더불어 사는 즐거움을 느낀다.	서로의 다름을 인정하고 경청하며 협동하려 노력한다.	서로의 다름을 인정하고 경청하며 협동하는 것을 어려워한다.
자기	나는 창업 체험전의 실천에 적극적으로 참여하였는가?	창업 소재를 계획, 제작, 판매하는 프로젝트에 적극적으로 참여했다.	창업 소재를 계획, 제작, 판매하는 프로젝트에 참여했다.	프로젝트에 적극적으로 참여하지 못하였다.

[3단계] 단원 수업 구성하기: 학생들은 무엇을 배울까요?

01. 교수·학습_WHERETO

교수·학습 활동(안내 질문)	계열화	평가 증거
1. 나는 무엇을 배워야 할까요? 가. 협동의 의미, KWL은 무엇인가? 나. 우리의 수행과제는 무엇인가?	W, H, O	진단평가 ▸구술
2. 협동은 왜 필요할까요? 가. 협동해서 생기는 것들에는 무엇이 있나? 나. 협동이 주는 좋은 점은 무엇일까?	W, E1	형성평가 ▸마인드맵 ▸모둠탐구
3. 창업 체험전을 위해 어떻게 기업을 선정하나요? 가. 협동을 실천하기 위해 어떤 기업을 만들까? 나. '기업가 정신'은 무엇일까?(진로)	T, R	형성평가 ▸모둠탐구
4. 나는 창업 체험전 준비과정에서 어떻게 협동을 이해하고 실천하고 있나요? 가. 협동을 위해 역할 분담과 준비를 어떻게 할까? 나. 리허설을 통해 무엇을 보완할까?	T, R	형성평가 ▸교사 피드백
5. 창업 체험전의 운영에서 협동을 어떻게 실천하나요? 가. 창업 체험전을 하면서 협동은 어떻게 일어나고 있는가? 나. 기업가 정신의 실천을 통한 나눔의 즐거움은 무엇일까?(국어)	E2	총괄평가 ▸수행과제
6. 나는 무엇을 이해하고 있나요? 가. 나는 창업 체험전의 실천에 적극적으로 참여했는가? 나. 협동을 앞으로 어떻게 실천할 것인가?	R	총괄평가 ▸자기평가

4학년 도덕과 백워드 교육과정 실천

단원 설계의 조직과 계열_Organize

CBC | 배려

이해	협동은 다름을 이해하고 더불어 사는 즐거움을 준다.
수행	창업 체험전 실행하기
개념렌즈	배려
질문	함께하면 무엇이 좋을까?
지식	협동의 의미 / 협동의 중요성
기능	경청·도덕적 대화하기 & 실천 의지 기르기 & 다양성 수용하기

수업 흐름: 진단 활동 → 협동의 의미 이해하기 → 협동의 중요성 이해하기 → 지식기능 확인하기 → 수행과제 준비하기 → 수행과제 발표하기 → 서술평가 자기평가

01. 나는 무엇을 배워야 할까요?

<그림 1> 마인드맵 그리기

수업을 시작하면서 아이들이 가지고 있는 선지식을 알기 위해 '협동의 의미'를 마인드맵으로 그려 본다. 선지식 조사 활동을 통해 학생 대부분이 협동의 필요성을 이해하고 있지만 실제 모둠활동 등에서 잘 지키기 못하고 있음을 확인한다. 〈100만 명의 기적〉 동영상을 함께 시청하고 기름 유출 사고 당시 기적을 일궈 낼 수 있었던 이유에 대해 함께 이야기 나눈다.

교사가 칠판에 협동의 의미와 필요성과 관련된 KWL를 확인하면서 학생들의 생각을 파악한다. 창업 체험전 수행과제를 제안하고 도덕 4단원에 대한 수업 계획을 토의한다.

02. 협동은 왜 필요할까요?

각자의 생각을 정리하고 평소 자신의 협동하는 생활에 대한 간단한 설문으로 사전 이해도를 확인한다. 개별 활동 후 모둠별로 돌아가며 말하기를 통해 생각을 공유하고 협동이 왜 필요한지를 이야기 나눈다.

교사 평소에 협동의 중요성은 알지만 왜 실천하지 못할까요?

학생 1 머리는 협동해야 한다고 하는데 잘 안돼요.

교사 이유는 뭘까?

학생 2 서로 자기 생각만 해서 그런 것 같아요. 서로 이해해 주고 양보해 주면 좋을 텐데.

교사 협동을 위해선 양보가 우선일까? 경청이 우선일까?

학생 2 생각해 보니 경청이 우선일 거 같아요. 내 얘기를 잘 들어주면 양보하는 것처럼 느껴질 거 같아요.

교사 협동한다는 건 잘 들어주는 것?

학생 1 잘 들어주면 협동이 잘될 것 같아요.

<그림 2> 돌아가며 말하기

03. 창업 체험전을 위해 어떻게 기업을 선정하나요?

우리 주변의 여러 기업에 대해 이야기를 나눈다. 휴대폰을 만드는 대기업에서부터 작게는 동네 커피숍까지 여러 이야기가 나왔다. 우리가 좋은 제품을 쓰고 맛있는 음식을 먹으려면 그 제품과 음식을 만드는 사람에게 어떤 점이 필요한지에 대해 이야기를 나눈다.

<그림 3> 창업 아이디어

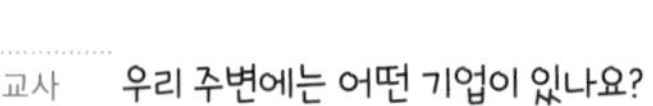

교사 우리 주변에는 어떤 기업이 있나요?

학생 1 휴대폰을 만드는 S 기업이에요.

학생 2 엄마가 좋아하는 A 커피 가게요.

교사 어떤 기업의 휴대폰이 인기가 많을까?

학생 2 가격이 싸고 속도가 빠른 휴대폰요.

학생 3 고장이 잘 안 나는 휴대폰요.

교사 가격이 싸고 속도도 빠르고 고장도 잘 안 나는 휴대폰을 만들려면 어떻게 해야 할까?

학생 2 만드는 사람이 싸고 좋은 부품으로 제품을 만들어 팔면 될 것 같아요.

학생 3 사는 사람을 속이지 않고 정직하게 만들어야 할 것 같아요.

교사 창업 체험전에 참가하는 기업가인 여러분도 지금 이야기한 것과 같은 것들을 지켜야겠죠?

기업가 정신의 의미를 아이들과의 대화에서 찾는다. 모둠을 만들고 기업별로 모둠원의 이야기를 듣고 다양하게 서로의 의견을 주고받는다. 창업을 위한 계획서를 만들고 서로의 이야기를 들어주는 것이 협동의 시작이라는 점을 공감하며 부족한 점을 찾고 서로 보완해 나간다.

계획서를 낸 8개 기업 중 4개 기업만 창업 체험전에 참가할 수 있으며, 선택받지 못한 기업의 모둠원은 선정된 4개 기업에 입사하는 형태로 창업 부스를 운영한다. 선택받기 위해 수업을 마친 후에도 교실에 남아 수정해 나가는 모둠도 있다.

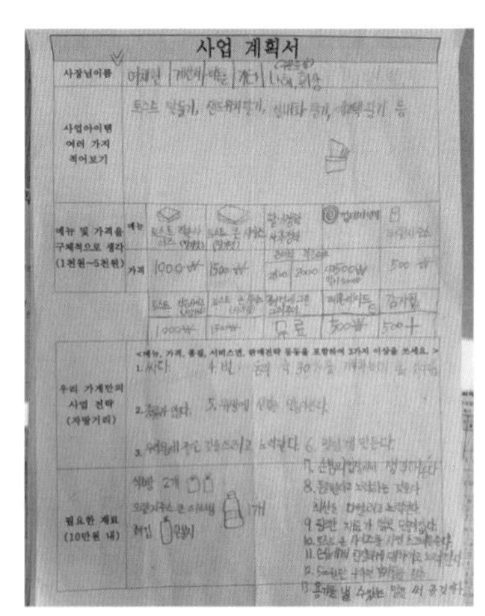

사업 계획서

사장님이름

사업아이템 여러 가지 적어보기

메뉴 및 가격을 구체적으로 생각 (1천원~5천원)

우리 가게만의 사업 전략 (차별거리)

필요한 재료 (10만원 내)

<그림 4> 사업계획서

선정될 창업 소재의 모든 준비 물품은 경상북도교육청의 진로동아리 지원금으로 구입한다. 여러 번의 계획서 수정이 끝난 후 전체 사업계획서 발표를 한다. 기업 합병을 하겠다는 두 기업가가 있

어 모둠원의 동의하에 창업 소재를 합쳐 합병한다.

교사 왜 합병을 하게 되었죠?

학생 1 우리 모둠의 창업 아이디어에 저 모둠의 아이디어를 합치면 더 수익을 많이 올릴 것 같아서요.

교사 모둠원 전체의 의견인가요?

학생 1 예, 한 명의 친구가 처음에는 반대했지만 저희가 설득했고 고맙게도 친구가 얘기를 들어줬어요. 물론 다른 모둠의 창업 아이디어를 보고 생각을 바꾸었어요.

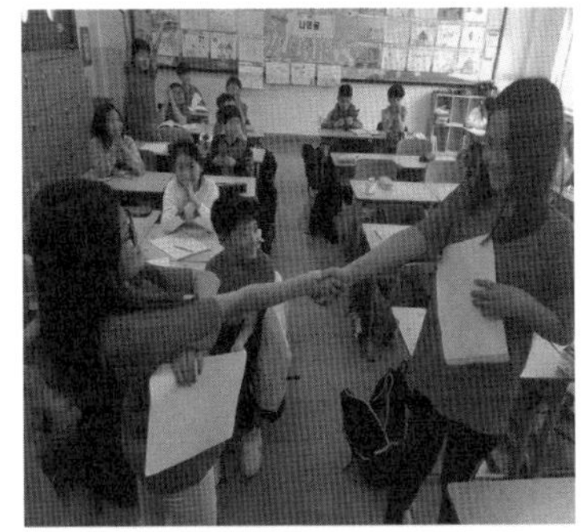

<그림 5> 기업 합병

기업 이름	기업가(사장)	창업 소재
아트앤아트	박○○ 외 8명	페이스페인팅, 네일아트
꿀맛 토스트	여○○외 7명	에코백 만들기, 토스트, 음료
PINK 커피	배○○외 8명	타투, 천연비누, 바리스타, 음료
주니어 샵	정○○외 8명	골라 먹는 토핑 샌드위치, 카나페, 음료

04. 나는 창업 체험전 준비과정에서 어떻게 협동을 이해하고 실천하고 있나요?

4개의 기업이 창업 체험전을 위해서 사업 아이템 및 준비물, 역할 분담에 대해 토의를 거쳐 면밀하게 준비한다. 준비물과 관련해서 에코백 만들기와 같이 비용이 많이 드는 체험 부스는 제작 수량과 방법 등을 수정하고 보완한다. 준비하는 과정 내내 협동이 잘 이뤄지는지 교사와 학생이 함께 이야기를 주고받는다.

교사 모둠원들끼리 협동이 잘 이뤄지고 있나요?

학생 1 예, 저희 사장님은 저희 말을 잘 들어줍니다.

교사 역할 분담은 잘 이뤄졌고요?

학생 2 예, 역할 분담이 조금 어려웠지만 서로 양보해서 잘됐습니다.

교사 어떤 제품을 만들 예정입니까?

학생 3 저희는 페이스페인팅, 타투, 네일를 할 예정인데 연습을 많이 해서 좋은 작품을 만들어 주고 싶어요.

교사 우리가 지금 왜 창업 체험전을 준비하는 걸까요?

학생 4 좋은 제품을 만들어서 친절하게 팔려고요.

교사 역할을 분담하면서 힘든 점은 없나요?

학생 1 사장님도 그렇고 의견이 서로 달라도 잘 따라 줘요. 맡기로 한 역할도 열심히 할 수 있을 것 같아요.

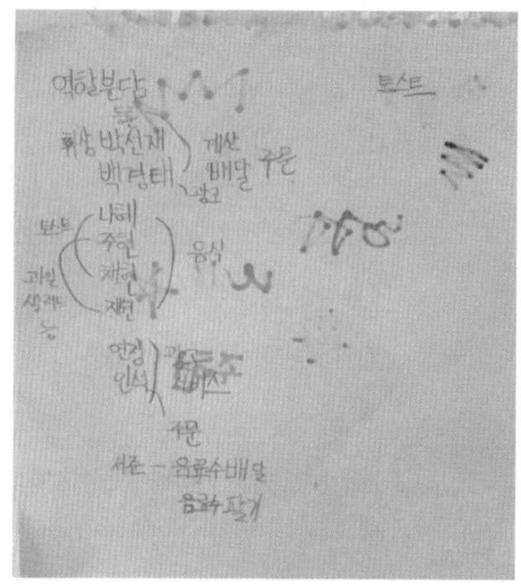

<그림 6> 역할 분담

창업 체험전을 위한 준비(간판 제작, 재료 구입, 역할 분담, 제작 순서 정하기)가 끝나면, 리허설을 한다. 그리고 수정한 부분을 다시 연습한다.

모둠별로 준비한 창업 소재를 시연한다. 부족한 부분을 함께 고민하고 수정해 나간다.

교사 아이스티를 판매하기 위한 전략이 있나요?

학생 1 지금 연습해 보려고 합니다.

교사 돈을 지불하고 사 먹을 정도로 맛있는 아이스티를 만들 수 있나요?

학생 2 저희는 물 200ml에 아이스티 분말 두 스푼으로 만들어 보려고 합니다.

교사 한 잔을 제작하는 데 시간이 많이 걸리지 않을까요? 손님들이 뒤에 줄이 서 있다면?

학생 1 세 명 정도가 맡아서 하면 될 것 같습니다.

교사 좋은 방법이 없을까요? 얼음도 담아야 하고 아이스티도 섞어야 하고 막상 판매를 시작하면 많이 바쁠 것 같습니다.

학생 3 미리 아이스티를 타 놓을까요? 얼음 담당이 미리 얼음을 컵에 담아 두고요.

교사 미리 아이스티를 페트병에 타 놓고 잘 섞어 두면 덜 바쁘겠네요.

<그림 7> 간판 만들기

<그림 8> 리허설하기

05. 창업 체험전의 운영에서 협동을 어떻게 실천하나요?

<그림 9> 부스 설치하기

책상 옮기기에서 재료 운반, 부스 설치를 위한 책상 배열, 전선 끌어오기, 제품 만들기, 체험 시연하기, 손님 맞이하기, 계산하기 등 모든 과정을 기업가들이 협동을 통해 스스로 해낸다. 부스를 설치하는 과정에서 5학년 학생이 4학년 학생들의 부스 설치를 돕는다. 타 학급과 모둠이 서로 경쟁 상대로 느낄 수 있는 상황이지만 다른 팀의 부스 설치를 자발적으로 도와주며 함께 분업한다. 학생들은 시키지 않아도 무거운 책상을 함께 옮기고 배치하는 과정에서 서로의 의견을 경청하고 소통하며 해결점을 찾아간다.

창업 체험전을 준비하기 위해 각 구역에서 역할을 점검한다. 교사를 대상으로 판매 예정이었던 커피는 당일 학부모 연수회에 참석한 학부모를 대상으로도 판매한다. 학생들은 가상화폐를 활용하여 창업 체험전에 참여하고, 교사 및 학부모는 현금을 지불하여 체험한다.

1, 4, 5학년 200여 명의 학생들이 손님이 되어 부스를 찾는다. 평소 모둠활동에서 잘 협력하지 못한 ○○이가 분주하게 뛰어다닌다.

교사 많이 바빠 보여요, 힘들지 않아요?

학생 1 힘들긴 한데 함께하니깐 재미있어요. 얼음이 다 떨어졌는데 ○○이가 군말 없이 가지러 갔어요. 이런 모습 처음이에요.

교사 왜 달라진 거 같아요?

학생 1 우리가 계획하고 각자 원하는 역할을 맡아서 그런 것 같아요. 장사도 잘되니 신나고요. ○○이의 새로운 모습을 발견했어요.

교사 함께해서 무엇이 좋은가요?

학생 1 서로 바쁜데 부족한 걸 가져다주고 하니깐 힘도 나고 재밌어요.

<그림 10> 창업 체험전 실천

<그림 11> 부스 정리하기

부스가 운영되고 많은 손님들을 맞이해야 하는 상황에서 의견 충돌로 다투거나 무임승차하는 학생이 한 명도 보이지 않는다. 공동의 목표를 위해 기꺼이 힘을 합치는 모습에서 기업을 이끌어 가는 구성원 하나하나의 모습을 만난다. 손님과 기업가 모두 체험이 끝나가는 것을 아쉬워한다. 창업 체험전의 계획과 실행, 뒷정리까지 모두 스스로 한다. 가상화폐와 함께 교사와 학부모를 대상으로 받은 현금의 수익금을 정산한다.

정산 후 수익금은 학급회의를 통해 결정한 대로 난치병 어린이 돕기에 기부한다.

반장 수익금은 어디에 사용할지 좋은 의견 부탁드립니다.

학생 1 폐지 줍는 할아버지, 할머니께 도움을 주었으면 좋겠습니다.

학생 2 저는 우리 주변에 돈이 없어서 치료를 못 받는 사람들을 돕고 싶습니다.

학생 3 난치병 어린이를 도왔으면 좋겠습니다.

06. 나는 무엇을 이해하고 있나요?

수행과제를 마치고, 배움 공책에 반성일기를 작성한다. '협동', '기업가 정신' 두 단어를 포함하여 반성일기를 작성하도록 한다. 반성일기의 내용과 교사의 수행과제 중의 관찰평가 및 학생들의 자기평가는 이 단원의 영속적인 이해를 확인해 보기 위한 최종적인 증거 자료이다. 창업 체험전의 기획, 준비, 리허설, 실행의 모든 과정에서 협동의 의미와 중요성에 대한 자신들의 생각을 기술한다.

단원의 목표를 위해 친구들과의 의사소통 과정에서 경청을 바탕으로 도덕적인 대화를 하였는지를 확인한다. 또한 '다양성'을 수용하고 받아들였는지를 과제 수행 속 실천적인 관점으로 접근하도록 한다. 나아가 땀 흘려 일한 수익금의 기부를 통해 배움의 전이를 실천한다.

Q. 효과적인 KWL(Know-Want to know-Learn)은 어떻게 활용할까?

진단평가뿐 아니라 총괄평가 시에 KWL을 활용해서 프로젝트 결과를 반성해 보는 것을 추천한다. '알게 된 것, 더 알고 싶은 것, 더 배우고 싶은 것'을 정리하면서 스스로를 돌아보고 부족하거나 더 배우고 싶은 것들을 정리해 볼 수 있다.

진단평가 KW	총괄평가 KWL
K: Know(알고 있는 것)	K: Know(알게 된 것)
W: Want to know(알고 싶은 것)	W: Want to know(더 알고 싶은 것)
	L: will Learn(더 배우고 싶은 것, 전이)

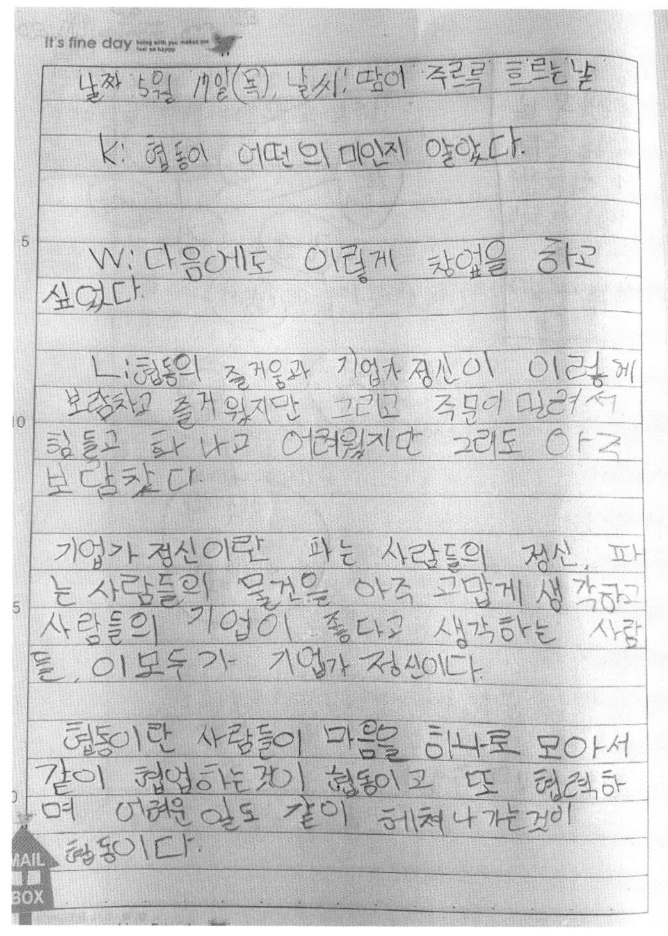
It's fine day

날짜 5월 17일(목), 날씨: 땀이 주르륵 흐르는 날

K: 협동이 어떤 의미인지 알았다.

W: 다음에도 이렇게 창업을 하고 싶었다.

L: 협동의 즐거움과 기업가 정신이 이렇게 보람차고 즐거웠지만 그리고 주문이 밀려서 힘들고 화나고 어려웠지만 그래도 아주 보람찼다.

기업가 정신이란 파는 사람들의 정신, 파는 사람들의 물건을 아주 고맙게 생각하고 사람들의 기업이 좋다고 생각하는 사람들, 이 모두가 기업가 정신이다.

협동이란 사람들이 마음을 하나로 모아서 같이 협업하는 것이 협동이고 또 협력하며 어려운 일도 같이 헤쳐 나가는 것이 협동이다.

MAIL BOX

Unit 3 학생 이해의 증거

01. 이해의 증거_EVIDENCE

측면	설명	해석	적용	관점	공감	자기 지식
확인	증거 ❷		증거 ❶, ❹			증거 ❷, ❸
	자기반성일기		수행 과정 창업 제작물			자기반성일기 참배움 점검표

02. 수행과제 결과물: 창업 수행 관찰

<증거 ❶> 수행 과정

03. 그 밖의 증거: 참배움 점검표

<증거 ❷> 자기반성일기

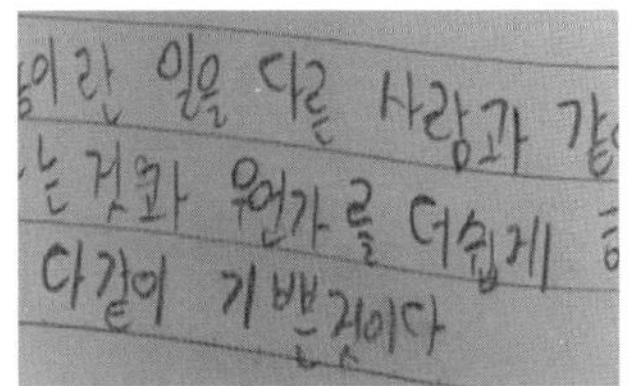

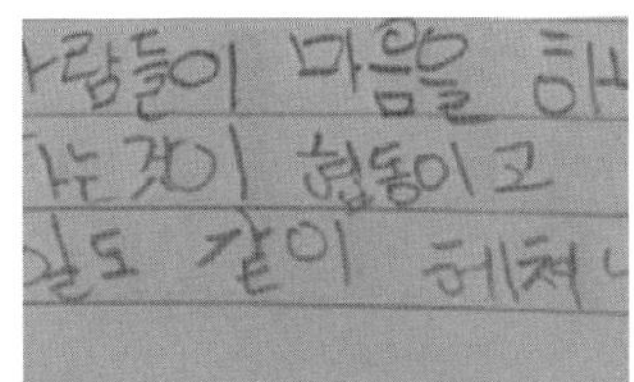

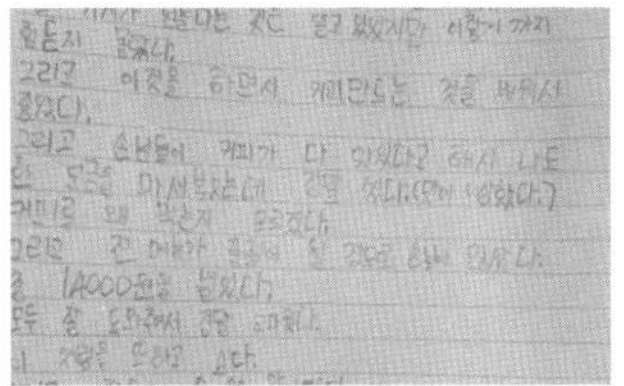

자기반성일기

[여학생] 일하고 청소하고 다시 일하고 빵 만들기 체험을 도와주고, 근데 하면 할수록 주문이 밀려서 체험을 못 도와줬는데 옆의 친구가 도와줘서 정말 고마웠다. (중략) 내가 생각하는 협동이란 혼자 하면 힘들지만 다 같이 하면 조금이라도 쉽다는 것이다.

<증거 ❸> 참배움 점검표

2018학년도 4학년 1학기 3~4월 과정중심 참평가

4학년 1반 번 ...의 성장과 과정중심 참배움 점검표

'성장과 배움 점검표'는 나의 학교생활에서 실천해야 할 내용과 교과에서 반드시 배워야 할 성취기준에 대하여 어느 정도 성취했는가를 알아본 결과입니다. 자신이 얼마나 잘 실천하고 알차게 배웠는지 스스로 점검해 봅시다.

1. 나의 학교생활은?

마음	실천해야 할 행동	자기 평가 결과		
		씨앗	새싹	꽃
배움(학습태도)	• 학습 활동에 적극적으로 참여하였나요?			O
	• 학습 활동에서 친구와 잘 협력했나요?			O
	• 배워야 할 내용을 끝까지 알려고 노력했나요?			O
습관(생활태도)	• 학교생활 규칙을 잘 지키고 있나요?			O
	• 맡은 일을 책임감 있게 수행했나요?			O
	• 바른 예절을 실천하고 있나요?			O

2. 나의 교과 학습은?

※국가교육과정의 성취기준에 근거하여 꼭 배워야할 내용을 수행평가 및 서술형평가로 성취기준의 도달여부를 평가합니다. 1차 평가에서 다소 부족했다면 다시 도전하여 모두가 꽃으로 피어나도록 함께 노력합시다.

프로젝트 수업 1 창업체험전을 통해 협동의 즐거움 찾기		자기 평가			교사(모둠) 평가			
평가 내용		씨앗	새싹	꽃	도전	씨앗	새싹	꽃
1	협동의 의미와 중요성을 이해하고 예를 들어 설명할 수 있다.		O		1차			O
				O	2차			O
2	협동하기 위해 다른 사람의 말을 경청하고 소통하려 노력한다.		O		1차		O	
				O	2차			O
3	창업체험전을 성공적으로 수행하기 위하여 모둠원과 협동하여 창업 아이템을 계획, 제작, 판매하기 위해 노력하였다.			O	준비			O
				O	발표			O

<증거 ❹> 창업 제작물

04. 교사의 학생 성장 기록

도덕 4단원, 창체(진로) 교사의 성장 평가 기록	4학년 1반 21번 ○ ○	꽃(습득)	새싹(습득 중)	씨앗(미습득)
		√		

나연이(가명)는 협동의 의미와 중요성에 대한 생각을 정리하여 발표를 했음. 결과물은 마인드맵과 배움 공책, 사업계획서에 명료하게 정리하였음. 수행과제 리허설 과정에서는 친구들의 의견을 모으고 다른 생각을 잘 수용하고 모둠 전체의 분위기를 잘 이끌어 나갔음. 피드백을 통한 부족한 점을 수정하고 실제 수행과제 실천 시 협동의 중요성을 이해하고 적극적으로 실천해 나감.

Unit 4 교사의 반성과 성찰

Q. 도덕 교과 내에서 의미 있는 실천을 위해서는 어떤 수업을 해야 하는가?

첫째, 단원이 포함하는 내용이 너무 많고 단원별 수업 시수가 부족하다.

4학년 도덕교과 4단원「힘과 마음을 모아서」를 예로 들어 살펴보면, 4단원은 총 4차시로 이루어져 있다. 4차시의 수업으로 이 단원의 영속적 이해를 달성할 수 없다. 단원이 포함한 내용을 모두 달성하기에는 4시간은 너무 부족한 시간이다.
도덕 지도서에 제시되어 있는 경험 학습 수업 모형은 학습자에게 도덕적 경험을 제공하기에는 제한된 시간에 너무 많은 양을 담고 있다. 교사는 학생들에게 주변 환경과의 상호작용을 경험할 학습 환경을 제공하고, 그 경험을 적절히 해석하고 교류하여 일반화하도록 하는 것이 아닌 교과서 속 가치를 교사의 주도하에 훈화와 다짐으로 맺기에도 바쁘다. 4단원의 4차시만으로 '배려'라는 가치 속 협동의 의미를 모두 담기는 힘들다. 그래서 도덕과는 다른 교과의 통합을 통해서 적절한 시간 확보가 필요하다. 백워드 설계를 통한 타 교과 및 창의적 체험활동과 연계한 백워드 설계 수업을 통해 학생들이 '배려'의 가치를 충실히 탐구한다면 도덕적으로 성장할 수 있을 것이다.

둘째, 도덕과 각 차시의 내용이 가치 규범의 탐구가 아닌 가치 규범의 주입과 다짐으로 그친다.

4학년 4단원「힘과 마음을 모아서」단원의 1차시의 소단원명은 '함께하는 즐거움'이다. 제목에서 이미 함께하는 것은 즐겁다고 이야기하고 있다. '협동'의 좋은 점을 학생들이 스스로 탐구하여 알아 가는 것이 아니라 이미 '협동은 좋은 것이다'라는 답을 제시하고 있다. 단원의 제목은 학습자에게 도덕적 가치 규범을 주입하고 있는 느낌을 받고 있다. 도덕적 가치 규범은 주입적인 관점이 아닌 탐구의 관점으로 학습자 스스로가 찾고 발견하는 기쁨을 제공할 필요가 있다. 그래서, 교과서에서 벗어날 수 있는 교사의 노력이 필요하다. 백워드 설계를 바탕으로 한 본질적 질문과 탐구질문의 문답을 통해 학생 스스로 가치 규범의 탐구 기회가 주어져야 한다.

셋째, 도덕과 수업이 사회적 영역에서의 사고 과정을 촉진하지 못하고 있다.

4학년 도덕 4단원 「힘과 마음을 모아서」 4차시 '함께해 보아요'에서는 쪼개진 사각형 맞추기 활동 등을 통해 협동의 바탕이 되는 의사소통 능력을 키우고자 한다. 또한 후속 활동인 '협동 사슬 풀기'를 통해 어려운 과제를 함께 해결하는 경험을 주고자 한다. 과연 이런 활동들이 학생들의 도덕적 실천을 위한 흥미를 이끌고 일상생활로의 전이를 이끌 수 있을까?
과연 쪼개진 사각형 맞추기, 협동 사슬 풀기 등의 활동을 통해 학교생활에서의 협동이 잘 이뤄질 수 있을까? 일상의 학교생활에서 협동이 잘 일어나지 않는 문제를 백워드 수업 설계를 바탕으로 한 '창업 체험전'과 같은 다소 낯선 상황(수행과제)에서 경험해 본다면 어떨까? 단편적인 활동이 아닌 좀 더 긴 호흡의 수행과제를 힘을 모아 해결해 보는 경험은 학생의 일상생활 속 협동의 전이를 이끌어 낼 수 있을 것이다.

과학

IB-PYP | Where We Are in Place and Time

지층과 화석으로 지구의 역사를 발견할 수 있다.

교사 이승하

4학년 1학기 과학 2. 지층과 화석

Unit 1 4학년 과학과 백워드 교육과정 설계

[1단계] 단원의 목표 찾기: 왜 배워야 할까요?

<table>
<tr><td>단원명</td><td colspan="4">4학년 1학기 과학 2. 지층과 화석 (14차시)</td></tr>
<tr><td>단원 개요</td><td colspan="4">이 단원에서는 여러 가지 지층과 화석을 이해하게 함으로써 과거에서 현재까지 지구의 모습과 생명체의 변화에 대한 흥미와 호기심을 갖도록 한다.</td></tr>
<tr><td>성취기준</td><td colspan="4">[4과06-01] 여러 가지 지층을 관찰하고 지층의 형성 과정을 모형을 통해 설명할 수 있다.
[4과06-02] 퇴적암을 알갱이의 크기에 따라 구분하고 퇴적암이 만들어지는 과정을 모형을 통해 설명할 수 있다.
[4과06-03] 화석의 생성 과정을 이해하고 화석을 관찰하여 지구의 과거 생물과 환경을 추리할 수 있다.</td></tr>
<tr><td>개념</td><td colspan="4">지구 구성 물질
지구의 역사</td></tr>
<tr><td>영속적인 이해</td><td colspan="4">지층과 화석으로 지구의 역사를 발견할 수 있다.</td></tr>
<tr><td>지식과 기능</td><td>지식</td><td>지층의 형성과 특성
퇴적암
화석의 생성, 과거 생물과 환경</td><td>기능</td><td>자료의 수집·분석 및 해석</td></tr>
<tr><td>본질적 질문</td><td colspan="4">지층과 화석을 통해 무엇을 발견할 것인가?</td></tr>
</table>

[2단계] 단원평가 정하기: 배움을 어떻게 확인할 수 있을까요?

01. 수행과제_GRASPS

교과 역량 | 과학적 탐구 능력

Goal	목표	지구역사박물관을 만들고 설명하는 것	
Role	역할	지구역사박물관 큐레이터	
Audience	대상/청중	1학년 학생	
Situation	문제 상황	우리 주변에서 볼 수 있는 지층과 암석에 대해 궁금증을 해결해야 하는 상황	
Product	결과물	발표 자료와 동영상	
Standards	기준	지식	지층의 형성과 특성, 퇴적암, 화석의 생성, 과거의 생물과 환경
		기능	자료의 수집·분석 및 해석

02. 학생 참여 시나리오와 배경_STORY

PBL | 지층과 화석은 무엇을 말하고 있는가?

학교 주변을 산책하던 1학년 김○○이 산이 깎인 곳에서 보이는 층 무늬에 대해 궁금한 것이 있다고 저에게 물었습니다. 저 대신 여러분이 1학년 동생의 궁금증을 해결해 주셨으면 좋겠습니다. 김○○을 비롯한 1학년 동생들 전체가 이해할 수 있도록 지구역사박물관을 꾸미고, 설명해 줄 수 있는 큐레이터가 되어 주세요. 박물관은 지층, 퇴적암, 화석 총 3개의 코너로 나누어 운영할 계획입니다.
1학년 동생들이 잘 이해할 수 있도록 코너별로 전시 및 설명 자료를 제작하여 동생들의 궁금증이 풀릴 수 있게 설명해 주세요.

교육 환경과 교사 의도
❶ **지리 환경:** 청도군, 면단위 농촌 지역, 풍부한 자연환경, 대부분 주택에 거주 ❷ **학교 규모:** 6학급, 4학년 총 1반 ❸ **교실 구성:** 5명(남 2명, 여 3명) ❹ **학생 실태:** 5명 모두 관찰력이나 탐구심이 부족하여 주변의 풍부한 자연환경의 이점을 누리지 못하고 있다. ❺ **교사 의도:** 본교는 산과 들, 하천 등이 잘 발달된 농촌 지역으로 과학과 교육과정에 나오는 생물과 광물 등을 관찰하기에 용이함. 이 단원에서는 야외 관찰학습을 통하여 지형과 광물을 직접 관찰하고 모형으로 제작해 보는 활동을 통해 지구의 역사를 추리하고 탐구하는 즐거움을 주는 것이다.

03. 평가준거_RUBRIC

구조	기준	꽃(습득)	새싹(습득 중)	씨앗(미습득)
지식	지층(퇴적암)과 화석의 형성 과정을 알고 있는가?	지층(퇴적암)과 화석의 형성 과정이 발표 자료에 구체적으로 나타나 있다.	지층(퇴적암)과 화석의 형성 과정이 발표 자료에 어느 정도 나타나 있다.	지층(퇴적암)과 화석의 형성 과정이 발표 자료에 간단히 나타나 있다.
기능	지층(퇴적암)과 화석의 형성 과정을 설명하기 위한 자료를 수집하고 분석하였는가?	그림이나 참고 모형, 실험모형 등을 활용, 다양한 자료를 준비하여 발표할 수 있다.	그림이나 참고 모형, 실험모형 등을 활용, 기본적인 자료를 준비하여 발표할 수 있다.	간단한 그림 자료나 모형만을 준비하여 발표할 수 있다.
수행	지구역사박물관 큐레이터로서 발표 자료와 모형을 활용하여 능숙하게 설명할 수 있는가?	발표 자료와 모형을 활용하여 능숙하게 설명할 수 있다.	발표 자료와 모형을 활용하여 설명할 수 있다.	발표 자료나 모형을 활용하여 대강 설명할 수 있다.
자기	나의 부족한 점과 앞으로 잘하고 싶은 점을 성찰하고 있는가?	부족한 점을 알고 앞으로 잘하겠다는 의지를 다진다.	부족한 점을 알고 있거나 앞으로의 의지를 다질 수 있다.	부족한 점을 다른 사람의 도움을 통해 발견한다.

[3단계] 단원 수업 구성하기: 학생들은 무엇을 배울까요?

01. 교수·학습_WHERETO

교수·학습 활동(안내 질문)	계열화	평가 증거
1. 나는 무엇을 배워야 할까요? 가. 우리의 수행과제는 무엇인가? 나. 수행과제를 위해 우리는 무엇을 해야 하는가?	W, H, O	
2. 지층이란 무엇이며 모양은 어떠할까요? 가. 지층이란 무엇일까? 나. 우리는 지층을 어디에서 볼 수 있을까?	E1	형성평가 ▸ 관찰, 서술
3. 지층은 어떤 과정을 통하여 만들어질까요? 가. 지층의 구성 물질은 무엇일까? 나. 지층의 어떤 과정을 통해 쌓이게 되는 것일까?	E1, E2	형성평가 ▸ 관찰, 서술
4. 퇴적암의 종류는 무엇이며 모양은 어떠할까요? 가. 퇴적암의 종류는 무엇일까? 나. 우리 주변에서 퇴적암을 찾을 수 있을까?	E1, E2	형성평가 ▸ 서술
5. 퇴적암은 어떻게 만들어질까요? 가. 퇴적암의 구성 물질은 무엇일까? 나. 퇴적암은 어떤 힘을 통해 만들어지는 것일까?	E1, E2	형성평가 ▸ 관찰, 서술
6. 화석 관찰을 통해 무엇을 알 수 있을까요? 가. 화석은 어떻게 분류할 수 있을까? 나. 화석을 관찰하여 우리는 무엇을 알 수 있을까?	E1, E2	형성평가 ▸ 서술
7. 우리 주변에서도 화석을 찾을 수 있을까요? 가. 우리 학교 주변에서는 어떤 화석을 찾을 수 있을까? 나. 화석 채집을 통해 무엇을 알 수 있을까?	E1, E2	형성평가 ▸ 관찰, 서술
8. 나는 지구역사박물관 큐레이터로서 무엇을 해야 하나요? 가. 지구역사박물관을 어떻게 꾸밀 것인가? 나. 지구역사박물관을 어떻게 안내할 것인가?	E2, R	총괄평가 ▸ 관찰, 동료평가 피드백
9. 나는 무엇을 이해하고 있나요? 가. 나는 지층, 퇴적암, 화석의 생성과정을 잘 알고 있는가? 나. 나의 수행과제는 어떠했는가?	E2, T	총괄평가 ▸ 수행과제 ▸ 단원 마무리 ▸ 동료평가 및 자기평가

Unit 2

4학년 과학과 백워드 교육과정 실천

단원 설계의 조직과 계열_Organize

CBC | 지구의 역사, 지구 구성 물질

구분	지구의 역사	지구 구성의 물질
이해	지층과 화석으로 지구의 역사를 발견할 수 있다.	
수행	지구역사박물관 큐레이터가 되어 지층, 퇴적암, 화석이 만들어지는 과정을 설명하는 것	
개념렌즈	지구의 역사	지구 구성의 물질
질문	지층과 화석으로 지구의 역사를 알 수 있는가?	퇴적암은 어떻게 만들어지는가?
지식	지층의 형성과 특성 화석의 생성, 과거 생물과 환경	퇴적암
기능	자료의 수집·분석	

수업 흐름: 수행과제 안내 → 지층 형성 과정 → 퇴적암 형성 과정 → 화석의 발견 → 수행과제 발표하기 → 서술평가 자기평가

01. 나는 무엇을 배워야 할까요?

1학년 친구들이 학교 주변 산책 활동 중 관찰된 산의 절벽 부분의 '층 무늬'에 대해 과학 선생님에게 질문했음을 학생들에게 알린다. 이러한 1학년의 궁금증에 대한 답을 4학년 학생들이 대신해 주기를 부탁하며 이번 단원의 수행과제를 안내한다.

다음으로 지구역사박물관과 관련된 경험이 있는지 확인한다. 학생들 대부분이 지질에 관련된 박물관을 방문했거나 박물관 만들기 수업을 해 본 경험이 없음을 확인한다.

교사 　우리 학교 OO 쪽으로 가면 산이 깎여 있는 절벽이 있다고 합니다. 본 적이 있나요?

학생들 　네~

학생 1 　학교 올 때 매일 보는데요.

교사 　지난 O요일에 1학년 김OO이 저에게 절벽에 보이는 층 무늬가 왜 생겼는지 궁금하다며 질문을 했어요. 우리가 이번에 배우게 될 단원이 그 질문과 관련이 매우 큽니다. 그래서 우리 4학년이 1학년을 위한 지구역사 박물관을 만들고 설명하는 큐레이터가 되어 주시길 부탁드립니다. 수행과제에 대한 자세히 안내된 제안서를 함께 읽어 봅시다.

교사 　여러분 중에 지구 역사와 관련된 박물관을 가 본 사람이 있나요?

학생들 　없어요.

교사 　그럼 이런 박물관 만들기 수업을 해 본 적은 있나요?

학생들 　한 번도 안 해 봤어요.

지구역사 박물관 만들기

1학년 친구들이 학교 주변을 산책하다가 산이 깎인 곳에서 층이 난 돌덩이를 발견했는데 층 무늬가 만들어진 이유를 알고 싶다고 합니다. 여러분은 동생들의 질문에 답을 해주기 위해 지구역사 박물관을 만들고 1학년 동생들에게 그 내용에 대해 설명해주는 박물관 큐레이터가 되어야 합니다.

3주 동안은 지층과 퇴적암, 화석에 대해서 선생님과 같이 공부하고 마지막 주 3교시 동안은 그동안 배운 내용을 바탕으로 박물관 꾸미기 및 리허설을 한 다음 4월 30일(월) 4교시에 1학년 친구들에게 박물관을 공개하려고 합니다.

1학년 친구들이 쉽게 이해할 수 있도록 수업 시간에 배운 모형을 충분히 활용하고 필요하다면 추가로 아이클레이, 사진 자료, 태블릿PC, 책 등 다양한 자료의 이용이 가능합니다.

여러분에게는 2절지와 책상 한 칸을 제공합니다. 여러분들이 공부한 내용을 1학년 친구들이 잘 이해할 수 있도록 자세하게 설명해주길 바랍니다.

◎ 평가준거/RUBRIC

구조	기준	꽃(습득)	새싹(습득 중)	씨앗(미 습득)
지식	지층(퇴적암)과 화석의 형성 과정을 알고 있는가?	지층(퇴적암)과 화석의 형성 과정이 발표 자료에 구체적으로 나타나 있다.	지층(퇴적암)과 화석의 형성 과정이 발표 자료에 어느 정도 나타나 있다.	지층(퇴적암)과 화석의 형성 과정이 발표 자료에 간단히 나타나 있다.
기능	지층(퇴적암)과 화석의 형성과정을 설명하기 위한 자료를 수집하고 분석하였는가?	그림이나 참고 모형, 실험모형 등을 활용, 다양한 자료를 준비하여 발표할 수 있다.	그림이나 참고 모형, 실험모형 등을 활용, 기본적인 자료를 준비하여 발표할 수 있다.	간단한 그림 자료나 모형만을 준비하여 발표할 수 있다.
수행	지구 역사박물관 큐레이터로서 발표 자료와 모형을 활용하여 능숙하게 설명할 수 있는가?	발표 자료와 모형을 활용하여 능숙하게 설명할 수 있다.	발표 자료와 모형를 활용하여 설명할 수 있다.	발표 자료나 모형을 활용하여 대강 설명할 수 있다.
자기	나의 부족한 점과 앞으로 잘하고 싶은 점을 성찰하고 있는가?	부족한 점을 알고 앞으로 잘 하겠다는 의지를 다진다.	부족한 점을 알고 있거나 앞으로의 의지를 다질 수 있다.	부족한 점이나 앞으로의 의지가 없다.

<그림 1> 수행과제 제안서

대화를 통해 지구역사박물관을 꾸미기 위해 무엇을 준비하고, 어떻게 발표해야 하는지를 알려주는 참고 자료가 필요함을 알게 된다. 먼저 교과서에 나와 있는 지구역사박물관 만들기에 관한 설명을 함께 읽는다. 표본과 모형의 차이점을 설명하며, 박물관에 전시될 전시품이 수업 중에 만들어진 표본과 모형이 활용됨을 안내한다. 학생들은 성공적인 과제 수행을 위해 매 차시 수업 활동에 성실히 참여해야 함을 인식한다. 수행과제에 대한 설명을 마치고 아이들에게 미리 준비해 둔 돌멩이를 1인당 2~3개 정도 나누어 준다.

교사 　지금 나눠 준 게 뭐지?

학생들 　돌멩이요.

교사 　어디서 온 걸까?

학생들 운동장, 화단, 산, 길, 들….

교사 너희 말처럼 이런 돌멩이는 우리가 사는 곳 어디에서나 있어. 그럼 나이는 몇 살 쯤 되었을까?

학생 1 몰라요.

학생 2 아주 오래전에 만들어진 것 같은데 언제 만들어졌는지는 몰라요.

교사 그럼, 이 돌은 어떻게 만들어졌을까?

학생 3 흙이 딱딱하게 굳어져서 만들어졌어요.

학생 4 큰 돌이 깨져서 작게 된 것 같아요.

교사 큰 돌이 깨져서 만들어졌다면, 큰 돌은 어떻게 만들어졌을까?

학생 4 흙이 굳어져서 만들어졌을 것 같아요.

교사 돌멩이를 자세히 관찰해 보렴. 무엇이 보이니?

학생 1 돌멩이 안에 작은 알갱이들이 있어요.

학생 2 알갱이들의 색깔이 다른 것도 있어요.

교사 다음 시간에는 이런 돌들은 어떻게 만들어지게 되었는지 직접 관찰하러 가자.

02. 지층이란 무엇이며 모양은 어떠할까요?

교사는 지층의 원리를 배울 수 있는 장소와 실제 지층을 관찰할 수 있는 주변의 장소를 미리 탐색해 둔다. 관찰을 위해 장갑과 꽃삽, 표본 채집통을 준비하고, 출발 전에 안전 교육을 실시한다.

첫 번째 관찰 장소는 지층의 원리를 배울 수 있는 장소로 인근 중학교의 서쪽 담장이다.

교사 얘들아, 여기 돌담이 어떻게 쌓인 것 같아?

학생 1 한 줄씩 쌓은 것 같아요.

학생 2 층이 나 있어요.

학생 3 한 줄을 쌓고 그다음 줄을 쌓았네요.

교사 어느 돌이 가장 먼저 쌓였을까?

학생 1 가장 밑에 있는 돌들이 먼저 쌓인 것 같아요. 밑에 돌을 쌓아야 위에 돌을 쌓을 수 있어요.

<그림 2> 인근 중학교 담장

학생들은 아래에서부터 순차적으로 쌓아 올린 담장 관찰을 통해 지층도 아래에 있는 부분이 윗부분보다 더 오래전 생성되었음을 추론한다.

두 번째 장소는 실제 지층을 관찰할 수 있는 장소로 학교 밖 버스정류장이다. 먼저 지층을 몇 걸음 떨어져 관찰한다. 층 전체의 모양과 층의 연속성, 두께 등을 관찰하기 위함이다. 그런 다음 지층을 만질 수 있을 만큼 가까이에서 관찰한다. 층별 색깔, 층을 이루는 알갱이의 크기와 성분, 촉감 등을 관찰한다. 층이 난 부분은 손으로 직접 만져 보며 층의 경계를 촉감으로 확인한다.

교사 얘들아, 이것을 뭐라고 할까?

학생 지층이에요.

교사 어떻게 보이니?

학생 층이 나 있는데 비스듬하고 중간에 끊어져 있어요.

교사 층은 왜 생겼을까?

학생 1 층이 만들어진 재료가 다르니까 색깔도 다르게 보이는 것 같아요.

교사 그럼, 지층이란 무엇일까?

학생 층이 나 있는 돌덩어리요.

교사 지층은 이런 모양만 있을까? 교실로 가서 인터넷으로 한번 찾아보자.

<그림 3> 학교 앞 지층

교실로 돌아와 태블릿 PC를 사용하여 다양한 지층을 모양을 검색해 본다. 학생들은 검색을 통해 수평인 지층, 끊어진 지층, 휘어진 지층 등 지층의 모양이 다양함을 확인한다. 그리고 지층은 산의 잘라진 면뿐만 아니라 절벽, 해안가의 절벽에서도 관찰할 수 있다는 것을 안다. 과학실에 있는 여러 지층 모형을 통해 지층의 모양과 종류에 대해 검색했던 내용을 모형으로 다시 확인한다.

03. 지층은 어떤 과정을 통하여 만들어질까요?

지층이 여러 가지 형태로 다양한 곳에 존재함을 알고, 그러한 지층이 형성되는 과정에 대해 알아보는 실험을 한다.

먼저 지층의 구성 물질로 자갈, 모래, 진흙을 준비한다. 과학책에 나오는 실험 재료인 유리재질의 눈금실린더는 깨질 위험이 있어 보다 안전한 투명한 일회용 플라스틱 컵을 사용하기로 한다. 플라스틱 컵에 물을 넣은 후, 자갈, 모래, 흙 등을 각자 원하는 순서대로 넣는다. 플라스틱 컵에 미리 물을 넣는 이유는 자연에서 자갈, 모래, 진흙을 이동시키는 것이 물이기 때문임을 알려 준다.

<그림 4> 지층 실험모형

실험이 끝나고 대화를 통해 지층에 따라 구성의 물질의 알갱이 크기와 색깔의 차이로 층이 생긴다는 것과 지층이 만들어지는 데 오랜 세월이 걸림을 알게 된다.

교사 우리가 만든 지층 실험모형에서 가장 먼저 쌓인 것은 무엇일까?

학생 1 지층에서 가장 아래에 있는 것이에요.

교사 왜 그럴까?

학생 2 쌓이는 것은 모든 것은 항상 아래에 있는 것이 제일 먼저예요.

교사 물은 왜 넣었을까?

학생 3 실제로 물속에서 쌓여서 그렇죠.

교사 그럼, 우리가 관찰하고 만져 본 지층처럼 단단해지는 이유는 뭘까?

학생 4 오랜 시간동안 많이 쌓이면 무거워서 눌러지는 힘 때문에 뭉쳐지는 것 같아요.

교사 그렇게 뭉쳐져서 단단해지면 무엇이 될까?

학생 5 돌이 돼요.

교사 돌을 과학 용어로 암석이라고 한단다. 이렇게 지층으로 만들어지는 암석을 퇴적암이라고 하지. 다음 시간에는 퇴적암에 대해서 알아보자.

04. 퇴적암의 종류는 무엇이며 모양은 어떠할까요?

먼저 표본을 활용하여 퇴적암의 표준화된 생김새와 특징을 관찰한다. 대부분의 지층은 퇴적암으로 이루어져 있으며 물이 운반한 자갈, 모래, 진흙 등의 퇴적물이 굳어져 만들어진 암석이 퇴적암이라는 것을 다시 되짚어 본다.

학생들은 돋보기나 루페를 활용하여 암석의 색깔, 알갱이의 크기 등을 자세히 관찰하고 못으로 긁어모은 알갱이도 직접 만져 봄으로써 등 외형적으로 관찰 가능한 특징들을 발견한다. 관찰 후에는 색깔, 알맹이 크기, 촉감 등을 글로 나타내거나 필요에 따라 그림을 추가하여 관찰 일지를 작성한다.

표본관찰을 통해 알게 된 퇴적암의 특징을 실제 학교 주변에서 암석 채집을 통해 다시 확인해 보기로 한다.

교사 얘들아, 퇴적암은 표본으로만 관찰할 수 있을까?

학생 학교 뒷산에서도 찾을 수 있을 것 같아요.

교사 그럼, 학교 뒷산, 텃밭, 화단에서도 한번 찾아볼까?

학생 네. 한번 찾아봐요.

교사 그럼 일단 퇴적암이라고 생각되는 건 다 모아 보자.

학교 주변에서 퇴적암이라고 생각하는 암석들을 채집한 후, 알갱이의 크기에 따라 분류해 본다. 개인마다 채집 속도가 다르므로 제한 시간에 최소 5개 이상 채집할 수 있도록 허용한다. 퇴적암 표본과 달리 색깔이나 암석을 이루는 물질이 다양하다는 것을 발견한다.

<그림 5> 퇴적암 표본

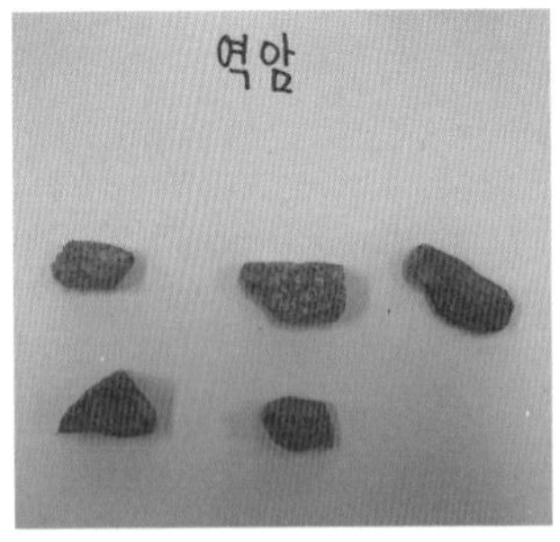

<그림 6> 분류한 역암

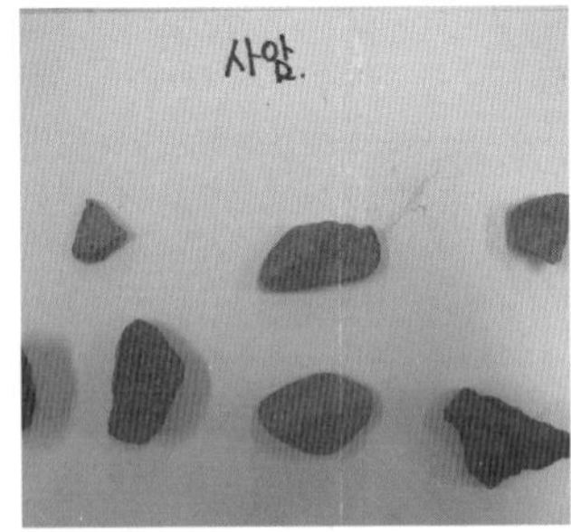

<그림 7> 분류한 사암

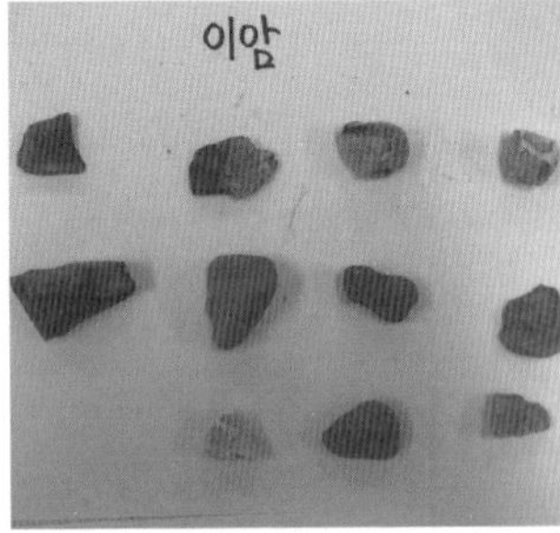

<그림 8> 분류한 이암

다수의 학생이 퇴적암이라고 판단하는 암석들을 관찰이 용이하도록 이물질을 제거하고 세척하여 과학실로 들고 간다. 과학실에서 학생들이 알갱이 크기에 따라 역암, 사암, 이암으로 분류하는 일을 한다. 먼저 각자가 채집한 암석을 임의대로 분류한 후, 최종 합의에 도달할 때까지 학생들이 함께 토의하여 재분류를 반복한다.

교사 직접 퇴적암을 찾아보니 어때?

학생 1 퇴적암을 우리 주변에서도 쉽게 구할 수 있다는 것이 신기해요.

학생 2 색깔이나 알갱이 크기가 다양한 것 같아요.

학생 3 역암보다는 사암이나 이암이 더 많은 것 같아요.

교사 다음 시간에는 이런 퇴적암들이 어떻게 만들어지는지 직접 실험을 통해 알아보자.

05. 퇴적암은 어떻게 만들어질까요?

지난 시간에 관찰하고 채집한 퇴적암은 어떻게 만들어지는지 다시 학생들의 말로 확인해 본다. 교과서에서는 모래를 사용한 사암 모형이 나타나 있지만 역암이나 이암 모형도 만들 수 있도록 재료를 모래만으로 한정하지 않는다.

퇴적암 모형을 만드는 순서는 다음과 같다.

<그림 9> 퇴적암 모형 제작

❶ 종이컵에 자갈, 모래, 흙 등을 종이컵의 1/3 정도 넣은 다음, 종이컵에 넣은 퇴적물 양의 반 정도의 물풀을 넣는다.

❷ 나무 막대기로 섞어 반죽을 만든다.

❸ 다른 종이컵으로 반죽을 누른다.

❹ 하루 동안 그대로 놓아둔 다음, 종이컵을 찢어 모래 반죽을 꺼낸다.

퇴적암 모형이 굳으면 꺼내서 살펴본다. 가장자리가 부서지기는 하지만 하나의 덩어리로 뭉쳐져 있음을 발견한다. 교사는 확인 질문을 통해 학생들의 이해를 확인한다. 학생들은 실험관찰에 실험 결과와 이해한 것을 글로 정리하고 교사에게 확인받는다.

<그림 10> 퇴적암 모형 제작

교사 퇴적암은 어떻게 만들어질까?

학생 자갈, 모래, 흙이 쌓여서 만들어져요.

교사 알갱이들이 단단하게 뭉쳐지는 이유는 뭘까?

학생 위에서 누르는 힘 때문이에요.

교사 퇴적암 모형에서 풀을 왜 쓰는 걸까?

학생 서로 달라붙으라고요.

교사 그럼, 자연에서는 무엇이 풀과 같은 작용을 할까?

학생 물이겠죠?

교사 주로 역암이 발견된 곳은 얕은 바다였을까? 깊은 바다였을까? 알갱이 크기로 추측해 봐.

학생 얕은 바다요.

교사 왜 그렇게 생각하지?

학생 알갱이가 크면 일찍 가라앉으니까요. 알갱이 작은 모래나 흙은 멀리까지 갈 수 있을 것 같아요.

교사 그렇지. 퇴적암의 종류에 따라서 어디서 만들어졌는지도 알 수 있는 거란다.

06. 화석 관찰을 통해 무엇을 알 수 있을까요?

퇴적암 속, 아주 오랜 옛날에 살았던 생물의 몸체와 생물이 생활한 흔적인 화석을 이해하기 위해 동물화석, 식물화석 표본을 관찰하며 아이들과 이야기를 나눈다.

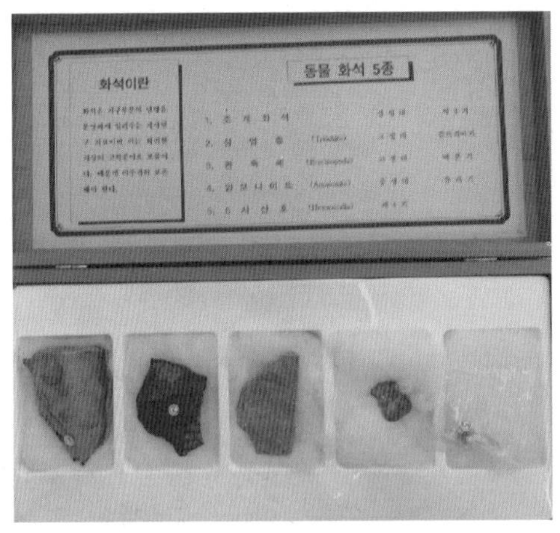

<그림 11> 동물화석 표본

<그림 12> 식물화석 표본

교사　애들아, 화석의 뜻이 뭘까?

학생　잘 모르겠어요.

교사　화석이란 말은 원래 '땅에서 퍼낸 물건'이란다.

교사　화석은 암석 속에만 존재하는 것이 아니라 얼음이나 모래, 석탄에도 들어 있고, 보석으로 사용되는 호박 속에 들어 있기도 하단다.

교사　만약 조개 화석이 발견되었다면 무엇을 알 수 있을까?

학생　그 지역이 바다였어요.

교사　만약 고사리 화석이 발견되었다면?

학생　우리 아버지가 고사리를 따실 때 들었는데 고사리는 습기가 많은 지역에서 자란대요.

교사　그렇지.

교사　화석을 통해 무엇을 알 수 있지?

학생　그 당시 시대나 환경에 대해서 알 수 있어요. 공룡이 발견되었으면 그건 중생시대예요. 공룡은 중생시대에 살았대요.

교사　우리 학교 주변에서도 화석을 찾을 수 있을까?

학생　찾을 수 있을 것 같아요.

교사　다음 시간에는 밖으로 나가서 화석을 한번 찾아보자.

07. 우리 주변에서도 화석을 찾을 수 있을까요?

학교 주변에서도 화석을 발견할 수 있을지를 확인하기 위하여 아이들과 함께 학교 화단, 밭, 뒷산을 돌아다니며 화식을 수색해 본다. 우리 주변에서도 화석을 발견할 수 있음을 알게 된다. 주로 이암(알갱이가 작은 암석)에서 화석들이 발견되며 대부분이 식물화석임을 알게 된다. 화석 주변에 묻은 이물질을 수채화용 붓으로 털어 낸다. 채집한 화석을 교실로 들고 와 다시 한 번 살펴보며 친구들과 이야기를 나눈다.

교사	애들아! 대부분 어떤 화석이지?
학생	식물화석이에요.
교사	왜 식물화석이 많을까?
학생 1	식물이 많아서 아닐까요?
학생 2	동물은 화석으로 만들어지기가 어렵다고 책에서 읽었어요.
학생 3	식물이 많이 자란 지역이겠죠?
교사	화석을 통해 지질 시대의 환경뿐만 아니라 생물이 오랜 세월을 거치면서 서서히 변하는 현상인 '진화'의 과정을 살펴볼 수 있단다.

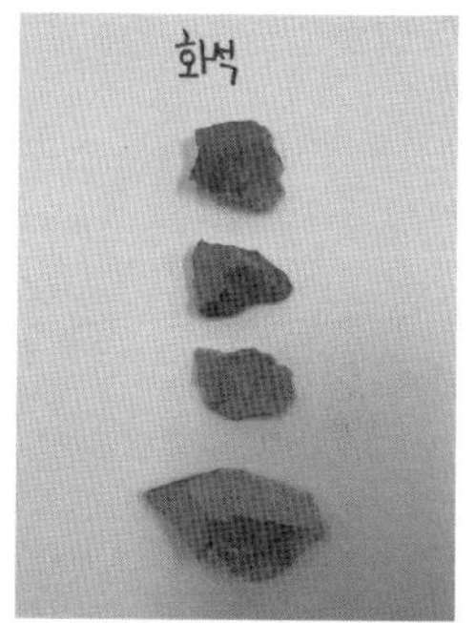

<그림 13> 채집한 화석

보다 심화된 이해를 돕기 위해 지층은 퇴적물이 순서대로 쌓여 만들어지기 때문에 위쪽의 지층으로 갈수록 진화된 생물 화석이 나타남을 교사가 설명한다.

08. 나는 지구역사박물관 큐레이터로서 무엇을 해야 하나요?

지금까지 작성한 관찰 보고서와 직접 만든 지층과 퇴적암 모형, 채집한 암석과 화석을 이용하여 과학실 앞 복도에 지구역사박물관을 꾸민다. 지층, 퇴적암, 화석의 순으로 코너를 구분하여 전시하기로 한다. 청중이 1학년인 점을 감안하여 과학 용어를 쉬운 단어로 풀어서 설명할 수 있도록 안내한다.

리허설은 학급 친구들 앞에서 2차례 정도 한다. 타 학년 앞에서 발표하는 수행과제가 처음이므로 발표자가 자신감을 가질 수 있도록 고칠 점에 대한 조언과 함께 잘한 점을 인정해 주는 말을 곁들인다. 연습이 더 필요하다고 판단한 학생은 쉬는 시간에 교사에게 추가 피드백을 받는다.

교사 오늘 발표를 듣는 친구들은 몇 학년이지?

학생 1학년이에요.

교사 1학년에게는 어떻게 설명하는 것이 좋을까?

학생 쉬운 단어를 사용하고 천천히 설명해요.

교사 그래, 친구와 연습할 때에도 상대방이 1학년이라고 생각하고 연습해야 해.

학생 머리로는 아는데 입으로 설명이 잘 안돼요.

교사 누군가에게 설명을 할 수 있어야 네가 안다고 할 수 있단다.

<그림 14> 리허설 장면

09. 나는 무엇을 이해하고 있나요?

과학실 앞에 지구역사박물관을 만들고 1학년 동생들에게 수행과제를 발표한다. 두 명씩 데리고 다니면서 각 코너에 마련된 발표 자료, 실험모형, 표본 등을 활용하여 지층과 퇴적암, 화석의 생성과정 등 그동안 배운 내용을 이해하기 쉽게 설명한다. 1학년들은 설명을 들으면서 이해가 되지 않거나 궁금한 내용은 질문한다.

발표자는 1학년들이 설명한 내용을 잘 이해했는지 확인해 보기 위하여 2~3개 정도의 확인 질문을 한다.

발표자 지층이 뭐라고 했지?

1학년 암석들이 층을 이루고 있는 거야.

발표자 층을 어떻게 구별하지?

1학년 색깔이나 모양으로 구별해.

발표자 지층에서 가장 오래된 것은 어디일까?

1학년 가장 아래.

발표자 그래, 잘했어.

발표자 이건 화석인데 우리 학교 근처에서 주운 거야. 무슨 화석 같아?

1학년 나뭇잎 같은데?

발표자 그래. 식물화석이야.

1학년 우와, 신기하다. 우리도 주울 수 있어?

발표자 학교 주변을 잘 찾아보면 너희도 찾을 수 있어. 이건 동물화석인데 이런 화석을 통해서 당시에 어떤 동물이 살았는지, 어떤 환경이었는지를 알 수 있단다. 조개화석을 보면 무엇을 알 수 있을까?

1학년 바닷가였다는 걸 알 수 있어.

발표자 그렇지.

<그림 15> 수행과제 장면

수행과제 발표 후 자기평가를 위해 성찰일지를 작성한다. 수행과제를 하면서 기억에 남는 것, 좋았던 점, 힘들었던 점, 고치고 싶은 점을 작성하고 스스로의 발표에 점수를 매겨 본다.
교사는 관찰일지, 실험관찰, 수행과제 루브릭을 바탕으로 작성한 평가 결과와 성찰일지를 각 가정으로 보낸다. 활동 중 찍었던 사진은 SNS를 통해 학생, 학부모님과 함께 공유한다.

Unit 3 학생 이해의 증거

01. 이해의 증거_EVIDENCE

측면	설명	해석	적용	관점	공감	자기 지식
확인	증거 ❶, ❷	증거 ❸, ❹	증거 ❺			증거 ❻
	발표 자료 동영상	관찰일지 실험관찰	자료 활용	-	-	자기평가

02. 수행과제 결과물: 발표 자료, 동영상

<증거 ❶> 지층 발표 자료

<증거 ❷> 동영상 QR코드

03. 그 밖의 증거: 관찰일지, 실험관찰, 자료 수집 및 분석, 자기평가

<증거 ❸> 관찰일지

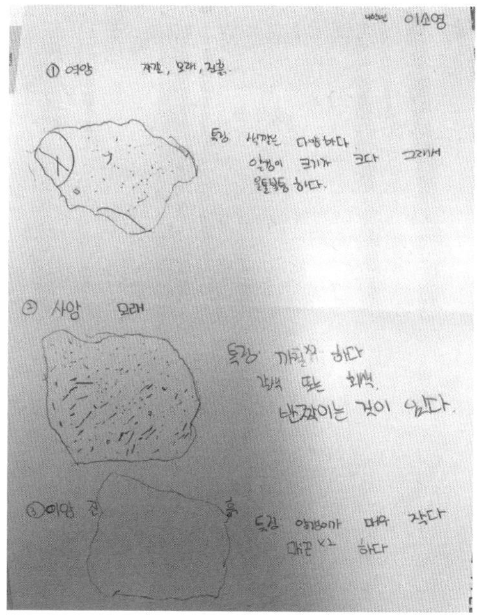

이소영

① 역암 자갈, 모래, 진흙.

② 사암 모래

특징 까끌까끌 하다
갈색 또는 회색
반짝이는 것이 있다.

③ 이암 진흙

<증거 ❹> 실험관찰

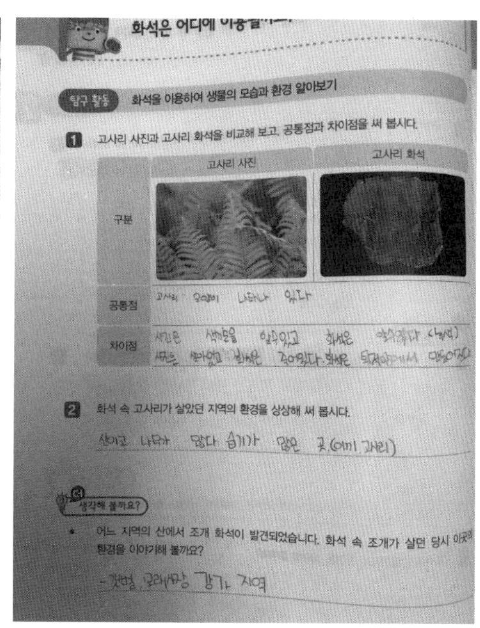

화석은 어디에 이용될까요?

탐구 활동 화석을 이용하여 생물의 모습과 환경 알아보기

1 고사리 사진과 고사리 화석을 비교해 보고, 공통점과 차이점을 써 봅시다.

구분	고사리 사진	고사리 화석
공통점	고사리 모양이 나타나 있다	
차이점		

2 화석 속 고사리가 살았던 지역의 환경을 상상해 써 봅시다.

생각해 볼까요?

* 어느 지역의 산에서 조개 화석이 발견되었습니다. 화석 속 조개가 살던 당시 이곳의 환경을 이야기해 볼까요?

<증거 ❺> 자료 수집 및 분석

<증거 ❻> 자기평가

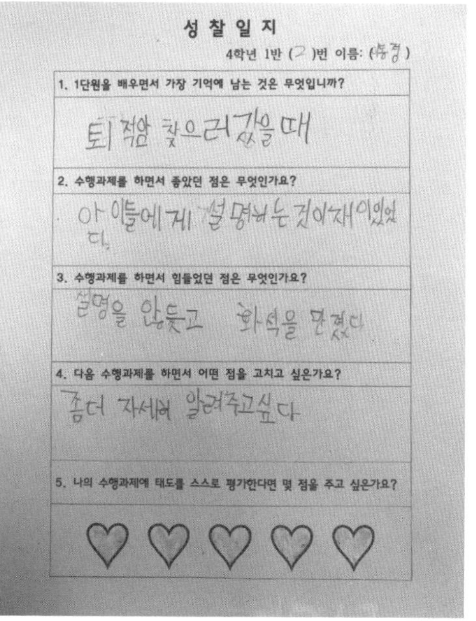

성 찰 일 지

4학년 1반 (2)번 이름:

1. 1단원을 배우면서 가장 기억에 남는 것은 무엇입니까?

퇴적암 찾으러 갔을 때

2. 수행과제를 하면서 좋았던 점은 무엇인가요?

아이들에게 설명해주는 것이 재미있었다

3. 수행과제를 하면서 힘들었던 점은 무엇인가요?

설명을 안듣고 화석을 만졌다

4. 다음 수행과제를 하면서 어떤 점을 고치고 싶은가요?

좀더 자세히 알려주고 싶다

5. 나의 수행과제에 태도를 스스로 평가한다면 몇 점을 주고 싶은가요?

04. 교사의 학생 성장 기록: NEIS 관찰기록 및 가정통지 내용

과학 4학년 1학기 2단원. 지층과 화석 평가 결과

4학년 1반 ○번 이름: 이○○

1. 수행과제 평가

구조	기준	꽃(습득)	새싹(습득 중)	씨앗(미습득)
지식	지층(퇴적암)과 화석의 형성 과정을 알고 있는가?	지층(퇴적암)과 화석의 형성 과정이 발표 자료에 구체적으로 나타나 있다.	지층(퇴적암)과 화석의 형성 과정이 발표 자료에 어느 정도 나타나 있다.	지층(퇴적암)과 화석의 형성 과정이 발표 자료에 간단히 나타나 있다.
			◎	
기능	지층(퇴적암)과 화석의 형성 과정을 설명하기 위한 자료를 수집하고 분석하였는가?	그림이나 참고 모형, 실험모형 등을 활용, 다양한 자료를 준비하여 발표할 수 있다.	그림이나 참고 모형, 실험모형 등을 활용, 기본적인 자료를 준비하여 발표할 수 있다.	간단한 그림 자료나 모형만을 준비하여 발표할 수 있다.
			◎	
수행	지구역사박물관 큐레이터로서 발표 자료와 모형을 활용하여 능숙하게 설명할 수 있는가?	발표 자료와 모형을 활용하여 능숙하게 설명할 수 있다.	발표 자료와 모형을 활용하여 설명할 수 있다.	발표 자료나 모형을 활용하여 대강 설명할 수 있다.
			◎	
자기	나의 부족한 점과 앞으로 잘하고 싶은 점을 성찰하고 있는가?	부족한 점을 알고 앞으로 잘하겠다는 의지를 다진다.	부족한 점을 알고 있거나 앞으로의 의지를 다질 수 있다.	부족한 점이나 앞으로의 의지가 없다.
		◎		

2. 교사 종합 의견

○○이는 이번 단원을 통해서 지층과 화석을 통해 지구의 역사를 알 수 있다는 것을 알게 되었습니다.
아직은 수행과제가 처음이라 정보를 모으고 정리하여 발표 자료를 만드는 것이나 여러 사람 앞에서 발표를 하는 것에 익숙하지 않은 모습이지만 나의 부족한 점이나 앞으로 잘하겠다는 의지가 강하여 다음 수행과제에서는 훨씬 더 좋은 모습을 보여 줄 것이라 생각합니다.
○○이 잘할 수 있도록 가정에서도 많은 격려 부탁드립니다.

3. 학부님 의견

선생님 감사합니다. ○○이는 소극적이고 스스로 하려는 의지가 다소 부족합니다.
농사일로 바쁘다는 핑계로 아이에게 그동안 무심했던 것 같습니다.
요즘 과학 시간이 재미있다고 하여 어떤 수업이었는지 궁금했는데 ○○이 수업 발표 영상과 수업 사진을 보고 매우 흐뭇하였습니다. 앞으로 잘할 수 있도록 많은 지도 부탁드립니다.

Unit 4 교사의 반성과 성찰

Q1. 과학에서 지식의 중요성은 무엇일까?

'아는 만큼 보인다'라는 말이 있습니다.
과학 탐구를 하는 사람에게 이전 과학자들이 밝혀 놓은 지식은 돋보기나 지도와 같습니다.
물론 지식이 없어도 자연 속의 사물들을 관찰하고 탐구할 수 있습니다. 하지만 지식이 없다면 아주 일부만 볼 수 있을 뿐이고 탐구를 하는 과정에서 쉽사리 길을 잃고 우왕좌왕하게 될 것입니다.

(『탐구한다는 것』 중에서, 남창훈, 2017. 6. 5.)

아이들의 흥미에 따라 활동 중심으로 수업을 진행하면, 지식을 탐구하는 과정보다는 즐겁게 활동하는 그 자체에만 목적을 둔다. 결국, 수업의 본래 목적은 사라진다. 지식을 암기하고 그것을 객관식 문항으로 평가하는 방법이 잘못된 것인데 지식을 알게 되는 행위 자체를 부정적으로 인식하게 된 것 같다. 지식을 가지고 있어야 사물이나 상황에 대한 통찰력이 생기며 한 걸음 더 나아갈 수 있는 계기가 된다.

Q2. 배움이 있고 삶이 녹아 있는 과학 수업이란 무엇일까?

교사가 해야 할 중요한 일은 새로운 지식이 아니라 학습자들로부터 교과에 해당하는 직접적이고 생생한 경험을 이끌어 내는 것이다. 교사는 교과 그 자체에 관심이 있는 것이 아니라, 보다 넓은 전체적인 조망 속에서 경험의 바람직한 성장을 이룩하는 데 교과가 어떤 역할을 할 수 있는지 관심을 가져야 한다. 학생들이 마음속에 품고 있는 욕구와 주어진 교육 내용 사이에 긴밀한 상호 관련이 있을 때에 비로소 수업은 삶과 긴밀한 관련을 맺게 되며 살아 있는 생생한 수업이 될 것입니다.

(『아동과 교육과정_경험과 교육』에서, 존 듀이, 2014. 2. 5.)

과학 수업의 매력은 일상에서 과학의 원리와 개념을 발견하는 것이다. 내가 살고 있는 지구, 내가 느끼고 있는 중력, 살아 숨 쉬고 있는 공기, 나의 걸음걸이와 달리기, 내 주변의 다양한 식물과 땅 아래로 기어가고 있는 개미, 나뭇가지 사이 거미줄의 거미, 비와 바람, 태풍. 이 모든 것이 과학이다.

과학자가 되는 것은 어려운 일이 아니다. 사소한 것에 애정과 호기심을 가지고 적극적으로 질문을 던지고 그 질문에 답을 찾는 과정이 바로 과학의 목적이다. 아이들은 이러한 과정을 경험해야 탐구의 재미와 지식 발견의 희열을 느낄 수 있다. 그것을 바로 교사가 이끌어 주어야 한다. 아이들이 과학에 흠뻑 빠질 수 있도록 호기심을 자극하고 탐구심을 불러일으키는 수업을 만들어 주어야 한다.

자연에서 보고 듣고 느껴야 할 것은 자연에서 배워야 하며 실험으로 증명해야 할 것은 직접 실험을 해야 한다. 동영상을 보여 주고 설명으로 끝나는 것이 아니라 궁금한 점은 질문하고, 그 답을 직접 찾아보아야 한다.

4학년 백워드 설계중심 교육과정과 교과 단원 분석표 및 조망도

<4-1학기>

<4-2학기>

5학년
백워드 교육과정
실천 이야기

과학

IB-PYP How the World Works

우주는 다양한 천체로 구성되어 있다.

교사 이동한

5학년 1학기 과학 3. 태양계와 별

Unit 1 5학년 과학과 백워드 교육과정 설계

[1단계] 단원의 목표 찾기: 왜 배워야 할까요?

단원명	5학년 1학기 과학 3. 태양계와 별 (15차시)			
단원 개요	이 단원에서는 태양계와 별이라는 주제에 대한 학생들의 폭넓은 관심과 호기심에서 출발하여, 행성을 중심으로 한 태양계의 특징과 별자리를 이해하게 함으로써 태양계와 우주에 대해서 탐구하려는 태도를 가지도록 한다. 태양이 지구의 에너지원임을 이해하고 태양계를 구성하는 행성들의 크기와 태양으로부터 행성까지의 상대적인 거리를 비교하여 태양계의 구조와 광대함을 인식하도록 한다. 별과 별자리의 의미를 알고 북극성을 찾는 활동을 통해 별자리가 방위를 찾는 방법으로 실제 이용되고 있음을 탐구한다.			
성취기준	[6과02-01] 태양이 지구의 에너지원임을 이해하고 태양계를 구성하는 태양과 행성을 조사할 수 있다. [6과02-02] 별의 의미를 알고 대표적인 별자리를 조사할 수 있다. [6과02-03] 북쪽 하늘의 별자리를 이용하여 북극성을 찾을 수 있다.			
개념	태양계의 구성과 운동, 별의 특성과 진화			
영속적인 이해	우주는 다양한 천체로 구성되어 있다.			
지식과 기능	지식	태양, 태양계 행성, 행성의 크기와 거리, 별의 정의, 북쪽 하늘 별자리	기능	자료의 수집·분석 및 해석, 의사소통
본질적 질문	우주의 천체는 어떻게 존재하고 우리에게 어떤 의미를 주는가?			

[2단계] 단원평가 정하기: 배움을 어떻게 확인할 수 있을까요?

01. 수행과제_GRASPS

교과 역량 | 과학적 문제해결력

Goal	목표	우주의 천체 소개 책 자료(포트폴리오) 만들어서 설명하는 것	
Role	역할	우주 과학자	
Audience	대상/청중	3학년 학생들	
Situation	문제 상황	현재 살고 있는 지구의 협소적인 장소를 중심으로 주변을 인식하는 상황에서 우주 속에서 우리가 존재하는 거시적인 공간을 인식함으로써 태양계 천체에 대한 이해를 해야 하는 상황	
Product	결과물	우주의 천체(태양계의 행성 비교, 주요 별자리 관측) 소개 책 자료(포트폴리오)	
Standards	기준	지식	태양계 행성 크기, 특징, 태양과의 상대적 거리, 북극성, 별자리
		기능	탐구 설계와 수행, 관측하기, 방위 찾기

02. 학생 참여 시나리오와 배경_STORY

PBL | 우주 전체를 어떻게 비교할 수 있는가?

현재 우리가 있는 곳은 대한민국 ○○시 ○○초등학교입니다. 우리 초등학교를 계속 멀리서 바라본다면 우리가 있는 곳이 대한민국, 지구, 우주가 되겠죠. 이 단원에서는 현실의 공간을 떠나 어마어마하게 큰 공간인 우주의 공간에서 천체를 살펴보고 알아 가겠습니다. 여러분은 이제부터 우주 과학자가 되어서 선생님과 수업하면서 우주의 천체 소개 책 자료(포트폴리오)를 만들어 가야 합니다. 여러분이 작성하는 포트폴리오 자료에는 ① 태양 및 행성들의 상대적인 크기와 거리를 다양하게 비교한 내용이 있어야 하고 ② 별자리(북극성, 카시오페이아자리, 큰곰자리)를 찾아 북극성을 중심으로 방위를 찾을 수 있게 안내된 내용이 들어가야 합니다. 또한 ③ 목성, 토성, 금성의 행성들과 그 외 별을 관측하는 계획 및 실제 관측한 자료가 있어야 합니다. 그리고 마지막으로 이 포트폴리오를 가지고 3학년 친구들에게 우주를 소개하겠습니다. 이번 기회로 우주와 밤하늘을 이해하는 소중한 시간이 되길 바랍니다.

[참고] https://youtu.be/vP_OSWdlrXw(맨인블랙) 엔딩 영상을 사전에 보여 주고 이야기를 시작해도 좋음.
구글어스 지도에서 계속 자신의 위치를 축소해서 보여 줄 수 있게 이야기를 제시해도 좋음.

교육 환경과 교사 의도

❶ **지리 환경**: 김천시, 중소 도시

❷ **학교 규모**: 24학급, 5학년 1~4반

❸ **교실 구성**: 26명(남 14명, 여 12명)

❹ **학생 실태**: 프로젝트 시작 전 우주에 관심이 많은 학생 3명, 우주에 관심이 있는 학생 7명, 평소 우주에 관심이 보통이거나 없는 학생은 16명으로 구성되어 있다. 자신의 집 주소를 더 큰 범위가 포함되도록 마음껏 적을 수 있게 하는 사전 과제에서 태양계와 우주까지 포함해서 적은 학생들은 10명, 대한민국까지 주소를 적은 학생들은 9명, 경상북도까지 포함해서 적은 학생들은 5명, 김천시까지 주소를 적은 학생은 2명이었다.

❺ **교사 의도**: 현재의 위치에서 자신의 존재와 주변을 인식하는 5학년 학생들에게 우주에 존재하는 다양한 천체를 살펴봄으로써 거시적인 공간을 인식하고 탐구심을 가지게 한다. 학생들이 우리가 속한 우주를 다양한 방법으로 탐구하면서 이해하고 받아들이며 밤하늘에 나타난 천체들의 모습을 이해하는 안목을 가지게 한다.

03. 평가준거_RUBRIC

구조	기준	꽃(습득)	새싹(습득 중)	씨앗(미습득)
지식	태양계 행성의 상대적인 크기와 거리를 이해하는가?	태양계 행성의 크기를 지구를 기준으로 다양한 사물을 이용해 파악하고 태양과 행성 간의 거리도 지구와 태양 간의 거리를 기준으로 비교해서 여러 가지 방법으로 파악할 수 있다.	태양계 행성의 크기를 지구를 기준으로 파악하고 태양과 행성 간의 거리도 지구와 태양 간의 거리 기준으로 비교해서 파악할 수 있다.	태양계 행성의 크기와 태양과 행성 간의 거리를 비교할 수 있다.
	별과 별자리의 의미를 이해하는가?	별이 스스로 빛을 내는 천체임을 알고 천체의 종류를 구분할 수 있다. 옛날 사람들에게 별자리의 의미가 무엇인지 이해할 수 있다.	별이 스스로 빛을 내는 천체임을 알고 옛날 사람들에게 별자리의 의미가 무엇인지 이해할 수 있다.	별과 별자리의 종류를 나열하여 말할 수 있다.
기능	밤하늘에서 관측할 수 있는 중요한 천체를 찾을 수 있는가?	태양계 행성 3개(금성, 목성, 토성)와 카시오페이아, 큰곰자리를 관측하고 북극성을 찾을 수 있다.	태양계 행성 하나 이상과 카시오페이아, 큰곰자리를 관측하고 북극성을 찾을 수 있다.	밤하늘 관측을 통해 천체를 관측할 수 있다.
	별자리를 이용해 방위를 찾을 수 있는가?	현재 위치에서 별자리를 이용해 북극성을 찾고 북극성 방향을 잡은 것을 설명하고 방위를 찾을 수 있다.	현재 위치에서 별자리를 이용해 북극성을 찾고 북극성 방향이 북쪽임을 알 수 있다.	북극성을 찾을 수 있다.
수행	수행 탐구활동 자료를 정리하고 설명할 수 있는가?	탐구 조사한 자료가 포트폴리오 기준에 맞게 상세히 기록되었다.	탐구 조사한 자료가 포트폴리오 기준에 맞게 기록되었다.	탐구 조사한 자료가 포트폴리오 기준을 일부 충족한다.
자기	나는 탐구활동을 하고 포트폴리오 제작에 적극적으로 참여하였는가?	탐구활동을 적극적으로 실천하고 탐구활동 기록물을 정확하게 작성하였다.	탐구활동을 하고 탐구활동 기록물을 거의 작성하였다.	탐구활동을 하고 탐구활동 기록물을 일부 작성하였다.

[3단계] 단원 수업 구성하기: 학생들은 무엇을 배울까요?

01. 교수·학습_WHERETO

교수·학습 활동(안내 질문)	계열화	평가 증거
1. '태양계와 별'에 대해서 나는 무엇을 배워야 할까요?	W, H	진단평가
가. 태양계와 별에 대해서 무엇을 알고 있는가?		▸마인드맵
나. 우리의 수행과제는 무엇인가?		
다. 수업에서 탐구한 내용을 어떻게 포트폴리오 자료로 만드는가?		
2. 태양계에서 구성원들은 어떻게 존재할까요?	E1, T	형성평가
가. 태양계의 행성은 어떤 모습이고 크기는 어떻게 되는가?		▸자료 수집 1
나. 태양에서 행성까지의 상대적인 거리는 어떻게 되는가?	R, T	
3. 밤하늘의 천체를 관측하면서 우리는 무엇을 알 수 있나요?	E1	형성평가
가. 별은 무엇이고 별자리는 무엇이 있는가?		
나. 북쪽 하늘의 별자리를 이용하여 북극성을 찾을 수 있는가?	R, T	▸자료 수집 2
다. 스텔라리움 프로그램으로 밤하늘 천체 관측 계획을 세울 수 있는가?	R, T	▸SNS 기록
라. 실제 관측할 수 있는가?	E2, R,	▸포트폴리오 기록
4. 포트폴리오 보고서에 더 필요한 탐구는 무엇이 있을까요?	R, T	형성평가
가. 태양 및 행성들의 상대적인 크기와 거리를 다양하게 비교한 내용이 있는가?		▸교사 피드백
나. (북극성, 카시오페이아자리, 큰곰자리) 찾아 북극성을 중심으로 방위를 찾을 수 있게 안내된 내용이 들어 있는가?		▸동료 피드백
다. 목성, 토성, 금성과 그 외 별들을 관측하는 계획 및 실제 관측한 자료가 있는가?		▸수행과제 자료
5. 우리는 탐구 자료를 어떻게 소개하고 발표할까요?	E2	총괄평가
가. 탐구활동 자료를 활용하여 어떻게 효과적으로 발표할 수 있는가?		▸수행과제
나. 내 발표의 장단점은 무엇인가?		▸동료 피드백
		▸관찰, 구술
6. 나는 무엇을 이해하고 있을까요?	E2	총괄평가
가. 태양계 구성원은 어떻게 존재하는가?		▸구술
나. 별자리는 우리에게 어떤 의미가 있는가?		▸구술

Unit 2 5학년 과학과 백워드 교육과정 실천

단원 설계의 조직과 계열_Organize

CBC 태양계의 구성과 운동, 별의 특성과 진화

01. '태양계와 별'에 대해서 나는 무엇을 배워야 할까요?

처음에 아이들은 '태양계와 별'에 대해서 기존에 알고 있는 자신의 지식이 무엇인지 마인드맵을 그려 보며 알아본다. 교사는 칠판에 마인드맵을 같이 그리면서 아이들의 다양한 생각을 받아 주고 적어 준다. 그리고 칠판에 판서된 핵심 질문을 알기 위한 디딤 질문과 내가 새롭게 알고 싶은 질문을 자유롭게 작성한다.

핵심 질문: '우주의 천체는 어떻게 존재하고 우리에게 어떤 의미를 주는가?'

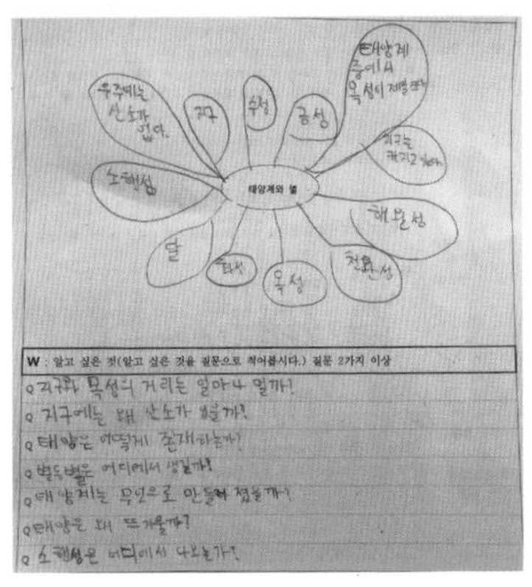

<그림 1> 학생들 마인드맵과 질문

학생들이 질문을 잘 작성하려면 교사의 안내와 피드백이 필요하다. 아이들의 기발한 질문들 중 수업에서 다루지 못한 질문은 학급 홈페이지에 올려서 서로 탐구하고 답변할 수 있는 기회를 가진다. 또한 교사는 학생 개인별 마인드맵 자료를 통해 학생들의 배경지식이 어떠한지 알게 해 준다.

교사와 학생들이 배우는 프로젝트에 대하여 다양하게 소통(마인드맵과 질문)한 뒤 교사는 아이들에게 수행과제를 제시한다. 아래의 대화는 수행과제를 제시하는 교사와 학생의 대화 일부이다.

교사 현재 우리는 어디에 있나요?(구글어스에서 ○○초등학교를 검색해서 보여 주며) 여러분이 현재 살고 있는 주소는 어디였죠?(사전 과제로 자신의 집 주소를 더 큰 범위가 포함되게 적도록 하였다.)

학생 (학생들은 자신이 살고 있는 집 주소를 적는다.) ○○도 ○○시 ○○로 ○○번지.

교사 더 떨어져서 본다면 우리는 어디에 있을까요?(구글어스에서 대한민국을 검색해서 보여 주며)

학생 대한민국요.

교사 더 떨어져 본다면?(구글어스 지구를 보여 주며)

학생 지구요.

교사 더 떨어져 본다면?(SKY WALK2* 어플 태양계를 보여 주며)

학생 우주에서요?

교사 (맨인블랙 엔딩 영상*(https://youtu.be/vP_OSWdIrXw)을 보여 주고) 우리가 주변을 인식하고 우리 위치를 생각할 때는 고개를 두리번거리면서 살펴보겠죠? 여러분이 지금 우리 현실에서 인식하는 공간을 벗어나 우리의

* 현실의 공간에서 지구 태양계 은하계로 급격하게 축소해서 보여 주는 영상이다.

존재를 아주 큰 공간 속에서 살펴보면 어떨까요?

학생　더 다르게 느껴질 것 같아요.

교사　이번 단원에서는 우리와 주변의 존재를 지금 우리가 보는 시야에서 벗어나 아주 멀리, 큰 공간 속에서 살펴보고, 탐구하겠습니다.

매 차시 수업에서 학습한 내용이 최종 수행과제(포트폴리오)의 자료가 되는 것을 안내하고 학생들에게 포트폴리오 작성 방법을 설명한다.

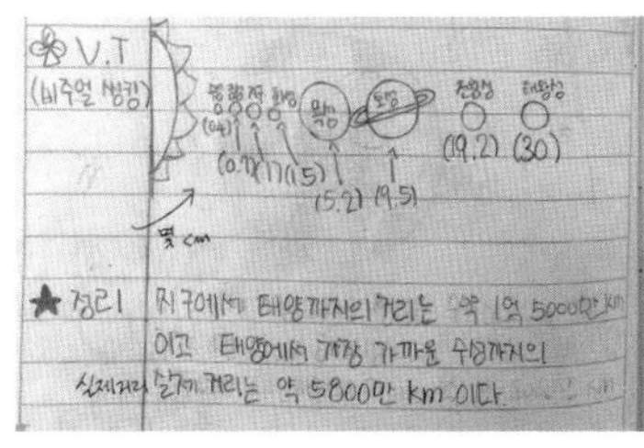

<그림 2> 포트폴리오 기본 자료

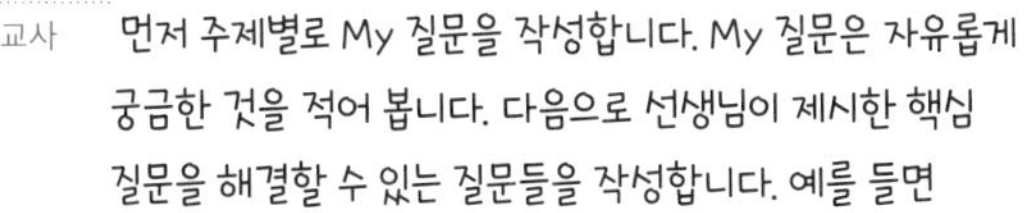

교사　먼저 주제별로 My 질문을 작성합니다. My 질문은 자유롭게 궁금한 것을 적어 봅니다. 다음으로 선생님이 제시한 핵심 질문을 해결할 수 있는 질문들을 작성합니다. 예를 들면 '태양계의 행성은 어떤 모습이고 크기는 어떻게 되는가?'와 같은 핵심 질문을 해결할 수 있는 디딤 질문은 무엇이 있을까요?

학생　'행성의 크기는 왜 비교하는 걸까?'요.

교사　그 질문도 참 좋은 질문이지만 좀 더 구체적으로 이 질문을 해결할 수 있는 질문이 필요할 것 같은데….

학생　'화성은 어떤 모습일까요?'

교사　네, 그런 질문들이 핵심 질문을 해결하는 데 도움이 되는 질문입니다.

그리고 학생들이 '배운 내용을 표현한 그림'과 '배운 내용을 정리'한 자료를 교사에게 확인 및 피드백을 받고 짝에게 설명한다. 매번 만들어진 자료는 단원이 마무리될 때 단원 포트폴리오 자료가 된다.

피드백 전략 tip

Q. 아이들과 교사는 과학 실험을 어떻게 설계할까?

학생들이 과학 탐구를 하기 위해서는 과학적인 탐구 과정을 절차에 맞게 실천하는 것이 꼭 필요하다. 그에 따라 교사의 질문에 따른 나의 질문-가설-실험 설계-준비물 등을 그림으로 표현할 수 있는 양식이 필요하다. 그 결과지를 가지고 교사가 실험 설계에 맞게 피드백을 할 수 있다.

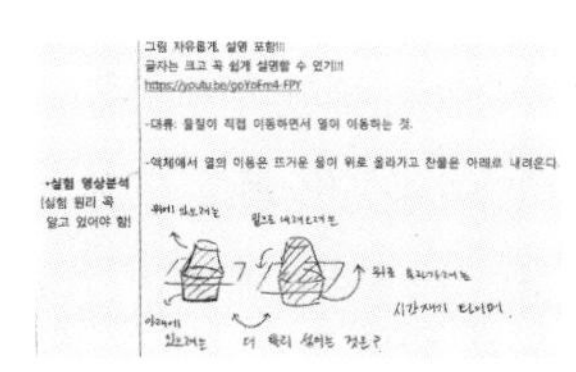

Q. 수업 설계 시 학생들의 질문은 어떻게 활용될 수 있을까?

학생들은 핵심 질문을 알기 위한 디딤 질문을 만들면서 핵심 질문을 더 잘 이해할 수 있고 자신이 무엇을 알아야 하는지 스스로 파악할 수 있다. 또한 교사는 학생의 탐구력을 판단할 수 있다. 그리고 교사는 새롭게 알고 싶은 질문을 통해 학생이 배울 내용에 대한 관심의 정도와 배경지식을 알 수 있다. 또한 교사의 핵심 질문과 학생의 다양한 질문들을 탐구할 수 있는 기회를 제공(예를 들면 홈페이지 밴드에 올리거나 공개 발표)한다면 보다 탐구하는 교실 문화를 만들 수 있다.

학생들이 핵심 질문을 알기 위한 질문(예시)	학생들이 더 알고 싶은 질문
Q. 태양은 행성들보다 몇 배의 크기가 클까?	Q. 블랙홀은 어떤 정체일까?
	Q. 블랙홀은 무엇 때문에 만들어졌을까?
Q. 행성들 중에서 가장 큰 행성은 무엇일까?	Q. 우리 지구는 무엇으로 만들어졌을까?
Q. 지구와 목성의 거리는 얼마나 멀까?	Q. 태양계 이동이 멈추면 어떻게 될까?
	Q. 별똥별도 별일까?

02. 태양계에서 구성원들은 어떻게 존재할까요?

먼저 학생들과 태양이 우리에게 미치는 영향을 살펴본다. 태양 에너지로 생물이 살 수 있는 환경(온도와 대기 순환)이 조성되고 식물의 양분 생성으로 생태계가 유지된다. 또한 우리는 태양 에너지를 전기 에너지로 활용한다. 학생들은 태양이 우리에게 아주 소중한 에너지원이라는 사실을 이해한다.

<그림 3> 목성 겉모습 어플 사진

다음으로 태양을 중심으로 공전하는 행성들을 알아본다. 교사는 학생들에게 행성들의 표면적인 모습을 보여주고 관찰하게 한다. 스마트폰에 천체와 관련된 어플리케이션(Solar walk2)을 활용하면 학생들의 관심과 흥미가 더 높아진다.

학생들은 태양계 행성을 직접 색칠하고 그림을 그려 보면서 행성의 표면적인 모습을 살펴본다. 태양계를 구성하고 있는 천체인 행성 외에도 위성, 소행성, 혜성, 유성체, 유성, 운석 등에 대해서도 간단하게 배우고 그려 본다.

태양계 행성의 크기는 지구 크기를 기준으로 비교하며 파악한다. 상대적인 크기의 다양한 사물로 비교하면서 크기를 가늠할 수 있게 세 가지 방식으로 탐구활동 기회를 가진다.

첫 번째 방법은 교과서 부록의 행성 크기 비교 모형을 만들어서 행성의 크기를 비교할 수 있다.

교사 행성 그림 카드를 뜯어내어 각 행성의 이름을 확인해 봐요.

학생 수성, 금성, 지구, 화성, 목성, 토성….

교사 목성 그림 카드에는 지구 그림 카드가 몇 번 포개어지나요?

교사 지구의 반지름이 1이라고 보았을 때의 목성의 반지름은 얼마나 되나요?

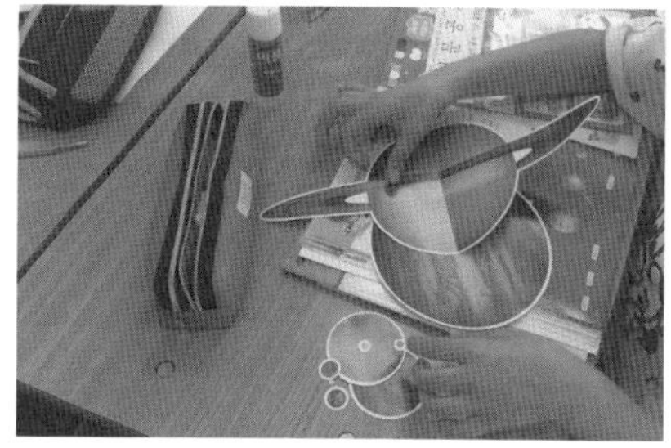
<그림 4> 행성 모형 겹쳐서 포개어지는지 살펴보기

두 번째 방법은 풍선의 크기를 비교하면서도 크기를 가늠할 수 있다. 지구의 반지름이 1cm일 때 목성의 반지름은 이것의 11.2배인 11.2cm가 된다. 책과 책 사이를 22.4cm간격만큼 벌려 수직으로 세워 놓고 그 사이에 고무풍선을 넣어 간격을 채울 수 있는 크기만큼 고무풍선을 불어 보면서 각 행성의 상대적인 크기의 차이를 비교할 수 있다.

<그림 5> 목성과 지구의 지름을 풍선으로 비교하기

세 번째 방법은 직접 태양과 지구를 비교하기 위해서는 교실을 벗어나서 비교할 필요가 있다. 반지름이 1cm인 구슬과 반지름이 109cm인 태양의 크기를 운동장에 직접 그려 본다. 나무막대 2개, 노끈, 줄자를 준비해서 태양과 행성들 각각의 상대적인 크기를 비교할 수 있다. 모둠별로 크기를 상대적으로 비교한 자료는 수행과제 탐구 자료로 활용된다.

태양계 행성의 거리는 지구에서 태양까지의 거리를 다양한 교통수단을 통해서 살펴보기도 하고 빛의 속도, 소리의 속도를 통해서도 알아본다. 이 어마어마한 거리를 기준으로 다른 행성까지의 상대적인 거리를 비교해 본다.

학생들은 상대적인 거리를 비교하기 위해 다양한 사물을 활용하면서 탐구해 본다. 교과서에 제시된 두루마리 휴지 칸을 이용하기도 하고 행성 모형 그림과 도화지를 활용하기도 한다. 단 태양과 지구와의 거리를 어떤 기준 거리(예: 거리 기준 1cm)로 정하는 것에 따라 다른 행성 간의 거리를 정확한 수치와 함께 나타낼 수 있어야 한다. 앞서 운동장에 태양계 천체의 크기를 그린 친구들은 이번에도 운동장에서 상대적인 거리를 비교한다. 운동장에 나간 친구들은 태양과 지구의 거리를 1m를 기준으로 설정하였다.

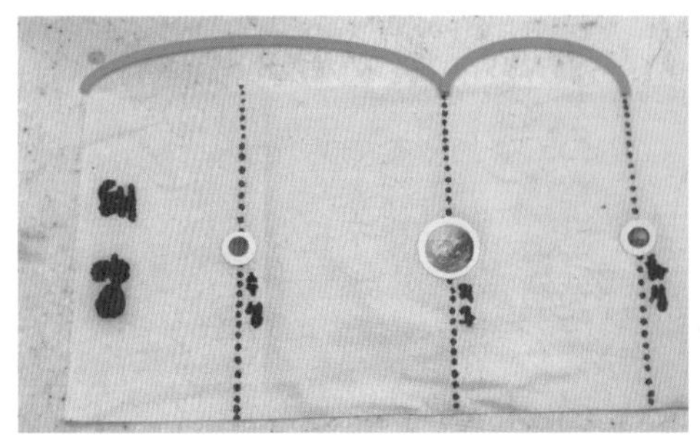

<그림 6> 휴지 칸으로 행성의 상대적 거리 비교

<그림 7> 교과서 모형으로 행성 간의 거리 비교

03. 밤하늘의 천체를 관측하면서 우리는 무엇을 알 수 있나요?

교사는 학생들과 밤하늘에서 별을 관측한 경험을 주제로 이야기를 나눈다. 밤하늘에서 별은 반짝이고 있고 태양계의 태양처럼 스스로 빛을 내는 천체인 것을 이해한다. 밤하늘에 반짝이지만 별이 아닌 행성도 있다.

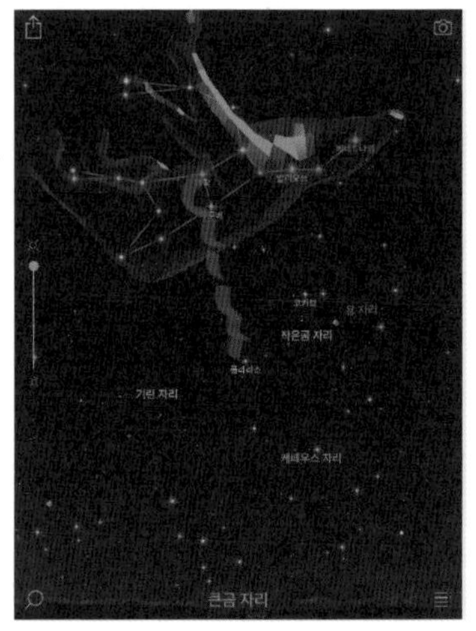

<그림 8> 큰곰자리에서 북극성 찾아가는 설명 자료

교사는 큰곰자리, 사자자리, 백조자리, 오리온자리를 어플(SkyWalk2)로 찾아서 TV로 보여 준다. 실제 학생들도 직접 휴대폰 어플로 어떤 방향에 별자리가 있는지 살펴볼 수 있게 한다. 이처럼 천체 관측 프로그램은 현재 위치에서 찾는 천체의 방향을 실제로 안내해 주는 프로그램이 효과적이다. 평상시 수업하는 낮에 지피에스(GPS)와 나침반 기능이 적용되는 천체 관측 어플리케이션으로 살펴본다면 태양계 일부 행성들이 교실 바닥 쪽에 있고 북 쪽 방향으로는 맑은 하늘이라도 북극성을 가상으로 찾아보는 체험이 가능하다. 그리고 밤하늘에서 북극성을 찾아가는 방법(카시오페이아자리와 북두칠성을 이용한)을 배우고 난 후에 별과 별자리의 의미와 북극성의 중요성을 체감하기 위해 어두운 교실 환경을 만들어서 내레이션 상상 수업을 할 수 있다.

교사　우리는 지금부터 나침반이 없고 항해 기술이 발달하지 않았던 옛날의 바다 선원이 된다. 선장은 선생님으로 할까?

학생　안 타요. 싫어요.

교사　지금 캄캄한 바다 한가운데인데 우리가 길을 잃었어요.

학생　내비게이션으로 찾아가면 되죠.

교사　아주 옛날이고 나침반도 없었던 시절입니다. 우리는 무엇을 찾아야 할까요?

학생　북극성요.

교사　북극성을 왜 찾아야 할까요? 북극성을 어떻게 찾을 수 있을까요? 북극성을 보고 동서남북 방향을 잡을 수 있을까요?

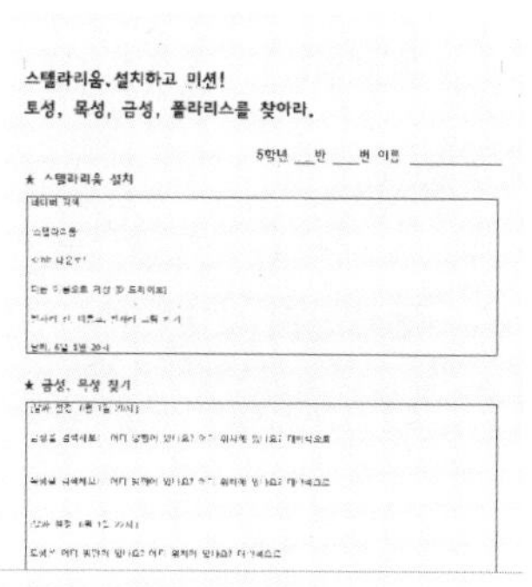

스텔라리움. 설치하고 미션!
토성, 목성, 금성, 폴라리스를 찾아라.

5학년 __반 __번 이름 ________

★ 스텔라리움 설치

★ 금성, 목성 찾기

<그림 9> 스텔라리움 안내 활동지

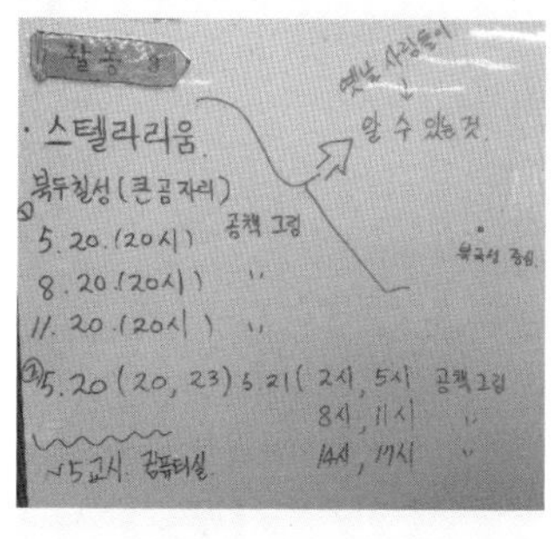

<그림 10> 계획 안내 사진 등

이동한

1. 가로등이나 불빛이 적으며 별이 잘 관측되는 곳. 멀리 관찰할 수 있는 곳.
예) 공원, 학교 운동장 등.

2. 늦은 시각에 혼자 밖으로 나가 관측하는 것은 위험하므로 **반드시 보호자와 함께 활동할 수 있어야 함.**

3. 준비물(나침반 어플,starwalk2 깔기, 손전등, 천체 망원경 등)
<- 어플 안내 내일 다시 함.

날짜. 시각. 장소 안내.

6월 1일 금요일. 오후 8시 금성 서쪽과 북서 사이

<그림 11> SNS 관측 안내 알림장

수업 후에 학생들이 실제 밤하늘에 북극성을 찾아보기도 하고 행성을 관측해 보기 위해서 직접 천체 관측 계획을 세운다. '토성, 목성, 금성, 폴라리스(북극성)를 찾아라!'의 미션을 안내한다. 학생들은 교사가 제시한 천체들을 관측하기 위한 계획을 세우고 실제 관측을 하는 것이 목표이다.

관측 계획을 세우기 위해 컴퓨터실에 스텔라리움 프로그램(천체 관측 프로그램)을 설치한다. 교사는 맑은 날씨를 미리 살펴보고 구체적으로 6월 1일 20시에 금성, 목성, 토성, 북극성의 위치를 찾아보게 안내한다. 학생들이 스텔라리움 프로그램으로 천체들의 위치를 파악한다. 6월 1일 외에도 날씨가 맑은 날에 자신이 관측할 수 있는 날을 설정하여 찾아보기도 한다.

학생들이 관측 계획 세운 대로 실제 관측을 한다. 실제 관측에 앞서 홈페이지에 구체적인 과제(관측 사진 및 관측 장소, 관측 시각, 관측 방향), 준비물(나침반 어플, 천체 관측 어플, 천체 망원경, 사진기 등), 안전, 그 외 Tip 등을 안내한다.

아이들은 매일 밤 8시부터 한 시간 간격으로 행성을 관측하고 관측한 사진을 학급 밴드에 실시간으로 업로드하면서 과제 수행에 적극적으로 참여한다. 실제로 6월 2일에 목성과 금성이 조금 다른 방향으로 옮겨진 것에 대한 이야기가 학급 홈페이지에서 화제가 되기도 했다. 모둠별로 관측 계획을 세운 자료와 실제 관측한 사진과 기록을 정리한다. 그리고 학생과 교사는 관측한 내용을 토대로 '행성, 별' 등에 대해서 이야기 나눈다.

교사 행성들을 잘 관측했나요?

학생들 금성, 토성, 목성을 관측했어요.

교사 여러 날 관측했는데, 행성은 뜨는 위치, 시각이 같았나요?

학생 달랐어요. 날이 달라질 때 계속 뜨는 위치나 시각이 달랐어요.

교사 행성은 왜 그렇게 밝게 보일까요?

학생 지구와 가까이 있어서요.

교사 스스로 빛을 내는 것이 아닌데, 행성은 왜 밝게 보이나요?

학생 태양 빛을 받아서 밝게 빛나요(이미 사전 지식으로 알고 있는 친구들이 많다).

교사 북극성을 관측했나요?

학생 네.

교사 북극성은 자리를 이동하나요?

학생 아니요.

교사 북극성을 왜 찾아야 할까요? 북극성을 어떻게 찾을 수 있을까요? 북극성을 보고 동서남북 방향을 잡을 수 있을까요?

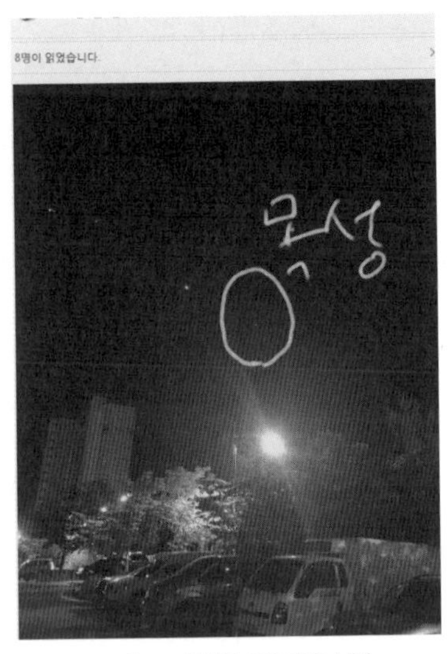

<그림 12> 학생들 SNS 관측 사진

04. 포트폴리오 보고서에 더 필요한 탐구는 무엇이 있을까요?

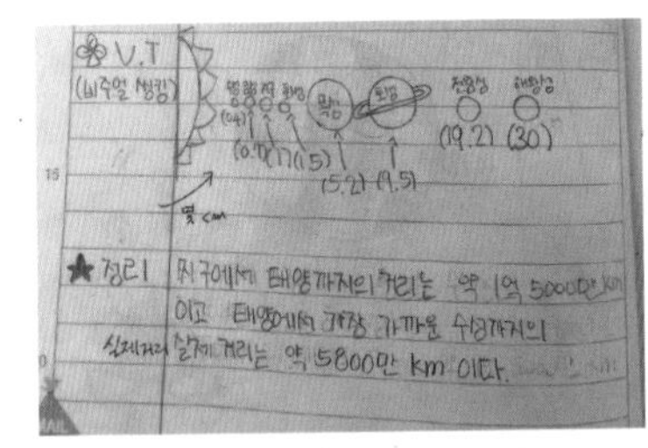

<그림 14> 포트폴리오 피드백

학생들은 수행과제에서 제시한 포트폴리오 평가기준을 토대로 피드백을 받는다. 기존 세 가지 평가기준 외에도 관심이 있는 행성에 대해서는 더 설명할 수 있는 기회를 가질 수 있기에 그 행성에 대해서 다각도로 탐색하고 조사한 자료에 대한 교사의 피드백이 필요하다. 학생들이 작성한 자료가 글 중심 자료인 경우 시각적인 자료를 요구한다. 발표 자료에 용어의 설명이 더 필요한 부분이 있다면 학생이 잘 알고 있는지 점검할 수 있다. 3학년 수준에서 이해될 수 있는 용어와 그 용어에 대한 설명도 발표자가 준비할 수 있도록 해야 한다. 예를 들어 토성이 납작한 이유에 대해서 자전 속도와 연관 지어 설명하고 싶어 하는 5학년 학생이 있었지만, 정작 자전이 무엇인지에 대한 설명이 3학년 학생들에게 필요하다. 각 탐구활동마다 더 필요한 자료와 더 필요한 탐구를 안내하고 점검한다.

05. 우리는 탐구 자료를 어떻게 소개하고 발표할까요?

<그림 14> 수행과제 발표 모습

완성된 자료를 활용한 발표 대본을 모두가 개인마다 작성한다. 한 학생마다 하나의 자료에 대해서 파트별로 나누어서 발표 준비를 한다. 교실에서 리허설을 거친 후 팀에서 발표하고자 하는 교실에 간다. 학생들은 다른 학년 교실에 가서 발표하기를 부담스러워한다. 그래서 항상 질문을 준비한다. 일방적인 설명이 아닌 대화 중심으로 이야기를 나눌 수 있도록 안내한다. 금요일 점심시간 오후 1시 25분~40분까지 3-1반, 3-2반, 3-3반 교실에서 각 학생들이 1~2분, 팀으로는 5~7분 정도의 발표 시간을 가진다. 한 반에 두 모둠씩 팀에서 준비한 우주 천체 자료를 설명하고 발표한다.

청중들의 반응은 각양각색이다. 5학년 학생들이 발표 후 우주 천체 관련 퀴즈를 제시하면 3학년 친구들은 더욱 적극적으로 참여한다. 덩달아 발표자들도 긴장을 풀고 웃으면서 발표한다.

06. 나는 무엇을 이해하고 있을까요?

포트폴리오 자료를 만들고 발표한 후 자신이 탐사하고 싶은 행성을 하나 정해서 행성에 대한 설명문을 작성한다. 글을 적으면서 학생들은 탐사하기 위해 더 필요한 부분을 알아 가게 된다. 또한 탐사를 간다면 어떻게 갈 것인지 생각해 본다.

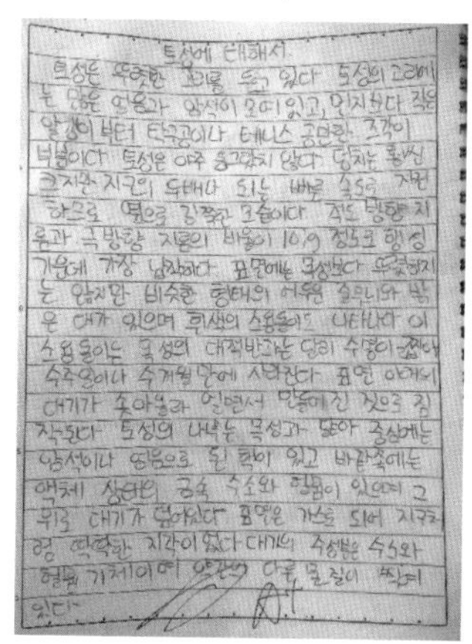

<그림 15> 토성에 대하여

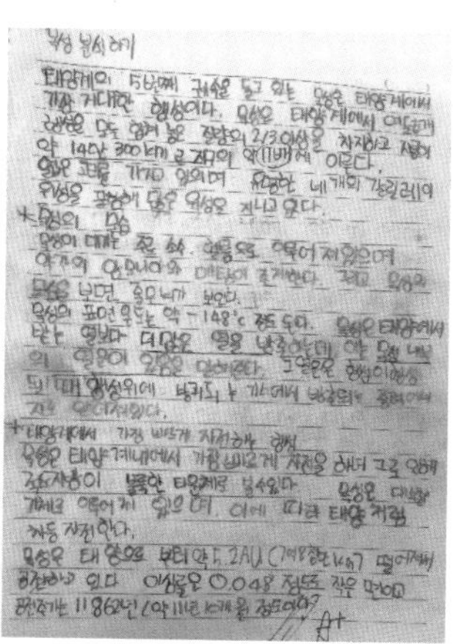

<그림 16> 목성에 대하여

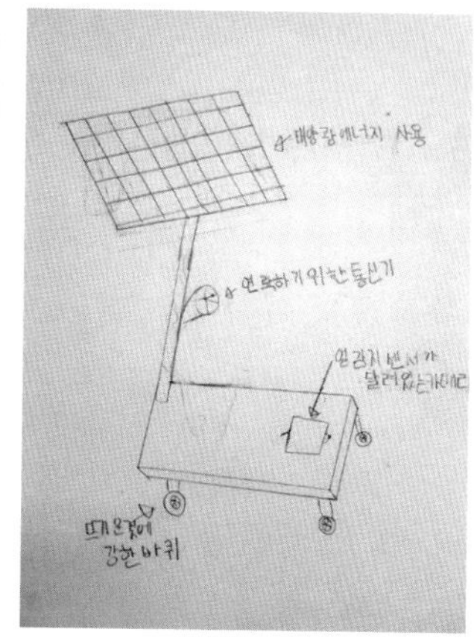

<그림 17> 금성 탐사 로봇

마지막으로 성찰일지를 작성한다. 스스로 자신에게 이해적인 측면과 태도적인 측면에 대해 평가를 내려 보고 배운 내용, 생각과 느낌, 앞으로의 다짐 등을 작성하면서 이번 수행과제를 마무리한다.

느낌	다짐
*태양계에 대해 알게 되었고 밤하늘에서 별자리와 행성을 볼 수 있는 것이 신기하다. 주말에 밖에 나가서 별자리와 행성을 관찰해야겠다. *금성만 볼 수 있을 줄 알았는데 목성과 토성도 볼 수 있다는 것을 잘 알았다. 행성들을 직접 보고 찍어서 좋았고 신기했다.	*밤에 밖에 있을 때, 엄마, 아빠, 할머니에게 행성과 별자리를 알려 줄 거다. *친구의 말을 잘 들어주고 협력해야겠다.

Unit 3 학생 이해의 증거

01. 이해의 증거_EVIDENCE

측면	설명	해석	적용	관점	공감	자기 지식
확인	증거 ❶	증거 ❷	증거 ❶, ❸	증거 ❶	-	증거 ❹
	포트폴리오 설명 자료	배운 것 알게 된 것 서술형 평가	포트폴리오 홈페이지에 올린 관측 사진 및 기록	포트폴리오 실생활 모형을 통한 행성의 크기와 거리 비교 실험	-	반성 성찰일지

02. 수행과제 결과물

<증거 ❶> 우주 천체 소개 발표 자료(포트폴리오)

표면

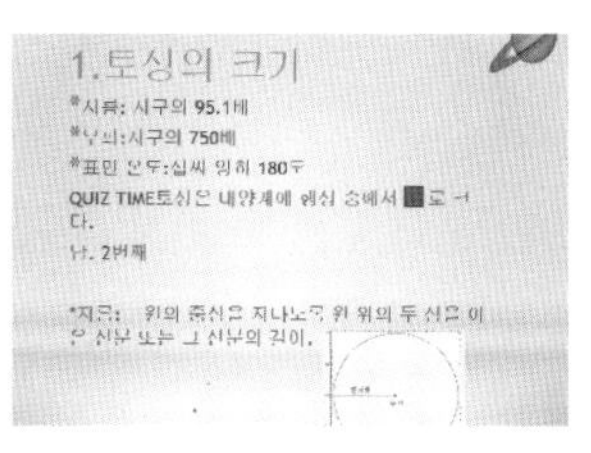

크기

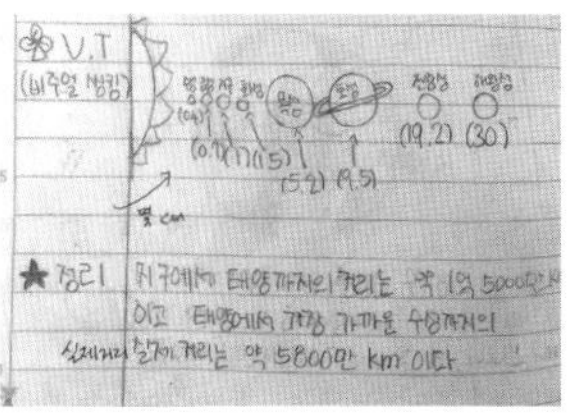

거리

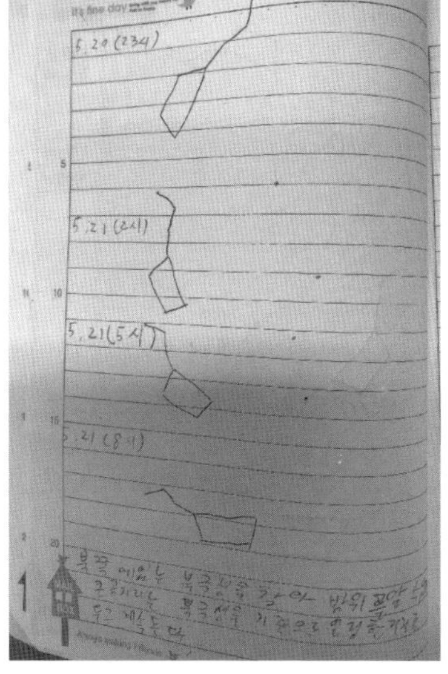

북극성 방향

03. 그 밖의 증거: 형성평가, 자기평가

<증거 ❷> 배운 것, 알게 된 것, 서술형 평가

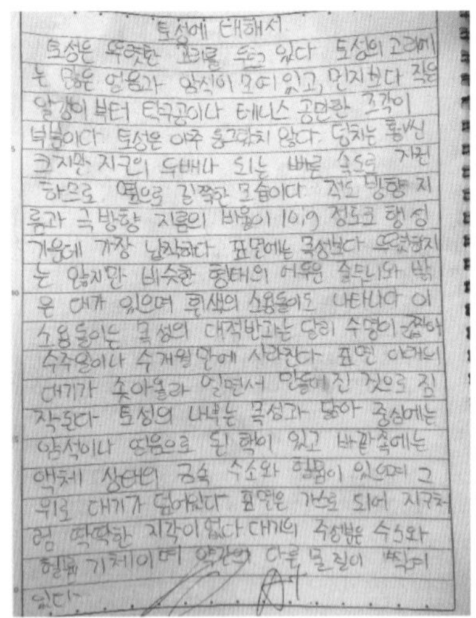

토성에 대해서

토성은 뚜렷한 고리를 두르고 있다 토성의 고리에는 많은 얼음과 암석이 모여 있고, 먼지보다 작은 알갱이 부터 탁구공이나 테니스 공만한 조각이 부분이다 토성은 아주 동그랗지 않다 덩치는 [illegible] 크지만 지구의 두배나 되는 빠른 속도로 자전하므로 옆으로 길쭉한 모습이다 적도 방향 지름과 극방향 지름의 비율이 10:9 정도로 행성 가운데 가장 납작하다 표면에는 목성보다 뚜렷하지는 않지만 비슷한 형태의 어두운 줄무늬와 밝은 대가 있으며 흰색의 소용돌이도 나타난다 이 소용돌이는 목성의 대적반과는 달리 수명이 짧아 수주일이나 수개월 만에 사라진다 표면 아래의 대기가 솟아올라 얼면서 만들어진 것으로 짐작된다 토성의 내부는 목성과 닮아 중심에는 암석이나 얼음으로 된 핵이 있고 바깥쪽에는 액체 상태의 금속 수소와 헬륨이 있으며 그 위로 대기가 덮여있다 표면은 가스로 되어 지구처럼 딱딱한 지각이 없다 대기의 주성분은 수소와 헬륨 기체이며 약간의 다른 물질이 섞여 있다.

<증거 ❸> 홈페이지 올린 관측 사진 및 기록

<증거 ❹> 반성일기

…해서 배웠나요? 태양계와 별

평가내용	매우 잘함	잘함	보통	노력이 필요함
…에 무엇을 공부할지 알고 있었나요?		O		
…을 잘 알고 있나요?	O			
…상황에서 협력을 했나요?		O		
…님의 이야기를 경청하였나요?		O		
…에 대하여 궁금한 것을 친구나 선생님에게 질문했나요?	O			
…이나 알고 있는 것 등을 발표했나요?	O			
위해서 최선을 다했나요?	O			

오늘 프로젝트 수업 중 배운 내용, 생각, 느낌, 다짐 등에 대해서 써보세요.

#5. 자기반성일기

[여학생]

느낌: 이 단원에서 태양계에 대해 알게 되었고 밤하늘에서 별자리와 행성을 볼 수 있는 것이 신기하였다. 주말에 밖에 나가서 별자리와 행성을 관찰해야겠다.

다짐: 밤에 밖에 있을 때 엄마, 할머니에게 행성과 별자리를 알려 줄 것이다.

04. 교사의 학생 성장 기록

5학년 1반 ○번 ○○○

<table>
<tr><th>주제</th><th>교 과</th><th>성취기준</th><th colspan="2">수행과제</th></tr>
<tr><td rowspan="8">태양계와 별</td><td rowspan="8">과학</td><td>[6과02-01] 태양이 지구의 에너지원임을 이해하고 태양계를 구성하는 태양과 행성을 조사할 수 있다.
[6과02-02] 별의 의미를 알고 대표적인 별자리를 조사할 수 있다.
[6과02-03] 북쪽 하늘의 별자리를 이용하여 북극성을 찾을 수 있다.</td><td colspan="2">우주의 천체 소개 책 자료(포트폴리오) 만들어서 설명하는 것</td></tr>
<tr><th>평가기준</th><th>자기평가</th><th>교사평가</th></tr>
<tr><td>태양계 행성의 상대적인 크기와 거리를 이해하는가?</td><td>◎</td><td>◎</td></tr>
<tr><td>별과 별자리의 의미를 이해하는가?</td><td>◎</td><td>◎</td></tr>
<tr><td>밤하늘에서 관측할 수 있는 중요한 천체를 찾을 수 있는가?</td><td>○</td><td>◎</td></tr>
<tr><td>별자리를 이용해 방위를 찾을 수 있는가?</td><td>□</td><td>◎</td></tr>
<tr><td>탐구활동한 자료를 정리하고 소개·설명할 수 있는가?</td><td>○</td><td>◎</td></tr>
<tr><td>나는 탐구활동을 하고 포트폴리오 제작에 적극적으로 참여하였는가?</td><td>□</td><td>◎</td></tr>
<tr><td colspan="2">총평</td><td colspan="3">우주에 있는 다양한 천체에 대한 관심이 많고 실제 행성을 관측하고 별자리를 스스로 관측하고 주변에 알리는 등 천체에 대한 탐구심이 높다.</td></tr>
</table>

Unit 4 교사의 반성과 성찰

01. 백워드 교육과정을 통해서 수업에 몰입할 수 있다.

우리 학생들이 과학은 좋아하지만 실제 과학 수업에는 수동적인 자세를 보인다. 재미있는 실험에는 관심을 보이지만 그 외 수업에서는 이내 무기력한 모습을 보인다. 지금까지 아이들은 과학 수업에서 수동적으로 교사의 질문에 대답하거나 교사의 실험 안내대로 실험을 하였다. 탐구질문에 대한 질문, 탐구질문을 해결하기 위한 생각, 상상, 실험 설계와 같은 과학적 사고력은 익숙하지도 않고 거부가 심하다. 생각하기를 거부하는 모습이 다른 수업 전반에 나타난다.

나는 학생들이 수업에 몰입하고 생각하며 탐구할 수 있도록 하려면 교실에서 이해중심 교육과정(백워드 교육과정 설계)을 실천해야 한다고 생각한다. 교사가 첫째, 이 배움으로 학생들이 어떤 이해를 해야 하는가? 둘째, 어떤 질문이 이 학생들은 더 탐구하게 하는가? 셋째, 어떻게 이 학생들을 평가하고 피드백을 해야 하는가? 등과 같은 질문으로 수업의 목표, 질문, 평가의 설계를 세운다면 학생들이 더 배움에 몰입할 수 있게 설계를 할 수 있다고 생각한다.

02. 과학 수업을 어떻게 해야 탐구 능력을 함양할 수 있는가?

과학 실험이 상세하게 처음부터 끝까지 다 설명되어 있는 기존 과학 교과서로는 아이들에게 과학적 탐구 능력을 키워 주기 어렵다고 생각한다. 너무나 친절한 안내와 교사의 일방적 실험 안내는 질문을 하지 않는 학생을 만들고 수동적으로 수업에 참여하는 학생을 만든다. 먼저 학생들이 실제 실험 전에 실험과정을 그림으로 상상(Visual Thinking)해 본다. 이 실험 상상은 교사의 질문과 학생의 답변이 오가는 대화를 통해서 좀 더 구체화된다. 자신이 상상한대로 과학 실험을 하게 되면 학생들은 자신의 실험으로 생각하고 더 관심을 가지고 참여하는 모습이 보인다. 실제 각종 변인과 그에 따른 결과에 대해서 깊이 생각하는 것을 관찰할 수 있었다. 학생들의 엉뚱한 상상과 예측되지 못한 질문도 실제 실험으로 교실에서 볼 수 있다. 학생의 단순한 탐구질문 하나로 실험을 상상하고 실험을 만들어 간다면 그 교실은 상당히 창의적이고 개방적인 장소가 된다.

03. 학생들은 무엇을 가지고 자연과 접촉하는가?

교실에는 실제로 자연에 대한 이해와 관심이 부족한 학생들이 많다. 자연을 책과 영상 위주로 접한 아이들이 대부분이다. 그 아이들이 자연을 더 바라보고 관찰할 수 있게 함으로써 그 학생의 이해 폭도 넓어지고 새로운 질문과 호기심이 생긴다.

교사의 핵심 질문은 학생이 자연을 대면할 때 탐구할 수 있게 해 준다. 교사의 질문을 통해서 학생들은 자연을 새로운 관점으로 보기도 하고 자연에 대한 호기심을 가지게 해 준다. 학생들이 자연을 관찰할 때 그 의미를 탐구하고 그 현상을 자세히 살펴볼 수 있게 해 주는 교사의 과제 전 핵심 질문은 꼭 필요하다.

Q1. 금성을 밤에 관측하면 달과 비교해서 어느 정도 밝은가요?

Q2. 북극성을 바라보고 사람들은 방위를 어떻게 찾을까요? 직접 찾을 수 있나요?

Q3. 스텔라리움(천체 관측 컴퓨터 프로그램)으로 여러분은 (토성, 목성, 금성, 폴라리스) 관측 계획을 어떻게 세울 수 있나요?

창체(실과)

IB-PYP　How We Organize Ourselves

직업 체험은 직업에 대한 긍정적인 인식을 형성한다.

교사 이동한

5학년, 창체(실과) 진로 창업 활동

Unit 1 5학년 창체(실과) 백워드 교육과정 설계

[1단계] 단원의 목표 찾기: 왜 배워야 할까요?

단원명	창의적 체험활동(실과)_진로 활동_진로 탐색 활동(13차시)	
단원 개요	초등학교 단계에서는 직업에 대한 긍정적인 인식을 형성하는 것이 중요하며, 이러한 인식은 향후 중·고등학교 시기의 구체적인 직업관을 형성하는 데 기초가 된다. 자신의 일을 즐기고 사랑하는 직업인의 사례를 탐색하여 직업과 일을 가져야 하는 이유와 이를 통해 얻을 수 있는 보람, 성취감, 만족감 등의 가치를 자연스럽게 이해할 수 있다.	
성취기준	진로교육 성취기준* 2015-EII 2.1.1 자신의 일을 즐기는 직업인의 사례를 통해 좋아하는 일을 하는 것의 기쁨과 보람을 이해할 수 있다. 2015-EII 2.1.2 자신이 직업을 가져야 하는 이유와 이를 통해 얻을 수 있는 긍정적 가치를 말할 수 있다.	
개념	건강한 직업의식 형성	
영속적인 이해	직업 체험은 직업에 대한 긍정적인 인식을 형성한다.	
지식과 기능	지식	직업인의 사례, 자신이 직업을 가져야 하는 이유
	기능	이해하기(좋아하는 일을 하는 것의 기쁨과 보람) 설명하기(직업을 통해서 얻는 긍정적 가치)
본질적 질문	직업을 통해서 무엇을 얻는가? 왜 직업을 가져야 하는가?	

* 진로교육 성취기준 http://www.career.go.kr/cnet/front/commbbs/courseMenu/commBbsView.do?BBS_SEQ=131516

[2단계] 단원평가 정하기: 배움을 어떻게 확인할 수 있을까요?

01. 수행과제_GRASPS

교과 역량 | 생활 자립 능력

Goal	목표	창업 체험전을 준비하여 기업 소개를 체험하는 것	
Role	역할	기업 창업가	
Audience	대상/청중	5학년 학부모, 교장 선생님, 5학년 친구들	
Situation	문제 상황	직업을 가지고 싶지만, 직업에 대한 긍정적인 인식이 부족한 학생들에게 직업을 통한 성취감, 만족감, 보람 등을 간접 경험할 필요가 있는 상황	
Product	결과물	체험 부스 활동/ 기업 소개 및 사회적 공헌을 한 기업 활동 발표 자료	
Standards	기준	지식	직업인의 사례, 자신이 직업을 가져야 하는 이유
		기능	디자인, 서비스 계획에 대한 실천, 체험의 계획

02. 학생 참여 시나리오와 배경_STORY

PBL | 직업을 통해서 우리는 무엇을 얻을 수 있는가?

학기 초 설문조사에서 '미래에 직업을 가지고 싶다' 문항에 긍정적으로 대답한 학생들이 20명(76%)이었습니다. 그러나 '사람들은 직업을 통해서 성취감, 보람, 만족감 등을 얻는다'에 긍정적으로 대답한 학생들은 5명(19%) 정도밖에 없었습니다. 미래에 직업을 가지고 싶지만 그 직업을 통해 성취감, 만족감, 보람을 얻을 것으로 기대하는 친구들은 상대적으로 적었습니다. 이번에는 여러분이 직접 기업 창업가가 되어서 자신의 기업과 제품을 디자인해 보고, 사회적 공헌 활동을 통해서 보람 있는 직업 활동을 해 나가길 바랍니다. 그리고 꿈끼 탐색주간에 기업 창업가로서 부모님을 대상으로 창업 체험전을 준비하여 기업 체험 부스(기업의 이름, 비전, 기업 로고, 신제품 설명, 사회적 공헌 활동에 대한 안내, 학부모 대상 체험활동)를 준비하기 바랍니다.

교육 환경과 교사 의도

❶ **지리 환경:** 김천시, 중소 도시

❷ **학교 규모:** 24학급, 5학년 1~4반

❸ **교실 구성:** 26명(남 14명, 여 12명)

❹ **학생 실태:** 미래에 직업을 가지고 싶어 하는 학생(20명) 76%, 직업을 통해서 성취감, 보람, 만족감 등을 얻는다고 생각한 학생(5명) 19%이다.

❺ **교사 의도:** 기업 창업 활동을 통해서 직업에 대한 성취감과 만족감을 얻고 사회적 공헌 활동을 통해서 직업에 보람을 느끼면서 총체적으로 직업에 대한 긍정적인 인식을 형성하게 한다.

03. 평가준거_RUBRIC

구조	기준	꽃(습득)	새싹(습득 중)	씨앗(미습득)
지식	기업의 이름, 로고, 비전, 하는 일에 기업의 가치관이 잘 담겨 있는가?	기업의 이름, 로고, 비전, 하는 일에 기업의 가치관이 담겨 있고 자세하게 안내할 수 있다.	기업의 이름, 로고, 비전, 하는 일에 기업의 가치관을 담을 수 있다.	기업의 이름, 로고, 비전, 하는 일을 안내할 수 있다.
	직업 활동을 통해서 성취감, 보람, 만족감을 찾을 수 있는가?	직업 활동과 연계된 사회적 공헌을 실천하고 기록한 자료를 가지고 다양한 방면의 긍정적 의미에 대해 설명할 수 있다.	직업 활동과 연계된 사회적 공헌을 실천하고 기록하여 긍정적 의미에 대해 설명할 수 있다.	직업 활동과 연계된 사회적 공헌에서 보람을 찾을 수 있다.
기능	좋아하는 일을 직업으로 찾고 직업을 가지는 이유와 얻을 수 있는 긍정적 가치를 말할 수 있는가?	자신이 좋아하는 일을 찾고, 직업의 필요성과 긍정적 가치를 자신의 경험과 적절한 예를 들어 풍부하게 말할 수 있다.	자신이 좋아하는 일을 찾고 직업의 필요성과 긍정적 가치를 말할 수 있다.	자신이 좋아하는 일을 찾고 직업의 필요성을 설명할 수 있다.
수행	체험 부스 운영을 통해 자신의 직업 체험활동을 설명할 수 있는가?	꾸준히 실천한 자신의 직업 활동을 설명할 수 있고 직업 활동을 통해서 긍정적인 인식이 형성되었다.	자신의 직업 활동을 설명할 수 있고 직업 활동을 통해서 긍정적인 인식이 형성되었다.	자신의 직업 활동을 통해서 긍정적인 인식이 형성되었다.
자기	기업의 창업과 사회적 활동, 부스 체험에 적극적으로 참여하였는가?	친절한 태도로 자신 있게 발표하며 친구의 발표를 듣고 평가 및 조언을 해 줄 수 있다.	친절한 태도로 자신 있게 발표할 수 있다.	기업(모둠) 체험 부스 발표 준비에 참여할 수 있다.

[3단계] 단원 수업 구성하기: 학생들은 무엇을 배울까요?

01. 교수·학습_WHERETO

교수·학습 활동(안내 질문)	계열화	평가 증거
1. 나는 무엇을 배워야 할까요? 가. 우리는 직업을 어떻게 생각하는가? 나. 우리의 수행과제는 무엇인가?	W	진단평가 ▸설문조사
2. 창업의 의미는 무엇이고 창업은 어떻게 시작해야 할까요? 가. 자신의 일을 즐기는 직업인의 사례로 우리는 무엇을 알 수 있는가? 나. 회사 이름은 어떤 의미가 담겨 있는가? 다. 회사의 비전은 왜 필요한 것인가? 라. 좋은 로고는 무엇인가? 마. 기업에서 우리 역할은 어떻게 되는가? 바. 어떤 신제품이나 서비스를 통해 우리 기업이 경쟁력을 갖출 수 있는가?	E1, T, H	형성평가 ▸모둠탐구
3. 회사의 비전에 따른 기업의 사회적 공헌 및 책임에는 무엇이 있나요? 가. 우리 주변에 우리 기업이 해결할 수 있는 문제점은 무엇이 있는가? 나. 우리가 학교에 공헌할 수 있는 방법을 찾아볼까? 다. 학교에 공헌할 수 있는 계획을 세우고 실천할 수 있는가?	E1, T R, T	형성평가 ▸모둠탐구 ▸교사 피드백 ▸교사 피드백
4. 우리는 창업 체험전을 어떻게 준비할까요? 가. 창업 체험전은 어떻게 준비하는가? 나. 나 자신의 역할은 무엇인가? 다. 어떤 체험활동이 우리 기업에 제공하기에 적절한가?	R, H, E1	형성평가 ▸모둠탐구 ▸교사 피드백 ▸교사 피드백
5. 우리는 창업 체험전을 어떻게 실천하였나요? 가. 우리 기업 소개와 사회적 공헌 활동을 어떻게 설명하는가? 나. 우리 기업이 준비한 체험활동을 어떻게 설명하는가?	E1,E2	총괄평가 ▸수행과제
6. 다짐할 것은 무엇이고 나는 무엇을 이해하고 있나요? 가. 우리에게 남은 과제는 무엇인가? 나. 왜 직업을 가져야 하는가?	E2	총괄평가 ▸자기평가

Unit 2

5학년 창체(실과) 백워드 교육과정 실천

단원 설계의 조직과 계열_Organize

CBC | 직업의식

이해	직업 체험은 직업에 대한 긍정적인 인식을 형성한다.	
수행	창업 체험전 기업 체험 부스 운영	
개념렌즈	**직업의식**	
질문	직업을 통해서 무엇을 얻는가?	왜 직업을 가져야 하는가?
지식	자신이 직업을 가져야 하는 이유	자신의 일을 즐기는 직업인의 사례
기능	직업을 통해서 얻는 긍정적 가치를 말하기	좋아하는 일을 하는 것의 기쁨과 보람을 이해하기

수업 흐름	진단 활동	→	창업 이해 및 활동	→	기업의 사회적 공헌 및 책임 활동	→	수행과제 준비 토의	→	기업 체험 부스 시나리오 작성	→	창업 체험전	→	다짐할 것, 나의 이해, 남은 과제

01. 나는 무엇을 배워야 할까요?

수업을 시작하면서 학생들의 직업에 대한 인식과 생각을 알아보고자 설문조사를 한다. 아래 두 문장에 대한 학생들의 긍정·부정 통계는 아래 그림과 같다.

- 나는 미래에 직업을 가지고 싶다. <그림 1> 참고
- 사람들은 직업을 통해서 성취감, 보람, 만족감 등을 얻는다. <그림 2> 참고

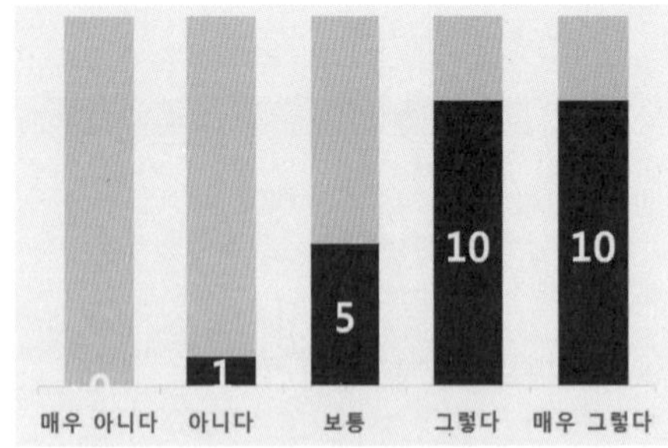

<그림 1> 나는 미래에 직업을 가지고 싶다.
긍정· 부정 선호도. 2018. 10. 8.

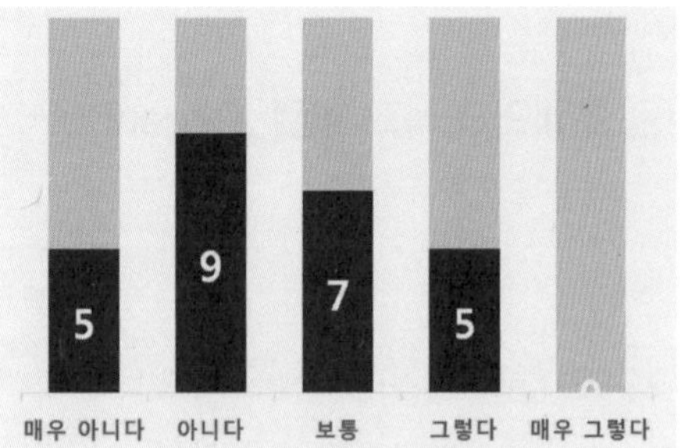

<그림 2> 사람들은 직업을 통해서 성취감, 보람, 만족감 등을 얻는다.
긍정· 부정 선호도. 2018. 10. 8.

학생들이 이렇게 생각한 배경과 이유에 대해서 묻고 대답한다. 그중에서도 미래에 직업을 가지고 싶지 않은 학생이 한 명이 있었는데, 직장 대신 빌딩 사장이 되어서 월세를 받으면서 놀고 싶다고 한다.

그 외에도 '미래에 나의 직업을 선택하는 기준은 무엇인가?'와 같은 질문으로 학생들의 직업 선택 기준을 살펴본다. 직업 선택 기준으로 자신의 흥미와 적성을 선택한 학생은 총 10명이다. 나머지 16명(62%)의 학생은 다른 환경적 요인(돈, 안정, 부모님)으로 자신의 진로를 정하고 있었다.

위 설문조사 결과를 가지고 수행과제 및 문제 상황을 다음 수업에 안내한다.

교사 설문조사에서 '미래에 직업을 가지고 싶다' 문항에 긍정적으로 대답한 학생들이 26명 중에 20명(76%)이었습니다. 많은 친구들이 직업을 가지고 싶어 합니다.

교사 그리고 '사람들은 직업을 통해서 성취감, 보람, 만족감 등을 얻는다'에 긍정적으로 대답한 학생들은 5명(19%) 정도밖에 안 되었습니다. 그 이유는 무엇일까요?

학생 1 일하는 것은 힘들잖아요.

학생 2 고생하잖아요.

학생 3 엄마가 먹고살기 위해 일한다고 했어요. (중략)

교사 미래에 직업을 가지고 싶지만 그 직업을 통한 성취감, 보람, 만족감 등을 얻을 것으로 기대하는 친구들은 상대적으로 적었습니다. 이번에는 여러분이 직접 기업 창업가가 되어서 자신의 기업과 제품을 디자인해 보면서 성취감, 만족감도 얻고 사회적 공헌 활동을 통해서 보람 있는 직업 활동을 해 나갔으면 합니다.

02. 창업의 의미는 무엇이고 창업은 어떻게 시작해야 할까요?

'창업'이란 개념을 이해하기 위해서 창업을 한 인물들의 사례를 학생들에게 몇 가지 안내한다. 평소 건강한 삶을 유지하기 위해 유기농 주스를 직접 만들어 나누어 주는 것이 큰 보람이었던 아르바이트생의 창업 이야기를 소개한다.

'길고 아름다운 삶'이라는 뜻의
Suja Life LLC
유기농 주스 제조업체로 점차 성장한다.

<그림 3> 창업 이미지

교사 유기농 주스 창업 이야기 들어 볼래. 보통 유기농 제품은 유통 기한이 굉장히 짧기 때문에 쉽게 상하거나 관리하기가 매우 까다롭지. 하지만 그럼에도 불구하고 로리스는 결코 포기하지 않았고 여러 방법을 고심한 끝에 '영양소를 유지한 채 변질 속도를 늦출 수 있는 초고압살균공정(HPP)' 기술을 새롭게 적용했는데 이 기술은 고열이 아닌 극도로 높은 압력을 사용해 포장 식품을 보존하는 획기적인 방법으로 결과는 대성공이었어.

위의 이야기를 통해서 창업에서 중요한 도전과 협업에 대해서 학생들과 같이 생각해 본다.

교사 ○○는 평소 자신이 좋아했던 일과 관련된 일을 할 수 있었습니다. 좋아하던 일을 하면 어떨까요?

학생 즐겁고 재밌어요.

교사 ○○란 여인이 창업할 수 있게 된 결정적 계기는 무엇일까요?

학생 압축 기술이 있어서요.

교사 그 기술은 ○○가 직접 개발할 수 있었나요?

학생 주변에 도움을 요청했어요.

학생 창업할 수 있었던 것은 ○○는 포기하지 않아서요.

교사 여러분도 도움을 요청해서 도움을 받은 경험이나 자신이 주변에 도움을 준 경험이 있나요?

창업하고 싶은 회사를 모두가 자유롭게 이야기 나눈다. 아래와 같은 창업 활동 순서를 학생들에게 안내한다.

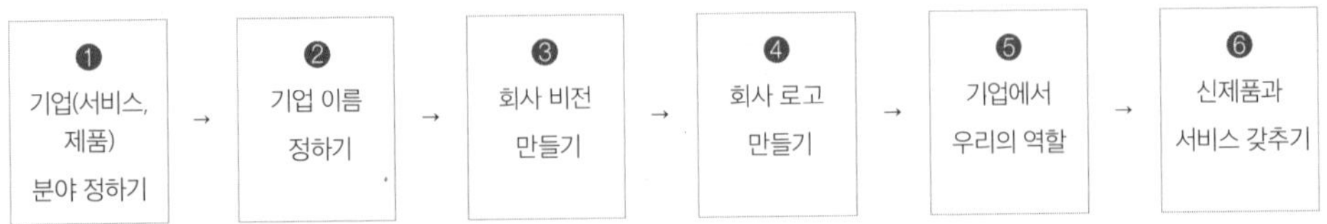

❶~❷ 팔고 싶은 제품과 제공하고 싶은 서비스를 생각하며 회사를 생각하고 이름을 짓는다.

교사 먼저 어떤 회사를 운영하고 싶나요?

학생 1 굉장히 세계적이고 잘나가는 회사요.

교사 무슨 제품을 팔고 싶나요? 어떤 서비스를 사람들에게 해 주고 싶나요?

학생 2 … 생각해 봐야 될 것 같아요.

교사 여러분이 생활하면서 경험하는 모든 것에서 아이디어를 생각하면 됩니다.

학생 3 나이키, 아디다스, 신발 회사 만드는 것은 어떨까?(모둠원들과 상의 후)

학생들 옷 만드는 회사를 창업하고 싶어요. 공기청정기 회사를 운영하고 싶어요. 게임 회사를 운영하고 싶어요. 항공 우주 회사를 만들고 싶어요.

학생들 신발 회사를 만들고 싶어요.

상대방의 기억에 오래도록 살아남을 회사명을 만드는 방법?
발음하기가 좋아야 합니다. 짧을수록 좋습니다. 검색엔진이나 포털에 적합해야 합니다. 고객에게 신뢰감을 줄 수 있어야 합니다. 시각적으로 돋보일 수 있게 합니다.

교사가 무슨 제품을 팔고 싶은지 어떤 서비스를 사람들에게 해 주고 싶은지 물어본 뒤 모둠별 학생들은 자신의 기업에서 판매하고 싶은 서비스나 상품의 종류를 정한다. 그리고 기업의 이름, 특징과 여러 유명한 기업의 이름, 특징을 소개한다. 학생들은 창업하고 싶은 기업의 이름을 친구들과 같이 정한다. 최종적으로 아래와 같은 이름을 정했다.

I am inviting you guys[I i y g]	Good Air For Customers[GAFC]	Contreamnet
옷 회사	공기청정기 회사	게임 회사
Amaging Game Enjoy[AGE]	Space Universe	Space
게임 회사	항공 우주 회사	신발 회사

❸ 회사 로고 만들기

교사가 학생들에게 아래의 좋은 로고의 조건을 설명해 준다.

[좋은 로고의 조건]

- 회사의 이미지를 나타낼 수 있기
- 색 선택은 여러분 회사의 마음, 열정, 느낌
- 그림으로 회사에서 표현하고 싶은 이미지 표현

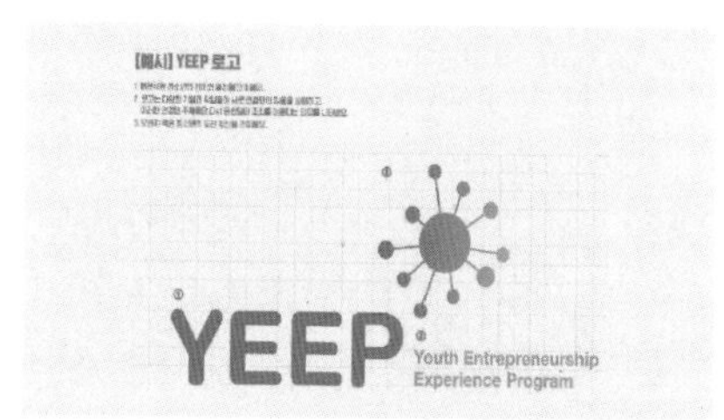

<그림 4> 회사 로고

학생들은 각 회사의 로고를 작성하고 작성한 로고를 팀별로 발표한다.

<그림 5> 옷 회사 <그림 6> 공기청정기 회사 <그림 7> 게임 회사

<그림 8> 게임 회사 <그림 9> 항공 우주 회사 <그림 10> 신발 회사

❹ 회사 비전 만들기

먼저 면의 생산으로 인한 아동 노동력 착취, 살충제와 농약 사용 등의 문제에 대한 해결책을 옥수수에서 찾은 한 기업의 이야기를 소개한다. 이 기업은 면이 아닌 옥수수섬유로 양말을 만들면서 환경 보호를 실천하고, 주기적으로 옥수수 씨앗을 아프리카에 제공하면서 사회적 활동을 하는 기업이다. 이 기업은 양말 인형을 빈곤 국가 아이들에게 전달하는 '코니돌 캠페인'도 함께 진행하고 있다. 이 기업의 비전('세상에서 가장 따뜻한 양말을 만들겠습니다')을 소개한다.

<그림 11> 회사 비전 이미지

<세상에서 가장 따뜻한 양말>

면이 아닌 옥수수섬유로 양말을 만들면서 환경 보호, 옥수수 씨앗을 아프리카에 제공하면서 사회적 활동을 하는 기업

교사 그렇다면 회사의 비전은 왜 필요한 것일까?

학생 1 비전이 뭐예요?

교사 회사의 비전은 회사의 목표와 비슷합니다.

학생 2 그럼 우리 회사 비전은 세계에서 매출 1등 하는 기업이에요.

교사 네, 비전을 그렇게 정할 수도 있지만 위 콘삭스 기업처럼 좀 더 사회와 사람들을 생각하며 비전을 생각해 볼 수 있습니다.

교사 위 콘삭스 기업은 '세상에서 가장 따뜻한 양말을 만들겠습니다'입니다. 여기서 따뜻한 양말의 의미는 무엇일까요?

학생 3 남을 돕는 따뜻한 마음을 표현한 것 같아요.

교사 네, 여러분이 직접 의미 있는 비전을 만들었으면 좋겠습니다.

교사 혹시 나이키란 회사를 아나요?

학생들 네.

교사 나이키의 비전은 "Bring inspiration And Innovation To Every Athelete In the World" 세계의 모든 운동선수에게 감동과 혁신을 주겠습니다. 이상 두 가지 회사의 비전을 소개했는데요. 여러분도 여러분 회사만의 가치를 말할 수 있으면 좋겠습니다.

학생들이 자기 회사만의 가치를 살펴보며 기업의 비전을 세우기 위해 토의과정을 거친다. 이 토의과정을 통해 다음과 같이 각 기업의 비전이 나온다.

고객님을 위해 최선의 노력을 다하는 회사가 되겠습니다. [비전]	모든 교실의 공기를 깨끗이 만들어 드리겠습니다. [비전]	어느 누구나 좋아할 만한 게임을 만들겠습니다. [비전]
I am inviting you guys [l i y g]	Good Air For Customers [GAFC]	Contreamnet
옷 회사	**공기청정기 회사**	**게임 회사**
움직이면서 역동적으로 친구와 함께 할 수 있는 게임을 만들겠습니다. [비전]	달과 화성의 영주 기지를 짓겠습니다. [비전]	고객에게 웃음과 기쁨을 드리겠습니다. [비전]
Amaging Game Enjoy [AGE]	Space Universe	Space
게임 회사	**항공 우주 회사**	**신발 회사**

❺ 신제품과 서비스 갖추기

기업이 운영되려면 제품이 필요하다. 자신의 기업이 내놓는 제품의 디자인, 효율성, 창의성을 고려하여 제품을 만든다. 시중에 있는 좋은 제품을 충분히 살펴보고 난 뒤 자신의 제품을 개발하도록 한다.

[Contreamnet] 게임 회사와의 제품 이야기

교사 어떤 제품을 판매하는 회사이고 그 제품에 대한 이야기가 있으면 좋을 것 같아요.

학생 1 우리는 게임을 만드는데요. 어드벤처 게임입니다. 돌아다니면서 몬스터를 헌터하고….

교사 실제 게임을 만들면 좋겠지만, 그것은 시간이 걸릴 거예요. 다만 어떤 게임인지 스토리와 배경, 게임 규칙에 대해서 이야기해 줄 수 있겠죠?

학생 2 우린 카드 게임으로 PC도 되고 휴대폰도 되고 보드 게임으로도 할 수 있게 만들 거예요.

교사 네, 여러분이 엔트리로도 게임을 만들 수 있는 것 알고 있죠?

학생 네.

학생 3 실제 게임을 종이로 카드를 만들어 보며 게임을 해도 되나요?

교사 네, 여러분이 직접 만들어 봐야 더 이해되고 직접 해 봐야 게임을 제품으로 만들 수도 있을 겁니다. 우리 반에서 여러분이 만든 게임을 같이 할 수 있으면 좋겠어요.

<그림 12> [I i y g]
옷 회사 신제품 디자인

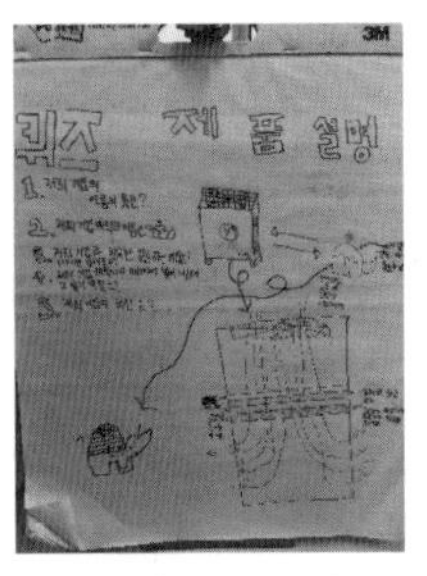

<그림 13> [GAFC]
공기청정기 회사 제품 디자인

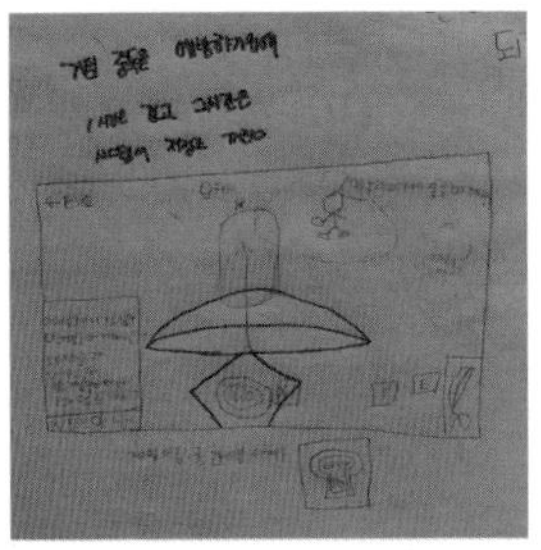

<그림 14> [Contreamnet]
게임 회사 게임 중독 예방 프로그램

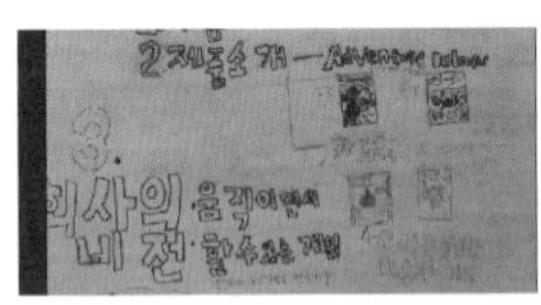

<그림 15> [Amaging Game Enjoy]
게임 회사 카드 게임 신제품

<그림 16> [Space]
신발 회사 신제품

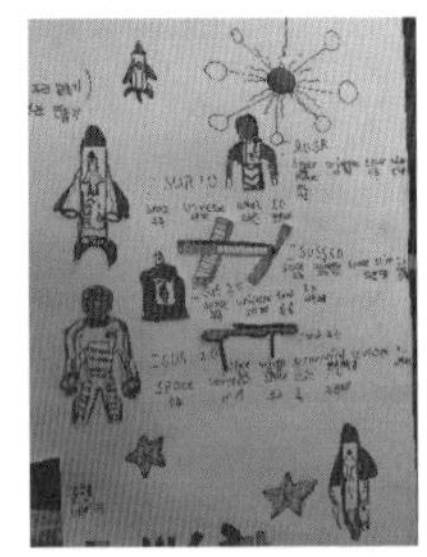

<그림 17> [Space Universe]
항공 우주 회사 항공 우주 신제품

03. 회사의 비전에 따른 기업의 사회적 공헌 및 책임에는 무엇이 있나요?

앞에 정한 비전을 토대로 '기업의 입장에서는 왜 사회적 공헌이 필요할까?'와 같은 질문과 함께 각 회사의 비전과 함께할 수 있는 사회적 공헌이 무엇인지 살펴본다.
학생의 입장에서 사회적 공헌의 필요성과 그 이유에 대해서 이야기를 나눈다.

교사 여러분이 기업을 운영할 때, 그 기업이 사회에 주는 좋은 영향이 많겠지만 나쁜 영향을 줄 수도 있겠죠? 여러분의 기업이 사회에 좋은 영향을 주는 것은 더 확대하고 나쁜 영향은 더 보완할 수 있는 방법은 무엇이 있을지 얘기를 나누도록 합시다.

학생 옷 회사가 목화를 사용하면서 아프리카 아이들이 힘들어하는 것과 같아요?

사회적 기업 활동의 계획을 세우고 실천하며 여러 번의 토의를 통해 학교에 공헌할 수 있는 방법을 찾아 함께 실천한다. GAFC 공기청정기 회사는 미세먼지가 많은 교실과 같은 학생 생활공간의 미세먼지 농도를 측정하고 간이 공기청정기의 성능을 테스트한다. 옷 회사에서는 가을철 일교차가 심한 계절에 내일 날씨에 맞는 옷을 코디해서 전교생들에게 소개하는 활동을 계획하여 실천한다. 그 외에도 신발주머니 만드는 활동(신발 회사), 날씨 예보 활동(항공 우주 회사), 운동장 놀이 개발(게임 회사), 사이버 중독 예방 캠페인(게임 회사) 등의 다양한 사회적 공헌 활동을 실천한다.

 옷 회사	비전: 고객님을 위해 최선의 노력을 다하는 회사가 되겠습니다. 문제 상황 및 공헌의 필요성: 일교차가 심한 환절기에 학생들 중 감기 환자가 다수 발생 공헌: 급식소에 마네킹을 설치해서 다음 날 날씨에 맞는 옷차림 급식소 앞에 소개
 공기청정기 회사	비전: 모든 교실의 공기를 깨끗이 만들어 드리겠습니다. 문제 상황 및 공헌의 필요성: 실내 미세먼지의 심각성 환기 필요. 공헌: 학교의 열악한 장소 미세먼지 측정 후 간이 공기청정기 조립 제공, 간이 가습기 조립 제공
 게임 회사	비전: 움직이면서 역동적으로 친구와 함께 할 수 있는 게임을 만들겠습니다. 문제 상황 및 공헌의 필요성: 학생들 체력 및 건강 증진을 위하여 학교 운동장 놀이 개발 필요 공헌: 컴퓨터 게임을 운동장 게임으로 변형해서 학교에 놀이 활동 소개
 게임 회사	비전: 어느 누구나 좋아할 만한 게임을 만들겠습니다. 문제 상황 및 공헌의 필요성: 게임을 하되 중독에 빠진 학생들이 다수 공헌: 사이버 게임 중독 예방 캠페인 활동 후 서명 활동. 게임 중독 예방 설명
 항공 우주 회사	비전: 달과 화성에 영주 기지를 짓겠습니다. 문제 상황 및 공헌의 필요성: 일교차가 심한 환절기에 학생들 중 감기 환자가 다수 발생, 환절기, 감기 환자 다수 발생 공헌: 날씨 대본 작성 후 매일 아침 방송, 점심시간 방송으로 날씨 예보, 학습 조건, 운동장 놀이 조건 예보
 신발 회사	비전: 고객에게 웃음과 기쁨을 드리겠습니다. 문제 상황 및 공헌의 필요성: 열악한 신발장, 사물함에 들어 있는 신발들과 주머니 공헌: 나만의 천 염색 신발주머니 만들기로 간편 휴대용 주머니 보급

기업 중 I I y g 옷 회사의 사회적 활동(학교 공헌)을 소개한다.

교사 옷 회사로서 학교를 위한 사회적 활동은 무엇이 있을까요?

학생 1 우리가 옷을 디자인하고 소개해 보고 싶어요.

교사 그냥 옷을 소개하는 것이 사회적 공헌이 될까요?

학생 2 요즘같이 날씨가 추울 때, 감기 조심하라고 옷을 코디해서 소개하면 어때요?

교사 네, 정말 좋은 생각이네요. 그렇게 하려면 장소는 어디가 좋을까요?

학생 3 학생들이 많이 볼 수 있는 곳?

교사 마네킹이 필요한가요?

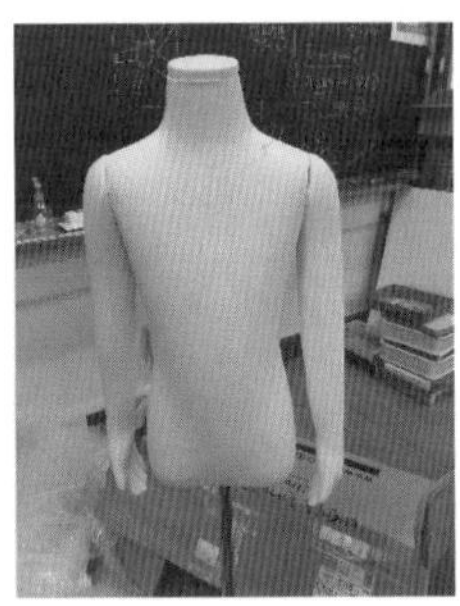

<그림 18> 10세 아동 몸 규격의 마네킹

<그림 19> 내일 날씨에 맞는 옷차림

학생들은 다음 날 날씨 예보를 바탕으로 10월 한 달 급식소 앞에 내일 건강한 옷차림을 꾸며서 전시하고 안내하였다.

그리고 공기청정기 히사 GAFC 회사의 사회적 활동(학교 공헌)을 소개한다.

교사 공기청정기 회사로서 우리 학교를 위한 사회적 활동은 무엇이 있을까요?

학생 1 옆에 학교(공기청정기 회사가 이벤트를 통해 무료로 학교에 공기청정기를 넣어 주었다)처럼로 간이 공기청정기를 넣어 주고 싶어요.

교사 그만큼 학교 공기 질이 안 좋은가요?

학생 2 체육관만 가면 공기가 답답해요.

교사 실제 필요한지 공기 측정을 해 봅시다.

학생들은 교사의 도움으로 실내 공기 측정기를 가지고 학교 곳곳의 공기 측정을 하였다. 날마다 공기 질이 달라서 여러 차례 측정하였다. 다음으로 간이 공기청정기를 직접 만들어 본다.

교사 간이 공기청정기를 어떻게 만들까요?

학생 1 필요한 것은 환풍기, 샤오미 헤파필터, 파워미접지 코드, 스위치 등이 있었어요.

교사 어떤 자료를 참고하였나요?

학생 2 블로그에서요.

(간이 공기청정기 필요 준비물을 구입하고 만든 후)

교사 이 공기청정기가 효과 있는지 어떻게 알 수 있나요?

학생 3 공기 측정을 해 봐야 될 것 같아요.

교사 교실을 측정해 볼까요?

교사 이 자료들을 가지고 우리가 만든 간이 공기청정기를 홍보하고 학교에 공급할 수 있도록 교장 선생님과 계약을 해 보면 어떨까요?

<그림 20> 간이 공기청정기 만들기

<그림 21> 간이 공기청정기

학생들은 학교 곳곳에서 공기청정기를 돌려 보면서 공기 측정을 한 후에 어떤 장소에 공기청정기가 필요한지 알게 된다. 그리고 지금 만든 간이 공기청정기를 추가로 만드는 데 필요한 예산과 간이 공기청정기에 더 필요한 장치는 없는지 고민해 본다.

<그림 22> 교실 측정(전)

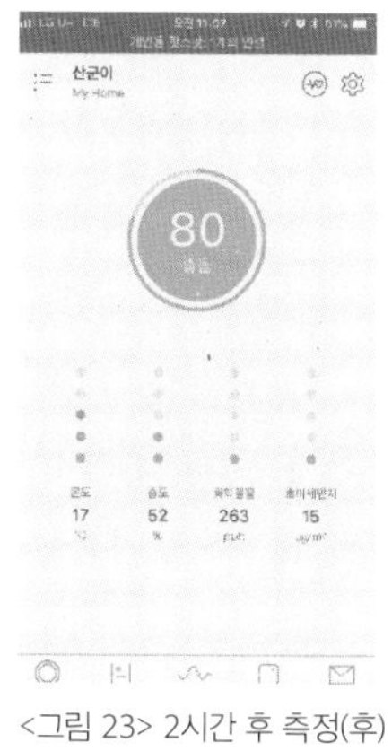

<그림 23> 2시간 후 측정(후)

그리고 'SPACE 신발' 회사와의 사회적 활동(학교 공헌)을 소개한다.

교사 신발 회사는 어떤 사회적 활동을 준비하였나요?

학생 1 우리 학교가 신발장이 안 좋잖아요. 낡았고….

학생 2 우리 기업은 신발주머니를 만들어서 학교에 보급하면 좋을 것 같아요. 우리 회사의 로고가 새겨진 주머니요.

교사 무엇이 필요한가요?

학생 3 천 가방, 염색종이요.

교사 그러면 체험 부스도 신발주머니를 만들어 보는 활동을 할 것인가요?

학생 3 네, 그렇게 하려고요.

<그림 24> 신발주머니 만드는 SPACE 회사

<그림 25> 신발주머니가 필요한 학생들에게 줌

04. 우리는 창업 체험전을 어떻게 준비할까요?

학생들은 교사의 안내대로 기업을 소개하기 위한 활동 자료들을 종합하여 설명지를 만든다. 기업의 이름, 뜻, 사업의 종류, 목표, 롤 모델 회사, 롤 모델 회사에게 본받고 싶은 점, 우리 회사의 방향 등의 내용이 정리된다. 기업에서 더 소개하고 싶은 이야깃거리도 준비한다. 학생들이 준비한 체험 부스를 운영하기 위해서 각자 역할을 맡아 시나리오도 작성하고 부모님과 같이 체험할 활동도 준비한다. 학생들이 어떤 체험활동을 하고 싶은지 토의도 해 보고 교사와도 대화를 나눈다. SPACE UNIVERSE 항공 우주 회사와의 기업 체험활동 준비에 대해 이야기 나눈다.

교사 어떤 기업 체험을 준비하였나요?

학생 1 우린 다 준비되었어요.

교사 행성의 위치를 알려 주지는 않지만 스티커를 붙여서 위치를 표시하는 것은 어떨까?

학생 2 아이클레이 행성을 올려놓아도 움직이지 않도록 받침을 올려놓을까요?

교사 그것도 좋은 방법이네요.

학생 3 순서대로 정확하게 맞히면 사탕을 주려고요.

교사 네, 좋습니다. 기회가 된다면 화성탐사 로봇을 직접 만들어 봐도 좋을 것 같아요.

학생 4 시○이가 망원경으로 천체를 자주 관측하는데, 그 망원경으로 밤에 친구들과 봐도 좋을 것 같아요.

<그림 26> 체험활동 준비 캐릭터 옷 입히기

<그림 27> 친구들끼리 체험 전 사전 피드백

6개의 기업은 최종적으로 아래와 같은 체험활동을 준비하였다.

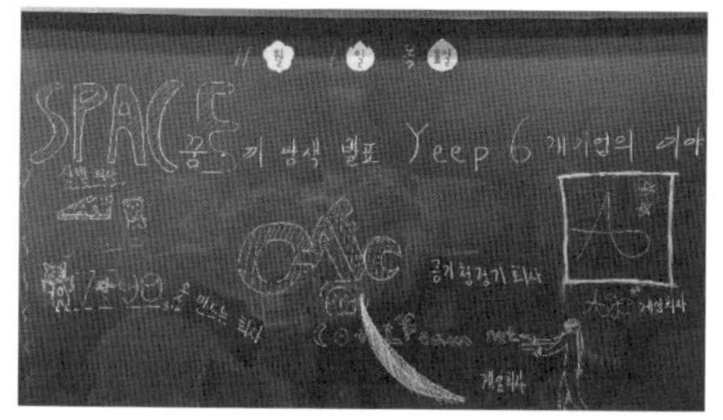

<그림 28> 꿈끼 탐색 발표 6개의 기업 이야기 시작

<그림 29> 신발 회사 학부모 체험

<그림 30> 공기청정기 회사 기업 창업 설명

<그림 31> 학부모 앞에서 기업 설명하는 SPACE UNIVERSE팀

<그림 32> 신발주머니 회사 체험하러 온 학생들

<그림 33> 마무리 찰칵

천 지갑 만들기 캐릭터 옷 입히기	간이 가습기 만들기	컴퓨터를 쾌적하게 사용하는 방법 소개
옷 회사 [l i y g]	공기청정기 회사 [GAFC]	게임 회사 [Contreamnet]
게임 캐릭터 인형과 헬륨 풍선	레고 우주선 및 달 연구소 조립 아이클레이 행성 위치	염색 천 가방 만들어 보기
게임 회사 [AGE]	항공 우주 회사 [Space Universe]	신발 회사 [Space]

05. 우리는 창업 체험전을 어떻게 실천하였나요?

<그림 34> 기업 체험 부스 대본과 질문

체험 시간 총 40분 중에 기업 소개 20분 동안은 제품 소개, 사회적 활동 계획을 학부모에게 소개를 하고 나머지 20분은 모둠원 1~2명, 학부모들과 함께 준비한 체험을 하였다. 학부모와 손님들은 여러분을 평가하러 온 것이 아니라 지지해 주고 도와주러 왔다는 것을 설명하면 아이들의 긴장이 한결 누그러진다.

실제로 미리 학부모에게 질문지를 배부하여 학생들에게 질문할 수 있도록 하고 격려하고 지지하는 역할을 부탁했다. 이 질문지를 통해서 일방적인 발표가 아닌 학생과 학부모가 대화를 나누면서 지지해 주는 모습을 볼 수 있다.

학생들 하나하나 계획한 대로 학부모와 소통하고 교장 선생님과 간이 공기청정기 계약도 맺는 등 활기차고 즐거운 체험 부스 시간을 가졌다.

가장 걱정되었던 AGE 게임 회사는 체험 시간에 독보적인 인기를 누린다. 이 회사에서는 헬륨 풍선과 게임 캐릭터를 연결하였고 우리 반 학생들 모두 체험 후 헬륨 풍선을 가져갈 수 있도록 하였기 때문이다.

학생들이 원하는 기업을 선택하고 그 기업으로 자신이 하고 싶었던 것을 체험하고 알릴 수 있어서 학생 한 명 한 명이 자신의 직업과 활동을 더욱 적극적으로 설명하고 발표한다.

06. 다짐할 것은 무엇이고 나는 무엇을 이해하고 있나요?

이번 수행과제를 마치고 성찰일지를 작성한다. 핵심 질문 '직업을 통해서 무엇을 얻는가?'와 '왜 직업을 가져야 하는가?'에 대한 각자의 답과 함께 배·좋·아(배운 점, 좋았던 점, 아쉬운 점)을 적도록 한다.

학생들이 이 단원의 영속적인 이해에 대한 도달 여부를 알 수 있다.

배운 점	좋았던 점	아쉬운 점(반성할 점)
* 직업 체험을 하면서 내 회사가 생기니깐 애정이 갔어요. * 창업은 도전하고 협력해야 되는 것을 배웠어요. * 주변을 개선하는 것은 책임 있는 사람들의 자세예요. * 직업을 통해서 내가 하고자 하는 것을 더 잘 이룰 수 있는 것 같아요.	* 우리 회사의 로고가 내가 그린 로고로 정해져서 짱이었어요. * 팀을 만들어서 직업 체험도 해 보니깐 내가 좋아하는 것을 직접 친구들과 할 수 있는 게 좋았어요. * 발표를 하고 체험을 준비하는 것을 하면서 바깥에 다녀서 좋았어요.	* 생각했던 대로 발표를 못하고 긴장을 너무 많이 했어요. * 우리 기업이 계획했던 것을 다 못해서 아쉬워요. * 얘들이 너무 자기 마음대로 하려고 해요.

질문 1. 직업을 통해서 무엇을 얻는가?	질문 2. 왜 직업을 가져야 하는가?
전에는 직업은 돈을 벌기 위해 일을 하는 것인 줄 알았다. 이제는 직업을 구하면 내가 하고 싶은 것, 좋아하는 것을 더 잘할 수 있고 보람도 느끼게 된다. 직업은 주변 사람들과 같이 협동하는 것을 배운다. 나 혼자 하는 것이 아니고 친구랑 할 수 있다. 돈을 얻는 것뿐만 아니라 사람들을 도우면서 많은 보람을 얻는다.	직업을 구하면 더 많은 것을 배울 수 있다. 직업을 통해서 내가 원하는 것을 얻을 수 있다. 직업은 내가 성장하기 위해 필요한 것이다.

아이들의 창업 체험활동 후 남은 과제들이 있다. 그 과제들을 해결하기 위해서 학생들은 관심을 갖고 집중해야 한다. 이때 교사의 안내와 꾸준한 지원이 필요하다. 지원자이면서 격려자인 교사의 지속적인 도움은 아이들이 직업에 대한 탐구활동을 계속해 나갈 수 있게 해 준다.

일기예보(6모둠) 1모둠의 급식소 옷차림 소개 컬래버레이션	공기청정기 커버 및 케이스 실제 공기청정기와 간이 공기청정기 비교	보드 게임의 상용화 → 최소한 교실에서 우리가 해 볼 수 있게
옷 회사 [l i y g]	**공기청정기 회사 [GAFC]**	**게임 회사 [Contreamnet]**
점심시간 3학년 대상으로 *헬륨 풍선 게임 캐릭터 홍보	일기예보(1모둠) 1모둠의 급식소 옷차림 소개 컬래버레이션	천 가방 수업 준비. 수업 실천(최소한 5학년 다른 반에서 실천해 보기)
게임 회사 [AGE]	**항공 우주 회사 [Space Universe]**	**신발 회사 [Space]**

[남은 과제들]

우리 아이들에게서 사회 공공의 이익을 위한 참신하고 좋은 아이디어가 많이 나왔다. 환경 문제, 건강 문제, 사회적 약자 배려 문제, 생명 존중과 같은 큰 주제를 중심으로 기업 및 동아리를 운영하고 활동하면서 어떤 협력이 우리를 더 나아가게 하는지, 어떤 가치를 가지고 내가 창업 활동을 할 수 있는지 많은 것에 대해 느끼고 배우는 시간을 가졌다. 사회에서 존경하는 인물, 모델이 사회적 책무를 실천하면서 즐겁게 직업 생활을 하는 모습을 보며 사회적 책무성에 대해서도 배웠다.

하나의 직업, 하나의 기업이 단지 경제활동만 하는 것이 아니라 공공의 이익이 우선되는 비전을 세우고 그에 따라 사회적 공헌을 실천해 보면서 아이들은 직업 생활에 대한 만족감, 보람, 성취감을 충분히 느꼈으리라 생각한다. 예를 들어 '움직이면서 역동적으로 친구와 함께 할 수 있는 게임을 만들겠습니다'라는 비전은 게임의 부정적인 인식을 넘어설 수 있고 자신의 직업의 가치를 확립할 수 있는 비전이다. 그 비전에 따라 회사는 친구들과 함께 할 수 있는 보드 게임을 지금도 만들어 가고 있다.

무엇보다 아이들은 이번 수업을 통해 직업에 대한 긍정적인 인식을 가지게 되었으며 직업의 긍정적인 측면 또한 다양한 것을 알게 되었다.

Unit 3 학생 이해의 증거

04. 이해의 증거_EVIDENCE

측면	설명	해석	적용	관점	공감	자기 지식
확인	증거 ❷, ❸		증거 ❶, ❹, ❻	증거 ❺	증거 ❼	증거 ❽
	체험 부스 안내서 체험부스 활동		사회적 활동 실천	기업의 비전과 로고	학부모 평가	성찰일지

01. 수행과제 결과물: 기업 체험 소개 발표

<증거 ❶> 신발주머니 만들기 수업 실천
[SPACE] 회사

<증거 ❷> 체험 부스 운영
[Space] 회사

<증거 ❸> 옷 회사 체험 부스 설명지
[liyg] 회사

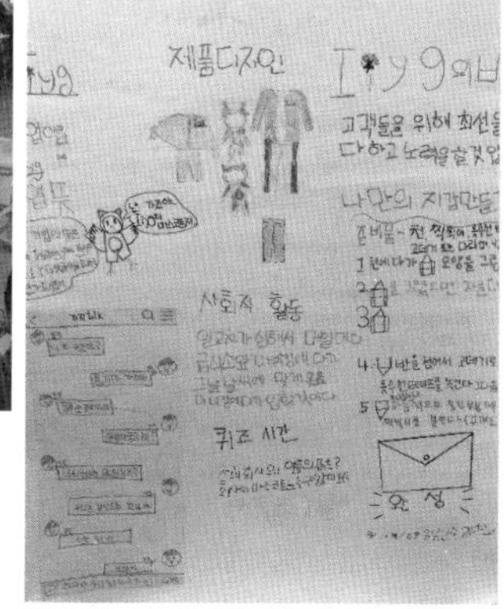

02. 그 밖의 증거: 형성평가, 자기평가

<증거 ④> 내일 날씨에 맞는 건강을 지키는 옷차림

[liyg] 회사

<증거 ⑤> 비전과 로고

항공 우주 회사

<증거 ⑥> 사회적 활동의 실천

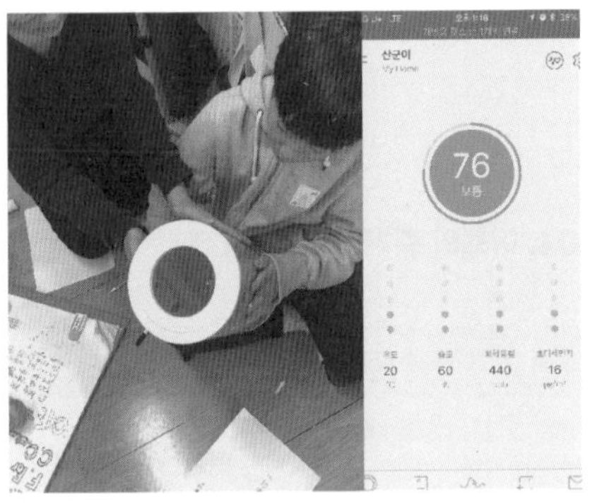

<증거 ⑦> 학부모 평가

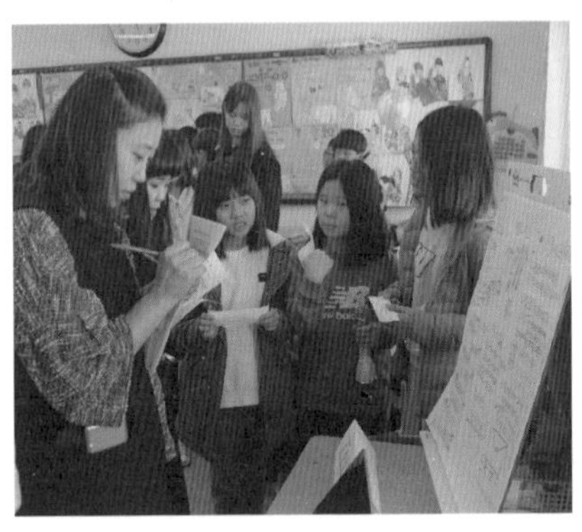

<증거 ⑧> 성찰일지

* 직업 체험을 하면서 내 회사가 생기니깐 애정이 갔어요.(배웠던 점)
* 우리 회사의 로고가 내가 그린 로고로 정해져서 짱이었어요.(좋았던 점)
* 우리 기업이 계획했던 것을 다 못해서 아쉬워요.(아쉬운 점)

Q. 직업을 통해서 무엇을 얻는가?

전에는 직업은 돈을 벌기 위해 일을 하는 것인 줄 알았다. 이제는 직업을 구하면 내가 하고 싶은 것, 좋아하는 것을 더 잘할 수 있고 보람도 느끼게 된다.

Q.. 왜 직업을 가져야 하는가?

직업은 내가 성장하기 위해 필요한 것이다.

03. 교사의 학생 성장 기록

<table>
<tr><th>주제</th><th>교 과</th><th>성취기준</th><th colspan="2">수행과제</th></tr>
<tr><td rowspan="7">창업 진로</td><td rowspan="7">창체</td><td>2015-EII 2.1.1 자신의 일을 즐기는 직업인의 사례를 통해 좋아하는 일을 하는 것의 기쁨과 보람을 이해할 수 있다.
2015-EII 2.1.2 자신이 직업을 가져야 하는 이유와 이를 통해 얻을 수 있는 긍정적 가치를 말할 수 있다.</td><td colspan="2">창업 체험전을 준비하여 기업 소개를 체험하는 것</td></tr>
<tr><td>평가기준</td><td>자기평가</td><td>교사평가</td></tr>
<tr><td>기업의 이름, 로고, 비전, 하는 일에 기업의 가치관이 담겨 있는가?</td><td>◎</td><td>◎</td></tr>
<tr><td>직업 활동을 통해서 성취감 만족감 보람을 찾을 수 있는가?</td><td>○</td><td>◎</td></tr>
<tr><td>좋아하는 일을 직업으로 찾고 직업을 가지는 이유와 얻을 수 있는 긍정적 가치를 말할 수 있는가?</td><td>○</td><td>◎</td></tr>
<tr><td>체험 부스 활동을 통해 자신의 직업 체험활동을 설명할 수 있는가?</td><td>◎</td><td>○</td></tr>
<tr><td>기업의 창업과 사회적 활동, 부스 체험에 적극적으로 참여하였는가?</td><td>○</td><td>◎</td></tr>
<tr><td colspan="2">총평</td><td colspan="3">사회 공공의 이익을 위해 도움이 되는 역할을 고민해 보고 계획하면서 참신하고 좋은 아이디어를 생각한다. 회사의 비전에 따라 친구들과 역동적으로 어울리면서 활동할 수 있는 제품을 만들 수 있다.</td></tr>
</table>

Unit 4 교사의 반성과 성찰

Q1. 창체 진로교육에서 백워드 설계를 어떻게 활용하는 것이 좋은가?

현장에서 교과서와 별개로 실천하는 프로젝트 수업을 살펴보면, 아이디어도 좋고 학생들도 즐겁게 참여하는 모습을 볼 수 있다. 하지만 참신한 활동처럼 보일 뿐, 실제로는 일관된 주제나 목표 없이 소재나 활동만 나열된 수업인 경우가 많다.

특히, 창체 수업은 교사가 성취기준을 세우는 것부터 학습 경험을 설계하는 것까지 기준 참고서 없이 교사의 자율적인 수업으로 열려 있다. 그 과정에서 교사의 연구 및 이해가 부족하다면 교사는 학생의 수업 활동에만 치중할 수 있다. 학생 활동 중심 수업이 아니라 학생 활동만 중심이 되는 수업이 되기 쉽다. 겉보기에는 알록달록하고 보기 좋은 수업이지만 학생의 인지 발달에 어떤 변화가 있었는지 알기 어렵게 된다.

반면에, 백워드 설계를 통해 교사는 1단계는 영속적 이해와 핵심 질문 세우기, 2단계는 학생의 이해를 가늠할 수 있는 수행과제 설계, 3단계는 학습 경험 계획을 세우면서 학생들의 학습 이해에 필요한 수업을 실천할 수 있다. 백워드 설계에서는 가르치는 주제와 연관성만으로 활동들을 유목화하지 않는다. 체계적인 수업 설계를 통해 학생들이 영속적인 이해에 도달할 수 있도록 해 주는 내밀하고 맥락적인 수업이 요구된다. 이러한 수업을 설계하기 위해서는 교육과정에 대한 교사의 탐구가 절대적으로 필요하다.

실제 이번에 기업가 체험 교육은 개인의 선택과 흥미를 중요하게 생각했다. 학생들 각자의 선택과 경험으로 기업 창업 활동이 구성되었고 각 6개의 팀이 창업부터 시작해서 기업 활동과 사회적 공헌까지 진행하기에 팀별 수업 과정과 활동에 차이가 많다. 한마디로 교사와 학생이 방향성을 잃기 쉬운 수업이다. 그러나 백워드 설계를 통해서 학생들의 이해와 그에 따른 과정 중심 평가가 설계되어 있어서 수업이 예측할 수 없게 진행되더라도 학생들이 가고자 하는 방향을 충분히 기다려 줄 수 있고 지원을 해 줄 수 있다. 왜냐하면 학생들과 교사는 큰 나무 기둥(중심 수업 설계)을 공유하고 이해하기 때문이다.

Q2. 창체 활동에서 성취기준은 필요한가?

초등학교 교육과정 해설서에서는 창의적 체험활동의 전체적인 목표, 영역별 활동 예시, 내용이 제시되어 있지만 다른 교과와 다르게 성취기준이 제시되어 있지 않다. 성취기준이 제시되어 있지 않은 이유는 교사의 자율적 교육과정 구성과 융통성 있는 운영을 바라는 취지로 생각된다. 또한 구체적인 목표를 제시한다면 정작 창의적인 체험활동이 되지 않고 모든 활동이 비슷한 천편일률적인 활동이 되기 쉬울 것이다.

이러한 해설서와 다르게 진로 활동은 창체 활동에서 진로교육 성취기준을 제시하고 있다. 교육부의 「2015 학교 진로교육 목표 및 성취기준」*을 살펴보면 초·중·고등학교 진로교육의 세부 목표와 성취기준이 아래와 같은 방식으로 제시되어 있다.

세부 목표	성취기준
창업과 창작의 의미를 이해하고 관련 모의 활동을 해 본다.	다양한 진취적 역량(창의성, 협업 능력, 창업가정신 및 리더십 등)들을 이해할 수 있다.
	다양한 창업과 창직 사례를 탐색할 수 있다.
	새로운 종류의 직업이나 사업을 상상하고 만드는 모의 활동을 할 수 있다.

진로교육을 연구하고 수업을 실천하는 교사 입장에서는 성취기준이 중요한 참고 자료가 되고 지침도 될 수 있다. 교사가 진로교육을 설계할 때도 필요하고 수업의 방향을 점검하고 되돌아볼 때도 중요한 기준이 될 수 있다. 그런 의미에서 자율, 동아리, 봉사활동에서도 일반적인 주제별 성취기준을 제시함으로써 융통성 있게 활용할 수 있는 방안을 함께 제시한다면, 교실 현장에서 창의적 체험활동에 대한 연구가 더욱 활발히 이루어질 것으로 기대한다.

5학년 백워드 설계중심 교육과정과 교과 단원 분석표 및 조망도

<5-1학기>

<5-2학기>

* 「2015 학교 진로교육 목표와 성취기준」, 교육부, 2016.

6학년
백워드 교육과정
실천 이야기

IB-PYP How We Express Ourselves

독자는 문학을 통해 바람직한 삶의 가치를 내면화한다.

교사 윤보민

6학년 1학기 국어 8. 인물의 삶을 찾아서
2. 이야기를 간추려요
6. 내용을 추론해요
독서: 책을 읽고 생각을 넓혀요.
연극: 함께 연극을 즐겨요
음악 1.(5) 오늘 밤 사자는 잠을 잔다네

Unit 1 6학년 국어과 백워드 교육과정 설계

[1단계] 단원의 목표 찾기: 왜 배워야 할까요?

<table>
<tr><td>단원명</td><td colspan="4">6학년 1학기 국어 8. 인물의 삶을 찾아서(10차시)
2. 이야기를 간추려요(8차시)
6. 내용을 추론해요(8차시)
독서: 책을 읽고 생각을 넓혀요(4차시)
연극: 함께 연극을 즐겨요(3차시)
6학년 1학기 음악 1.(5) 오늘 밤 사자는 잠을 잔다네/ 금성 김용희(2차시)</td></tr>
<tr><td>단원 개요</td><td colspan="4">이 단원에서는 추론하며 읽기를 통하여 글을 깊게 이해하고, 전체 내용을 간추리는 활동을 통하여 이야기를 구조적으로 이해하며, 최종적으로 인물들의 삶에 비추어 자신의 삶을 성찰하는 태도를 기르는 것을 목적으로 한다.
이러한 읽기를 과정이 총제적으로 연결되도록 하기 위해 온작품을 매개로 세 단원을 통합, 재구성하였다.</td></tr>
<tr><td>성취기준</td><td colspan="4">[6국01-06] 드러나지 않거나 생략된 내용을 추론하며 듣는다.
[6국02-02] 글의 구조를 고려하여 글 전체의 내용을 요약한다.
[6국05-06] 작품에서 얻은 깨달음을 바탕으로 하여 바람직한 삶의 가치를 내면화하는 태도를 지닌다.
[6음01-01] 악곡의 특징을 이해하며 노래 부르거나 악기로 연주한다.</td></tr>
<tr><td>개념</td><td colspan="4">문학에 대한 태도
읽기의 구성 요소
듣기· 말하기의 본질</td></tr>
<tr><td>영속적인 이해</td><td colspan="4">독자는 문학을 통해 바람직한 삶의 가치를 내면화한다.</td></tr>
<tr><td>지식과 기능</td><td>지식</td><td>작품의 가치 내면화하기
글의 구조
추론하며 듣기</td><td>기능</td><td>성찰· 향유하기
맥락 이해하기, 요약하기
추론하기</td></tr>
<tr><td>본질적 질문</td><td colspan="4">작품 속 인물이 추구하는 삶의 가치는 무엇인가?
어떤 가치를 추구하며 살 것인가?</td></tr>
</table>

[2단계] 단원평가 정하기: 배움을 어떻게 확인할 수 있을까요?

01. 수행과제_GRASPS

교과 역량 | 자기성찰계발 역량

Goal	목표	책을 읽지 않는 주변인들에게 작품을 소개하고, 읽도록 설득하는 것	
Role	역할	문학평론가	
Audience	대상/청중	전교생, 전교사, 학부모	
Situation	문제 상황	책을 읽지 않는 주변인들에게 작품을 소개하고, 읽도록 설득해야 하는 상황	
Product	결과물	작품 평론북	
Standards	기준	지식	작품의 가치 내면화하기, 글의 구조, 추론하며 듣기
		기능	성찰· 향유하기, 맥락 이해, 요약하기, 추론하기

02. 학생 참여 시나리오와 배경_STORY

PBL | 어떤 가치를 추구하여 살 것인가?

3월 한 달간 우리 반 아침 시간을 관찰해 본 결과, 줄글책을 읽는 친구는 2명뿐이었고 대부분 학습만화를 읽거나 밀린 과제를 하거나 멍하니 앉아 있는 경우가 대부분이었습니다. 게다가 한 달간 우리 반 친구들이 학교 도서관에서 도서 대출이 단 2건뿐이었습니다. 그래서 책의 가치를 깨닫고, 책을 찾아 읽는 습관을 형성하기 위한 수행과제가 필요하다고 느꼈습니다. 여러분은 온작품을 함께 읽고 작품 평론북을 제작하여 우리와 같이 책을 즐겨 읽지 않는 주변인들에게 책을 읽도록 홍보해야 합니다. 작품 평론북의 내용은 책을 간추린 내용, 등장인물의 삶의 가치관, 자신 삶의 가치관에 대한 글이 반드시 포함되어야 합니다. 책 읽는 습관이 여러분으로부터 시작하여 학교와 가정에까지 번질 수 있도록 작품 평론북을 제작해 주기 바랍니다.

교육 환경과 교사 의도

❶ **지리 환경**: 영천시, 중소 도시, 시 외곽 농촌 지역

❷ **학교 규모**: 6학급, 6학년 1반

❸ **교실 구성**: 19명(남 12명, 여 7명)

❹ **학생 실태**: 문학 작품을 즐겨 읽는 학생 2명, 만화책을 즐겨 읽는 학생 5명, 책 읽기를 싫어하는 학생 11명(글을 더듬거리며 읽는 학생 2명 포함), 문자 미해득 1명이다.

❺ **교사 의도**: 책을 가까이하지 않는 아이들이 함께 온작품을 읽으며 이야기의 즐거움을 느끼고, 등장인물의 험난한 여정에 동행함으로써 바람직한 자기 성장에 대해 고민하는 시간을 갖기를 바란다.

03. 평가준거_RUBRIC

구조	기준	꽃(습득)	새싹(습득 중)	씨앗(미습득)
지식	글 전체의 구조를 고려하여 글을 추론·요약하였는가?	내용을 추론하며 읽을 줄 알며, 글의 구조를 생각하며 글을 바르게 요약할 수 있다.	내용을 추론하며 읽을 줄 알며, 글을 요약할 수 있다.	글을 요약할 수 있다.
기능	작품 속 인물이 추구하는 삶의 가치에 대해 이해하고 있는가?	인물의 말과 행동을 분석하여 인물이 추구하는 삶의 가치에 대해 정확히 설명할 수 있다.	인물의 말과 행동과 인물이 추구하는 삶을 연결할 수 있다.	인물의 말과 행동을 통해 인물의 특징을 말할 수 있다.
수행	바람직한 삶의 가치를 내면화하는 태도가 형성되었는가?	작품 속 인물이 추구하는 삶의 가치와 자신의 가치를 비교하고, 바람직한 삶의 가치를 내면화하기 위해 노력한다.	작품 속 인물이 추구하는 삶의 가치와 자신의 가치를 비교할 수 있다.	작품 속 인물이 추구하는 삶의 가치를 말할 수 있다.
자기	나는 제작과 발표를 적극적으로 참여하였는가?	나는 작품 평론북을 정확하게 제작하고, 발표를 분명하게 할 수 있다.	나는 작품 평론북을 제작하고, 발표를 할 수 있다.	나는 작품 평론북을 제작할 수 있다.

[3단계] 단원 수업 구성하기: 학생들은 무엇을 배울까요?

01. 교수·학습_WHERETO

교수·학습 활동(안내 질문)	계열화	평가 증거
1. 나는 책을 어떻게 읽어 왔나요? 가. 읽은 책을 어떻게 기억하고 있는가? 나. 우리의 수행과제는 무엇인가?	W, H	진단평가 ‣ 이야기 나누기
2. 책을 어떻게 읽어야 하나요? 가. 책은 왜 읽어야 하는가? 나. 책을 읽기 전에 무엇을 살펴야 하는가? 다. 책을 어떻게 읽어야 하는가?	E1, E2	형성평가 ‣ 작품 속 생각 기록 ‣ 학습지
3. 이야기를 어떻게 간추리나요? 가. 소제목이 함축하는 것은 무엇인가?(추론하기) 나. 어떻게 간추리는가?(요약하기)	E1, E2	형성평가 ‣ 작품 속 생각 기록 ‣ 이야기 나누기
4. 인물이 추구하는 가치를 어떻게 알 수 있을까요? 가. 인물의 말과 행동을 통해 무엇을 알 수 있는가? 나. 인물이 추구하는 가치는 무엇인가?	E1, E2	형성평가 ‣ 인물 마인드맵
5. 나는 어떤 가치를 추구하며 살아갈까요? 가. 무엇이 바람직한 삶의 가치인가? 나. 가치를 추구하며 살아야 하는 이유는 무엇인가?	E2, R	형성평가 ‣ 학습지 ‣ 교사 피드백
6. 나는 어떻게 발표할까요? 가. 작품 평론북을 어떻게 제작할 것인가? 나. 어떻게 발표할 것인가?	T, E2	총괄평가 ‣ 수행과제 ‣ 리허설-동료평가 ‣ 교사, 학부모 평가
7. 나는 무엇을 이해하고 있나요? 가. 나는 자료 제작과 발표에 적극적으로 참여했는가? 나. 바람직한 가치관을 내면화하였는가?	T, E2	총괄평가 ‣ 자기평가

Unit 2 6학년 국어과 백워드 교육과정 실천

단원 설계의 조직과 계열_Organize

CBC | 읽기의 구성 요소, 문학에 대한 태도

이해	독자는 문학을 통해 삶의 가치를 내면화한다.		
수행	작품 평론북 제작하기		
개념렌즈	읽기의 구성 요소	+	문학에 대한 태도
질문	작품 속 인물이 추구하는 삶의 가치는 무엇인가?		어떤 가치를 추구하며 살 것인가?
지식	글의 구조, 추론하며 듣기		작품의 가치 내면화하기
기능	맥락 이해, 요약, 추론하기		성찰·향유하기

수업 흐름	진단 활동	→	책 읽는 방법 이해하기	→	추론, 요약 이해하기	→	인물의 가치관 이해하기	→	지식기능 확인하기	→	수행과제 준비하기	→	수행과제 발표하기	→	동료평가 자기평가

01. 나는 책을 어떻게 읽어 왔나요?

수업을 시작하면서 19명의 아이들 중 12명의 아이들이 고학년 수준의 줄글책을 끝까지 읽은 경험이 거의 없음을 확인한다. 나머지 7명 중 5명도 주로 학습만화 시리즈를 읽은 것을 확인한다. 학교 도서관 대출 현황에서 3월 한 달간 우리 반 도서 대출 건수가 2건밖에 없었음을 알린다. 가장 최근 줄글책을 읽은 경험이 언제인지 이야기해 본다. 책을 읽지 않게 된 이유를 이야기 나눈다. 교사는 학생들은 줄글 작품을 온전히 읽어야 할 필요성을 인식한다.

교사 3월 한 달간 아침 시간에 여러분은 주로 어떤 활동을 했나요?

학생 1 주로 WHY, WHO 시리즈 읽었어요.

학생 2 연산 학습지(사교육 과제) 밀린 거 했어요.

학생 3 그냥 아무것도 안 하거나, 이야기하거나 했어요.

교사 혹시, 3월 한 달간 줄글책을 한 권이라도 읽은 친구가 있나요?

(19명 중 2명이 손을 들었다.)

교사 여러분이 줄글책을 읽지 않는 이유가 뭘까요?

학생 다수 재미없어요, 지루해요, 귀찮아요, 학원 숙제가 많아요, 유튜브 보는 게 더 재밌으니까요 등

책에 대한 경험 확인을 위해 각자의 기억에 남는 이야기나 책 제목을 발표해 본다. 주로 저학년 때 읽은 전래동화나 영화 속 주인공 이야기로 이야기를 나누는 아이들이 많음을 확인한다. 이야기의 줄거리와 등장인물이 추구한 삶에 대하여 어깨 짝과 이야기 나눈 후 모둠 안에서 다시 나누도록 한다.

교사 여러분이 읽었던 이야기 중에 기억에 남는 인물이 있나요?

학생 1 해리포터요. 그런데 책으로는 끝까지 안 읽었지만, 영화로는 봤어요.

교사 그랬군요. 해리포터는 어떤 삶을 추구하는 인물인가요?

학생 1 … 용감해요. … 용기?

교사 『해리포터』 1편의 이야기를 간추려서 말해 줄 수 있을까요?

학생 1 …….

돌아가며 한 명씩 발표하기를 통해 대부분의 학생들이 사건의 흐름이 드러나게 이야기 간추려 말하기를 힘겨워하며, 등장인물의 성격과 가치관에 대한 이해를 혼동하고 있는 경우가 많음을 확인한다. 교감 선생님께 학급의 실태를 말씀드리고 교실에 방문하여 수행과제를 직접 제안해

주실 것을 부탁했다. 교감 선생님의 수행과제 제안이 끝난 후, 과제 수행에 관련된 평가기준과 자세한 일정을 함께 확인한다. 수행과제가 끝날 때까지 관련된 교과, 단원, 핵심 질문을 보조 칠판에 기록하여 게시해 둔다.

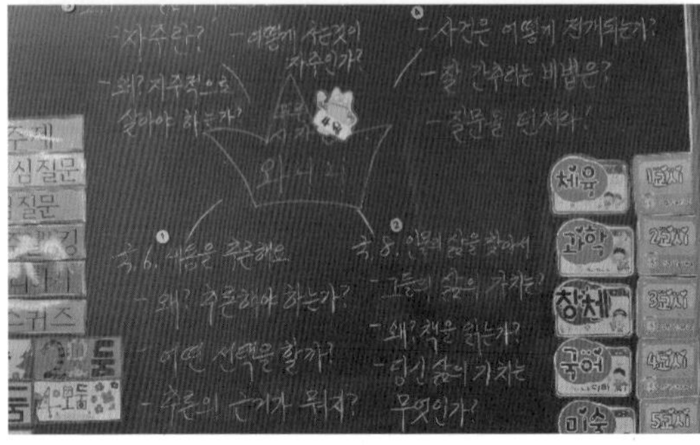

<그림 1> 수행과제 제시 및 게시

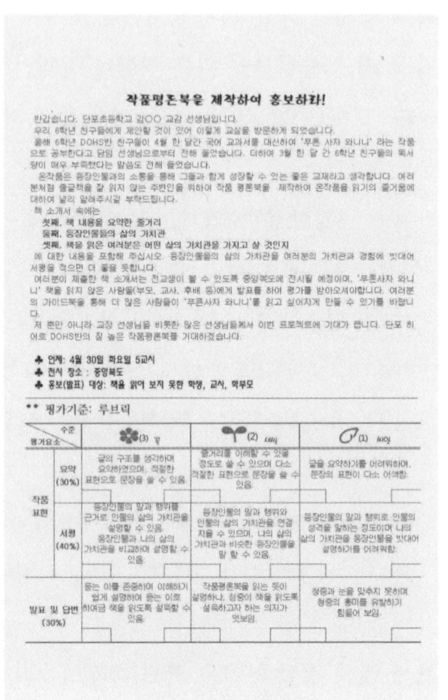

작품평론북을 제작하여 홍보하라!

반갑습니다. 단포초등학교 김○○ 교감 선생님입니다.
우리 6학년 친구들에게 제안할 것이 있어 이렇게 교실을 방문하게 되었습니다.
올해 6학년 DOHS반 친구들이 4월 한 달간 국어 교과서를 대신하여 '푸른 사자 와니니' 라는 작품으로 공부한다고 담임 선생님으로부터 전해 들었습니다. 더하여 3월 한 달 간 6학년 친구들의 독서량이 매우 부족했다는 말씀도 전해 들었습니다.
온작품은 등장인물과의 소통을 통해 그들과 함께 성장할 수 있는 좋은 교재라고 생각합니다. 여러분처럼 줄글책을 잘 읽지 않는 주변인을 위하여 작품 평론북을 제작하여 온작품을 읽기의 즐거움에 대하여 널리 알려주시길 부탁드립니다.
책 소개서 속에는
첫째, 책 내용을 요약한 줄거리
둘째, 등장인물들의 삶의 가치관
셋째, 책을 읽은 여러분은 어떤 삶의 가치관을 가지고 살 것인지
에 대한 내용을 포함해 주십시오. 등장인물들의 삶의 가치관을 여러분의 가치관과 경험에 빗대어 서평을 적으면 더 좋을 듯합니다.
여러분이 제출한 책 소개서는 전교생이 볼 수 있도록 중앙복도에 전시될 예정이며, '푸른사자 와니니' 책을 읽지 않은 사람들(부모, 교사, 후배 등)에게 발표를 하여 평가를 받아오셔야합니다. 여러분의 가이드북을 통해 더 많은 사람들이 '푸른사자 와니니'를 읽고 싶어지게 만들 수 있기를 바랍니다.
저 뿐만 아니라 교장 선생님을 비롯한 많은 선생님들께서 이번 프로젝트에 기대가 큽니다. 단포 히어로 DOHS반의 질 높은 작품평론북을 기대하겠습니다.

♣ 언제: 4월 30일 화요일 5교시
♣ 전시 장소 : 중앙복도
♣ 홍보(발표) 대상: 책을 읽어 보지 못한 학생, 교사, 학부모

** 평가기준: 루브릭

평가요소 \ 수준		(3) 꽃	(2) 새싹	(1) 씨앗
작품 표현	요약 (30%)	글의 구조를 생각하며 요약하였으며, 적절한 표현으로 문장을 쓸 수 있음.	줄거리를 이해할 수 있을 정도로 쓸 수 있으며 다소 적절한 표현으로 문장을 쓸 수 있음.	글을 요약하기를 어려워하며, 문장의 표현이 다소 어색함.
	서평 (40%)	등장인물의 말과 행위를 근거로 인물의 삶의 가치관을 설명할 수 있음. 등장인물과 나의 삶의 가치관을 비교하여 설명할 수 있음.	등장인물의 말과 행위와 인물의 삶의 가치관을 연결지을 수 있으며, 나의 삶의 가치관과 비슷한 등장인물을 말 할 수 있음.	등장인물의 말과 행위로 인물의 성격을 말하는 정도이며 나의 삶의 가치관을 등장인물을 빗대어 설명하기를 어려워함.
발표 및 답변 (30%)		묻는 이를 존중하며 이해하기 쉽게 설명하여 묻는 이로 하여금 책을 읽도록 설득할 수 있음.	작품평론북을 읽는 듯이 설명하나, 청중이 책을 읽도록 설득하고자 하는 의지가 엿보임.	청중과 눈을 맞추지 못하며 청중의 흥미를 유발하기 힘들어 보임.

<그림 2> 수행과제 안내

02. 책을 어떻게 읽어야 하나요?

세바시 <책은 왜, 어떻게 읽어야 하는가?> 동영상을 시청한다. 책을 왜 읽어야 하는지 이야기 나눈 후, 매월 한 권의 온작품을 함께 읽을 계획임을 알린다. 올해 첫 온작품『푸른 사자 와니니』를 아이들에게 나눠 준다.

먼저『푸른 사자 와니니』의 앞뒤 표지를 살펴보며 작품 내용을 추론한 내용을 돌아가며 이야기한다.

그리고 차례의 17개의 소제목을 살펴본 후, 예상되는 줄거리를 포스트잇에 적어 책에 붙이고 돌아가며 발표한다.

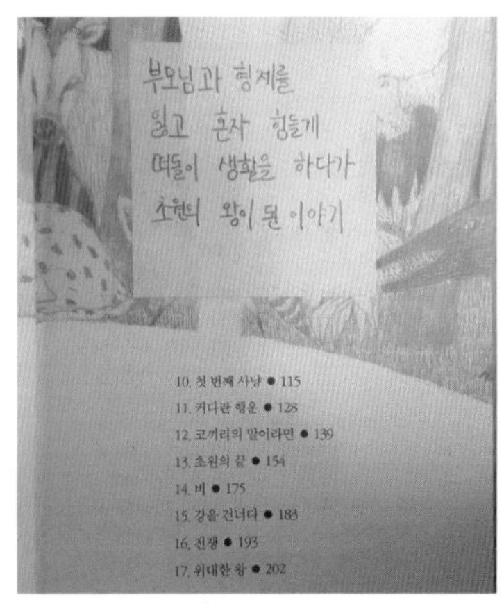

<그림 3> 차례 살피고 이야기 추론하기

작품의 공간적 배경에 대한 이해를 돕기 위해 세렝게티

초원에 사는 사자의 삶을 담은 짧은 다큐를 시청한다. 세렝게티 초원에 사는 동물들의 삶에 대해 이야기 나눈다.

교사 세렝게티 초원의 건기에 동물들의 삶은 어땠나요?

학생 1 먹이도 물도 없어서 굶주려요.

학생 2 부모나 자식을 잃은 동물들이 많아요.

교사 이 책은 어떤 이야기들로 채워져 있을지 예상해 보세요.

학생들 엄마 잃어버린 동물 이야기, 영역 싸움하는 이야기, 먹이피라미드 이야기….

책을 읽기 전, 국어 교과서 6단원을 활용하여 추론하며 읽는 방법을 학습하고 교과서 지문으로 기능을 연습한다. 글에 직접 드러나지 않는 내용까지 추론하여 읽으면 글의 내용과 상황을 보다 깊이 이해할 수 있음을 확인한다.

1장과 2장은 작품의 배경과 주요 인물들의 관계를 파악하는 데 중점을 둔다. 1, 2장을 돌아가며 읽은 후 인물 관계를 그려 본다. 주요 인물이 아닌 경우에는 이름을 관계도 옆에 나열하고, 생소한 동물 이름이 나오면 이미지를 보여 주며 생김새를 눈에 익히도록 한다. 인물들의 생김새를 눈에 익히면 이야기 속 장면을 머릿속에 연상하며 읽는 데 도움이 된다.

3장은 주인공 와니니가 무리에서 버림받는 내용으로 '쓸모와 가치'에 대해 고민하는 내용이다. 아이들도 주변 생물과 자신의 가치에 대하여 이야기하고 고민하는 시간을 갖도록 한다.

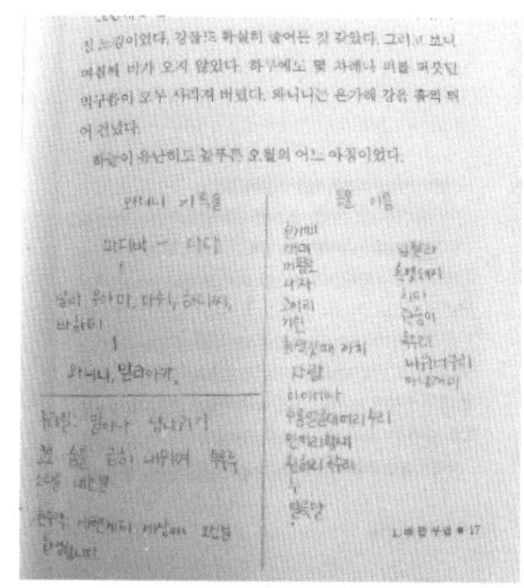
<그림 4> 1장 등장인물 파악하기

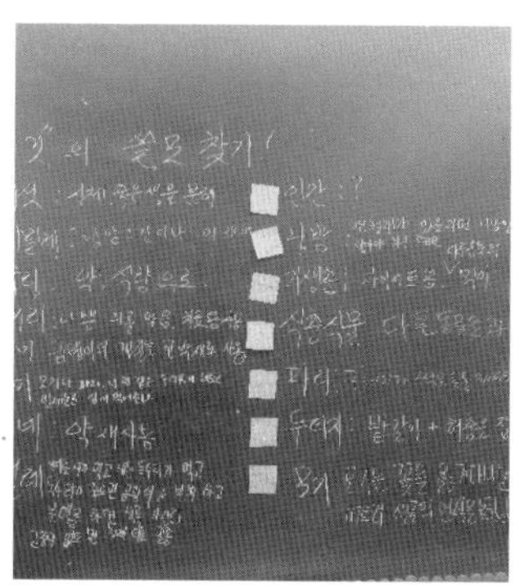
<그림 5> 쓸모없는 것의 쓸모 찾기

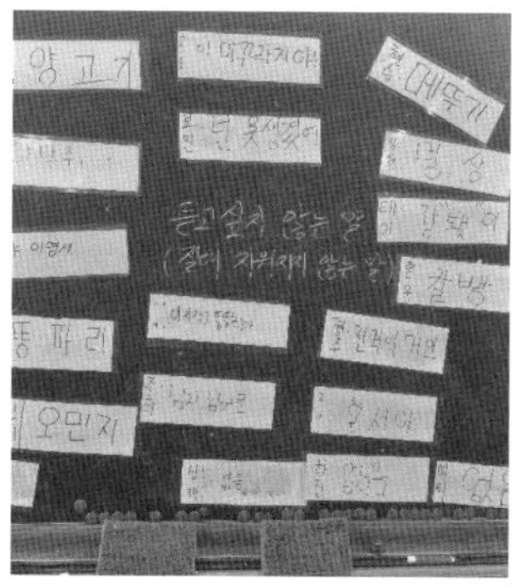

<그림 6> 듣고 싶지 않은 말

교사 이 세상에 쓸모없다고 생각되는 생명체가 있나요? 왜 그렇게 생각하는지 말해 주세요.

학생들 독버섯(독으로 여러 생물을 죽이니까), 바퀴벌레(병을 일으키고 더러우니까), 개구리(밤에 너무 시끄러워서), 거머리(피를 빨아 먹고 사니까), 매미(짝짓기만 하고 바로 죽으니까), 거미(징그러우니까), 지네(독이 있고 징그럽고 더러우니까), 벌레들(너무 징그러워서), 나방(알레르기를 일으키고 식물을 죽게 하니까), 기생충(동물들을 죽게 하니까), 식충식물(다른 생명을 죽여서 살아가니까), 파리(병을 일으키고 귀찮게 하니까), 두더지(땅을 기름지게 하는 지렁이를 잡아먹으니까), 모기 (병을 옮기고 피를 빨아 먹으니까), 인간(지구를 파괴하니까).

교사 이 중 쓸모 가치가 있는 것이 정말 없을까요? 5분간 검색할 시간을 드리겠습니다.

학생 1 파리요! 구더기가 시체와 똥을 잘 썩게 한대요.

학생 2 버섯도요! 죽은 생물 분해!

학생들 개구리는 약이나 음식 재료로 쓰여요. 지네와 거머리도 약으로 쓴대요. 모기도 나비처럼 꽃가루를 옮겨 준대요. 바퀴벌레, 나방도….

교사 그렇군요. 모두 쓸모가 있는 친구들이었군요. 마지막으로 남은 '인간'은 어떤 쓸모가 있을까요?

학생들 …….

학생 3 사람은 함께 살아야 하니까. 필요해요!

교사 사자의 무리에서는 약하고 쓸모없는 사자를 내쫓는다고 합니다. 우리 반은 어떤가요? 쓸모없는 친구가 있을까요?

학생 4 (장난스럽게) 청소 안 하고 도망가는 아이요.

학생들 (장난스럽게) 거짓말하는 친구, 모둠활동 참여 안 하고 노는 친구요.

교사 그런 행동을 하는 친구들이 우리 학급에 과연 쓸모가 없는 걸까요?

학생들 … (장난스럽던 분위기가 엄숙하고 어색해졌다.)

교사 우리 주변에는 평생 남의 도움을 받아야만 살 수 있는 장애인, 노약자, 범죄자 등이 있습니다. 그런 사람들의 쓸모(가치)는 무엇일까요?

학생들 …….

(3주쯤 지난 어느 날 급식시간)

김○○ 선생님 저 드디어 알아냈어요!

교사 뭘?

김○○ 인간이 지구에 필요한 이유요! 인간이 사라지면 원자력발전소를 관리할 존재가 없어서 땅과 바다가 다 오염되어 버린대요. 그래서 인간이 존재해야 하는 거예요.

교사의 질문에 아이들이 정답을 찾지 못하는 경우가 있다. 하지만 질문에 대한 답을 고민하는 것만으로도 아이들은 나와 남의 가치를 계속 고민하게 되고 자신과 타인의 가치를 찾는 출발점에 서게 된다.

Q. 어떻게 온작품을 함께 읽을까?

1. 작품의 앞뒤 표지를 살펴보며 작품 내용을 추론하게 한다. 각자가 추론한 내용을 이야기 나눈다.
2. 차례의 소제목들을 살펴본 후, 예상되는 줄거리를 자유롭게 작성하여 이야기 나눈다.
3. 작품의 공간적, 시대적 배경과 관련된 영상을 시청하거나 강의를 듣는다.
4. 각 장의 이야기를 읽기 전, 소제목만으로 이야기를 추론한다. 각 장의 이야기를 읽은 후에 다시 소제목을 살피며 작가가 소제목을 그렇게 지은 까닭은 짐작해 본다.
   읽기 전, 후 소제목 살피기는 글을 추론하고 요약하는 데 유용하다. 글쓰기에서 제목 정하기를 힘겨워하는 아이들에게 글을 함축하면서 흥미를 끄는 제목에 대한 감각을 키울 수 있다.
5. 교사와 아이들이 동등하게 각자 원하는 만큼씩 이어 읽기로 한다. 자신이 원하는 만큼 읽고 멈추면 자연스레 다음 친구가 이어 읽는 식이다. 1인당 최소 5문장에서 최대 2쪽이라는 한계를 미리 약속한다. 한계를 정하지 않으면 읽기를 독점하거나 회피하는 경우가 생긴다.
6. 읽으면서 교사가 나눔 질문을 던지면 읽던 부분을 책갈피용 포스트잇으로 표시한 후 책을 덮는다. 질문에 대한 생각이나 경험에 대해 이야기를 나눈다. 그 외에도 연극, 찬반 토론, 생각 쓰기 등의 작품 이해에 필요한 다양한 활동을 한다.
7. 당일 수업이 끝나면 뒷내용을 미리 읽지 않도록 모둠 이끎이가 책을 수합하여 교실 한 켠에 모아 둔다.

---- 『푸른 사자 와니니』 각 장의 나눔 질문 ----

1장: 주요 인물들은 어떤 관계인가?	2장: 마디바는 어떤 사자인가?
3장: 쓸모없는 생명은 있는가? 듣고 싶지 않은 말은?	4장: 범인은 누구일까? 6장: 등장인물을 대표하는 말과 행동은?
5장: 나에게 가장 무거운 벌은 무엇인가?	8장: 역할극으로 나타내고 싶은 장면은?
7장: 초원의 법률은 무엇이 있는가?	10장: 진짜 사냥의 조건은 무엇인가?
9장: 사자의 법률과 우리의 법률은 무엇이 다른가?	12장: 진정한 아름다움이란?
13장: 등장인물과 닮은 내 주변 인물은? 역할극으로 나타내고 싶은 장면은?	11, 14, 16장: 뒷이야기는 어떻게 전개될까?
11, 14, 16장: 뒷이야기는 어떻게 전개될까?	17장: 진정한 리더의 조건은 무엇인가?

4장에서 7장까지는 사건의 흐름을 이해하고 인물들의 말과 행동에 주의를 기울이는 데 중점을 둔다. 나눔 질문을 통하여 인물의 말과 행동을 파악하고, 인물의 상황을 보며 떠오르는 자신의 경험과 생각을 돌아가며 이야기 나눈다.

8장과 13장에서는 연극을 통해 인물의 말과 행동을 이해하는 활동을 한다. 한 모둠은 4~5명 정도로 구성하여 모든 모둠이 같은 장면을 역할극으로 나타낸다. 연극의 시작과 끝부분에서 배우들에게 인터뷰를 해 보고 싶은 친구를 모둠 수만큼 희망을 받는다. 연극이 끝난 후, 핫시팅 활동을 통해 인물에 대한 보다 깊은 이해를 돕는다.

11, 14, 16장은 앞 이야기의 흐름과 맥락에 어울리는 뒷이야기를 추론해 보는 활동을 한다. 각자가 예상의 뒷이야기를 서로 발표하고, 그 이유를 글의 앞, 뒤 맥락에 맞게 모둠원에게 설명한다.

Q. 연극은 어떻게 할까?

1. 3~5명이 할 수 있는 짧은 사건 장면을 고른다.
   - 온작품 읽기 중에는 동일한 이야기 장면으로 통일한다.
   - 온작품을 다 읽은 후에는 원하는 장면을 모둠별로 선택하게 한다.
2. 대본을 쓰지 않는다.
3. 소품을 제작하지 않거나 주변 물건을 사용하여 최소화한다.
4. 무대를 칠판 앞으로만 한정하기보다 교실의 다양한 측면을 이용할 수 있도록 한다.
5. 타블로 기법*을 이용하여 '정지 동작 ⇨ 인물 소개 인터뷰 ⇨ 연극 ⇨ 속마음 인터뷰 ⇨ 청중 질문' 순으로 진행한다.
6. 핫시팅**을 통해 악역이나 소외된 인물에 대한 이해를 높인다.

<그림 7> 사물함 위를 무대로 사용

<그림 8> 스톱모션에서 인터뷰

*타블로 기법(Tableau): 주어진 주제에 대한 장면을 정지 동작으로 표현하는 것. 정지 동작을 표현하고 있을 때, 사회자가 터치하여 신호를 주면 인물은 해당 동작과 말을 한다. 동작이 끝난 후, 사회자가 인물의 속마음을 인터뷰한다.

**핫시팅(Hot seating): 인물의 역할을 한 친구가 교실 가운데 의자에 앉아 나머지 친구들의 질문에 답을 한다. 그 외 빈 의자 기법, 마임, 역할 내 교사 등의 방법도 활용할 수 있다.

03. 이야기를 어떻게 간추리나요?

각 장을 읽을 때마다 내용을 간추리는 활동을 한다.

첫째, 이야기를 간추리면 어떤 점이 좋은지 이야기 나눈다. 이야기의 구조를 생각하며 간추리는 방법에 대해 학습한다. 국어 교과서 2단원 내용을 통하여 이야기를 간추리는 방법을 확인하고 교과서 지문으로 연습한다.

교사 간추려서 말한 경험이 있나요?

학생 1 어제 있었던 일을 친구에게 설명할 때요.

학생 2 영화 스포 해 줄 때요.

교사 간추려 말하면 어떤 점이 좋은가요?

학생 3 유튜브로 영화 리뷰를 보면 긴 영화의 줄거리가 짧은 시간에 이해가 잘돼요. 시간 절약!

학생 4 간단하게 이해돼요. 음… 말을 전달하기에 좋다?

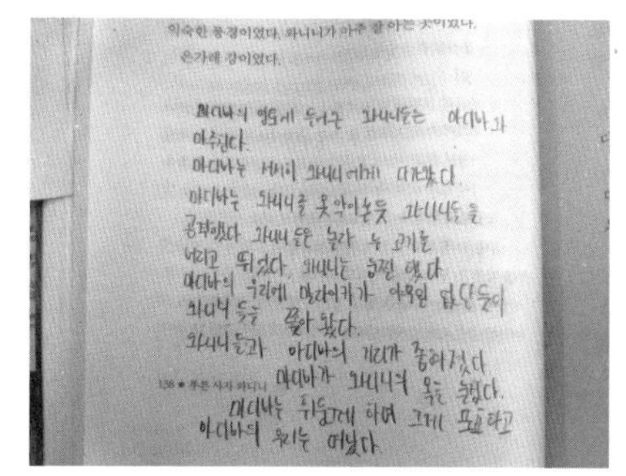

<그림 9> 5~6문장으로 간추리기

둘째, 각 장의 이야기를 읽은 후, 중요한 인물과 사건 부분에 밑줄을 긋는다. 소제목과 연관된 가장 의미 있는 사건, 인물의 말과 행동을 생각한다. 밑줄 친 부분을 조합하여 각 장의 마지막 쪽 여백에 5~6문장 정도로 간추린다. 여백이 없는 경우 포스트잇을 사용한다. 이렇게 각 장을 읽을 때마다 내용 간추리기를 반복한다. 1~3장까지는 교사에게 개별 피드백을 받고 수정한다. 4장부터는 어깨 짝과 상호 피드백을 한다.

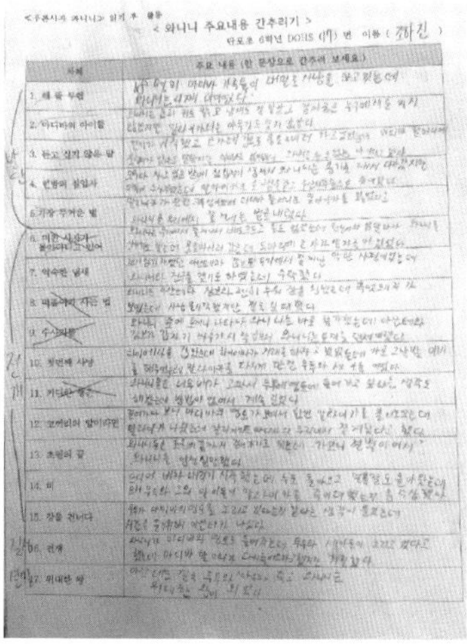

셋째, 작품을 다 읽은 후에는 글 전체를 간추리는 학습지 활동을 한다. 5~6문장으로 간추린 각 장을 1~2문장으로 다시 간추린다.

넷째, 작품 전체를 발단-전개-절정-결말로 나누어 표시해 보게 한다. 완성한 학습지를 칠판에 게시하며 서로 다른 부분을 확인한다. 글의 발단, 전개, 절정, 결말 단계의 특징을 교과서를 통해 재확인한 후, 가장 적합한 단계 나누기에 대하여 의견을 나눈다. 토의 후 교사의 검증을 받고, 발단(1~5장)-전개(6~15장)-절정(16장)-결말(17장)로 결정한다.

<그림 10> 작품 전체 간추리기

다섯째, 간추리기가 끝난 학습지를 모둠끼리 돌려 읽으

며 부족하거나 불필요한 부분을 상호 피드백하며 고쳐 쓴다. 최종적으로 교사에게 개별 피드백을 받아 완성한다.

04. 인물이 추구하는 가치를 어떻게 알 수 있을까요?

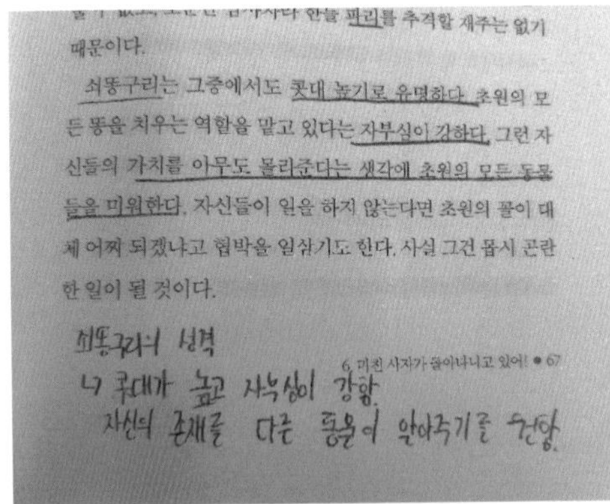

파리를 추격할 재주는 없기 때문이다.

쇠똥구리는 그중에서도 콧대 높기로 유명하다. 초원의 모든 똥을 치우는 역할을 맡고 있다는 자부심이 강하다. 그런 자신들의 가치를 아무도 몰라준다는 생각에 초원의 모든 동물들을 미워한다. 자신들이 일을 하지 않는다면 초원의 꼴이 대체 어찌 되겠냐고 협박을 일삼기도 한다. 사실 그건 몹시 곤란한 일이 될 것이다.

6. 미친 사자가 돌아다니고 있어! • 67

<그림 11> 말과 행동에 밑줄 긋기

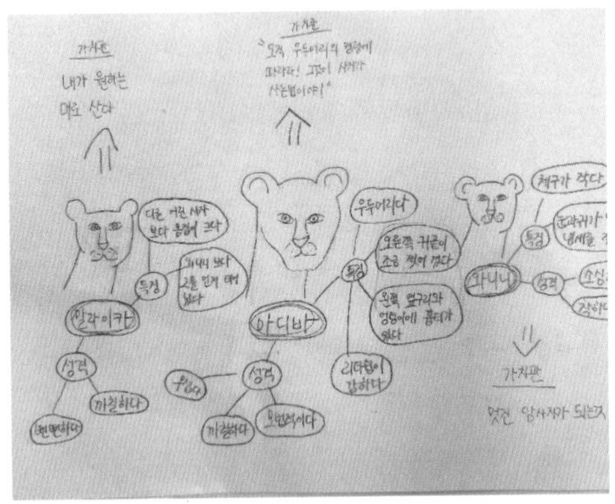

<그림 12> 등장인물의 말과 행동, 성격, 추구하는 삶의 가치

책을 읽으며 인물의 성격이나 추구하는 삶의 가치를 알 수 있는 말과 행동 부분이라고 생각하는 부분에 밑줄을 긋는다. 인물의 주요 말과 행동을 마인드맵 형태로 나열한다. 말과 행동을 통해 알 수 있는 인물의 성격과 추구하는 삶의 가치를 돌아가며 발표한다. '추구하는 삶의 가치(가치관)'라는 말이 아이들에게는 낯설음을 확인한다. 그래서 인물의 말과 행동으로 성격을 먼저 파악해 보게 한다. 성격을 나타내는 성품 단어들을 가치단어로 바꾸는 연습을 통해 인물이 추구하는 삶의 가치를 찾는 활동으로 연결한다.

교사 말라이카를 잘 알 수 있는 말과 행동은 무엇입니까?

학생 1 "지금 제 처지가 어쩐지도 모르고 쯧쯧"이에요.

학생 2 언니 행세하는 걸 좋아하고 약한 동물들에게 힘을 과시해요.

교사 말라이카는 어떤 성격을 가진 인물이라고 생각하나요?

학생 3 질투심이 많아요.

학생 4 잘난 체해요.

교사 말라이카가 질투를 잘하고 잘난 체하는 것은 삶에서 어떤 가치를 추구하기 때문일까요?

학생 5 대박이 되는 거요. 권력 추구!

아이들은 성격과 추구하는 삶의 가치의 차이와 관련성을 이해한다. 최종적으로 인물의 말과 행동을 통해 추구하는 삶의 가치를 알 수 있음을 확인한다.
학생들이 최종적으로 협의한 등장인물의 삶의 가치는 다음과 같다.

등장인물	말과 행동	성격	추구하는 삶의 가치
와니니	"말라이카를 두고 갈 순 없어." 외	세심하다	존중
말라이카	"지금 제 처지가 어쩐지도 모르고 쯧쯧." 외	잘난 체한다	권력
마디바	"마디바의 사자가 될 자격이 없으면 떠나야지!" 외	권위적이다	무리의 생존
쇠똥구리	"우리들이 없으면 초원의 꼴이 엉망이 될 거야." 외	자존감이 높다	최선
아산테	"와니니를 위해 싸우다 크게 다침." 외	헌신적이다	명예, 헌신
코끼리	"코끼리의 말이라면." 외	우직하다	정직

05. 나는 어떤 가치를 추구하며 살아갈까요?

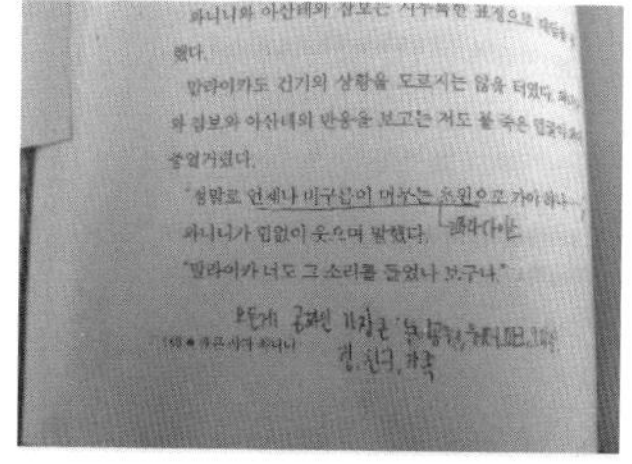
<그림 13> 12장 진정한 파라다이스

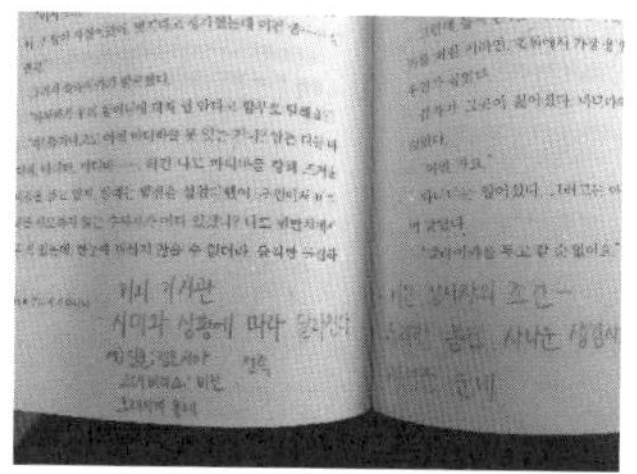
<그림 14> 15장 진정한 아름다움

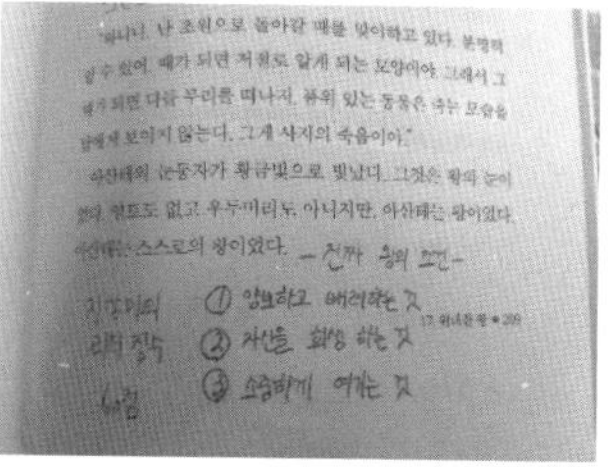
<그림 15> 17장 진정한 리더의 조건

9, 10, 12, 15, 17장에서는 삶에서 진정한 가치들에 대해 자신의 생각을 온작품 여백에 쓰고 자신의 생각을 서로 이야기 나눈다. 9장은 진정한 법의 조건, 10장은 진정한 사냥의 의미, 12장에서는 진정한 천국(파라다이스)의 조건, 15장에서는 진정한 아름다움의 기준에 대하여 이야기 나눈다. 17장에서는 진정한 리더가 갖추어야 할 조건에 대해 함께 이야기하며 리더의 조건 세 가지를 함께 협의한다. 함께 정한 리더의 조건 세 가지(배려, 희생, 존중)에 대한 나의 리더 점수를 스스로 매기고 그 이유를 돌아가며 발표한다. 이러한 활동을 통하여 삶에서 추구해야 할 바람직한 가치관은 물질적이거나 남을 이기고 과시하는 것이 아님을 확인한다.
인물들 중에 닮고 싶은 삶의 가치를 발표한다. 인물이 추구한 가치와 나의 가치를 비교한다. 책을 읽기 전의 내가 추구했던 가치와 책을 읽은 후 변화된 나의 가치를 비교한다.
바람직한 가치를 추구하는 삶이 왜 중요한지 이야기 나눈다.

교사	**바람직한 가치를 추구하는 삶과 그렇지 않은 삶은 어떤 차이가 있을까요?**
학생 1	**안 좋은 가치를 추구하면 나쁜 사람이 될 수 있어요.**
학생 2	**가치를 추구하지 않으면 앞날이 두렵고 어떻게 될지 몰라 이리저리하다가 끝날 것 같아요.**
학생 3	**가치를 추구하며 살면 생각하며 살게 돼서 내 삶에 더 도움이 될 것 같아요.**
학생 4	**살아야 할 이유가 뭔지 알지 못해 힘들 것 같아요.**
교사	**여러분은 바람직한 가치를 추구하며 살아야 한다는 데 동의하십니까?**
학생들	**네!**

바람직한 가치를 추구하는 삶의 필요성에 모두 동의한다. 작품 속 인물들이 추구하는 가치를 생각하며 내가 추구하고 싶은 삶의 가치를 글로 표현한다.

나의 원래 가치관은 '될 대로 되라'였는데, 『푸른 사자 와니니』를 읽고 나의 가치관은 '법과 규칙을 철저하게 지키자'로 바뀌었다. (중략) 하지만 나는 마디바처럼 건기에 약한 사자를 버리는 것처럼 나의 가족이나 친구를 버리거나 죽게 내버려 두지는 않을 것이다. - 이○○

난 20년 후 33살에 '정직하고 모두 다 평등해야 한다'라는 가치관으로 삶을 살아가고 싶다. (중략) 항상 웃으며 아이들을 가르치는 선생님이 되고 싶다. 이 가치관으로 삶을 살아가고 싶은 이유는 사람은 정직해야 모든 사람들이 그 사람을 인정하고 믿어 주기 때문이고, 모두 다 평등해야 되는 것은 사람을 남녀노소 차별하면 안 되기 때문에…. - 조○○

여러 사람들이 생각하는 방식이 다른 것처럼 자신이 생각에 올바른 일을 한다면 그건 옳은 가치관이라 생각한다. (중략) 돈이 없을지라도 돈이 많은 사람보다 공감할 줄 알고 배려할 줄 안다면 그 사람보다 훨씬 뛰어날 수 있기 때문이다. 그러므로 여러 사람에게 배려할 수 있고 공감할 수 있으면 누구보다 가치관이 뛰어나다고 생각한다. - 강○○

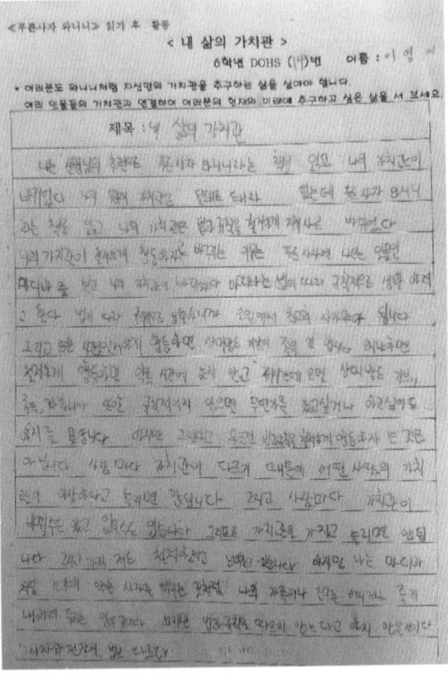

<푸른사자 와니니> 읽기 후 활동

< 내 삶의 가치관 >

6학년 DOHS (14)번 이름 : 이영서

• 여러분도 와니니처럼 자신만의 가치관을 추구하는 삶을 살아야 합니다. 여러 인물들의 가치관과 연결하여 여러분의 현재와 미래에 추구하고 싶은 삶을 써 보세요.

제목 : 내 삶의 가치관

<그림 16> 나의 삶의 가치관

06. 나는 어떻게 발표할까요?

첫째, 지금까지 활동한 학습지를 바탕으로 와니니 작품 평론북을 제작한다.
작품 평론북 내용은 인물 소개, 요약하기, 나의 삶의 가치 등을 포함하여 제작하도록 한다.

면	내용
표지	표지 디자인, 제목
1면	등장인물 소개 -등장인물 사진이나 그림, 말과 행동, 성격, 가치관
2면	간추린 내용(결말 부분 생략)
3면	내가 추구하는 삶의 가치
4면	인물 퀴즈, 학부모, 동료, 교사 평가지
뒷면	뒤표지 디자인, 작품 홍보 글

<그림 17> 작품 평론북

<그림 18> 작품 평론북 전시회

<그림 19> 연주회 리허설(병설유치원)

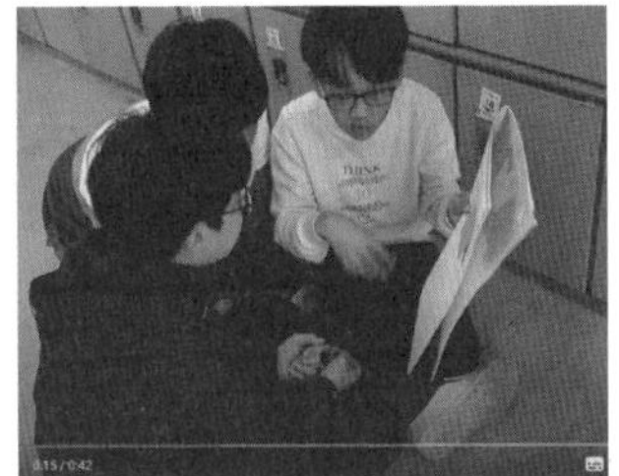
<그림 20> 작품 평론북 설명회

둘째, 작품 평론북을 효과적으로 설명할 수 있는 방법에 대해 이야기 나눈다. 작품 평론북의 설명이 끝난 후, 등장인물에 대한 퀴즈를 내어 맞히면 보상을 주자는 의견으로 모아졌다. 의견에 따라 작품 평론북에 인물퀴즈를 추가했다. 학교 중앙 복도에 완성한 작품 평론북을 전시한다.

셋째, 청중이 『푸른 사자 와니니』 책을 읽도록 홍보할 수 있는 더욱 특별한 발표회에 대해 토의한다. 음악 시간에 배운 <라이언 킹> 주제곡 '오늘 밤 사자는 잠을 잔다네'에 맞춰 타악기 연주회를 하자는 의견으로 모아졌다. 악기는 세렝게티 초원의 자연에 가까운 소리를 표현할 수 있는타악기로 선정되었다. 연주회 리허설 대상과 장소에 대해 협의한다. 협의 결과 교육과정 운영이 자유로운 병설유치원에서 연주회 리허설을 하기로 결정했다.

넷째, 작품 평론북 설명회 리허설은 교실에서 짝 발표로 연습한다. 먼저 무작위로 선정된 교사에게 작품 평론북을 발표하고 개별 평가를 받은 후, 결과물을 가정으로 들고 가 부모님에게도 평가와 피드백을 받아 온다.

다섯째, 작품 평론북 발표회를 개최한다. 발표회 대상은 동학년이 없는 관계로『푸른 사자 와니니』를 읽기가 가능한 본교 4, 5학년 학생이다. 먼저 4, 5학년들을 위한 타악기 연주회로 발표회 문을 열었다. 연주가 끝난 후, 6학년 발표자 1명당 1~2명의 4, 5학년 청중과 짝을 이루어 작품 평론북을 설명한다. 설명이 끝난 팀은 주요 내용에 대한 퀴즈를 내고 청중들이 궁금해하는 질문에 답변한다. 답변이 끝나면, 청중에게 루브릭이 포함된 서술평가지 작성을 부탁한다.
최종적으로『푸른 사자 와니니』책을 읽을 수 있도록 청중에게 자신의 책을 대여해 준다.

평가자1 : [illegible]홍기

요소		평가 (서술)
작품 표현	요약 (30%)	와니니의 이야기가 머릿속에 생생하게 그려질 정도로 훌륭하게 요약하였습니다.
	서평 (40%)	등장 인물들의 말과 행동을 바탕으로 삶에 배어있는 가치관을 언지의 가치관과 비교하며 설명을 매우 잘 하였습니다. (바른 가치관 정립을 위해 연습. 연습. 또 연습하는 인지가 되길)
발표 태도 (30%)		듣는 이가 이해하기 쉽게 억양과 말의 빠르기를 조절하였고, 책을 읽어 보고 싶은 마음이 들게 하였습니다.

책가이드의 설명을 듣고 푸른사자 와니니를 읽어보고 싶으신 생각이 드셨나요? (YES / NO)
책을 정말 읽어 보실 작정이신가요? (YES / NO)

<그림 21> 교사, 학부모, 동료평가지

07. 나는 무엇을 이해하고 있나요?

작품 평론북 발표를 들은 청중들 중에『푸른 사자 와니니』를 대여하여 끝까지 읽은 사람이 있는지 확인한다. 학부모 3명, 교직원 5명(담임 제외), 5학년 3명, 4학년 1명으로 총 12명으로 확인되었다. 주변인과 함께 같은 책을 읽은 경험에 대한 소감을 발표한다.
마지막으로 배·좋·아와 자기평가를 포함한 반성일기를 작성한다.
다음은 반성일기를 통해 확인된 학생 이해의 증거들이다.

1. 이 활동을 통해 무엇을 배웠습니까?
   - ㅇ 내 삶의 가치관에 대하여 알게 되었다.
   - ㅇ 이 세상에 쓸모없는 것은 없다는 것을 알았다.
   - ㅇ '대충 살자'가 아닌 '제대로 살자'라고 생각하게 되었다.
   - ㅇ 내 일은 내 스스로 해야겠다고 생각했다.

ㅇ 가치관에 대하여 알게 되고 고민하게 되었다.

ㅇ 내 가치관을 알고 제대로 살고 싶어졌다 등

2. 가치를 추구하며 살아가는 것과 그렇지 않은 삶은 어떻게 다를까요?

ㅇ 가치를 추구하지 않는 삶은 죽어 있는 것과 같고 추구하는 삶은 더 열심히 살 수 있는 것이다. 그리고 내가 가치를 추구하지 않는다면 우울증에 쉽게 걸리고 인생을 허무하게 살 것만 같다.

ㅇ 만약 와니니의 '이 세상에 필요 없는 것은 없어'와 같이 자신이 추구하는 것이 있으면 필요 없는 것이 없다는 말처럼 남을 챙기고 배려하고 무시하지 않을 것이다 등

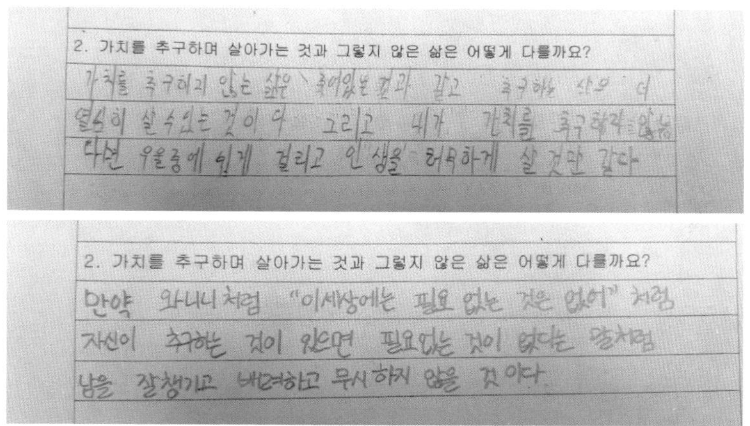

2. 가치를 추구하며 살아가는 것과 그렇지 않은 삶은 어떻게 다를까요?

가치를 추구하지 않는 삶은 죽어있는 것과 같고 추구하는 삶은 더
열심히 살 수 있는 것이다 그리고 내가 가치를 추구하지 않는
다면 우울증에 쉽게 걸리고 인생을 허무하게 살 것만 같다

2. 가치를 추구하며 살아가는 것과 그렇지 않은 삶은 어떻게 다를까요?

만약 와니니처럼 "이세상에는 필요 없는 것은 없어" 처럼
자신이 추구하는 것이 있으면 필요없는 것이 없다는 말처럼
남을 잘챙기고 배려하고 무시하지 않을 것이다

<그림 22> 반성일기(일부분)

학생 이해의 증거

01. 이해의 증거_EVIDENCE

측면	설명	해석	적용	관점	공감	자기 지식
확인	증거 ❶	증거 ❷	증거 ❸, ❼	증거 ❹	증거 ❺	증거 ❻, ❽
	가이드북 2면 동료평가지	가이드북 1면	책 공유하기	가이드북 3면	연극	반성일기

02. 수행과제 결과물

<증거 ❶> 작품 평론북 2면(간추리기)& 동료평가지

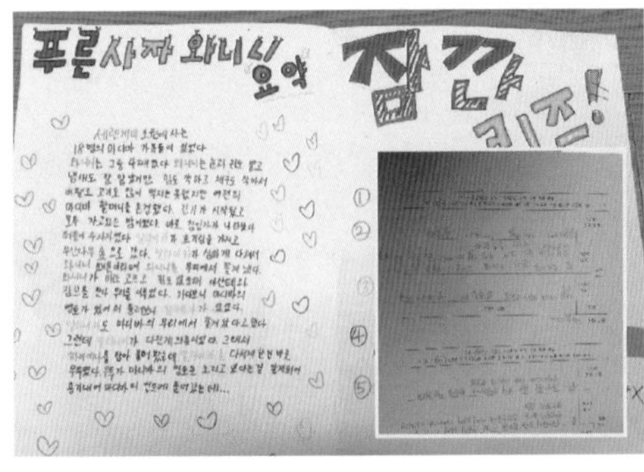

<증거 ❷> 작품 평론북 1면(인물 분석)

<증거 ❸> 주변인과 함께 읽기

<증거 ❹> 작품 평론북 3면(가치관 쓰기)

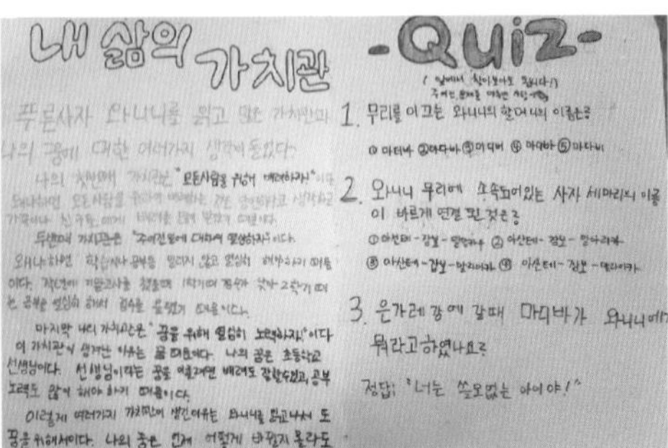

03. 그 밖의 증거: 형성평가, 자기평가

<증거 ❺> 연극   <증거 ❻> 반성일기   <증거 ❼> 형성평가 학습지

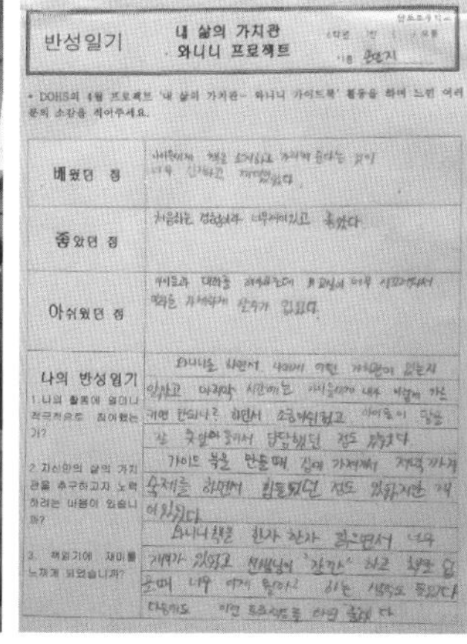

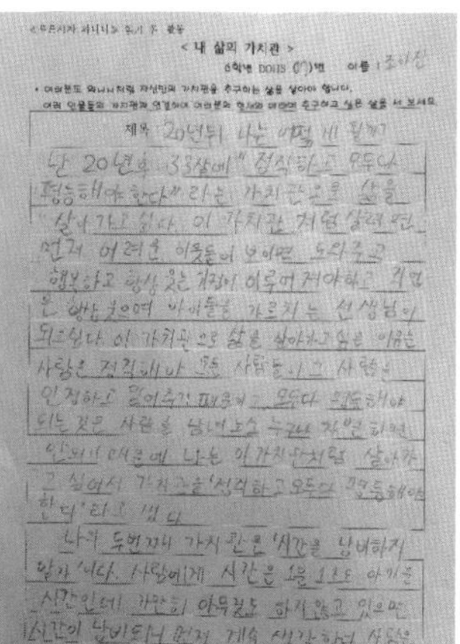

<증거 ❽> 교원능력개발평가의 학생 만족도 서술 내용

Q) 올해 선생님과 했던 공부 중에서 가장 기억에 남는 것은 무엇이고, 그 이유는 무엇입니까?

학생 1: 『푸른 사자 와니니』의 가이드북(평론북)이다. 왜냐하면 그 책을 재미있게 보았고 2편까지 사서 재미있게 보고 있기도 하고, 가이드북을 만들면서 친구들과 화합도 되고, 유익한 공부를 할 수 있었기 때문이다.

학생 2: 줄글책 읽기, 처음으로 줄글책을 다 읽어 보아서.

04. 교사의 학생 성장 기록

1학기말 나이스 성적 국어과 종합의견기록	6학년 1반 4번 강OO

❷ 나이스-성적-교과평가-국어

영역	성취기준	평가
읽기	이야기 속 사건의 흐름 살펴보기	○
듣·말	자료를 활용해 발표하기	○
문학	일상적인 경험을 극본으로 표현하기	○
읽기	내용을 추론하며 글 읽기	○
문학	문학 작품 속 인물 소개하기	○

❸ 국어과 종합의견기록

온작품을 읽고 '발단-전개-절정-결말'의 이야기 구조를 생각하며 글을 간추릴 수 있으며, 인물의 가치관을 파악하며 자신만의 삶의 가치를 찾아 추구하기 위해 노력함.

❶ 교사 체크리스트

구조	기준	자기 평가	동료 평가	교사 평가
지식	글 전체의 구조를 고려하여 글을 추론·요약하였는가?			
기능	작품 속 인물이 추구하는 삶의 가치에 대해 이해하고 있는가?			
수행	바람직한 삶의 가치를 내면화하는 태도가 형성되었는가?			
자기	나는 제작과 발표를 적극적으로 참여하였는가?			

Unit 4 교사의 반성과 성찰

Q1. 왜 온작품을 읽어야 하는가?

태초의 교사는 이야기꾼이었다. 교사는 먼저 태어난 자(先生)로서 이전 세대의 지혜를 새로운 세대에게 전달하는 역할을 수행하기에 선생(先生)이라 불린다. 세대를 거듭하며 누적된 방대한 경험들은 지식의 형태로 추상화되고 방대한 지식은 구조화되어 분절된 교과들로 구분되었고, 교과는 다시 세절된 단원으로 체계화되었다. 이렇게 구조화된 교육과정과 아이들의 경험 세계 간 괴리를 이어 주는 다리가 이야기다.

> 한 어머니가 '영재' 자질을 보이는 아홉 살 난 아들을 아인슈타인에게 데려와서는 아들의 수학 실력을 더 향상시킬 수 있는 비결을 물었다. 아인슈타인은 "아이에게 이야기를 들려주십시오." 하고 대답했다. 어머니는 만족하지 않고 수학을 잘할 수 있는 법을 끈질기게 되물었다. 이에 아인슈타인은 이렇게 말했다. "아이가 지적으로 탁월하기를 원한다면 이야기를 들려주십시오. 그리고 아이가 지혜로워지길 원한다면 더 많은 이야기를 들려주십시오."
>
> (『치유동화』, 수잔 페로우, 푸른씨앗, 2016)

이야기는 분절된 지식을 융합하는 도구이며 아이들의 경험을 확장시켜 주는 도구이기 때문이다. 하지만 국어 교과서의 이야기들은 머리와 꼬리가 잘리고, 때론 변형되었으며 지혜가 아닌 지식이나 기능을 목표로만 이용되기도 한다.

온전한 이야기를 읽는다는 것은 아이들에게 어떤 의미인가? 이야기는 내가 경험하지 못한 타인에 대한 이해와 나의 경험에 빗대어 나를 이해하는 도구이다. 온전한 이야기를 읽으며 아이들은 공감(타자 이해), 치유(자아 이해)와 삶의 지혜(통찰)를 배운다. 양질의 이야기는 부정적이거나 불균형적인 상황을 경험하며 보다 성장한 자아로의 여정을 담고 있다. 인물의 그러한 여정을 따라 읽은 아이들은 인물과 함께 성장한다. 이야기는 이전 세대의 철학을 아이들에게 가장 쉽고 재미있으며 비억압적으로 전달하는 매체이다. 그렇기에 이야기는 온전한 그대로 아이들에게 전달되어야 한다. 머리도 꼬리도 잘리지 않은 그대로의 성장 여정을 전달해야 하는 것이다. 이렇게 이야기를 읽는 아동이 등장인물을 통해, 더욱 바람직한 가치를 형성하고 성장하는 것이 바로 백워드 교육과정의 이해가 된다.

Q2. 어떤 온작품을 어떻게 가르쳐야 하는가?

교사는 이야기 속 특정 화자의 감정에 동화되도록 유도해서도 안 되며, 특정 인물의 가치관을 따르도록 강요하는 도덕과식 수업도 안 된다. 이야기의 강력한 힘에 도리어 아이들이 상처받고 움츠러들 수도 있기 때문이다. 초등 저학년까지는 긍정적이며 도덕적인 결말을 다루는 이야기가 적절하다. 하지만 도덕적 틀에 박힌 이야기들을 고학년까지 지속한다면 학생들에게 식상하고 자유롭지 못한 느낌을 준다. 결국 아이들을 점차 이야기로부터 멀어지게 만든다.

또한 활동 위주의 수업을 경계해야 한다. 표지 꾸미기, 장면 그리기, 3행시 짓기 등의 식상한 독후 학습지들은 모든 학년에서 만연하는 활동이다. 성취기준에 도달했는지를 확인하는 이해를 기반으로 하는 활동으로만 최소화되어야 한다.

이야기의 힘은 강력하다. 그러므로 이야기를 고르고 가르침에 있어 신중해야 한다. 교사는 아이들에게 가치 있는 성장을 이끌어 낼 수 있는 이야기를 선별하여 제공해야 한다. 온작품을 선정할 때는 아이들의 실제 경험과 연결되어 있는 성장 여정을 다루는 이야기인지, 학년별 국어과 성취기준에 도달하기에 좋은 재료인지에 중점을 두고 선별해야 한다. 좋은 온작품은 읽는 것만으로도 학생들의 자아를 성장시키는 양질의 밑거름이 되기 때문이다.

사회

IB-PYP | Where We Are in Place and Time

여러 인물의 노력으로 역사는 발전한다.

교사 윤보민

6학년 1학기 사회 1. 사회의 새로운 변화와 오늘날의 우리

1) 새로운 사회를 향한 움직임

2) 일제의 침략과 광복을 위한 노력

Unit 1 6학년 사회과 백워드 교육과정 설계

[1단계] 단원의 목표 찾기: 왜 배워야 할까요?

단원명	6학년 1학기 사회 1. 사회의 새로운 변화와 오늘날의 우리* 1) 새로운 사회를 향한 움직임(10차시) 2) 일제의 침략과 광복을 위한 노력(15차시)			
단원 개요	이 단원은 조선 후기부터 광복까지 우리나라의 역사 발전에 기여한 인물들의 활동을 살펴봄으로써 우리나라의 역사 발전 과정을 이해하고, 대한민국의 발전을 위해 노력하는 자세의 중요성을 인식하는 데 주안점을 둔다.			
성취기준	[6사04-01] 영·정조 시기의 개혁 정치와 서민 문화의 발달을 중심으로 조선 후기 사회와 문화의 변화 모습을 탐색한다. [6사04-02] 조선 사회의 모순을 극복하기 위해 개혁을 시도한 인물(정약용, 흥선대원군, 김옥균과 전봉준 등)의 활동을 중심으로 사회 변화를 위한 옛사람들의 노력을 탐색한다. [6사04-03] 일제의 침략에 맞서 나라를 지키고자 노력한 인물(명성황후, 안중근, 신돌석 등)의 활동에 대해 조사한다. [6사04-04] 광복을 위하여 힘쓴 인물(이회영, 김구, 유관순, 신채호 등)의 활동을 파악하고, 나라를 되찾기 위한 노력을 소중히 여기는 태도를 기른다.			
개념	전란과 조선 후기 사회의 변동 개항과 개화파 일제 식민 지배와 광복을 위한 노력			
영속적인 이해	여러 인물의 노력으로 역사는 발전한다.			
지식과 기능	지식	새로운 사회를 위한 움직임(영·정조의 정치, 근대개혁) 일제 침략과 광복을 위한 노력	기능	역사적 상황 파악하기 역사적 사실 탐구하기
본질적 질문	그들은 왜 나라를 위해 노력하였는가?			

* 2019년은 2015 개정 교육과정의 과도기로 5학년 내용을 6학년에서 수업함.

[2단계] 단원평가 정하기: 배움을 어떻게 확인할 수 있을까요?

01. 수행과제_GRASPS

교과 역량 | 창의적 사고력

Goal	목표	후배들에게 우리나라의 위인 이야기를 들려주는 것	
Role	역할	위인 설명회 큐레이터	
Audience	대상/청중	박람회 참가자(2~5학년)	
Situation	문제 상황	가상 영웅 Avengers들에게 빠져 있는 후배들에게 우리나라의 진짜 위인 이야기를 들려줘야 하는 상황	
Product	결과물	위인 설명 자료(PPT, 설명보드, 동영상, 대본 등)	
Standards	기준	지식	새로운 사회를 위한 움직임(영·정조의 정치, 근대개혁), 일제 침략과 광복을 위한 노력
		기능	역사적 상황 파악하기, 역사적 사실 탐구하기

02. 학생 참여 시나리오와 배경_STORY

PBL | 누가 영웅인가?

올해 개봉한 <어벤저스 엔드게임>의 관객 수가 개봉 2주 만에 1,000만 명을 넘었습니다. 우리 DOHS반 친구 19명 중 무려 13명이나 이 영화를 봤다고 들었습니다. 하지만 여러분을 매료시킨 영웅들은 가상의 캐릭터들입니다.
우리나라의 역사 속에는 어벤저스보다 훌륭한 진짜 영웅들이 많이 있습니다.
'DOHS(단포초 히어로)' 여러분이 진짜 영웅 이야기를 전하는 작은 영웅들이 되어 주세요. 여러분이 우리나라 역사 속에 실존했던 진짜 영웅의 이야기를 후배들에게 들려주는 큐레이터가 되어 주십시오.
위인 설명회 자료에는 역사적 상황과 위인의 노력, 여러분의 소감을 포함해 주시기 바랍니다.

교육 환경과 교사 의도

❶ **지리 환경**: 영천시, 중소 도시, 시 외곽 농촌 지역

❷ **학교 규모**: 6학급, 6학년 1반

❸ **교실 구성**: 19명(남 12명, 여 7명)

❹ **학생 실태**: 한국사에 관심이 많은 학생 5명, 관심이 없다는 학생 8명, 그저 그렇다는 학생 6명이다.

❺ **교사 의도**: 조선 후기에서 광복까지 사회 상황을 이해하고 나라를 위한 위인들의 노력을 탐구하여, 후배들에게 인물의 노력을 알리고 그 노력을 소중히 여기는 태도를 형성하는 것이 목적이다.

03. 평가준거_RUBRIC

구조	기준	꽃(습득)	새싹(습득 중)	씨앗(미습득)
지식	주요 인물의 활동과 역사적 상황을 이해하고 있는가?	주요 인물의 활동을 제시하고, 사회 변화를 위한 옛사람들의 노력과 그 의의를 설명할 수 있다.	주요 인물의 활동을 중심으로 사회 변화를 위한 옛사람들의 노력에 대해 말할 수 있다.	주요 인물과 활동을 관련지을 수 있다.
기능	역사적 사실과 시대적 상황을 파악하고자 탐구하고 있는가?	역사적 사실과 시대적 상황을 파악하기 위해 다양한 자료를 기반으로 인과적으로 탐구할 수 있다.	역사적 사실과 시대적 상황을 인과적으로 탐구할 수 있다.	역사적 사실과 시대적 상황을 탐구할 수 있다.
수행	인물의 활동을 역사적 사건과 관련지어 설명하고 감사하는 마음을 표현할 수 있는가?	인물의 활동을 역사적 사건과 관련지어 설명하고 나라를 위한 노력에 감사하는 마음을 표현할 수 있다.	인물의 활동을 제시하고 나라를 위한 노력에 감사하는 마음을 표현할 수 있다.	인물을 파악하고 감사하는 마음을 표현할 수 있다.
자기	나는 제작과 발표에 적극적으로 참여하였는가?	나는 설명 자료를 정확하게 작성하고, 발표를 분명하게 전달할 수 있다.	나는 설명 자료를 작성하고 발표할 수 있다.	나는 설명 자료를 작성할 수 있다.

[3단계] 단원 수업 구성하기: 학생들은 무엇을 배울까요?

01. 교수·학습_WHERETO

교수·학습 활동(안내 질문)	계열화	평가 증거
1. 나는 무엇을 배워야 할까요 ? 가. 교과서 속 인물들에 대해 얼마나 알고 있는가? 나. 우리의 수행과제는 무엇인가?	W, H, E2	진단평가 ▸발표하기
2. 그들은 나라를 위해 어떤 노력을 하였나요? 가. 그들이 살았던 역사적 상황과 사실은 어떠했나? 나. 위인의 조건은 무엇일까? 다. 그들은 왜 나라를 위해 노력하였나?	E1, E2, R	형성평가 ▸배움 공책 ▸1:1 구술
3. 나는 위인에 대해 무엇을 알고 있나요? 가. 어떤 위인을 선택할 것인가? 나. 인물의 노력을 어떻게 설명할 것인가? 다. 인물에 대해 얼마나 알고 있는가? 라. 인물에 자부심을 가지고 있는가?	T, E1, E2, R	형성평가 ▸배움 공책 ▸큐레이터 설계지
4. 나는 위인을 어떻게 설명해야 하나요? 가. 자료를 어떻게 제작할 것인가? 나. 자료를 어떻게 효과적으로 설명할 것인가?	T, E2, R	총괄평가 ▸수행과제 ▸자기·동료 평가
5. 나는 무엇을 이해하고 있나요? 가. 나는 자료 제작과 발표에 적극적으로 참여했는가? 나. 인물의 노력을 소중히 여기고 있는가?	T, E2	총괄평가 ▸자기, 청중평가

Unit 2 6학년 사회과 백워드 교육과정 실천

단원 설계의 조직과 계열_Organize

CBC 전란과 조선 후기 사회의 변동

이해	여러 인물들의 노력으로 역사는 발전한다.
수행	'Korea Avengers' 찾아가는 위인 설명회 하기
개념렌즈	전란과 조선 후기 사회의 변동
질문	그들은 왜 나라를 위하여 노력하였는가?
지식	일제 침략과 광복을 위한 움직임 / 새로운 사회를 위한 움직임
기능	역사적 상황 파악하기 & 역사적 사실 탐구하기
수업 흐름	진단 활동 → 역사적 상황 이해하기 → 인물의 노력 이해하기 → 지식기능 확인하기 → 수행과제 준비하기 → 수행과제 발표하기 → 동료평가 자기평가

01. 나는 무엇을 배워야 할까요?

교사 지금까지 마블의 영웅 영화를 몇 편이나 보셨나요?

학생 1 슈퍼맨, 아이언맨, X맨… 등 10편도 넘을 걸요?

교사 여러분이 이런 영웅 캐릭터 영화를 좋아하는 이유는 뭘까요?

학생들 재밌으니까요, 다음 편이 궁금해지니까요, 주인공의 능력이 게임 캐릭터처럼 계속 진화하니까요….

교사 여러분이 많은 돈을 들여 보신 그 영화들 속의 캐릭터(주인공)들은 실제 존재하는 인물인가요?

학생들 당연히 아니죠!

교사 우리 역사 속에 실존했던 영웅 영화를 본 경험이 있나요?

학생 2 <항거>(유관순) 봤어요.

교사 또 다른 친구는 없나요?

학생들 …….

최근(2019. 4.) 개봉한 영화 〈어벤저스 엔드게임〉 홍보 영상을 시청한다. 영화를 이미 관람한 친구가 19명 중 13명임을 확인한다. 영웅 영화를 좋아하는 이유에 대해 이야기 나눈다. 가상의 영웅에 대해서는 잘 알고 있으나 실존했던 역사 속 영웅에 대해 관심이 적음을 확인한다.

이번에 공부할 단원이 영화 속 어벤저스와 같은 실존 역사 속 영웅의 이야기임을 알린다. 영화 속 가상의 영웅이 아닌 실제 우리나라의 역사 속 진짜 영웅 이야기에 대해 후배들에게 알려 주는 설명회를 여는 것이 이번 수행과제임을 말한다. 지난 3월 공정학급 세우기 활동에서 학급 회의로 정한 학급명 'DOHS'가 'DanpO HeroS(단포초 영웅들)'의 약자임을 환기시킨다. 학교의 영웅인 우리 DOHS반이 이번 수행과제의 적임자임을 설득하며 제안서를 교실에 게시한다.

먼저, 교과서 1단원을 훑어보며 조선 후기에서 광복까지 등장한 인물 중 각자 알고 있는 인물이 몇 명이나 있는지 표시해 본다. 이러한 활동을 통해 아이들이 사전에 알고 있는 역사 인물의 수의 차이가 큼을 확인한다. 그리고 인물의 이름은 알고 있지만 업적과 연결 짓기가 어려운 친구가 다수 있음을 확인한다. 평소 한국사에 관심이 있거나 역사 수업에 흥미가 있는 친구가 5명 정도임을 확인한다. 아이들은 과제 수행을 위해서는 먼저 역사적 배경과 주요 인물에 대해 우선 학습해야 할 필요성을 느낀다.

02. 그들은 나라를 위해 어떤 노력을 하였나요?

먼저, 새로운 변화를 주도한 인물에 대하여 학습한다. 역사적 배경은 임진왜란과 병자호란 이후의 조선 후기에서 일제 침략 전까지다. 중심인물은 영·정조, 정약용, 흥선대원군, 김옥균, 전봉준이다.

역사에 대한 선호도와 배경지식의 차가 크므로 역사적 배경과 사실에 대한 체계적인 이해를 돕기 위해 강의식으로 수업을 진행했다.

수업의 흐름은 이러하다.

첫째, 교과서를 중심으로 역사적 상황에 대하여 교사의 설명을 듣는다.
둘째, 교사의 설명과 교과서 내용을 바탕으로 배움 공책에 짜임새 있게 정리한다.
셋째, 교과서에 등장한 인물 중 더 자세히 알고 싶은 인물 한 명을 선택한다. 선택한 인물에 대해 추가로 조사하여 알게 된 내용을 배움 공책에 정리한다.
넷째, 자신의 배움 공책을 다시 읽고, 배운 내용을 다른 사람에게 설명하는 연습을 5분 정도 혼자서 해 본다.
다섯째, 공책 정리가 끝난 친구들은 교실 중앙에 나와 무작위로 짝을 만든다. 각자의 배움 공책을 보며 내용을 짝에게 설명한다. 설명이 끝나면 공책을 교환하여 서로 이해를 확인하는 질문을 2개씩 주고받는다.

Korea! Avengers 설명회

♣ 언제: 5월 31일 금요일 1-2교시
♣ 장소 : 2-5학년 각 교실
♣ 홍보 대상: 2-5학년 학생, 교사, 교생 선생님 9명

** 평가기준: 루브릭

<그림 1> 수행과제 제시(게시용-A3 크기)

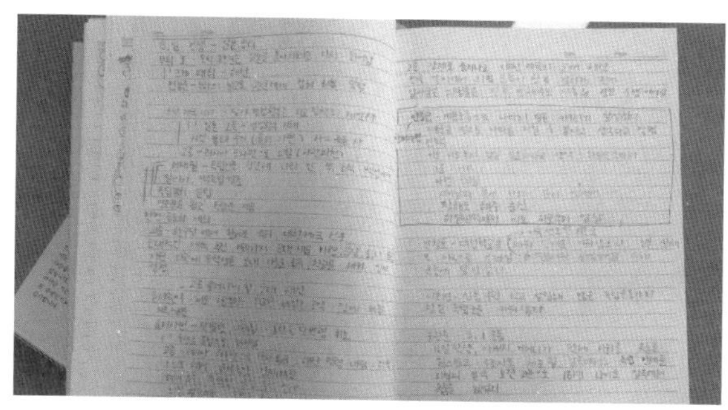
<그림 2> 배움 공책

<그림 3> 구술평가

마지막으로, 한 명씩 나와 교사에게 선택한 인물과 관련된 역사적 사실을 설명한다. 부족한 부분은 교사의 구술평가에 제대로 답할 수 있을 때까지 재학습한다. 구술평가를 통과하지 못한 친구는 부족한 부분을 보충하여 앞서 통과한 친구들(또래 도우미 희망자)에게 도움을 받아서 구술평가를 연습한 후, 교사에게 다시 평가를 받는다.
이러한 기본적인 역사적 배경과 사실에 대한 이해 수업이 끝난 후, 인물들의 노력에 대한 생각을 나눈다.

교사 왜 그들은(영·정조, 정약용, 전봉준) 조선에 새로운 변화를 시도했나요?

학생 1 왕이 제대로 정치를 못해서요.

학생 2 나라 힘을 강하게 하려고요.

학생 3 사람들의 인권을 지키려고요.

조선 후기 위인들의 개혁과 개항, 동학 등의 새로운 변화를 위한 노력들이 나라를 위한 마음이라는 것에 모두가 동의한다.

교사 그렇다면, 흥선대원군도 나라를 위해 노력한 인물이 맞나요?

학생 1 아니요! 흥선대원군은 쇄국정치로 조선의 발전을 막았잖아요.

학생 2 맞아요! 양반에게도 세금을 내게 했고 서원도 철폐하는 개혁을 했어요.

학생 3 경복궁을 다시 지어서 오히려 백성을 힘들게 했잖아요.

교사 위인의 기준이 뭘까요?

학생 4 좀 실패하더라도 백성을 위하는 마음이에요.

교사 나라를 위한 것과 백성을 위하는 것은 같은 의미인가요?

학생들 대부분 네~

학생 5 흥선대원군처럼 처음엔 백성을 위했다가 나중엔 별로 위하지 않는 경우도 위인인가?

홍선대원군의 이야기는 3일 천하로 끝난 갑신정변의 인물들에 대한 토의로 이어진다. 아이들은 인물의 노력이 실패로 끝났거나, 실질적으로 나라 발전에 방해가 되었다 하더라도 백성을 위한 마음이 있었다면 '위인'이 될 수 있다는 것에 합의한다.

다음으로 외세에 저항한 인물에 대하여 학습한다. 역사적 배경은 일제 침략기부터 광복까지다. 중심인물은 명성황후, 안중근, 신돌석, 이회영, 김구, 유관순, 신채호, 윤봉길 등이다. 먼저, 역사적 배경과 사실에 대한 체계적인 이해를 돕기 위해 강의식으로 수업을 진행하고 배움 공책과 구술평가로 이해를 확인한다. 그런 다음 사형을 앞둔 안중근 의사의 어머니께서 쓰신 편지와 윤봉길 의사가 어린 아들에게 남긴 편지를 함께 읽고 이야기 나눈다.

교사 안중근 의사의 어머니는 왜 아들에게 '항소치 말고 사형을 받아라'고 말씀하신 걸까요?

학생 1 나라를 위해 떳떳하게 죽는 것이 옳다고 생각해서.

학생 2 나라를 위해 죽는 모습을 본 사람들이 독립운동에 더 많이 참여하게 하려고요.

교사 윤봉길 의사의 편지를 읽고 어떤 생각이 들었나요?

학생들 슬펐어요. 아들이 불쌍해요. 대단해요.

교사 여러분은 안중근 의사와 윤봉길 의사처럼 나라를 위해 희생할 수 있으신가요?

학생 4 네!

나머지 학생들 못할 것 같아요.

교사 위인들이 삶이 현재 우리의 삶과 어떤 영향이 있을까요?

학생 5 그분들 덕분에 나라도 되찾고 우리가 편안하게 살고 있다고 생각해요.

학생 6 광복은 미국의 원자폭탄 때문에 된 거 아닌가?

학생들 …….

교사 나라를 되찾기 위한 인물들의 노력이 우리에게 주는 의미에 대해 계속 고민해 보시길 부탁드립니다. 이번 달 수행과제 'Korea Avengers 설명회'가 끝나면, 반성일기에 여러분이 찾은 답을 적어 주십시오.

백워드 수업-전략

Q. 역사 속 배타적 감정에 빠지지 않게 하려면?

한국사를 가르치다 보면 주변국으로부터 침략을 받거나 핍박을 받는 내용에서 아이들은 현재의 주변국에 반감을 표현할 때가 있다. 역사를 배우는 목적은 과거의 감정에 동화되는 것이 아니라 과거의 사실을 반추하여 현재와 미래에 대한 교훈을 얻기 위함이다. 그렇기에 아이들이 배타적인 자국주의에 빠지지 않도록 하기 위한 장치를 교사는 미리 염두에 두어야 한다. 그러한 장치 중 하나로 동화책 읽어 주기를 권장한다.

이번 수행과제에서 핵심 주변국은 일본이다. 일본에 대한 배타 감정을 순화시킬 수 있는 동화책 2권을 소개한다. 두 이야기 모두 일본 작가의 책이다.

먼저 읽어 준 책은 타인의 다름을 배척에서 수용으로 바꿔 가는 이야기『까마귀 소년』이다. 책을 읽기 전 일제 강점기에 반군국주의 활동으로 자국에서 추방된 작가 '야시마 타로'의 생애 이야기를 들려준다.

두 번째 책은『내가 라면을 먹을 때』이다. 주변국을 비롯한 전 인류의 평화를 위해 고민하는 '하세가와 요시후미'에 대하여 이야기한다.

마지막으로 식민지 국민뿐만이 아니라 많은 일본 국민들 또한 전쟁의 피해자임을 설명한다. 그리고 자국의 제국주의에 반기를 들고 조선 독립을 지원한 일본인들에 대한 이야기를 검색해 보게 한다.

03. 나는 위인에 대해 무엇을 알고 있나요?

먼저, 'Korea Avengers 설명회'를 위해 각자 담당하고 싶은 위인을 정하기로 한다. 원하는 위인 이름과 자신의 이름을 칠판에 기록한다. 같은 위인을 선택한 친구가 4명을 초과하지 못함을 공지한다. 4명이 초과한 경우 가위바위보를 통해 최종 선정하기로 약속한다. 선정 결과로 김구, 윤봉길, 전봉준, 정조, 유관순, 흥선대원군, 안중근 7명의 위인으로 결정되었다. 각 모둠별로 위인을 선택하게 된 이유를 돌아가며 발표한다.

위인이 정해진 후, 역사 위인 큐레이터가 갖춰야 할 자격에 대하여 이야기 나눈다. 알고 있는 역사 큐레이터가 있는지 물어본다. 대부분의 아이들이 '설민석'이라고 대답한다. 우당 이회영 가족의 독립운동과 관련된 '설민석'의 강의를 시청한다.

교사 (동영상을 본 후) 역사 큐레이터가 갖추어야 할 자격이 무엇이라 생각하시나요?

학생 1 지식이 많아야 해요. 그래야 청중의 질문에 자신 있게 대답할 수 있으니까요.

학생 2 위인에 대한 자부심을 가지고 있어야 해요.

학생 3 말(설명)을 잘해야 해요.

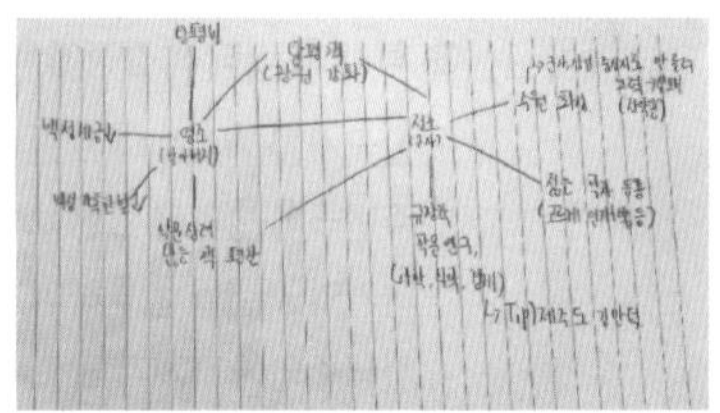
<그림 4> 인물 마인드맵

대화를 통해 역사 위인 큐레이터는 위인에 대한 자부심, 청중의 관심을 끄는 전달력과 탄탄한 지식이 필요함을 확인한다.

먼저, 지식 확인을 위해 자신이 큐레이터 할 인물에 대한 지식을 마인드맵을 통해 서술평가를 한다. 부족한 부분은 교사의 1:1 구술평가에 제대로 답할 수 있을 때까지 다시 학습한다.

둘째, 큐레이터로서의 자부심과 책임감을 느낄 수 있도록 큐레이터 명찰을 착용하는 것을 제안한다. 협의를 통해 리허설 기간부터 수행과제 발표일까지 큐레이터 명찰을 부착하기로 약속한다. 더하여 가방에도 착용하고 다닐 수 있는 Korea Avengers 버튼을 제작하여 배부한다. 버튼을 가방에 부착하는 것에 모두 동의하고 수행과제 후에도 지속적으로 부착하기로 협의한다. 다

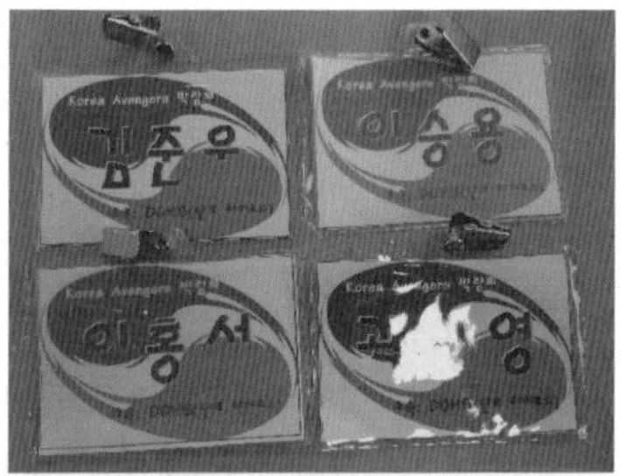

<그림 5> 큐레이터 명찰과 버튼

음으로 설명회 진행에 대한 공통 사항을 교사가 안내하고 세부 사항을 모둠별로 설계하도록 한다. 공통 사항은 각 모둠이 2~5학년 교실에 직접 찾아가 강의식 설명을 한다는 것이다. 모둠별로 각 학년 교실을 직접 방문하여 총 4회씩 수행 발표를 한다. 집중 시간이 짧은 2학년 학생부터 5학년 학생까지가 청중이므로 다양한 설명 방법과 청중 참여 활동을 활용할 수 있도록 안내한다. 청중 참여 활동은 위인을 대표할 수 있는 상징적인 활동을 고안할 수 있도록 안내한다. 설명할 때도 청중의 연령에 맞게 배려할 수 있는 설계를 하도록 한다. 활동이 겹치는 모둠이 생기면 서로 의논하여 조율한다.

이렇게 모둠별로 큐레이터에 대한 설계와 자료 조사에 대해 의논한 후, 큐레이터 활동을 위한 설계서를 작성한다. 설계서 1쪽은 교과서를 비롯한 다양한 자료를 탐색하여 알게 된 인물에 대한 내용들을 나열하여 기록한다. 설계서 2쪽은 설명할 방법에 대해 구체적으로 설계한 내용을 기록한다. PPT 내용이나 역할극 대본, 활동 준비물, 강의 흐름 등에 대한 설명 등이 포함된다.

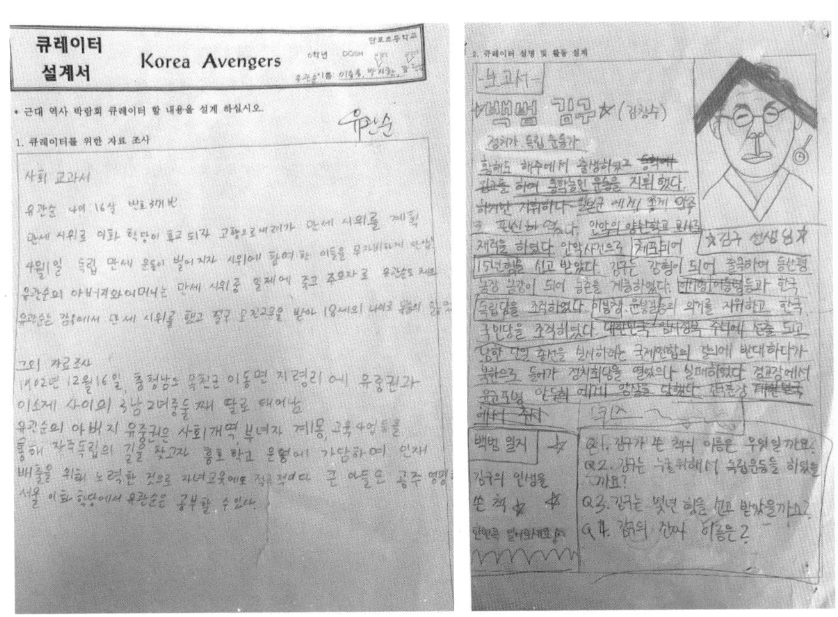

<그림 6> 설계서 1쪽(자료 조사)/ 설계서 2쪽(수업 설계)

순	위인명	인원(명)	설명 방법	청중 참여 활동
1	김구	2	보고서	퀴즈, 김구 안경
2	윤봉길	2	보고서	노래 부르기
3	전봉준	4	보고서+역할극	죽창 체험
4	정조	3	PPT+동영상 제작	퀴즈
5	유관순	2	PPT	만세 운동 외치기
6	흥선대원군	3	PPT	명언 팔찌 만들기
7	안중근	2	PPT	손도장 편지 쓰기

위 표는 모둠별로 협의한 결과이다. 모둠원은 설계에 따라 보고서와 PPT, 역할극 등을 제작한다. 수행과제 발표 1주일 전쯤, 한 모둠이 자진하여 점심시간에 자신이 큐레이터 할 위인을 홍보하기 시작한다. 명찰을 착용한 모둠원이 함께 4절 도화지에 자신이 큐레이터 할 위인의 사진을 붙이고 이름을 써서 높이 들고는 마치 선거 운동하듯 위인 이름을 외치며 복도를 다닌다. 애초 계획에 없던 즉흥적인 홍보 활동이라 다른 모둠원들이 긴장한다. 발표일이 임박하자 다른 모둠에서도 경쟁적으로 자신이 큐레이터 할 위인 홍보물을 만들어 홍보하기 시작한다. 전 교직원과 후배들은 발표에 대한 기대가 커졌고, 아이들도 홍보 활동으로 더 완벽하게 발표를 해야 한다는 책임감이 생겼다.

04. 나는 위인을 어떻게 설명해야 하나요?

설계서를 기초로 발표 자료를 제작하고 발표를 연습한다. 발표 자료와 발표 자세는 리허설을 통해 교사와 동료에게 피드백을 받는다.

다음으로 발표의 기본 원칙을 안내한다. 첫째, 모든 모둠원이 발표 분량을 공평하게 나누어 발표한다. 둘째, 대본을 보며 발표하지 않는다. 셋째, 실수하더라고 모둠원끼리 질책하지 않는다. 넷째, 발표 시간은 저학년의 집중 시간을 고려하여 위인당 15분 정도다. 다섯째, 발표 날까지 인물에 대해 계속 탐구하여 청중의 질문에 대비한다 등이다.

발표를 위한 리허설을 시작한다. 첫 리허설에서는 각 모둠의 자료와 발표 자세에 대해 교사가 세세한 질문과 조언을 한다. 아이들에게 교사의 질문과 조언을 세심히 관찰하도록 안내한다. 두 번째 리허설에서는 청중인 학생이 발표자에게 질문과 조언하고, 동료평가지를 통해 상호 평가한다. 애초 2차례 정도의 리허설을 계획하였지만, 아이들의 자발적인 요구로 4차례 리허설까지 진행되었다. 부족한 리허설 시간은 아침시간과 점심시간을 활용하기로 했다.

<그림 7> 리허설 중 동료평가

〔동료평가자들의 구두 조언〕

- 인물에 대한 전문지식이 부족해 보입니다.
- 발표자끼리 중얼거리며 대화하는 것을 보니 연습이 부족해 보입니다.
- 책 읽듯이 발표하니 집중이 안 됩니다.
- 어려운 용어들이 많으니 쉽게 풀어 설명했으면 좋겠습니다.
- 목소리가 작아 잘 안 들립니다.
- 손으로 만지작거리는 것 같은 모습이 신경 쓰입니다.
- 말하며 자꾸 뒤로 물러나는 모습이 보입니다 등

드디어 설명회 발표 날이다. 1, 2교시에 각 학년 교실로 큐레이터들이 순차적으로 방문하여 큐레이터가 되어 담당 위인에 대해 설명한다. 일곱 모둠의 발표 순서는 제비뽑기로 정하고 순서에 맞춰 '2학년- 3학년- 4학년- 5학년' 교실 순으로 입장한다.

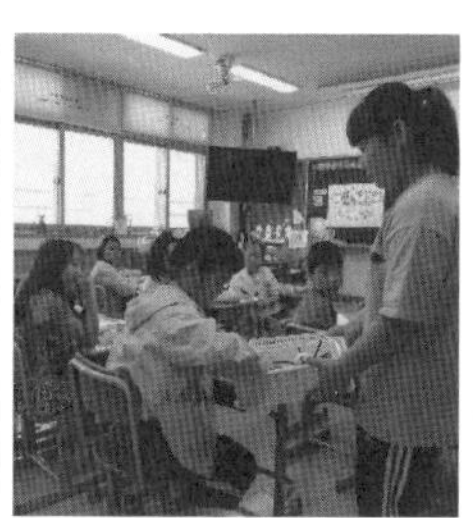

<그림 8-1> 발표 모습(정조, 흥선대원군, 전봉준, 김구)

<그림 8-2> 발표 모습(유관순, 안중근, 윤봉길)

<그림 8-3> 발표 동영상

발표가 끝난 후, 2~5학년 청중들은 동료평가지를 작성한다. 동료평가지의 뒷면에는 '도서관에서 위인 찾기' 학습지를 제공한다. 이 학습지는 'Korea Avengers' 설명회를 듣는 청중이 직접 위인을 찾아 읽는 능동적인 학습자가 되도록 설득하고자 제작되었다. 청중의 배움을 확장시키기 위한 장치다. 학교 도서관에서 위인 도서를 읽고, 읽은 후 소감을 그림이나 글로 표현하는 형식의

학습지다. '도서관에서 위인 찾기' 학습지를 성공적으로 수행한 청중에게는 Korea Avengers 버튼을 수여한다.

Q. 타 학급에서의 발표 수업 설계 시 고려할 점은?

수행과제 발표 시 가장 좋은 대상은 동 학년의 학급이다. 발표자와 청중의 수준이 비슷하면 질문과 동료평가를 통한 피드백 효과가 좋기 때문이다. 하지만 학년당 1학급 미만인 소규모 학급의 경우, 타 학년 학급에서 과제를 발표한다. 동 학년이든 타 학년이든 학급 내 발표보다 수행 결과물에 대한 책임감이 높아져 완성도가 학급 내 발표보다 비교적 우수하다.

타 학급에서 과제를 발표해야 하는 경우, 교사는 과제를 설계하기 전에 미리 각 담임 선생님의 허락을 구해야 한다. 그리고 발표 하루 전에 각 교실의 학생들과 담임, 교생 선생님들에게 루브릭을 포함한 평가지를 미리 배부해 준다. 평가지는 교사용과 학생용으로 구분하여 제작하며, 발표 대상 학년이 다양한 경우에는 학년별 수준에 맞게 저, 중, 고학년용으로 구분하여 제작한다.

청중 참여 활동이나 학습지를 설계할 경우 또한 학년 수준에 맞게 제작한다.

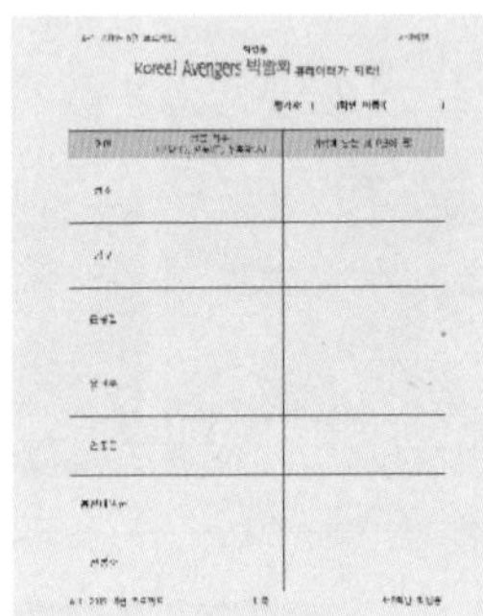
2~3학년용 평가지

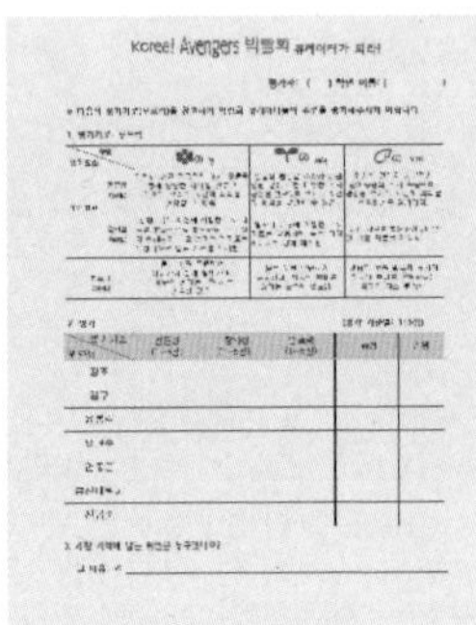
자기평가, 동료평가지(6학년용)

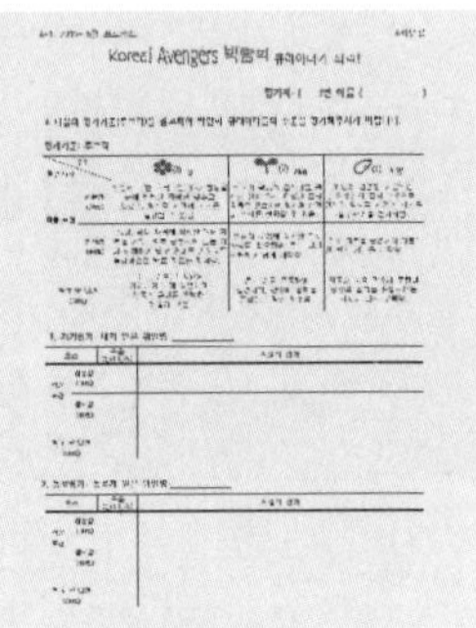
4~5학년용 평가지

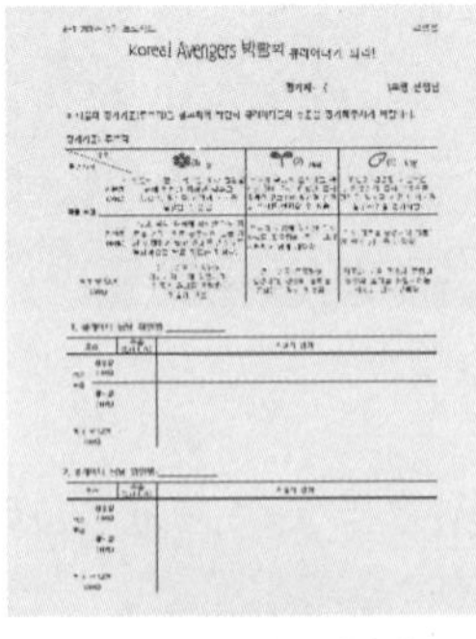
교사용(교생용) 평가지

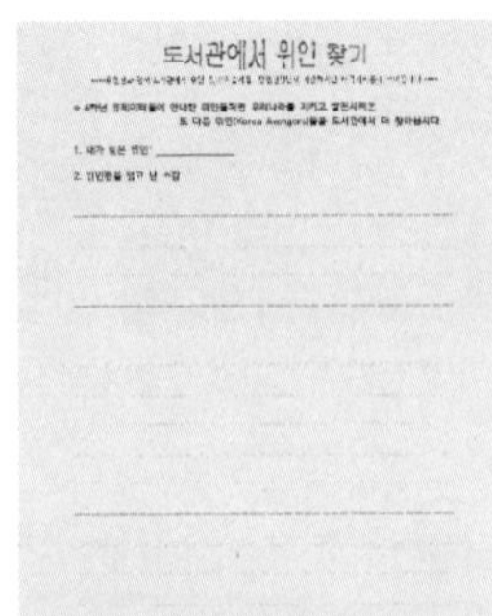
도서관에서 위인 찾기

청중 참여 활동지(저학년용)

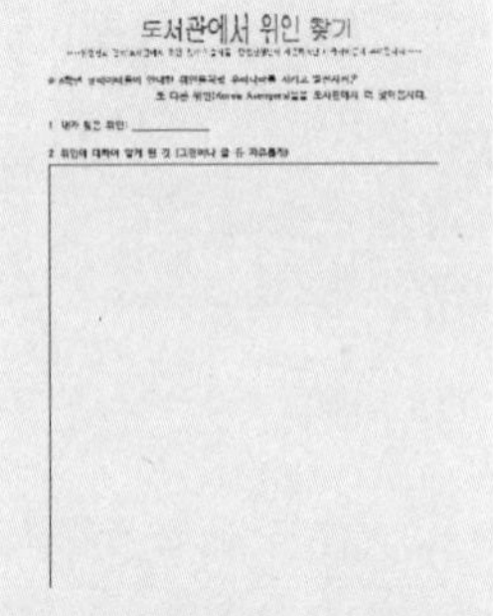
도서관에서 위인 찾기

청중 참여 활동지(고학년용)

05. 나는 무엇을 이해하고 있나요?

모든 활동을 마치고 서술평가와 반성일기를 작성한다. 먼저, 서술평가는 이 단원의 영속적인 이해 중 지식 부분에 대한 도달을 확인하기 위한 것이다. 역사를 단편적인 지식이 아닌 연속적인 인과관계로 이해하고 있는지 확인하기 위한 증거 자료이다.

서술평가는 배움 공책의 2면에 걸쳐 연표 형식으로 작성한다. 전란 후 조선 후기에서 광복까지의 역사적 상황과 사실을 자유로운 연표 형식으로 쓰되, 반드시 사건의 인과관계와 중심인물의 노력이 나타나도록 쓴다.

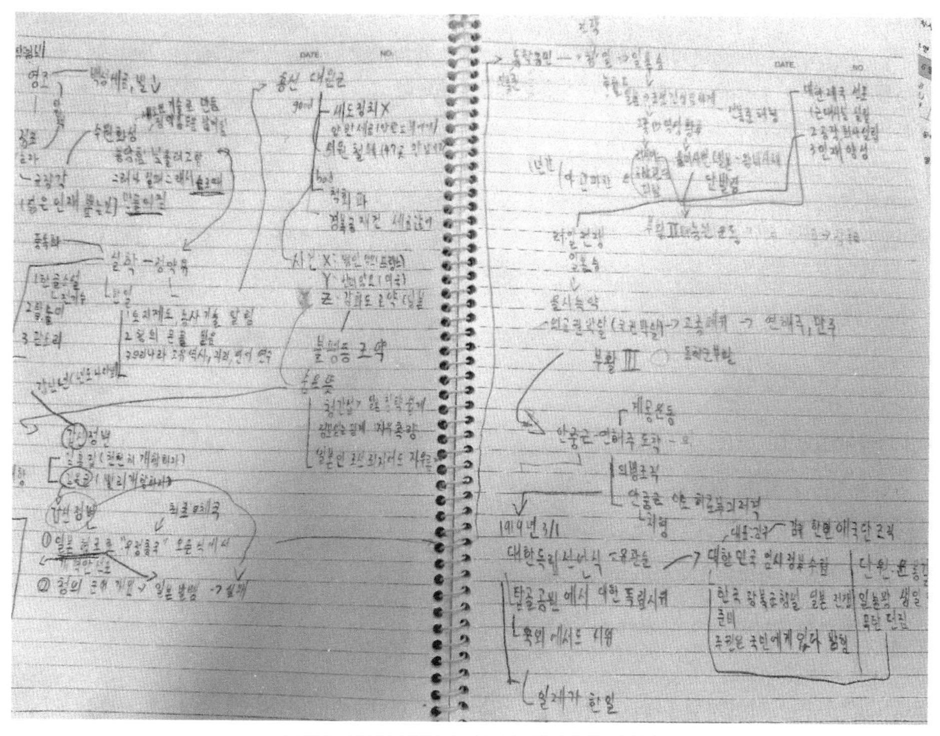

<그림 9> 설계서 1쪽(자료 조사)/ 설계서 2쪽(수업 설계)

1차 작성 후, 기억나지 않는 부분은 교과서를 참고하여 추가 기록하고 붉은색 별표로 표시한다.

한 인물을 인터넷 정보, 책, 여러 가지 등으로 조사하는 방법을 배웠고, 홍선대원군에 대해서 진짜 더 많은 것을 알게 되었다. 진짜 위인들이신 분들은 진짜 어벤저스만큼 대단한 것 같다. 자신을 희생해서라도 이렇게 백성을 위해서 모든 것을 바칠 만큼 열정과 사랑이 대단하신 것 같다. 나도 위인처럼 최대한 노력하는 삶을 살아야 될 것 같다. - 조○○

원래는 그냥 위대한 사람이구나 생각했는데 큐레이터를 한 후, 나도 위인들처럼 나라에 위기가 찾아오면, 내가 사람들에게 옛날 위인들의 이야기를 하여서 그 사람들과 같이(함께) 위인들처럼 싸울 것이다. - 강○○

미래에 나는 사람들에게 친절하고 나라에 무슨 일이 생겼을 때 나설 수 있는 어른이 되었으면 좋겠다. - 지○○

내가 조사한 위인은 김구인데 리허설을 많이 해서 다른 친구들이 조사한 위인들에 대해서도 자세히 알게 되었고, 옛날 위인들이 우리나라를 얼마나 아끼고 사랑하는지 알았다. - 강○○

나랑은 상관없는 사람인 줄 알았는데 위인들이 우리를 위해 한 일에 대해 감사해졌다(위인들의 노력 덕분에 현재 우리가 잘 살고 있는 거라고 말함). - 이○○

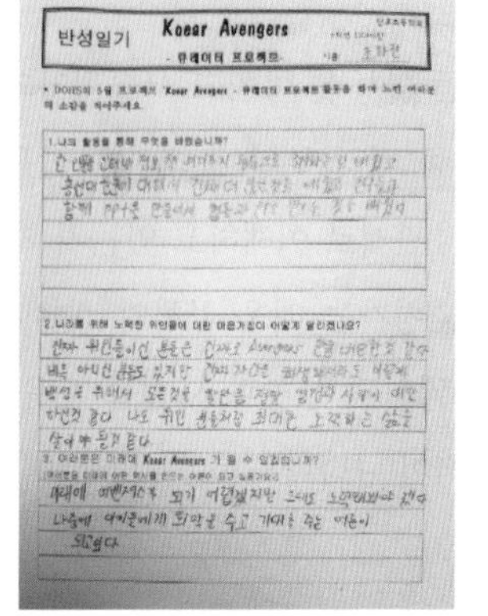
반성일기

Koear Avengers

- 큐레이터 프로젝트 -

<그림 10> 반성일기

다음으로 수행과제에 대한 반성일기를 작성한다. 반성일기의 문항은 다음과 같다.

1. 나의 '배웠던 점, 좋았던 점, 아쉬웠던 점 (배·좋·아)'을 적어 봅시다.
2. 다음 질문에 대답을 해 봅시다.
   1) 활동에 얼마나 적극적으로 참여했나요?
   2) 위인들에 대한 마음가짐이 어떻게 달라졌나요?
   3) 미래에 Korea Avengers가 될 수 있겠습니까?

활동 전 '안중근 의사처럼 나라를 위해 희생할 수 있겠느냐'라는 물음에 긍정 대답이 1명이었는데, 활동 후에는 목숨을 바쳐 '코리아 어벤저스(Korea Avengers)'가 되겠다고 대답한 친구가 5명, 목숨까지는 아니더라도 나라를 위해 일하겠다는 친구가 10명이었다.

Unit 3 학생 이해의 증거

01. 이해의 증거_EVIDENCE

측면	설명	해석	적용	관점	공감	자기 지식
확인	증거 ❼	증거 ❶~❻		증거 ❽	증거 ❾	증거 ❿
	설명 자료 배움 공책	설명 자료	-	형성평가	총괄평가	자기평가지

02. 수행과제 결과물: 설명 자료[종이 보고서, PPT]

<증거 ❶> 설명회 발표

<증거 ❷> 동영상 제작

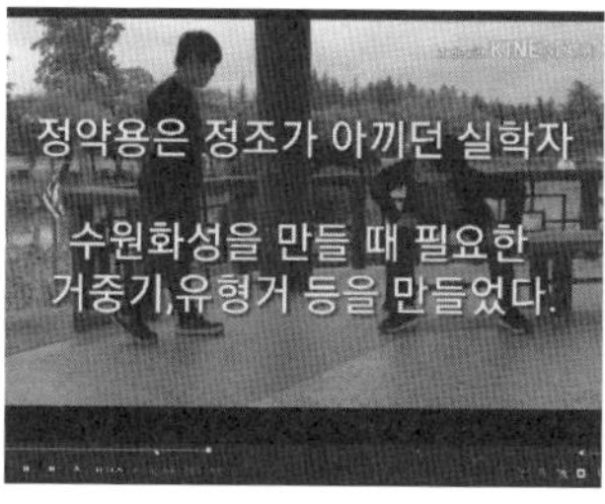

<증거 ❸> PPT

<증거 ❹> 보고서

<증거 ❺> 역할극

<증거 ❻> 청중 참여 활동

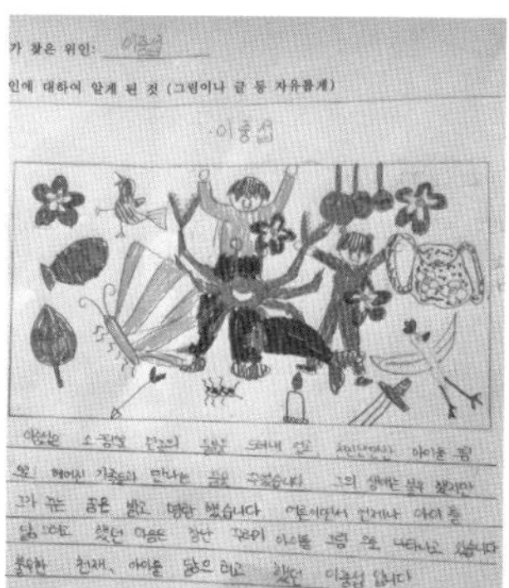

03. 그 밖의 증거: 형성평가, 자기평가

<증거 ❼> 배움 공책	<증거 ❽> 형성평가	<증거 ❾> 총괄평가	<증거 ❿> 반성일기
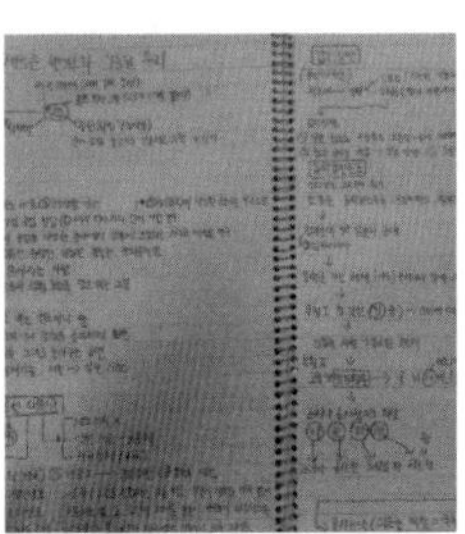	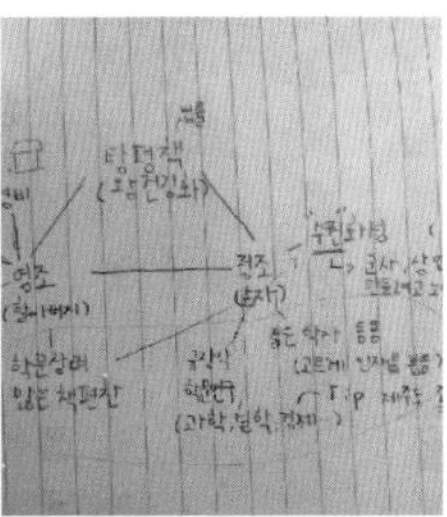	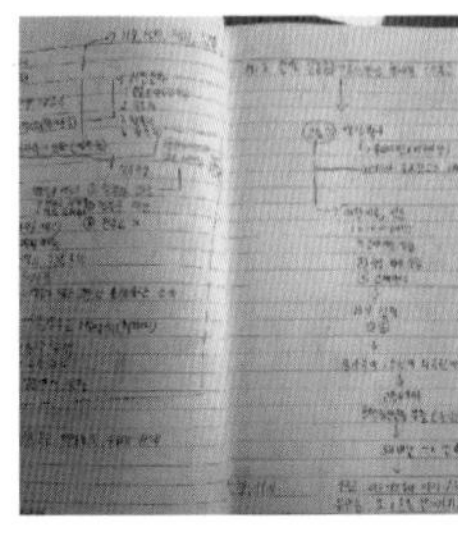	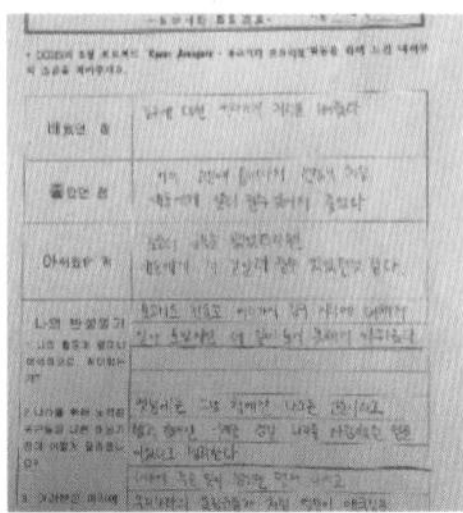

04. 교사의 학생 성장 기록

1학기말 나이스 성적 사회과 종합의견기록　　6학년 1반 2번 강OO

❷ 나이스 기록

역사	갑신정변을 일으킨 사람들의 생각 알아보기	○
	안중근 의사의 이토 히로부미 저격 사건의 신문 기사 쓰기	○

❸ 사회과 1학기 종합의견기록

조선 후기의 사회 문제를 해결하려는 실학자들의 노력을 이해할 수 있으며 다양한 실학자들의 주장을 살펴보고 근거를 들어 비평함. '코리아 어벤져스' 프로젝트에서 '윤봉길'에 대한 깊이 있는 인물 탐구와 중독성 있는 노랫말로 청중의 호응을 얻어 냄.

❶ 교사 체크리스트

구조	기준	자기 평가	동료 평가	교사 평가
지식	위인의 활동과 의의를 이해하고 있는가?			
기능	역사적 사실과 시대적 상황을 파악하고자 탐구하고 있는가?			
	인물의 노력을 소중히 여기고 있는가?			
수행	전달력 있게 설명(강의)을 하였는가?			
자기	나는 제작과 발표를 적극적으로 참여하였는가?			

Unit 4 교사의 반성과 성찰

Q. 초등학생에게 '역사적 인물 탐구'는 어떤 배움인가?

> 2015 개정 교육과정에서 성취 기준의 수가 줄어들고 통사구조의 역사 영역의 집중 배치 기간이 1년에서 한 학기로 축소된 점을 고려한다면 인물사 학습을 더욱 강조하고자 하는 의도가 드러난다.
>
> [출처: 5-2 사회지도서, 495쪽]

인물을 탐구한다는 것은 인물과 탐구자가 만나는 것이다. 사회과 역사 수업에서 인물을 탐구한다는 것은 학생이 역사 인물에 감정을 이입하는 과정을 통해 만나는 것이다. 이는 허구의 이야기 속 인물을 만나는 것과는 구분된다. 이는 일상적인 감정이입을 역사적 감정이입 수준으로 이끌어 올릴 수 있어야 한다는 의미다. 이를 위해 먼저 학생은 인물이 살았던 역사적 상황과 사실에 대해 이해해야 한다. 당시 상황에 영향을 미치는 여러 요인을 종합해 광범위한 맥락 속에서 인물을 이해해야 하기 때문이다.

교사는 이러한 인물사 중심 역사 학습이 '민주시민의 자질 육성'이라는 사회과의 최종 목표와 '국민적 정체성 함양'이라는 한국사 영역의 목표가 연결될 수 있도록 수업을 설계해야 한다. 역사적 인물 탐구 학습은 초등학생에게 국민적 정체성을 함양하는 데 매우 효과적이다. 이는 상징적 모델링 학습*에 높은 효과를 보이는 연령대가 유아와 아동기이기 때문이다.

하지만 경계해야 할 것이 있다. 첫째, 공감이 아닌 '동화(同化)'식 모델링은 왜곡된 시민의식을 심어줄 수 있으므로 역사적 인물의 감정에 너무 몰입되지 않도록 해야 한다. 역사적으로 중요한 인물의 탐구가 자칫 인물을 괴롭혔던 민족이나 국가의 후세에 대한 배타적 감정에 휩싸이지 않도록 해야 한다는 의미다.

* 상징적 모델링(symbolic modelling): 관찰학습 중 관찰 대상을 간접적으로 관찰하여 모델링하는 것. 인지심리학자 겸 사회학습이론가인 반두라(Albert Bandura 1925~)는 관찰학습을 주의- 파지- 재현- 동기 과정으로 설명한다.

둘째, 역사적 인물에 대한 공감에 중점을 두거나 인물의 행위나 역할을 이해할 때 옳고 그름을 가리는 데 중점을 두는 식의 수업을 설계해서는 안 된다. 인물이 어떤 상황에서 왜 그런 행위를 했는지 추론하고, 그것이 어떤 결과를 초래하였으며, 역사적 맥락에서 볼 때 어떤 의미가 있는지 해석하거나 평가하는 것에 중점을 두어야 한다. 역사적 인물 탐구 학습은 인물의 사고와 행동에 영향을 미친 시대 배경에 대한 이해를 돕고, 인물 행위의 의도, 전개 과정, 결과 등을 분석하는 능력을 배양하며, 역사 속 인간의 역할에 대한 올바른 태도와 가치관을 함양하는 데 도움을 주기 위한 교수·학습 방법이기 때문이다.

그렇기에 인물 중심의 역사 교육은 민주시민 양성을 넘어 지속가능한 세계시민교육으로 연결되어야 한다. 배타적인 민족사관을 경계하며, 우수한 문화를 가진 민족으로 성장시키는 데 목표를 두어야 한다. 이를 위해 무엇보다 교사가 먼저 인의와 문화의 힘을 가진 세계시민으로서의 역량을 갖추고 있어야 한다. 아이들에게 배움은 교사가 가르치고자 하는 지식뿐만 아니라 교사의 가치관이 묻어나는 언어, 비언어적 태도까지 포함되며, 이는 아이들의 자아 세계에 영향을 미치기 때문이다. 이러한 역사를 통한 세계시민 자질 육성은 백워드 교육과정의 영속적인 이해가 된다.

> "나는 우리나라가 세계에서 가장 아름다운 나라가 되기를 원한다. 가장 부강한 나라가 되기를 원하는 것은 아니다. 내가 남의 침략에 가슴이 아팠으니, 내 나라가 남을 침략하는 것을 원치 아니한다. 우리의 부력(富力)은 우리의 생활을 풍족히 할 만하고, 우리의 강력(强力)은 남의 침략을 막을 만하면 족하다. 오직 한없이 가지고 싶은 것은 높은 문화의 힘이다."
>
> [출처: 백범일지-나의 소원, 김구, 1947]

6학년 백워드 설계중심 교육과정과 교과 단원 분석표 및 조망도

<6-1학기>

<6-2학기>

복식
백워드 교육과정
실천 이야기

3, 4학년 복식 국어

IB-PYP How We Express Ourselves

글은 생각과 마음을 표현하고 나누는 도구다.

교사 강석현

[복식학급]

3학년 1학기 국어 4. 내 마음을 편지에 담아

4학년 1학기 국어 5. 내가 만든 이야기

3, 4학년 복식 국어과 백워드 교육과정 설계

[1단계] 단원의 목표 찾기: 왜 배워야 할까요?

단원명	3학년 1학기 국어 4. 내 마음을 편지에 담아(9차시) 4학년 1학기 국어 5. 내가 만든 이야기(10차시) 3, 4학년 1학기 미술(6차시)	
단원 개요	이 단원은 '글은 자신의 생각과 마음을 표현하는 것'이라는 이해를 그림책을 통해 표현하는 단원이다. 3학년 1학기 4단원 '내 마음을 편지에 담아'는 쓰기 영역의 편지를 써서 마음을 전하는 단원이다. 편지는 학생들에게 친숙한 도구로 그림책의 형태로 표현하기 쉽다. 4학년 1학기 5단원 '내가 만든 이야기'는 문학 영역의 이어질 내용을 상상하여 이야기를 만드는 단원이다. 이야기를 완성한다는 점에서 그림책 만들기 수행과제와 맥락이 연결된다.	
성취기준(3학년)	[4국03-04] 읽는 이를 고려하며 자신의 마음을 표현하는 글을 쓴다. [4국02-03] 글에서 낱말의 의미나 생략된 내용을 짐작한다. [4국04-02] 낱말과 낱말의 의미 관계를 파악한다.	
성취기준(4학년)	[4국05-03] 이야기의 흐름을 파악하여 이어질 내용을 상상하고 표현한다. [4국03-05] 쓰기에 자신감을 갖고 자신의 글을 적극적으로 나누는 태도를 지닌다. [4국05-05] 재미나 감동을 느끼며 작품을 즐겨 감상하는 태도를 지닌다.	
개념	목적에 따른 글의 유형, 문학의 수용과 생산	
영속적인 이해	글은 생각과 마음을 표현하고 나누는 도구다.	
지식과 기능	지식	마음을 표현하는 글을 쓰는 방법, 이어질 내용 상상하는 방법
	기능	독자를 고려하여 표현하기, 맥락을 이해하여 창작하기
본질적 질문	글을 통해 무엇을 이야기하고 싶나요?	

[2단계] 단원평가 정하기: 배움을 어떻게 확인할 수 있을까요?

01. 수행과제_GRASPS

교과 역량 | 문화 향유 역량

Goal	목표	그림책을 만들고 발표회를 하는 것	
Role	역할	작가	
Audience	대상/청중	전교생, 선생님, 부모님	
Situation	문제 상황	그림책의 즐거움을 모르는 1, 2학년 학생들이 있음	
Product	결과물	학년별 주제에 맞는 그림책	
Standards	기준	지식	마음을 표현하는 글을 쓰는 방법(3학년) 이어질 내용 상상하는 방법(4학년)
		기능	독자를 고려하여 표현하기(3학년) 맥락을 이해하여 창작하기(4학년)

02. 학생 참여 시나리오와 배경_STORY

PBL | 글(책)을 통해 어떻게 소통할까요?

우리 반은 그림책 읽기를 좋아해요. 하지만 1, 2학년 학생들은 아직 그림책 읽기의 즐거움을 알지 못한다고 해요. 우리가 직접 그림책을 만들어 읽어 주어, 동생들이 그림책이 얼마나 재미있는 책인지 느낄 수 있도록 해요. 그리고 3학년 학생들은 평소 마음을 잘 표현하지 못했던 사람에게 마음을 표현하는 그림책을 만들어 봐요. 4학년 학생은 이어지는 내용을 상상하여 그림책을 만들어 봐요. 그림책을 만들어 전교생, 선생님, 부모님께 그림책 발표회를 하여 그림책의 재미를 느낄 수 있도록 해 볼까요?

교육 환경과 교사 의도

❶ **지리 환경**: 안동시, 읍면지역, 농촌지대

❷ **학교 규모**: 3학급, 1·2학년, 3·4학년, 5·6학년 복식학급

❸ **교실 구성**: 3학년 2명(진달래, 개나리), 4학년 1명(물망초)

❹ **학생 실태**: 3학년 1명, 4학년 1명의 학생이 학습에 전반적으로 부진한 편이다.
3학년 학생(개나리)은 평소 수업시간에 말과 감정 표현을 하지 않는다.
4학년 학생(물망초)은 누적된 부진으로 인해 학습에 스트레스를 받고 있다.

❺ **교사 의도**: 학생들은 평소 그림책을 자주 읽어 주어 그림책에 흥미를 느끼고 있다. 이때 실제로 그림책을 만들어 보는 활동을 통해 말과 감정 표현이 없는 아이는 자신만의 이야기를 그림책으로 표현하고, 누적된 부진으로 인해 학습에 스트레스를 받는 학생은 흥미를 느낄 수 있는 주제로 수업 안으로 들어오게 하고자 한다.

03. 평가준거_RUBRIC

구조	기준	꽃(습득)	새싹(습득 중)	씨앗(미습득)
지식	마음을 표현하는 글을 쓰는 방법을 알고 있는가? [3학년]	마음을 효과적으로 표현하는 방법을 알고 설명할 수 있다.	마음을 표현하는 방법을 알고 설명할 수 있다.	마음을 표현하는 방법을 알고 있다.
	이어질 내용을 상상하는 방법을 알고 있는가? [4학년]	일이 일어난 차례를 생각하며 이어질 내용을 상상하는 방법을 알고 설명할 수 있다.	이어질 내용을 상상하는 방법을 알고 설명할 수 있다.	이어질 내용을 상상하는 방법을 알고 있다.
기능	독자를 고려하여 표현하였는가? [3학년]	그림책을 읽을 사람을 충분히 고려하여 글을 쓸 수 있다.	그림책을 읽을 사람을 고려하여 글을 쓸 수 있다.	그림책을 읽을 사람을 부분적으로 고려하여 글을 쓸 수 있다.
	맥락을 이해하여 창작하였는가? [4학년]	글의 맥락을 이해하여 이어지는 내용을 창작하며 그 이유를 설명할 수 있다.	글의 맥락을 이해하여 이어지는 내용을 창작할 수 있다.	글의 맥락을 대략적으로 이해하여 이어지는 내용을 창작할 수 있다.
수행	글을 통해 자신의 생각과 마음을 표현하였는가? [3, 4학년]	글을 통해 자신의 생각과 마음을 효과적으로 표현할 수 있다.	글을 통해 자신의 생각과 마음을 표현할 수 있다.	글을 통해 자신의 생각과 마음을 표현하려고 노력할 수 있다.
자기	나는 그림책 제작 및 발표에 적극적으로 참여하였는가? [3, 4학년]	나는 나의 그림책에 마음과 생각을 표현하고, 발표회를 통해 자신 있게 발표할 수 있다.	나는 나의 그림책에 마음과 생각을 표현하고 발표회를 통해 발표할 수 있다.	나는 나의 그림책을 제작하고 발표할 수 있다.

[3단계] 단원 수업 구성하기: 학생들은 무엇을 배울까요?

01. 교수·학습_WHERETO

교수·학습 활동(안내 질문)	계열화	평가 증거
1. 우리는 왜 그림책을 써야 할까요? 가. 선생님이 읽어 주는 그림책을 통해 무엇을 느꼈으며, 우리의 수행과제는 무엇인가?	W, H	**진단평가** ▸ 대화
2. 작가는 어떻게 글을 쓰나요? 가. 작가는 어떻게 글을 쓰며, 우리는 이 단원에서 무엇을 할까?	W, H	
3. 주제에 맞는 글을 쓰기 위해 어떤 준비를 해야 할까요? 가. 어떻게 하면 독자를 고려하여 마음을 표현하는 글을 쓸 수 있을까?(3학년) 나. 어떻게 하면 글의 맥락에 맞게 이어질 내용을 상상하여 글을 쓸 수 있을까?(4학년)	E1	**형성평가** ▸ 단원평가 ▸ 단원평가
4. 내 그림책에서 무엇을 이야기하고자 하나요? 가. 나의 그림책에서 이야기하고자 하는 감정은 무엇인가?(3학년) 나. 이야기의 흐름에 적절한 이야기는 무엇인가?(4학년)	E2	**총괄평가** ▸ 수행과제 ▸ 수행과제
5. 글의 내용을 잘 표현하기 위해 그림책을 어떻게 만들어야 할까요? 가. 어떤 그림을 그려야 글을 이해하는 데 도움을 줄 수 있을까? 나. 표지에는 어떤 내용이 포함되어야 할까?	R, T	
6. 그림책의 이야기는 어떻게 하면 잘 전달할 수 있을까요? 가. 그림책 발표회를 어떻게 알릴까? 나. 어떻게 발표해야 그림책의 이야기를 잘 전달할 수 있을까?	E2	**총괄평가** ▸ 수행과제 ▸ 수행과제
7. 이 단원을 통해 무엇을 이해했나요? 가. 이 단원을 통해 무엇을 느꼈는가? 나. 이 단원을 통해 무엇을 알게 되었는가?	R	**총괄평가** ▸ 자기평가 ▸ 자기평가

3, 4학년 복식 국어과 백워드 교육과정 실천

단원 설계의 조직과 계열_Organize

CBC | 글의 유형, 문학의 수용과 생산

이해	글은 마음과 생각을 표현하고 나누도록 하는 도구다.	
수행	그림책 제작하여 발표하기	
개념렌즈	목적에 따른 글의 유형	문학의 수용과 생산
질문	글을 통해 하고 싶은 이야기는 무엇인가?	
지식	마음을 표현하여 글을 쓰는 방법	이어질 내용을 상상하는 방법
기능	독자를 고려하여 표현하기	맥락을 이해하여 창작하기

수업 흐름	수행과제 제시	→	그림책 읽기	→	마음을 표현하여 글을 쓰는 방법 알기 / 이어질 내용을 상상하는 방법 알기	→	그림책 만들기	→	수행과제 발표하기	→	서술평가 자기평가

01. 우리는 왜 그림책을 써야 할까요?

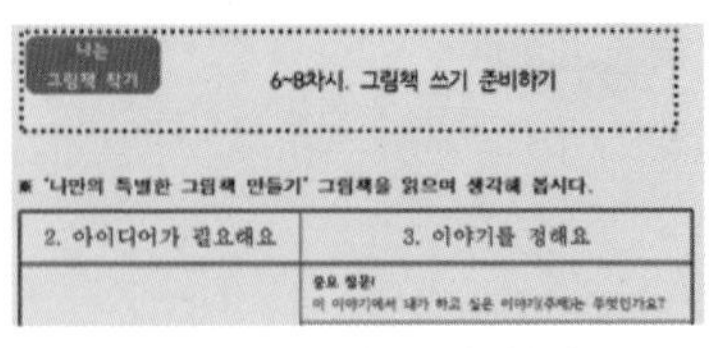
나는 그림책 작가

6~8차시. 그림책 쓰기 준비하기

■ '나만의 특별한 그림책 만들기' 그림책을 읽으며 생각해 봅시다.

2. 아이디어가 필요해요	3. 이야기를 정해요
	중요 질문! 이 이야기에서 내가 하고 싶은 이야기(주제)는 무엇인가요?

<그림 1> 그림책 만들기 학습지

수업을 시작하면서, 그동안 읽었던 그림책 중 가장 기억에 남는 그림책이 무엇인지 이야기를 나눈다. 학생들은 그림책 이름과 그 이유를 이야기하며 그림책과 관련한 경험을 이야기한다. 또 그림책을 읽었을 때 좋은 점이 무엇이며 그림책을 쓴다면 어떤 그림책을 쓰고 싶은지 이야기를 나눈다. 이야기를 마친 후 학생들에게 수행과제를 제시한다.

교사 그림책 만들기와 관련해서 어떤 생각이 드나요?

진달래 학생 작년에 5학년 언니들의 그림책 발표회를 봤었어요. 저도 그림책을 만들고 싶었어요.

물망초 학생 저는 그림책 만들기가 어려울 것 같아요.

02. 작가는 어떻게 글을 쓰나요?

수행과제 해결을 위해서『작가는 어떻게 책을 쓸까?』(아이린 크리스틀로, 보물창고)와『나만의 특별한 그림책 만들기』(현혜수, 풀과바람)를 읽는다.『작가는 어떻게 책을 쓸까?』에는 작가가 책을 쓰기 전에 아이디어 얻기부터 출판사에 의뢰하고 책을 출판하기까지 책이 만들어지는 모든 과정이 세세하게 담겨 있다. 수행과제 해결에 앞서 이 책을 읽는 이유는 글을 쓰는 과정이 쉽지 않음을 알려 주기 위해서다. 그리고『나만의 특별한 그림책 만들기』에는 그림책을 만드는 과정이 초등학생의 눈높이에 맞춰 담겨 있다. 학생들은 이 책을 통해 이번 배우게 될 단원의 흐름을 이해하게 된다.
그림책을 만드는 과정은 다음과 같다.

아이디어 떠올리기 ⇨ 이야기 정하기 ⇨ 정보 모으기 ⇨ 등장인물 만들기 ⇨ 배경 정하기 ⇨ 계획 세우기

책을 읽은 후 이 과정이 담긴 학습지를 제공하고 그 과정을 꾸준히 기록하도록 한다.

03-가.* 주제에 맞는 글을 쓰기 위해 어떤 준비를 해야 할까요?

마음을 표현하는 그림책을 만들기 위해 마음을 표현하는 글을 쓰는 방법을 익힌다.

* '가'는 3학년 수업, '나'는 4학년 수업을 의미한다.

국어 수업을 할 때 교과서 지문을 최대한 활용하고자 한다. 하지만 올해는 수업 참여도가 낮고 학습 부진이 누적되어 교과서 지문을 이해하는 데 어려움을 겪는 학생이 많다. 그래서 수행과제와 관련한 쉬운 책인 『친구에게』(김윤정, 국민서관)를 제시한다. 『친구에게』는 전하고 싶은 마음이 잘 드러나는 책이다. 학생들은 이 책을 읽고 이 책에 드러나는 감정들을 찾는다.

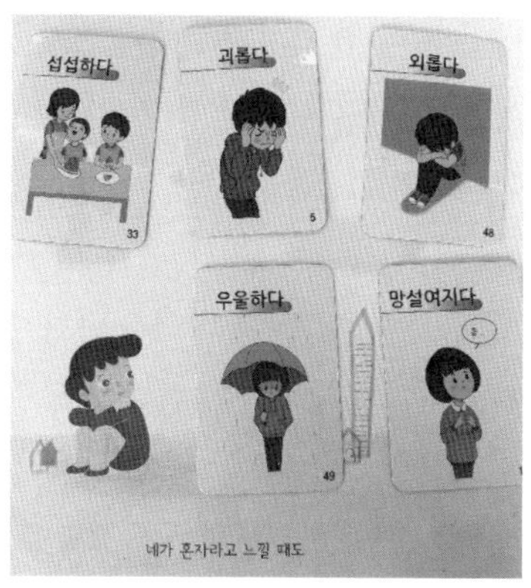

<그림 2> 그림책에 드러나는 감정 찾기

수업 이해도가 높아 글에 나타난 감정들을 잘 찾는 학생의 경우는 심화 활동으로 찾은 감정과 비슷한 다른 감정 표현을 더 찾아보도록 한다. 수업 이해도가 낮은 학생은 그림책 안에서 감정을 표현하는 단어를 찾아 표시하도록 한다.

이어지는 수업에서 교과서에서 제시하는 「어머니의 물감」을 읽고 감정을 찾아보도록 한다. 지문을 읽고 어떤 내용인지 쉽게 파악한다. 글에서 무엇을 이야기하고자 하는지 글 속 인물의 감정을 비교적 잘 찾고 이야기한다. 하지만 학생들이 사용하는 감정 표현은 단순하다. 이를테면 '화났다', '슬프다' 등 단순한 한두 가지 표현만 쓴다. 학생들에게 다양한 감정 표현이 있다는 것을 알려 주기 위해 감정 카드를 제시한다. 이야기에 드러나는 감정과 더 가까운 감정 표현 또는 비슷한 감정 표현을 찾도록 한다. 다양한 표현들을 찾고 나면 찾은 표현과 어울리는 자신의 경험을 자연스럽게 이야기한다.

이 과정을 통해 얼마나 학생들이 감정을 찾고 표현할 수 있는지 평가한다. 글과 어울리는 감정 단어를 잘 찾는 학생의 경우 수행과제를 잘 해결할 수 있을 것이라 판단하였고, 그렇지 않은 학생은 수행과제 해결이 어려울 것으로 판단하였다. 이를 통해 수행과제 해결이 어려울 것으로 예상되는 학생에게 어떤 도움을 제공할 것인지 연구하고 준비한다.

03-나. 주제에 맞는 글을 쓰기 위해 어떤 준비를 해야 할까요?

물망초 학생은 평소 누적된 학습 부진으로 교과서 지문을 이해하는 데 많은 어려움을 겪었다. 이러한 이유로 교과서에서 제시하는 글은 물망초 학생이 사건의 흐름을 이해하기에 어렵다. 사건의 흐름을 쉽게 찾고 다양한 이야기를 만들어 낼 기회를 제공하기 위해 『빨간 풍선의 모험』(옐라 마리, 시공주니어)을 학생과 함께 살펴본다.

『빨간 풍선의 모험』은 그림만 있고 글은 없는 그림책이다. 빨간 풍선이 변화하는 모습들을 살펴보며 각 장면에 어울리는 글을 생각하도록 한다. 생각한 글이 흐름에 맞는지 교사와 이야기를 나눈다. 이후 각 장면마다 포스트잇에 장면에 어울리는 글을 적어 붙이도록 한다. 다시 읽으며 이야기의 흐름에 적절한지 살펴보도록 하고 흐름에 맞지 않는 장면은 수정하게 한다. 이야기가 완성되면 그림책을 컬러 복사하여 학생에게 직접 글을 작성하도록 한다. 이를 제본하여 나만의 빨간 풍선의 모험 그림책을 완성한다.

이어지는 수업에서 3학년과 마찬가지로 교과서 지문을 활용하여 물망초 학생이 이야기의 흐름을 잘 파악하는지 확인한다. 5단원에서 제시하는 지문은 「까마귀와 감나무」와 「아름다운 꼴찌」 두 가지다. 「아름다운 꼴찌」는 이야기 전체가 실려 있지 않아 학생이 이야기의 흐름을 파악하기에 쉽지 않다. 그래서 「까마귀와 감나무」를 함께 읽고 이야기의 흐름을 잘 파악하는지 확인한다. 그리 어렵지 않은 지문임에도 「까마귀와 감나무」의 흐름을 파악하는 데 어려움을 겪었다.

3학년과 마찬가지로 교과서 지문을 해결하는 모습을 통해 이 학생이 수행과제를 해결할 수 있을지 판단한다. 교사는 학생이 글의 맥락을 이해하고 이어지는 내용을 상상하기 어려워하기 때문에 학생이 해결할 수 있는 수준의 책을 제시하기로 결정한다.

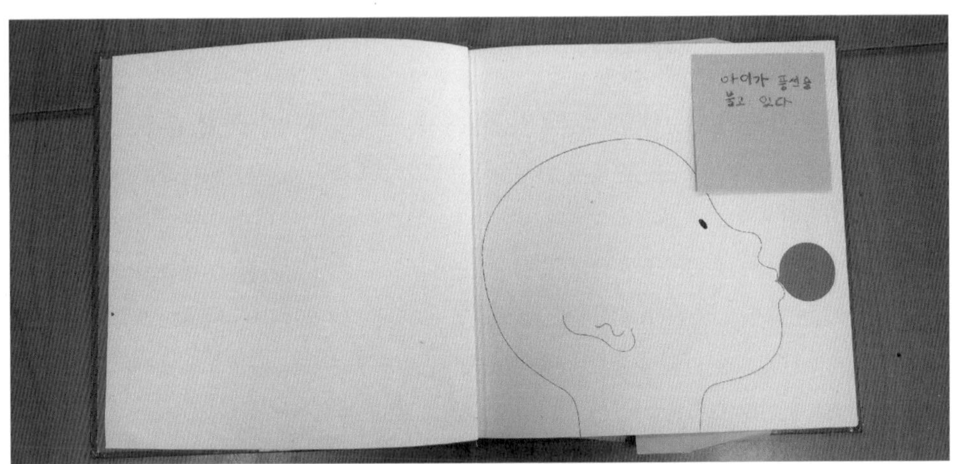

<그림 3> 앞 장면을 고려하여 장면에 어울리는 글쓰기

04-가. 내 그림책에서 무엇을 이야기하고자 하나요?

작년 5학년 학생들이 만들었던 그림책을 학생들에게 보여 준다. 이 그림책은 작년 5학년 학생들이 그림책 발표회를 통해 발표했던 책이기 때문에 3, 4학년 학생들에게도 익숙하다. 이 그림책을 함께 보며 그림책의 특징을 확인한다. 만들었던 그림책이 아닌 기존의 그림책을 활용해도 된다. 앞표지, 뒤표지, 속지 등 그림책을 자세하게 살펴보도록 한다.

살펴본 후 학생들에게 마음을 나누는 그림책이라는 주제를 제시한다. 앞의 수업시간 동안 마음을 표현하는 방법을 배웠으니, 마음을 표현하는 글을 써 보도록 한다. 진달래 학생은 작년 언니가 그림책 발표회를 본 기억을 떠올리며, 그림책을 만들고 싶었고 이 순간을 기다렸다고 이야기한다. 또 마음을 전하고 싶은 친구가 있다며 친구를 떠올리며 이야기를 적어 나간다.

개나리 학생은 이야기를 쓰지 않고 가만히 있다. 친한 학교 친구를 떠올려 보라고 하니 한 학년 아래의 동생을 이야기한다. 그 학생에게 편지를 쓴다고 생각하고 글을 써 보라고 제시한다. 오랜 시간 기다렸으나 쓰지 않아 감정 카드를 학생 앞에 펼쳐 준다. 많은 감정 카드 중에서 그 동생을 생각하면 떠오르는 감정 카드를 골라 보게 한다. 한참 고민하더니 '허전하다', '행복하다', '고맙다' 세 카드를 고른다.

교사 허전하다, 행복하다, 고맙다 카드를 골랐네요? 언제 허전했어요?

학생 작년엔 같은 반이었는데, 올해 다른 반이 되어 허전해요.

※ 1·2학년, 3·4학년, 5·6학년 복식학급으로 작년 1·2학년 학급에서 한 반이었다.

교사 언제 행복했어요?

학생 같이 놀 때 행복해요.

교사 언제 고맙다고 느꼈어요?

학생 저를 도와줄 때 고맙다고 느꼈어요.

교사 우리 개나리를 많이 도와줬나 봐요. 언제 도와줬어요?

학생 저번에 넘어졌는데, 절 일으켜 주었어요.

교사 이야~ 잘 이야기해 주었네요. 지금 이야기 한 내용으로 그림책 글을 써 봐요.

수행과제 해결을 어려워하는 학생: 맞춤형 수업

개별화 수업은 학생들의 학습 특성을 분석해서 학생의 개별적으로 가지고 있는 잠재력을 이룰 수 있도록 자세하고 효율적인 방식으로 배움을 계획하는 것이다. 개별화 수업은 학생들의 다양한 관점의 배움의 특성에 따라 수행 과정과 결과물이 다양하게 나타난다.

수행과제를 해결하기 어려워하는 학생의 경우 내용, 과정, 결과물을 학생의 수준에 맞게 제공한다. 이러한 과정에 반드시 필요한 것은 학생의 수준에 맞고, 학생의 탐구를 돕는 질문이다.

04-나. 내 그림책에서 무엇을 이야기하고자 하나요?

앞의 수업(03-나)을 통해 물망초 학생이 이야기의 흐름을 잘 파악하지 못하고, 이어지는 내용 또한 상상하기를 어려워한다고 느꼈다. 이에 교과서에 제시하는 이야기보다 더 쉽고 직관적이며 그림 또한 간단한 그림책인 『한 입만』(김선배, 한울림어린이)을 제시한다.

『한 입만』의 줄거리는 다음과 같다.

엄마와 함께 떡을 먹으려고 떡을 들고 가는 아이가 있다. 가는 길에 만난 여러 도깨비에게 떡을 나누어 주다 보니, 떡이 하나도 남지 않았다. 엉엉 울던 아이에게 도깨비들은 자신이 가진 것들을 나누어 주고 아이는 받은 것들을 엄마와 나누어 먹는다.

엉엉 우는 장면에서 읽기를 멈추고 학생에게 질문한다.

교사　이 뒤에는 어떤 내용이 이어질까요? 한번 상상해 봐요. 이 뒤에 이어지는 내용으로 그림책을 만들어 볼 거예요.

학생　아이가 도깨비를 다 죽여요.

이 학생이 왜 이렇게 이야기하였는지 궁금하였다. 탐구질문(본질적인 질문)을 학생에게 던졌다.

교사　네가 아이가 도깨비를 다 죽인다고 했는데 그 내용을 통해 네가 하고 싶은 이야기는 무엇인가요?

학생　… 없어요.

교사　다시 한 번 생각해 볼까요?

학생　남의 떡을 먹으면 천벌 받는다며 이야기할 것 같아요.

교사　앞의 이야기를 다시 살펴봐요. 떡은 누가 주었나요?

학생　아이가 주었어요.

교사　아이가 줘 놓고는 남의 떡을 먹었다며 이야기한다면 이야기의 흐름이 어떨까요?

학생　어색해요.

교사　그럼 다시 시작해 볼까요?

학생　도깨비들이 사과해요.

교사　그다음엔?

학생　계속 사과해요.

교사　그다음엔?

학생　아이를 엄마에게 데려다줘요.

교사　엄마가 어디에 계셨지요?

학생　…….

교사　앞의 이야기를 다시 살펴볼까요?

학생　밭에 계셔요.

교사　그래요. 도깨비가 밭에 계시는 어머니에게 아이를 데려다주었어요. 그다음엔?

학생　도깨비로 가니, 놀랄 것 같아 사람으로 변해요.

교사　오! 좋아요. 사람으로 변해서 데려다줬어요. 그다음엔?

학생　…….

교사　데려다주고 끝이에요? 떡을 다 먹었는데… 어떻게 하면 좋을까요?

학생　밭일을 도와줘요!

교사　와! 진짜 좋은 생각이네요! 이야기를 한번 정리해 볼까요?

학생　도깨비가 사과해요. 계속 사과해요. 그리고 밭에 있는 엄마에게 데려다줘요. 엄마가 놀라니 사람으로 변신해서 데려다줘요. 그러고는 엄마의 밭일을 도와줘요!

교사　이야, 정말 재미있는 이야기가 완성됐네요!

나눈 이야기를 정리하여 그림책의 글로 쓰도록 안내한다.

05. 글의 내용을 잘 표현하기 위해 그림책을 어떻게 만들어야 할까요?

학생들이 그림책에 들어갈 글을 완성하면, 페이지별로 글을 나누고 각 페이지에 어떤 그림을 그릴지 계획하도록 한다. 계획이 끝나면 A4용지에 글을 적어 인쇄하여 학생들에게 나누어 주고, 학생들은 받은 글이 적힌 A4용지 위에 그림을 그린다. 그림을 모두 그리기에 모자라는 시간은 아침시간, 쉬는 시간을 활용한다. 그림을 잘 그리는 것이 중요하지 않음을 강조한다. 그리기 실력이 많이 부족한 학생이 있어 학생들끼리 도움을 주기도 한다. 물망초 학생은 그림을 그리기 어려워하여 미술 강사 선생님의 도움을 받았다. 미술 강사 선생님은 학생의 그림 계획을 보고 밑그림만 그려주고 물망초 학생은 네임펜으로 밑그림을 진하게 그린 후 색칠하여 그림을 완성한다.

<그림 4> 물망초 학생의 그림책 중 한 장면

A4 종이에 글과 그림이 완성되면 글과 그림에 어울리는 앞표지, 뒤표지, 속지(앞 2장, 뒤 2장)를 그리도록 한다. 실제와 같은 느낌을 주도록 교사가 작가 소개, 작가의 말 등도 함께 제작해 준다. 교사가 학생에게 자신이 만든 책의 가격이 얼마인지 물어보고 바코드와 함께 가격을 인쇄해서 주어 뒤표지를 만들도록 한다. 이렇게 각각의 A4용지에 만들어진 그림책 원고는 스캔하여 포토북 업체에 제작을 의뢰한다.

06. 그림책의 이야기는 어떻게 하면 잘 전달할 수 있을까요?

그림책이 완성된 후 미술 시간을 활용하여 안내 포스터, 발표회 초대장을 제작한다. 안내 포스터는 학교의 복도 벽면에 붙이고, 발표회 초대장은 각 가정과 전교생에게 보내어 발표회를 알린다. 자신 있는 발표를 위해 자신의 책을 앞에서 여러 번 읽어 보는 연습을 하도록 한다. 발표회를 본 사람들이 자신의 느낀 점, 의견 등을 남길 수 있도록 방명록을 준비한다.

전교생, 선생님, 부모님이 모인 자리에서 자신의 책을 발표한다. 학생들은 떨리는 표정으로 발표에 참여한다. 발표를 들어준 전교생, 선생님, 학부모는 학생들의 발표를 들은 후 방명록을 작성한다. 학부모의 방명록을 살펴보면 '개나리는 민들레를 좋아하는구나'라는 소감이 있다. 이 소감을 개나리 학생과 함께 읽으며 개나리 학생의 마음이 읽는 독자에게도 잘 전달되었음을 확인시켜 준다.

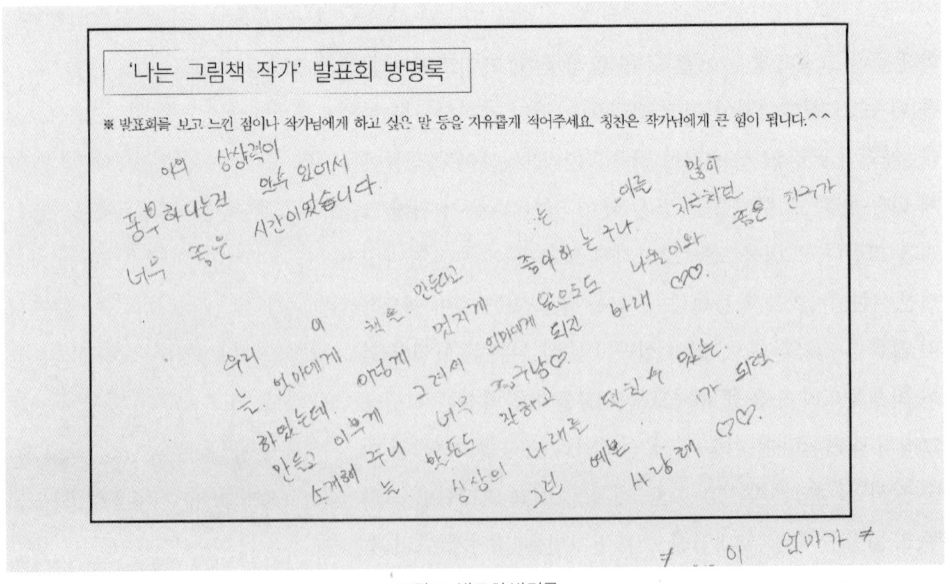

<그림 5> 발표회 방명록

07. 이 단원을 통해 무엇을 이해했나요?

단원을 마친 후 학생들은 그림책을 만들고 나서 느낀 점을 쓴다. 학생들이 단원을 공부하며 알게 된 점, 느낀 점 등을 구체적으로 적도록 한다. 예를 들면 '~을 잘 알게 되었다'가 아니라 '~는 ~라는 것을 알게 되었다'의 형태로 작성하도록 한다. 감정을 적을 때도 '좋았다'에서 끝나지 않고 어떤 구체적인 상황에서 어떤 느낌이 들었는지 적도록 한다. 느낌이 잘 기억이 나지 않는다고 할 때 감정 카드를 펴 놓고 살펴본 후 다시 작성할 수 있도록 안내한다.

진달래 학생은 단원을 마친 후 그림책 만들기의 고단함과 발표회의 뿌듯함을 주로 이야기하였다. 많은 문장 중 눈길이 가는 문장은 '주제를 정은이와 나로 정하고 감정을 이용해 만들었다'이다.

이 단원에서 가장 중요한 성취기준은 '[4국03-04] 읽는 이를 고려하며 자신의 마음을 표현하는 글을 쓴다'이다. 이 성찰일지와 수행과제 결과물인 그림책을 통해 학생이 성취기준에 도달하였음을 알 수 있었다.

4학년 학생은 4학년 학생이 물망초 학생 혼자인 데다 학습 부진을 겪고 있어 무엇을 달성하고 성취하는 경험이 적었다. 이번 단원의 앞의 이야기와 자연스럽게 연결한 이야기를 써 그림책을 만들어 뿌듯함을 느끼고 있다는 것을 알게 되었다. 이어 발표회를 마친 후 자신감을 많이 가지게 되었음을 알게 되었다.

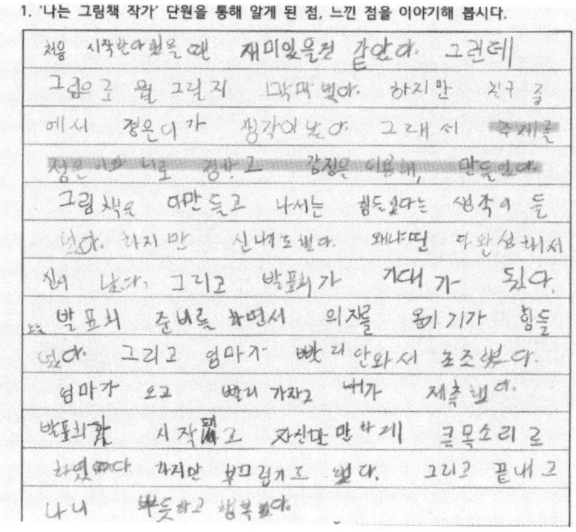
1. '나는 그림책 작가' 단원을 통해 알게 된 점, 느낀 점을 이야기해 봅시다.

처음 시작한다했을 땐 재미있을건 같았다. 그런데
그림으로 뭘 그릴지 막막했다. 하지만 친구 중
에서 정은이가 생각이 났다. 그래서 주제를
정은이와 나로 정하고 감정을 이용해, 만들었다.
그림책을 다만들고 나서는 힘들었다는 생각이 들
었다. 하지만 신나기도 했다. 왜냐면 다 완성해서
신이 났다. 그리고 발표회가 기대가 됐다.
발표회 준비를 하면서 의자를 옮기기가 힘들
었다. 그리고 엄마가 빨리 안와서 초조했다.
엄마가 오고 빨리 가자고 내가 재촉했다.
발표회가 시작되고 자신만만하게 큰목소리로
하였는데 하지만 부끄럽기도 했다. 그리고 끝내고
나니 뿌듯하고 행복했다.

<그림 6> 3학년 진달래 학생 자기 성찰지

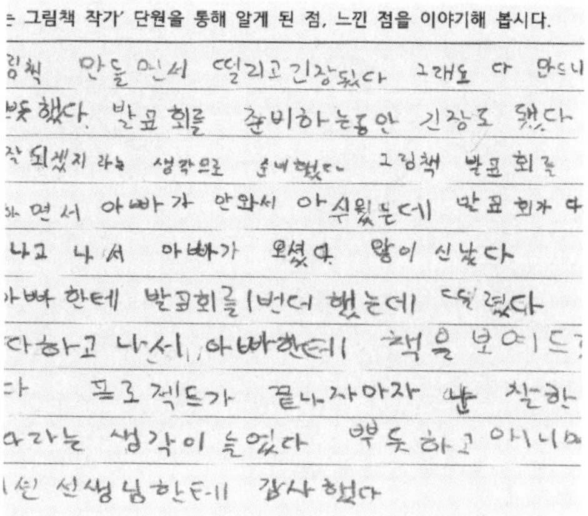
는 그림책 작가' 단원을 통해 알게 된 점, 느낀 점을 이야기해 봅시다.

림책 만들면서 떨리고 긴장됐다 그래도 다 만드니
뿌듯했다. 발표회를 준비하는동안 긴장도 됐다
잘 되겠지 라는 생각으로 준비했다 그림책 발표회를
하면서 아빠가 안와서 아쉬웠는데 발표회가 다
끝나고 나서 아빠가 오셨다. 많이 신났다
아빠한테 발표회를 1번더 했는데 떨렸다
다하고 나서, 아빠한테 책을 보여드렸
다 프로젝트가 끝나자마자 난 잘한
다라는 생각이 들었다 뿌듯하고 아니며
선생님한테 감사했다

<그림 7> 4학년 물망초 학생 자기 성찰지

Unit 3 학생 이해의 증거

01. 이해의 증거_EVIDENCE

측면	설명	해석	적용		관점	공감	자기 지식
확인	증거 ❸	-	증거 ❶	증거 ❹	-	-	증거 ❷
	그림책 발표하기 (3, 4학년)	-	그림책 . (3, 4학년)	맥락에 맞는 글쓰기(4학년)	-	-	자기평가 (3, 4학년)

02. 수행과제 결과물: 학생별 그림책(증거 ❶)

진달래 학생 그림책 앞표지

너와 같이 학교를 가고 싶지만 못 가서 쓸쓸해

진달래 학생 그림책 뒤표지

그림책 글. 정은이가 없으면 허전해. 근데 넌 지금 무얼 할까? 잠시 생각에 빠져.
너와 같이 학교를 가고 싶지만, 너와 같이 못 가서 쓸쓸해.
너를 만나러 가는 길에 나는 설레서 가슴이 콩닥콩닥 뛰어.
너와 함께해서 행복해.

개나리 학생 그림책 앞표지

마음을 표현한 그림책 내용

그림책 글. ○○가 □□에게
□□과 반이 갈라져서 나는 허전해
삼총사 놀이를 해서 나는 행복해
나를 도와줄 때 나는 고마워

이어지는 내용을 상상한 그림책

그림책 글. 미안한 도깨비들이 아이를 밭에 신나게 데려다줬어. 룰루랄라.
도깨비들이 엄마가 놀랄 것 같아 사람으로 변신했어.
떡을 먹은 도깨비들이 밭일을 도와주었어.
엄마와 아이는 무사히 잘 만났어.

03. 그 밖의 증거: 형성평가, 자기평가

1. '나는 그림책 작가' 단원을 통해 알게 된 점, 느낀 점을 이야기해 봅시다.

처음 시작한다 했을 때 재미있을 것 같았다. 그런데
그림으로 뭘 그릴지 막막했다. 하지만 친구 중
에서 정운이가 생각이 났다. 그래서 주제를
정운이와 나로 정하고 감정을 이용해, 만들었다.
그림책을 다만들고 나서는 힘들었다는 생각이 들
었다. 하지만 신나기도 했다. 왜냐면 다 완성해서
신이 났다. 그리고 발표회가 기대가 됐다.
발표회 준비를 하면서 의자를 옮기기가 힘들
었다. 그리고 엄마가 빨리 안와서 초조했다.
엄마가 오고 빨리 가자고 내가 재촉했다.
발표회가 시작되고 자신만만하게 큰목소리로
하였다 하지만 부끄럽기도 했다. 그리고 끝내고

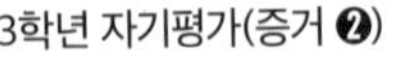

3학년 자기평가(증거 ❷)

1. '나는 그림책 작가' 단원을 통해 알게 된 점, 느낀 점을 이야기해 봅시다.

그림책 만들면서 떨리고 긴장됐다 그래도 다 만드니까
뿌듯했다. 발표회를 준비하는동안 긴장도 됐다
잘 되겠지 라는 생각으로 준비했다 그림책 발표회를
하면서 아빠가 안와서 아쉬웠는데 발표회가 다
끝나고 나서 아빠가 오셨다 많이 신났다
아빠한테 발표회를 1번더 했는데 떨렸다
다하고 나서, 아빠한테 책을 보여드렸
다 프로젝트가 끝나자마자 난 잘한것
같다라는 생각이 들었다 뿌듯하고 아니메
이션 선생님한테 감사했다

4학년 자기평가(증거 ❷)

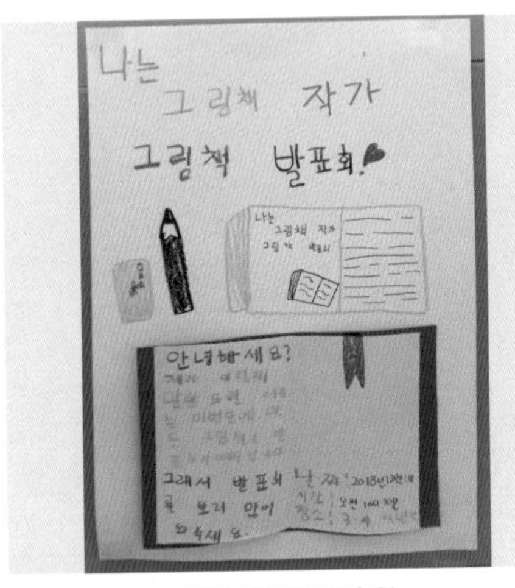

그림책 발표하기(증거 ❸)

형성평가(증거 ❹)

04. 교사의 학생 성장 기록

	꽃	새싹	씨앗
나는 그림책 작가		○	

마음을 표현하는 글을 써서 그림책을 만들었습니다. 평소 마음을 잘 표현하지 않았지만, 글을 쓰기 위해 감정 카드를 활용해 친한 친구에게 느끼는 감정을 잘 찾고 이를 표현하였습니다. 그림책에 친한 친구에게 느끼는 감정이 잘 드러나 있습니다. 다만 수업에 적극적으로 참여하는 자세가 필요합니다.

Unit 4 교사의 반성과 성찰

Q1. 복식 국어 수업에는 어떤 어려움이 있을까?

복식학급을 운영하면 많은 어려움이 있다. 가장 큰 어려움은 두 수업을 한 수업시간에 해야 한다는 것이다. 단순하게 나누면 각 학년의 수업을 20분 동안만 수업해야 한다. 매 수업시간 어려움을 겪었고 이러한 문제를 해결하기 위한 다양한 방법을 찾았다. 그중 하나가 백워드 설계였다. 3, 4학년 교육과정을 분석하고 비슷한 개념을 가진 단원을 찾아 묶은 후 하나의 수행과제를 제시하는 방법으로 복식 백워드 단원을 설계하였다.
3학년 4단원의 영역은 쓰기, 4학년 5단원은 문학으로 영역은 다르다. 하지만 글쓰기라는 개념으로 묶을 수 있었고, '글은 마음과 생각을 표현하는 도구다'라는 이해를 찾게 되었다. 3, 4학년 1학기 국어과 단원을 살펴보면 비슷한 개념 또는 주제를 가진 단원이 많다.

개념 또는 주제	3학년	4학년
독서	독서 단원	독서 단원
재미있는 표현	1. 재미가 톡톡톡	1. 생각과 느낌을 나누어요
간추리기	5. 중요한 내용을 적어요.	2. 내용을 간추려요
상황에 맞는 표현	3. 알맞은 높임 표현	3. 느낌을 살려 말해요
의견	8. 의견이 있어요	4. 일에 대한 의견
마음 또는 생각을 표현하기	4. 내 마음을 편지에 담아	5. 내가 만든 이야기
사전	7. 반갑다, 국어사전	7. 사전은 내 친구

교사의 의도에 따라 비슷한 단원을 묶고 하나의 수행과제를 제시한다면 나누어진 두 수업을 하나의 수업 안에서 수준이 다른 두 그룹으로 나누어 지도하는 것이 가능하다.

Q2. 수행과제를 해결하기 어려워하는 학생에게 어떤 도움을 제공할 수 있을까?

형성평가를 마치고 난 뒤 수행과제를 해결할 때, 쉽게 해결하는 학생이 있는 반면 수행과제 해결을 어려워하는 학생들이 있다. 이런 학생들에게 여러 가지 피드백을 하고 나면 학생의 결과물이 온전히 학생의 것인지 의문이 들 때가 많다. 지속적으로 많은 피드백을 하다 보면 학생들은 교사의 피드백만을 기다리며 스스로 탐구하고자 하지 않는다.

이 단원에서도 그림책 만들기의 기본 단계인 글쓰기를 어려워하는 학생들이 있었다. 물망초 학생의 경우 이어지는 내용을 이야기의 흐름에 맞게 상상하여야 하는데 흐름과 관계없이 떠오르는 생각을 이야기했다. 이때 학생에게 본질적인 질문인 '글을 통해 무엇을 이야기하고 싶나요?'를 지속적으로 질문하였다. 그리고 교사의 다양한 질문들을 통해 학생은 자신의 생각과 글이 맥락과 맞는지 점검하고 탐구하게 되었다.

이처럼 학생이 수행과제 해결 과정에서 어려움을 겪는다면 쉬운 해결책을 제시하지 않고 본질적인 질문들을 던져 수행과제 해결을 도울 수 있다. 이러한 질문들은 수행 결과물이 온전히 학생의 탐구 과정에서 만들어질 수 있도록 돕는다.

5, 6학년 복식 체육

IB-PYP How We Organize Ourselves

경쟁 경기를 유리하게 전개하기 위해서는
기능과 전략이 필요하다.

교사 강석현

[복식학급]

5학년 2학기 체육 3. 경쟁(천재교과서)

6학년 2학기 체육 3. 경쟁(천재교과서)

5, 6학년 복식 체육과 백워드 교육과정 설계

[1단계] 단원의 목표 찾기: 왜 배워야 할까요?

<table>
<tr><td>단원명</td><td colspan="4">5학년 2학기 체육 3. 경쟁 / 천재교과서(11차시)
6학년 2학기 체육 3. 경쟁 / 천재교과서(11차시)</td></tr>
<tr><td>단원 개요</td><td colspan="4">경쟁 영역은 필드형 게임과 네트형 게임에 참여하여 상대와 능력을 겨루는 경쟁의 과정을 체험하고 자기가 맡은 역할을 완수하며 타인을 이해하고 배려하는 과정을 통해 선의의 경쟁을 경험하는 것을 목적으로 한다.</td></tr>
<tr><td>성취기준</td><td colspan="4">[6체03-05] 네트형 게임을 종합적으로 체험함으로써 네트 너머에 있는 상대의 빈 공간에 공을 보내 받아넘기지 못하게 하여 득점하는 네트형 경쟁의 개념과 특성을 탐색한다.
[6체03-06] 네트형 게임의 기본 기능을 탐색하고 게임 상황에 맞게 적용한다.
[6체03-07] 네트형 게임 방법에 대한 이해를 바탕으로 게임을 유리하게 전개할 수 있는 전략을 탐색하고 적용한다.
[6체03-08] 네트형 경쟁 활동에 참여하면서 다른 사람들의 입장을 이해하고 공감하며 게임을 수행한다.</td></tr>
<tr><td>개념</td><td colspan="4">경쟁</td></tr>
<tr><td>영속적인 이해</td><td colspan="4">경쟁 경기를 유리하게 전개하기 위해서는 기능과 전략이 필요하다.</td></tr>
<tr><td>지식과 기능</td><td>지식</td><td>족구 기능, 방법과 전략</td><td>기능</td><td>분석하기, 경기 수행하기</td></tr>
<tr><td>본질적 질문</td><td colspan="4">족구 경기를 유리하게 이끌기 위해서는 어떻게 해야 할까?</td></tr>
</table>

[2단계] 단원평가 정하기: 배움을 어떻게 확인할 수 있을까요?

01. 수행과제_GRASPS

교과 역량 | 경기 수행 능력

Goal	목표	족구 경기를 유리하게 전개하기 위한 전략 세우고 경기에 참여하는 것	
Role	역할	족구 플레잉 코치	
Audience	대상/청중	같은 팀원	
Situation	문제 상황	족구 경기를 어려워하는 팀원들이 원활한 족구 경기를 하지 못하는 상황	
Product	결과물	경기 장면, 족구 작전판에 전략을 세워 설명하기	
Standards	기준	지식	족구 기능, 방법과 전략
		기능	분석하기, 경기 수행하기

02. 학생 참여 시나리오와 배경_STORY

PBL | 족구 경기는 어떻게 이길 수 있을까요?

여러분은 지금까지 배구, 야구, 배드민턴과 같은 손으로 하는 종목들은 많이 경험해 왔기 때문에 잘할 수 있어요. 그런데 족구 경기를 해 보니 공을 잘 주고받지 못해 원활한 경기 진행에 어려움을 겪고 있어요. 이제 여러분은 플레잉 코치가 되어 족구 경기를 원활하게 진행하고 경기를 유리하게 이끌기 위해 노력해 보도록 해요. 플레잉 코치로서 훈련을 계획하고 실제 족구 경기에 참여하여 경기를 유리하게 이끌어 보도록 해요. 경기를 유리하게 이끌기 위해 필요한 기능과 전략을 찾아 주세요.

교육 환경과 교사 의도

❶ **지리 환경**: 안동시, 읍면 지역, 농촌 지대

❷ **학교 규모**: 6학급, 각 학년 1학급

❸ **교실 구성**: 5학년 3명(남 1, 여 2), 6학년 5명(남 3명, 여 2명)

❹ **학생 실태**: 총 인원 8명으로 학생 수가 적다. 손을 사용하는 운동은 잘하는 편이지만, 발을 사용하는 운동은 거의 경험해 보지 못하였다. 남학생과 여학생의 운동 능력은 비슷하다.

❺ **교사 의도**: 학생들이 스스로 기본 기능 숙달의 필요성을 느끼고 이를 익히고자 노력하게 한다. 또한 득점을 하려면 전략을 세워야 함을 알고 팀 상황에 맞는 전략을 세울 수 있도록 하며 이를 실제 경기 상황에 플레잉 코치가 되어 활용할 수 있도록 하는 수행과제를 제시한다.

03. 평가준거_RUBRIC

구조	기준	꽃(습득)	새싹(습득 중)	씨앗(미습득)
지식	족구 게임 진행에 필요한 규칙과 기본 기능을 알고 있는가?	족구 게임 진행에 필요한 규칙과 기본 기능을 알고 상황에 맞게 설명할 수 있다.	족구 게임 진행에 필요한 규칙과 기본 기능을 알고 설명할 수 있다.	족구 게임의 규칙과 기본 기능을 파악할 수 있다.
기능	족구 게임 상황을 분석하고 경기를 수행할 수 있는가?	족구 게임 상황을 분석하고 경기 상황에 맞게 경기를 수행할 수 있다.	족구 게임 상황을 분석하고 경기를 수행할 수 있다.	교사의 도움을 받아 족구 게임 상황을 분석할 수 있다.
수행	족구 게임에서 팀이 득점하기 위한 전략을 세울 수 있는가?	족구 게임을 유리하게 이끌기 위해 팀을 분석하고 전략을 세워 수행할 수 있다.	족구 게임을 유리하게 이끌기 위해 팀을 분석하고 전략을 세울 수 있다.	교사의 도움을 받아 족구 게임을 유리하게 이끌기 위한 전략을 세울 수 있다.
자기	족구 게임에서 다른 사람의 입장을 이해하고 공감하며 게임에 참여하는가?	족구 게임에서 다른 사람의 입장을 이해하고 공감하여 게임에 참여할 수 있다.	족구 게임에서 다른 사람의 입장을 이해하고자 노력한다.	족구 게임에서 다른 사람의 입장을 이해하지 못한다.

[3단계] 단원 수업 구성하기: 학생들은 무엇을 배울까요?

01. 교수·학습_WHERETO

교수·학습 활동(안내 질문)	계열화	평가 증거
1. 나는 족구를 잘 알고, 잘할 수 있나요? 가. 족구는 어떤 규칙으로 진행되는 운동이며, 나의 공 다루는 기능은 어떤가?	W, H, E1	진단평가 ▸ 퀴즈, 실기평가
2. 무엇을 훈련해야 할까요? 가. 족구 경기에서 어떤 어려움을 겪고 있으며, 우리의 수행과제는 무엇인가?	W, H, R	
3. 어떻게 하면 족구 기본 기능을 익힐 수 있을까요? 가. 족구 서브는 어떻게 해야 할까? 나. 족구 수비, 헤딩은 어떻게 해야 할까? 다. 나에게 부족한 기본 기능은 무엇일까? 라. 족구 경기를 원활하게 진행하려면 어떤 계획을 세워야 할까?	E1, R, T	형성평가 ▸ 실기 및 자기평가
4. 족구 경기를 유리하게 전개하려면 어떻게 해야 할까요? 가. 족구 경기를 유리하게 전개하려면 어떤 전략을 세워야 할까?	E2	총괄평가 ▸ 수행과제
5. 나의 족구 실력은 향상되었나요? 가. 나의 족구 실력은 향상되었을까?	E2, R	총괄평가 ▸ 자기평가

5, 6학년 체육과 백워드 교육과정 실천

단원 설계의 조직과 계열_Organize

CBC | 경쟁

이해	경쟁 경기를 유리하게 전개하기 위해서는 기능과 전략이 필요하다.	
수행	플레잉 코치가 되어 족구 경기를 유리하게 전개하기 위한 전략 세우고 수행하기	
개념렌즈	경쟁	
질문	어떻게 하면 족구 기본 기능을 익힐 수 있을까?	족구 경기를 유리하게 전개하려면 어떻게 해야 하는가?
지식	족구 방법	족구 전략
기능	족구 기본 기능	족구 전략 수행하기

수업 흐름: 규칙 알기 → 기능 진단하기 → 모의 경기하기 → 훈련 계획 세우기 → 기본 기능 익히기 → 전략 세우기 → 족구 경기하기 → 서술평가 자기평가

01. 나는 족구를 잘 알고, 잘할 수 있나요?

학기 초 학생들에게 네트형 경쟁에서 배우고 싶은 종목을 물어보았다. 학생들은 배드민턴, 족구, 배구 중 족구를 선택했다. 배드민턴과 배구는 방과 후 시간에 많이 접해 왔던 터라 새로운 종목을 배우기를 원했다.

수업 시작 전, 족구 규칙을 담은 영상을 편집하여 유튜브에 올려두고 학생들에게 사전 시청 후 수업에 참여할 수 있도록 한다. 학생들은 영상을 시청하고 궁금한 점을 학습지에 적어 온다. 수업을 시작하고 족구 규칙 이야기를 나눈다. 혹시 서로 다르게 이해한 규칙이 있는지 이야기한다.

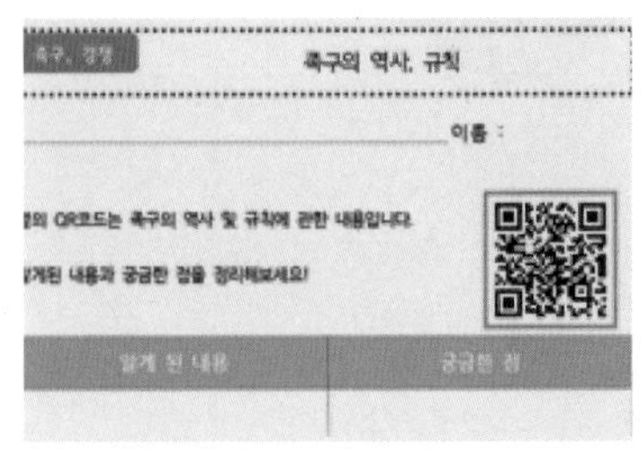

<그림 1> 족구 규칙 학습지

학생들과 이야기 나눈 족구 규칙

1. 서브는 선 밖에서 하며, 네트에 맞더라도 공이 넘어가면 계속 진행한다.
2. 한 팀은 4명으로 구성한다.
3. 한 팀 안에서 공과 선수의 접촉 횟수는 3회 이내이다.
4. 무릎 아래와 머리 부분만 사용할 수 있다.

학생들은 방과 후 활동에서 배구를 많이 접해 보았기 때문에 배구를 좋아하는 편이다. 특히 학생들이 하는 배구의 규칙은 족구 규칙과 비슷해 족구 규칙에 대한 이해가 빠르다.

규칙 이야기를 나눈 후 학생들의 기본 기능을 진단하기 위해 교과서에 제시된 공 제기차기를 한다. 공 제기차기는 한 모둠이 원형으로 서서 공을 주고받는 놀이다. 공을 차서 바닥에 한 번 튀게 하여 이어 주어야 하며 족구와 동일하게 무릎 아래와 머리만 활용할 수 있다. 패스한 횟수가 점수가 되며 15점을 먼저 획득한 모둠이 승리하게 된다. 공 제기차기는 활용할 수 있는 신체 부위가 족구와 같은 등 족구 규칙과 비슷한 부분이 많아 족구 단원의 진단 평가로 활용하기 좋다. 이러한 규칙을 안내하고 8명 학생이 4명씩 두 팀으로 나누어 놀이를 시작한다. 평소 발을 쓰는 운동을 해 본 경험이 적어 4점을 획득하기도 쉽지 않다.

02. 무엇을 훈련해야 할까요?

지난 시간에 이야기 나눈 족구 규칙을 이해하고 있는지 확인하기 위해 간단한 O, X 골든벨을 한다. 알고 있던 규칙과 더불어 새로운 문제 상황을 제시하여 족구 규칙을 더 세밀하게 이해하도록 돕는다.

준비운동을 마친 후 바로 족구 경기를 시작한다. 족구 경기를 처음 경험한 학생들은 다양한 어려움을 호소한다. 계속된 서브 실패, 공이 넘어가더라도 공을 받지 못해 제대로 된 족구 경기가 이루어지지 않는 상황에도 계속 경기를 진행한다. 계속 경기를 진행하게 되면 학생들은 자신들에게 부족한 기능을 깨닫게 되어 필요한 훈련과 상황에 맞는 규칙을 만들어 낼 수 있기 때문이다. 학생들은 서브 규칙을 바꾸어도 되느냐고 교사에게 물어본다.

학생들 선생님! 서브만 하다 끝나겠어요. 룰을 바꿔요!

선생님 그래요? 어떻게 바꿀까요?

학생 1 서브를 가까이서 해요.

학생 2 배구처럼 손으로 쳐서 줘요.

학생 3 손으로 던져 줘요.

선생님 그럼 많은 아이디어가 나왔는데 어떻게 해 볼까요?

학생들 손으로 던져 줘요.

<그림 2> 족구 규칙 골든벨

협의 결과 서브는 손으로 던져 주기로 결정되었다. 하지만 운 좋게 서브를 넣더라도 넘어간 공을 반대편에서 받지 못한다. 그래도 경기를 계속 진행하니 아주 가끔 세 번 안에 상대방의 코트로 공을 넘기는 경우가 나타난다. 그렇게 두 세트 경기를 마치고 학생들과 경기에 대한 소감을 나눈다.

선생님 해 보니 어땠어?

학생 A 어려웠어요.

학생 B 재미있었어요.

학생 C 연습이 필요해요.

학생 D 서브를 못하니까 게임이 안돼요.

학생 E 공을 못 받겠어요.

학생 F 헤딩도 안돼요.

이러한 어려운 점을 모두 기록하고, 이러한 문제를 해결하기 위해 수행과제를 제시한다. 학생들에게 선수 겸 감독인 플레잉 코치로서 훈련을 구상하고 참여하며 실제 족구 경기에서 플레잉 코치의 역할을 수행할 것이라고 안내한다. 그리고 앞의 연습 경기는 모두 촬영하여 편집 후 유튜브(https://www.youtube.com/watch?v=YsKC3U9FE5g&t=16s)에 올려 학생들이 자신의 경기 모습을 볼 수 있도록 한다. 경기를 보고 플레잉 코치로서 어떤 훈련이 필요할지 구체적으로 고민해 오도록 한다.

자신의 모습을 되돌아보고 성찰할 수 있는 기회 제공하기

수업을 마치고 나면 학생들은 지난 수업에서 자신이 어떻게 활동에 참여했는지 객관적으로 파악할 수 없다. 이때 활동 모습을 촬영하여 제공한다면 학생들이 객관적으로 자신의 모습을 되돌아볼 수 있다. 이러한 과정은 거꾸로 수업(Filpped Learning)과 동일하게 학생들의 탐구를 돕고 수업시간을 효율적으로 활용할 수 있도록 한다.

03. 어떻게 하면 족구 기본 기능을 익힐 수 있을까요?

수업 시작 전에 보고 온 연습 경기 영상 이야기를 나눈다. 서브와 수비가 부족하다는 이야기를 한다. 그렇다면 어떤 훈련을 해야 서브와 수비 실력이 좋아질지 이야기를 나눈다.

가장 먼저 학생들은 서브 훈련을 제안했다. 많은 학생이 줄지어 선 후 한 명씩 서브하고 선생님은 공을 받아 다시 넘겨주는 훈련을 하자고 제안한다. 교과서에는 칸을 나누어 점수를 주는 훈련을 제안하고 있지만 현재 우리 5, 6학년 학생들은 공을 넘기지 못하고 있으므로 학생들 스스로 간단한 훈련을 제안한다. 서브할 때 교사가 서브하는 방법을 구체적으로 안내하지 않고 학생들이 탐구할 수 있는 시간을 제공한다. 서브할 때 발의 여러 부분을 활용하여 서브해 보도록 하고 발의 어떤 부위에 공을 맞춰야 정확한 서브가 될지 이야기를 나눈다. 학생들은 여러 번의 연습을 통해 발등 또는 발 안쪽 부분이 좋다는 의견을 이야기한다. 이와 같은 방법으로 서브를 할 때 가장 좋은 자세를 학생들이 찾도록 유도한다.

두 번째 훈련을 시작하기 전, 반성일기를 작성하도록 한다. 반성일기에는 자신에게 부족한 점과 수업 중 생각해야 할 점을 쓰도록 한다. 이를 통해 학생들이 지속적으로 고민하면서 수업에 참여할 수 있도록 한다. 두 번째 훈련 시간에는 발로 공 받기를 한다. 한 사람은 공을 던지고, 다른

일자	나에게 부족한 점	오늘 수업에서 생각하여야 할 점	수업 후 느낀 점, 생각
12/5	서브가 넘어가지 않는다.	발 안, 발 등에 맞도록 노력.	힘만 더 세면 될 것 같다.
12/6	서브가 〃	힘조절, 나에게 맞는 서브 동작 찾기	빨리 나에게 맞는 서브 동작을 찾아 서브는 항상 성공하게 하도록 노력할 것 이다.

<그림 3> 반성일기

한 사람은 던져진 공을 발로 높게 차올리는 연습을 한다. 기능이 좋은 학생이 그렇지 않은 학생을 도와주도록 한다. 연습을 마치고 시간이 남으면 족구 연습 경기를 한다. 학생들은 족구 연습 경기를 통해 자신의 실력이 향상됨을 느끼고, 또한 다른 부족한 점을 찾아 새로운 훈련의 필요성을 느낀다.

세 번째 훈련 시간에는 헤딩 훈련을 한다. 머리의 어떤 부위로 공을 받아야 할지 이야기를 나눈다. 학생들은 이마, 정수리 두 가지 방법을 이야기하여 두 가지 모두 활용해 공을 받는 연습을 한다. 학생들은 몇 번 연습하니 이마를 활용하면 더 정확하게 받을 수 있다는 판단을 한다. 이와 같은 방법으로 학생들과 함께 좋은 헤딩 자세를 찾는다.

이어서 족구 기본 기능을 잘 익혔는지 실기평가한다. 기존에는 토스와 공격까지 모두 익히기가 목표였지만 학생들의 기본 기능을 익히는 속도가 느려 서브, 발로 받기, 머리로 받기의 세 가지 기능만 평가한다. 각 기능을 다섯 번씩 평가하며 ○, △, X의 세 단계로 평가한다. 예를 들어 서브를 좋은 자세로 하였으며 공도 적절한 위치에 보내면 ○를, 좋은 자세였지만 공을 약간 짧게 또는 길게 보내면 △를 체크하도록 한다. 그리고 △, X를 체크할 때는 왜 그러한지 구체적인 이유를 학생에게 바로 이야기한다. 평가가 끝나면 평가 결과를 확인하고 학생 스스로 부족한 점을 찾도록 한다.

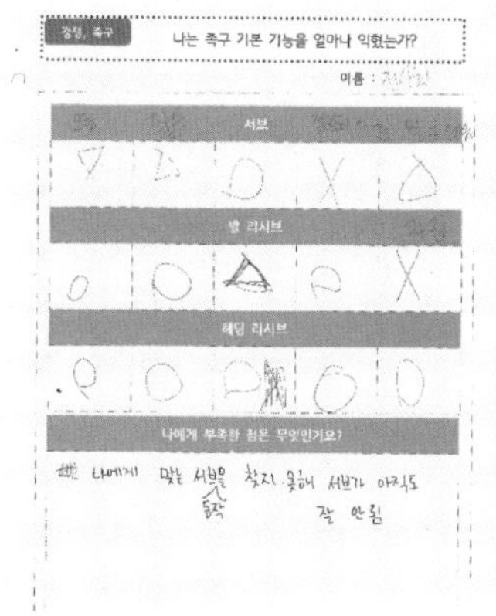

<그림 4> 족구 기본 기능 평가 결과

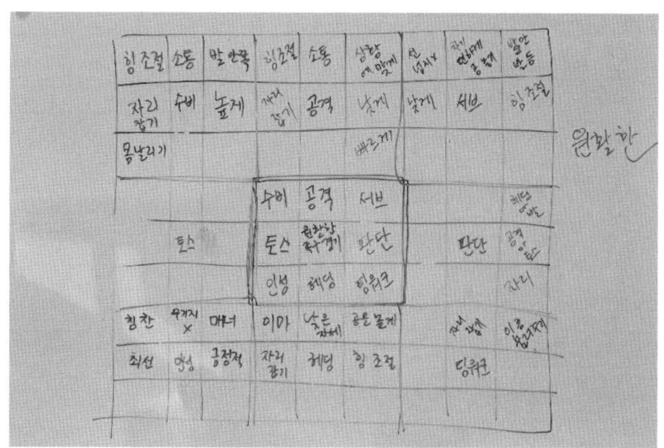

<그림 5> 원활한 족구 경기를 위한 만다라트

이어서 원활한 족구 경기 진행이라는 목적을 달성하기 위해 만다라트* 기법을 활용한다. 만다라트의 빈칸을 함께 채우며 족구 경기를 원활하게 하도록 하는 계획을 함께 세운다. 만다라트의

* 목적을 달성하는 기술로 목표 관리법 중 하나.

가운데에는 목표인 '원활한 족구 경기'를 넣고 나머지 8칸에는 무엇이 필요할지 학생들과 이야기 나눈다. 학생들은 수비, 서브, 헤딩, 인성 등을 제시한다. 또한 각각의 요소를 잘하는 방법은 무엇일지 이야기 나눈다.

선생님 어떻게 하면 수비를 잘할 수 있을까요?

학생 A 자리를 잘 잡아야 해요!

학생 B 발 안쪽에 공을 맞춰야 해요.

이후 3명씩 짝을 짓는다. 두 사람은 공을 던져 주거나 공을 받고 다른 한 사람은 동영상을 찍도록 한다. 모둠끼리 모여 촬영한 동영상을 보며 어떻게 하면 더 잘할 수 있을지 서로 이야기를 나누고 다시 연습하도록 한다.

04. 족구 경기를 유리하게 전개하려면 어떻게 해야 할까요?

촬영한 지난 연습 경기를 보며 보강해야 할 점을 협의하고 어떤 전략을 세워야 할지 이야기 나눈다. 교사는 각 팀과의 대화를 통해 학생들이 세운 전략이 구체화될 수 있도록 돕는다.

선생님 지난 연습 경기를 통해 무엇을 느꼈나요?

학생 1 저희 팀은 수비가 잘 안돼요.

학생 2 그래도 헤딩은 잘해요.

선생님 그렇다면 팀의 장점을 어떻게 활용할 수 있을까요?

학생 3 헤딩으로 공을 받는 전략을 세워요.

학생 4 수비를 잘할 수 있는 사람이 뒤로 가요.

선생님 이러한 전략들을 실제 경기에서 활용해 봅시다.

강당으로 이동해 족구 작전판을 팀별로 나누어 가진다. 팀별로 네 번의 경기를 하며 각 경기마다 플레잉 코치를 돌아가며 맡게 하여 학급 전체 학생들이 한 번씩 플레잉 코치를 맡도록 한다. 플레잉 코치는 전략을 세워 팀원에게 안내하도록 한다. 플레잉 코치는 작전판에 팀원의 위치를 정하고 세부적인 전략을 제시한다. 전략 세우기가 끝나면 15점 1세트의 경기를 시작한다. 8점이 되면 작전 시간을 가진다.

경기가 시작되자 각 팀에서 다양한 전략이 나왔다. 플레잉 코치 역할을 맡은 학생은 자신의 팀이 승리하기 위해 팀원의 위치를 바꾸기도 하고 적극성을 요구하기도 한다. 그리고 팀원의 능력에 맞게 자리를 배치한다. 작전 시간이 되자 이기고 있는 팀의 플레잉 코치는 팀원을 독려한다. 지고 있는 팀의 플레잉 코치는 팀원의 자리를 바꾸고 일단 공을 바로 상대방 진영으로 넘기자는 구체적인 전략을 제시했다. 교사는 학생들의 전략을 세우는 모습, 경기하는 모습을 동영상으로 촬영하며 관찰한다.

<그림 6> 연습 경기 분석하기

<그림 7> 족구 전략 세우기

05. 나의 족구 실력은 향상되었나요?

네 번의 경기를 모두 마친 후 모여 수행과제를 마친 소감을 나눈다.

학생들의 소감

· 족구 실력이 많이 늘었다.

· 족구를 더 많이 하고 싶었는데 끝나서 아쉽다.

· 서브를 성공했을 때 기분이 좋았다.

· 수비를 잘하고 난 뒤 선생님께서 칭찬해 주셨을 때 좋았다.

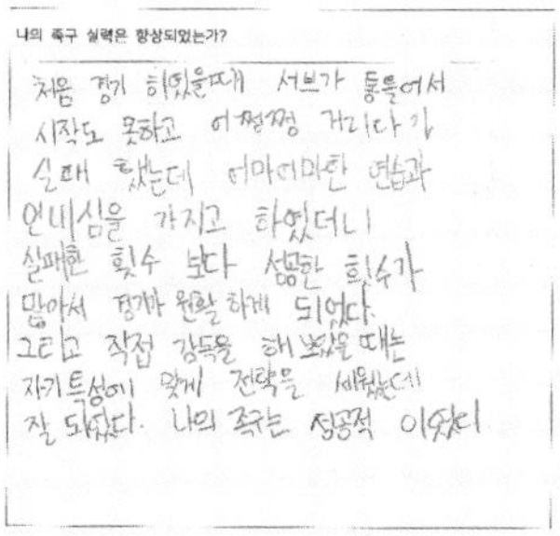

나의 족구 실력은 향상되었는가?

처음 경기 하였을때 서브가 틀려서 시작도 못하고 어쩔쩡 거리다가 실패 했는데 어마어마한 연습과 인내심을 가지고 하였더니 실패한 횟수 보다 성공한 횟수가 많아서 경기가 원활 하게 되었다. 그리고 작전 감독을 해 보았을 때는 자기 특성에 맞게 전략을 세웠는데 잘 되었다. 나의 족구는 성공적 이었다

<그림 8> 자기평가

학생들의 이야기 속에서 족구 실력 향상을 통해 족구의 재미를 느끼고 더 배우고자 하는 열의를 확인한다. 이어서 자신의 배움을 다시 되돌아볼 수 있도록 자기평가를 한다. 학생들의 소감 및 자기평가지를 통해 자신의 족구 실력이 향상됨을 확인할 수 있다. 처음에 족구 경기를 했을 때 어려움을 크게 느끼고 있었던 학생들이 자신의 족구 실력이 향상되는 것을 많은 경기를 통해 다시 느끼며 성취감을 얻게 됨을 확인하였다.

Unit 3 학생 이해의 증거

01. 이해의 증거_EVIDENCE

측면	설명	해석	적용	관점	공감	자기 지식
확인	증거 ❹	증거 ❶	증거 ❸	-	-	증거 ❻
	규칙 골든벨	전략 세우기	경기 수행하기	-	-	자기평가
	증거 ❷		증거 ❺			
	전략 설명하기		실기평가			

02. 수행과제 결과물: 족구 전략, 경기 수행하기

<증거 ❶> 전략 세우기

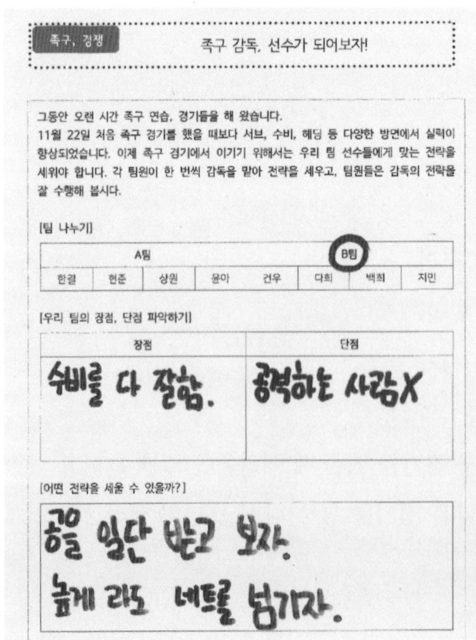

족구, 경쟁 | 족구 감독, 선수가 되어보자!

그동안 오랜 시간 족구 연습, 경기들을 해 왔습니다.
11월 22일 처음 족구 경기를 했을 때보다 서브, 수비, 헤딩 등 다양한 방면에서 실력이 향상되었습니다. 이제 족구 경기에서 이기기 위해서는 우리 팀 선수들에게 맞는 전략을 세워야 합니다. 각 팀원이 한 번씩 감독을 맡아 전략을 세우고, 팀원들은 감독의 전략을 잘 수행해 봅시다.

[팀 나누기]

A팀				B팀		
한결	현준	상원	윤아 건우	다희	백희	지민

[우리 팀의 장점, 단점 파악하기]

장점	단점
수비를 다 잘함.	공격하는 사람X

[어떤 전략을 세울 수 있을까?]

공을 일단 받고 보자.
높게 라도 네트를 넘기자.

<증거 ❷> 전략 설명하기

<증거 ❸> 경기 수행하기

03. 그 밖의 증거: 규칙 골든벨, 실기평가, 자기평가

<증거 ❹> 규칙 골든벨

<증거 ❺> 실기평가

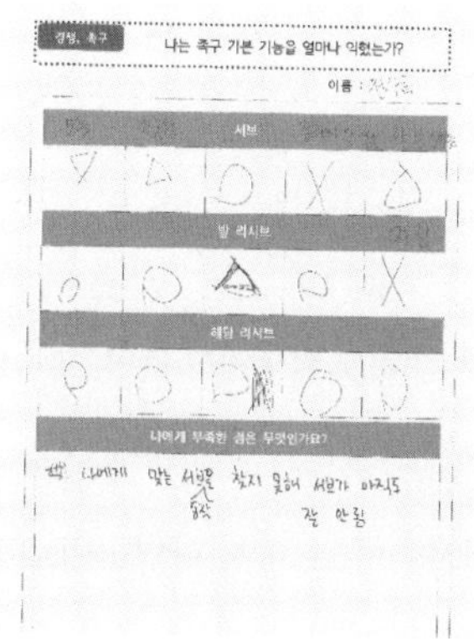

경쟁, 족구

나는 족구 기본 기능을 얼마나 익혔는가?

이름 :

서브

발 리시브

헤딩 리시브

나에게 부족한 점은 무엇인가요?

나에게 맞는 서브를 찾지 못해 서브가 아직도 잘 안됨

<증거 ❻> 자기평가

처음 경기하였을 때 서브를 제대로 하지 못해 시도도 못하고 어정쩡하여 실패했는데, 어마어마한 연습과 인내심을 가지고 연습하였더니 실패한 횟수보다 성공한 횟수가 많아서 경기가 원활하게 되었다. 그리고 직접 감독을 해 보았을 때는 자기 특성에 맞게 전략을 세웠는데 잘되었다. 나의 족구는 성공적이었다.

나의 족구 실력은 향상되었는가?

처음 경기 하였을때 서브가 틀려서 시작도 못하고 어정쩡 거리다가 실패 했는데 어마어마한 연습과 인내심을 가지고 하였더니 실패한 횟수 보다 성공한 횟수가 많아서 경기가 원활 하게 되었다. 그리고 직접 감독을 해 보았을 때는 자기특성에 맞게 전략을 세웠는데 잘 되었다. 나의 족구는 성공적 이었다.

04. 교사의 학생 성장 기록

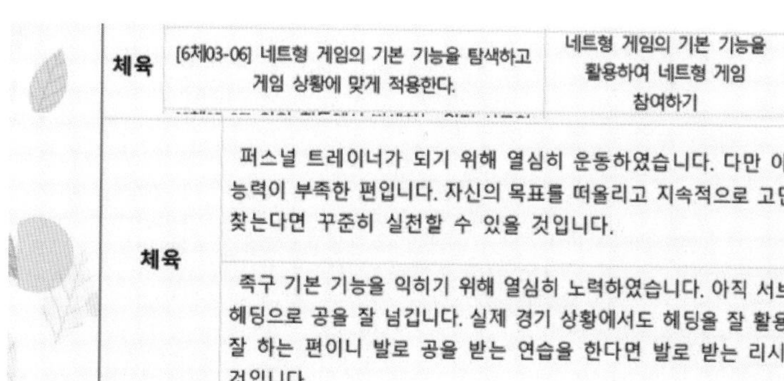

체육	[6체03-06] 네트형 게임의 기본 기능을 탐색하고 게임 상황에 맞게 적용한다.	네트형 게임의 기본 기능을 활용하여 네트형 게임 참여하기	♥		

체육	
	퍼스널 트레이너가 되기 위해 열심히 운동하였습니다. 다만 아직 꾸준히 실천하는 능력이 부족한 편입니다. 자신의 목표를 떠올리고 지속적으로 고민하고 실천할 방법을 찾는다면 꾸준히 실천할 수 있을 것입니다.
	족구 기본 기능을 익히기 위해 열심히 노력하였습니다. 아직 서브가 조금 부족하지만 헤딩으로 공을 잘 넘깁니다. 실제 경기 상황에서도 헤딩을 잘 활용합니다. 위치 선정을 잘 하는 편이니 발로 공을 받는 연습을 한다면 발로 받는 리시브도 잘 할 수 있을 것입니다.

Unit 4 교사의 반성과 성찰

Q1. 소인수 학교에서 복식 체육 수업은 어떻게 계획하고, 어떤 어려움이 있을까?

소인수 학교에서 체육 수업은 때때로 난감하다. 학생 수가 부족하여 원활한 경기 진행이 어렵기 때문이다. 그래서 학년군별로 묶어서 수업하게 되는데, 여기에서 또 다른 문제가 발생한다. 교육과정의 내용 체계표나 지도서를 살펴보면 알 수 있듯, 각 학년에서 배워야 할 게임, 종목이 정해져 있기 때문이다. 각 학년의 내용을 모두 다 하려면 시간이 턱없이 부족하기 마련이다. 게다가 안전수영과 스키캠프 참여 등으로 체육 수업시간은 더 부족해진다. 이러한 문제점을 해결하기 위해 학년군 체육 수업을 다음과 같이 계획하고 운영하였다.

단원	학년	내용 체계	1학기	2학기	주제
건강	5학년	건강한 성장 발달	○		
		건강 체력의 증진		○	PAPS
		자기 수용		○	스키캠프
	6학년	운동과 여가생활	○		
		운동 체력의 증진		○	PAPS
		근면성		○	스키캠프
도전	5학년	표적·투기 도전	○		
	6학년	거리 도전		○	
경쟁	5학년	필드형 경쟁	○		
	6학년	네트형 경쟁		○	
표현	5학년	민속 표현		○	
	6학년	주제 표현	○		
안전	5학년	응급 처치		○	
		빙상·설상 활동 안전		○	스키캠프
		침착성		○	
	6학년	운동 시설과 안전		○	운동회
		야외 활동 안전	○		안전수영
		상황 판단력	○		안전수영

위와 같이 단원을 배정하여 운영하니 5, 6학년 학년군에서 배워야 할 내용을 빠짐없이 배울 수 있게 되었다. 이렇게 계획하였음에도 수업시간이 충분하지 않아 아쉽다. 학생들도 족구를 더 많이 하고 싶다는 아쉬운 점을 이야기하였다. 전략의 필요성을 절실하게 느끼기 위해서는 학생들의 기본 기능이 충분히 갖추어져야 하는데 기본 기능을 익힐 시간이 충분하지 못했다는 점이 아쉽다.
이러한 문제를 조금이라도 더 해결하기 위해 영상을 촬영하여 학생들이 미리 보고 올 수 있도록 하는 방법을 활용하였다. 경기 규칙을 단원 시작 전에 보고 오도록 하여 설명하는 시간을 줄이고 학생들이 자신이 이해한 규칙과 다른 점을 이야기할 수 있었다. 또한 자신의 경기 장면을 미리 보고 오도록 하여 부족한 점을 스스로 성찰하여 기본 기능을 더욱 빨리 향상시킬 수 있었다. 이렇게 영상을 통해 수업시간을 효율적으로 활용하도록 하였으며 학생들이 스스로 자신의 모습을 성찰할 수 있도록 하는 도움을 제공하였다.

Q2. 경쟁 단원에서는 무엇을 평가를 해야 할까?

경쟁 단원은 체육 단원 중 학생들이 가장 좋아하는 단원이다. 구기 종목에 자신이 있는 학생들은 특히 더 좋아한다. 하지만 운동 신경이 부족한 학생들은 참여도가 낮고 늘 다른 학생들의 탄식을 들으며 자기효능감이 떨어지기 마련이다. 그렇기 때문에 이 단원에서 잘하는 학생들은 자신의 운동 신경을 뽐내며, 그렇지 않은 학생들은 자신의 부족한 운동 신경을 탓하는 경우가 많다. 이렇게 경쟁 단원은 배움의 과정에 의미를 두기보다 결과에 치중한 잘못된 이해에 도달하기도 한다. 본 교사가 이전의 구기 종목 수업에서 해 왔던 평가는 기본 기능 평가였다. 학생들이 얼마나 기본 기능을 잘 익혔는지 평가하였다. 공을 얼마나 잘 넘기는지, 공을 얼마나 잘 받는지 평가하였다. 이러한 평가는 운동 기능이 뛰어난 학생들은 학교에서의 배움이 없이도 높은 평가를 받게 만든다. 그렇기 때문에 기본 기능만을 평가하지 않는 수행과제를 찾고자 하였다.
이러한 맥락으로 설계한 것이 플레잉 코치로서 훈련을 계획하고 경기를 운영하는 수행과제였다. 이 수행과제 안에서 기본 기능이 뛰어난 학생들은 자연스럽게 다른 학생들을 도왔다. 기본 기능이 부족한 학생은 다른 학생의 도움을 받아 기본 기능을 익히고, 전략을 세우고 게임을 운영하는 과정에서 자신의 배움을 드러내게 되었다. 또한 기본 기능을 훈련할 때 교사가 구체적인 방안을 제시하지 않고 코치로서 어떤 자세가 좋을지 고민하도록 해 학생들이 능동적으로 수업을 탐구하도록 하여 학생들의 참여도도 높았다.
이러한 수업 과정은 다른 경쟁 단원에서도 동일하게 활용할 수 있다. 또한 학생들도 이 단원에서 배우고 느낀 점을 다른 경쟁 경기에서 활용할 수 있어 경쟁이라는 커다란 맥락 안에서 경기를 유리하게 이끌기 위해 무엇을 익히고 고민하여야 할지 알게 된다.

이렇게 족구 선수로서 족구 경기에 참여하기 위해 자신의 기본 기능을 분석하고 성찰하며, 족구 팀원으로서 다른 학생들과 협동하여 경기에 참여하며, 족구 감독으로서 팀을 분석하고 전략을 제시하는 수행과제를 해결한다면 체육과 총론의 의도와 같이 전인적 발달을 위한 통합적 교수·학습에 가까운 경쟁 단원 수업이 될 것이다.

III

전문적 학습공동체가 말하는 백워드 교육과정 삶 이야기

1. '가까이'하기엔 너무 '어려운' 백워드

1학년 권은주

2015 개정 교육과정의 도입과 함께 '백워드 설계'가 뜨거운 관심을 받고 있다. 역량 교육, 교사수준 교육과정, 교육과정-수업-평가의 일체화에서 백워드가 등장할 뿐만 아니라, 백워드 설계의 이론과 실천에 관한 책이 출간되고 있으며, 많은 교사 연수를 통해 백워드 교육과정이 소개되었다. 하지만 많은 교사들이 공통적으로 백워드 설계는 어려워서 자신의 교실에 적용하기에 힘들다고 말한다. 그 이유에 대해 다음과 같이 몇 가지로 생각해 보았다.

첫째, 번역본의 용어 자체가 낯설다. 백워드 설계는 1998년 위긴스와 맥타이가 쓴 책으로 알려지게 되었다. 우리나라에 번역이 되면서 같은 용어도 다르게 번역되었고, 번역본 특유의 낯선 어구들로 인해 혼란과 어려움을 주게 되었다. 예를 들어 우리나라 교사들에게 익숙한 '평가 계획 세우기'라는 표현이 백워드 설계에서는 '이해의 증거 결정하기'로 제시되면서 교사와 백워드 사이를 좀 더 멀어지게 만든 것이 아닌가 생각된다.

둘째, 백워드 교육과정은 '왜' 가르쳐야 하며, '무엇'을 가르쳐야 하는지 고민하게 만든다. 이러한 과정이 익숙하지 않은 교사에게는 백워드가 어렵게 느껴진다. 단원 하나를 설계·실천하기 위해 교사의 교육과정 문해력과 끊임없는 성찰이 요구된다. 우리나라는 다른 나라에 비해 상대적으로 친절한 국가교육과정과 더 친절한 교과서가 교사에게 제공된다. 그 친절함이 교사에게 '왜'와 '무엇'을 잊어버리게 한 것은 아닐까?

셋째, 학생이 제대로 이해했는지 확인하고 배움에 대한 깊은 성찰이 일어나도록 지속적으로 질문을 건네고 피드백을 제공하는 과정이 어렵다. 교사는 학생의 상황과 이해 정도를 진단하고 이에 맞게 교육과정을 설계함은 물론 학생이 끊임없이 탐구하고 질문하고 수행하고 성찰할 수 있도록 이끌어야 한다. 피상적인 활동으로 끝나는 것이 아닌 학생의 이해와 전이를 위한 수업은 쉽지 않다.

그러나 아이러니하게도 위에서 제시한 백워드 설계의 어려움이 백워드를 실천해야만 하는 이유와 연결된다.

첫째, 백워드 설계는 지식, 개념에 대한 진정한 이해를 목적으로 한다. 진정한 이해이기에 '앎'으로 끝나는 것이 아닌 '행함'으로 전이된다. 교사는 진정한 이해가 무엇이며 학생이 어떻게 이해할 수 있는지 고민하는 과정에서 피상적인 활동이 아닌 지식의 참 맛이 담긴 교육과정을 설계할 수 있다. 그러한 교육과정은 아이들에게도 '왜'와 '무엇'을 찾아 줄 수 있다.

둘째, 백워드는 학생이 탐구, 질문, 성찰하는 교육과정을 설계할 수 있는 방법을 단계적으로 제안한다. 매 차시 단편적인 수업을 구성하는 것이 아니라 단원 전체를 맥락 있게 설계하는 것이라 평가를 학습 목표와 연계되도록 계획할 수 있고, 학습 목표로 이끄는 학습 경험을 구성할 수 있으며, 교과서를 재구성할 때에도 무엇이 중요한 내용인지 가려낼 수 있다. 교사에게 전문성을 키워 주는 매개체가 백워드 설계이다.

요리의 달인이 나오는 TV 프로그램을 보고 있으면 음식의 맛을 결정하는 핵심 비법이 소개되곤 한다. 그 핵심 비법을 따라 하면 누구나 그 맛을 낼 수 있지만 알아도 못하는 경우가 많다. 끊임없는 노력과 진심이 담긴 실천이 필요하기 때문이다. '앎'보다 '행함'이 더 힘든 것이다. 교사라면 누구나 아이들에게 의미 있는 교육과정을 설계하고, 실천하고 싶을 것이다. 가까이하기엔 아직 어려운 백워드이지만 경북초등성장연구소 선생님들의 실천 사례가 많은 선생님들에게 '앎'을 넘어 '행함'을 실천하는 데 도움이 되기를 바란다.

2. 쌍둥이 과실(twin sins) 극복하기

2학년 서수정

햇병아리 선생님이었던 시절, 내가 생각한 좋은 수업은 아이들의 성적을 높이는 수업이었다. 칠판 앞에 서서 학원 강사처럼 중요한 내용에 별표를 하게 하고 이 내용은 시험에 꼭 나온다는 이야기를 자주 했다. 아이들은 가만히 앉아 내 이야기를 듣기만 했다. 다른 반보다 시험점수 평균이 높게 나오면 '내가 잘 가르치고 있구나' 뿌듯한 마음이 들었다.

교사 생활 5년 차에는 학생 활동 중심 수업이 붐이 일었다. 그동안 내가 해 왔던 요점정리식 수업은 좋은 수업이 아니었다. 좋은 수업은 '학생이 활동을 많이 하는 수업'으로 생각이 바뀌었다. '독도'라는 주제로 아이들이 활동을 많이 하는 수업을 계획했다. 아이들은 사회 시간에 독도를 조사하여 발표하고, 음악 시간에는 '독도는 우리 땅' 노래도 부르고, 미술 시간에는 독도가 우리 땅이라고 주장하는 표어와 포스터도 그렸다. 활동 마무리로는 자기가 그린 표어와 포스터를 가지고 동네를 돌아다니며 독도 사랑 캠페인도 했다. 학생들 활동이 많은 수업이라 '내가 잘 가르쳤구나' 하고 뿌듯한 마음이 들었다.

그러나 교직 생활 10년이 넘어 백워드 교육과정을 처음 접하게 되었고, 백워드를 공부하며 지금까지 내가 거쳐 왔던 수업 방법의 진짜 문제점을 알게 되었다.

첫째, 학생들에게 왜 그 수업이 필요한지에 대한 고민이 부족했다. 단순 사실 암기하기, 많이 움직이기에 목표를 두었지 아이들이 그 수업을 통해 진짜 이해해야 하는 것이 무엇인지 고민하지 않았다. 그래서 아이들과 왜 그 내용을 배워야 하는지 알지도 못한 채 활동만 많은 학습을 했다. 백워드 교육과정에서는 수업을 설계할 때 제일 먼저 교육과정의 핵심 개념과 일반화된 지식,

지식, 기능, 성취기준 간의 연결을 조망하고 분석하는 일을 한다. 이를 통해 학생들이 도달해야 할 '목표(이해)'를 파악할 수 있게 되었다.

둘째, 평가에 대한 고민이 부족했다. 단원평가, 시험점수가 높으면 잘한다고 생각했다. 독도 프로젝트에 열심히 참여해 조사 잘하고, 노래 잘 부르고, 그림 잘 그리면 그만이라고 생각했다. 하지만 독도를 자세히 조사하고, 노래나 그림 결과물이 우수하다고 해서 독도 프로젝트를 하는 목적인 독도를 아끼고 사랑하는 마음을 가지게 되었는지는 알 수 없다. 백워드에서 이해한다는 것은 이해한 것을 실제 상황 속에서 효과적이고 현명하게 사용하는 것(전이)이다. 백워드 교육과정 설계를 통해 학생들의 이해를 확인하기 위한 적합한 수행과제와 다양한 평가를 계획하기 위해 노력하게 되었다.

셋째, 수업에서 학생의 역할에 대한 고민이 부족했다. 그동안 학생들은 교사가 말한 것을 받아들이는 역할이라고 생각했다. 하지만, 백워드를 통해 목표와 평가를 염두에 두고 가장 적절한 수업 활동에 대해 충분히 생각해 보게 되었다. 학생들이 능동적으로 사고하는 주체적인 학습자가 되어 도전하게 만들고 끊임없이 탐구하게 하는 수업 계획을 세우려고 노력하고 있다.

경북초등성장연구소에 들어와서 백워드 교육과정을 만나기 전 내가 했던 수업(진도빼기, 활동지향 수업)은 전통적인 수업 설계에서 '쌍둥이 과실(twin sins)'이라고 불릴 정도로 흔하게 일어나는 일이다. 이 책은 그런 과실들을 어떻게 극복할 수 있을지 고민하며 좌충우돌한 성장의 기록이다. 백워드 교육과정이 수업 설계의 모든 문제를 해결할 수 있는 마법의 열쇠는 아니다. 하지만 나와 비슷한 고민을 하는 선생님들께는 문제해결의 좋은 실마리가 될 수 있으리라 확신한다.

3. 선생님도 교육과정 개발자가 될 수 있다

3학년 김현희

의욕 충만했던 신규교사 시절, 국가에서 주어지는 교육과정을 그대로 수용하여 학생들에게 교과지식을 온전히 전달하고자 부단히 노력했다. 일제식 지필평가를 통해 학생들이 학습 내용을 얼마나 이해(암기)하고 있는지 확인했으며, 높은 점수를 받으면 교사로서의 책무를 다한 줄 알았다. 그러나 백워드 교육과정을 만나면서 나의 교육 방식이 학생들의 진정한 이해를 고려하고 있을까라는 의심이 들었다. 대학원에서 백워드 교육과정을 접하고, 경북초등성장연구소에서 백워드 교육과정 설계 및 실천을 공부하면서 이제는 자칭 교육과정 개발자로서 학습자의 진정한 이해에 초점을 두고 교육과정을 설계하고 있다. 그렇다면 백워드 교육과정이 가진 매력은 무엇이고, 학교현장에서 백워드 교육과정은 왜 필요할까?

먼저, 2015 교육과정이 백워드 설계 모형의 기본 아이디어와 유사하다. 개정 교육과정에서는 교과의 핵심 개념을 중심으로 학습 내용을 구조화하고 있다. 교과 내용 체계표도 교과의 영역별 하위 범주로 핵심 개념, 일반화된 지식, 학년(군)별 내용 요소, 기능의 순으로 Less is more, 즉 적게 가르치되 철저하게 가르치면 학생들이 더 잘 이해하게 된다는 원리를 교과에 반영하였다. 같은 맥락에서 백워드 설계 모형은 교육 내용의 우선순위를 분석하여 핵심 개념과 원리인 주요 아이디어에 설계의 초점을 두고 있다. 주요 아이디어를 반영하여 영속적 이해를 분석하며 학생들에게 수행과제를 제시한다. 학생들이 수행과제를 해결하고 탐구하는 과정 속에서 교과의 핵심 원리를 깨닫고 진정한 이해에 도달할 수 있도록 교육과정을 설계하는 것이다.

다음으로, 백워드 설계에서의 이해는 학생들의 삶 속에서 지속적인 가치를 지니고 있다. 전통적 설계의 경우 지식의 우선순위나 의미의 형성 과정, 학습자 개개인의 목표 도달 여부 파악 등 사실상 학습자의 진정한 이해를 기대하기 어렵다. Wiggins와 McTighe가 말하는 '이해'는 학습자가 가진 지식을 연관 지어 사물의 의미를 파악하고, 현실적인 과제나 상황에 효율적으로 적용하며, 영속적으로 개념화할 수 있음을 의미한다. 학생들의 수행과제 결과물, 반성일기, 학부모 피드백을 통해 이해의 타당성을 밝혀 줄 증거를 수집할 수 있다.

마지막으로, 백워드 설계는 전이와 주요 아이디어에 초점을 두고 있다. 전이란 학습자가 가진 지식을 실제 상황이나 맥락 속에서 효율적으로 적용하는 것을 말한다. 지식과 정보의 홍수 속에서 방대한 지식을 학생들에게 모두 가르칠 수 없다. 따라서 교육과정을 분석하여 주요 아이디어를 선정하고, 우선순위를 정하여 학습자가 핵심 개념을 심층적으로 탐구하게 함으로써 이해에 도달할 수 있으며, 이는 전이 가능성을 시사한다. '내가 알게 된 점으로 앞으로 난 무엇을 할 수 있을까?', '자녀가 이번 수업을 통해 알게 된 점을 바탕으로 앞으로 무엇을 할 수 있을 것이라 기대합니까?' 등 학생과 학부모의 답변을 통해 학생들의 성장과 발달을 끊임없이 소통하며 전이 가능성을 확인할 수 있다.

이처럼 학습자의 진정한 이해라는 교육 목표를 달성하기 위해 목표 성취를 위한 평가를 강조하고, 전이 가능성이 높은 주요 아이디어에 초점을 두고 있다. 또한, 학습자의 이해를 강조하는 백워드 설계 모형을 적용하여 교육과정을 설계할 필요가 있다는 시사점은 전국에 있는 교사들에게 실천의 필요성으로 제안하고 싶다. 선생님도 교육과정 개발자가 될 수 있습니다. 지금 우리 연구소처럼 백워드 교육과정 설계와 실천을 함께해 봅시다.

4. 교사는 지식의 전달자가 아닌 자아실현을 위한 믿음직한 도우미가 되어야 한다

4학년 이규만

매년 다양한 수업 기법들이 현장에 쏟아지고, 교사들은 그 수업 기법들을 배워 수업에 적용하고자 노력한다. 그것이 수업의 전문성을 위한 교사의 중요한 역할이라고 믿기 때문이다. 하지만 그보다 선행되어야 할 것은 수업의 목표를 제대로 세우는 것이 아닐까?

일선에서 쉽게 저지르는 오류 중 하나는 교사 자신이 연구한 내용과 방법을 단위 차시에 모두 쏟아 낸 뒤 학생들의 진정한 이해 정도가 아닌, 학생들에게 습득된 지식의 양을 측정하는 데 몰두한다는 것이다. 물론 단위 차시의 심도 있는 수업 내용과 방법도 중요하다. 하지만 더욱 중요한 것은 나무가 아닌 숲을 바라보며, 학생들의 진정한 이해를 위한 평가 기반 교육과정을 설계해야 한다는 것이다. 그 설계를 백워드 교육과정 이론에서 실천해 볼 수 있다.

백워드 교육과정 설계는 진정한 이해를 기반으로 다음과 같은 목적을 가지고 있다.

첫째, 교사가 잘 가르치는 교과 수업이 아닌, 학생들이 수업을 통해 자아실현을 꿈꿀 수 있는 수업이 이루어져야 한다는 것이다. 지식과 정보의 습득을 넘어 학생들의 자아실현에 도움이 되는 '진짜' 이해가 필요하다. 배운 바를 쉽게 잊는 것은 생활과의 연관이 낮기 때문이다. 교육에서 '유의미한 경험'은 가르침의 기본이 된다. 삶이 곧 경험의 연속이고 경험을 통해 지혜가 쌓인다. 백워드 설계를 통한 수행과제의 실천을 통해 배운 것이 실제 삶 속 다양한 상황 속에서 전이되는 경험을 제공해야 한다.

둘째, 교과를 구성하고 있는 교육 내용들은 원래 직접적인 경험들로부터 추상화된 것이기 때문에 경험으로 되돌아갈 때 의미가 있다. 수업 속 제한된 활동을 통한 '단순 앎'을 넘어, '심층적 이해'로, 더 나아가 '전이와 성장'으로 나아가야 한다.

'진정한' 배움을 통해 학생과 교사 모두가 행복한 교실을 위하여 백워드 설계를 제안하는 바이다. 학생들의 자아실현을 위한 믿음직한 도우미가 되고자 하는 이 시대의 '진정한' 선생님들과 백워드 설계에 대하여 '진정한' 고민을 함께 나누고자 하는 바람이다. 전문적 학습공동체와 함께 단순한 지식 전달자가 아닌 학습 촉진자와 지원자의 역할로 전환하기 위해서는 새로운 미래교육의 플랫폼인 백워드를 함께 실천하고 논의하는 문화가 필요하다. 새로운 포스트 코로나 시대에 새로운 교육과정 교사 연구자의 길을 함께 만들어 가는 것은 어떨까?

5. 변화하는 교육 패러다임, 그 속에서 학생의 배움을 고민하고 생각하다

4학년 이승하

경제 및 산업의 구조가 변화함에 따라 요구되는 인재상이 바뀌면서 교육의 패러다임이 바뀌고 있다. 이러한 변화의 흐름에 따라 일방적으로 지식을 전달해 오던 단순한 암기식, 주입식 교육이 갖는 한계를 벗어나고자 학교현장에서는 토의 토론식 수업, 주제통합수업, 거꾸로 수업, ICT활용수업, 융합수업, 메이커 교육, 블렌디드 교육, 언택트 수업, AI 교육 등 다양한 교육의 형태를 통하여 학습에서 학생들의 능동적 참여를 이끌어 내고 있다. 이러한 노력들이 우리 교육의 변화를 이끌어 내고 있지만, 교육의 주체자인 교사, 학생, 학부모는 교육이 변하고 있다는 것을 체감하지 못한다. 왜냐하면 수업의 형태가 바뀐다고 교육이 바뀌는 것이 아니기 때문이다. 옷을 갈아입는다고 헤어스타일이 바뀌었다고 해서 다른 사람이 되지 않듯이 교육에 대한 근본적인 철학이나 목적의 변화가 없이 형태만 바뀌는 것은 결코 교육의 변화라고 할 수 없다.

학생들이 모둠을 만들어 열심히 활동하지만 활동에서 끝나는 수학 수업, 만화 만들기로 마치 미술 시간이 되어 버리는 국어 수업, 사고활동 없이 스마트기기를 통해 정보 탐색만 하는 사회 수업 등 겉보기에는 학생들이 능동적으로 참여하는 이상적인 수업 같지만 그 속에서는 학생들의 배움은 전혀 없는 수업을 볼 수 있다. 이런 수업이 시대의 흐름에 부합하고 그 흐름에 맞추어 변화하는 수업이 아니다. 수업을 기존 교사의 가르침의 관점에서 학생의 배움에 대한 관점으로 바꾸어야 한다. 학생의 입장에서 이 단원은 왜 배워야 하는지, 무엇을 배워야 하는지 배우고 나서는 무엇을 할 수 있어야 하는지를 생각해야 한다. 그리고 교사는 무엇으로 배웠다는 것을 확인할 수 있는지를 미리 염두해 두어야 한다. 이것이 바로 백워드 설계의 궁극적인 목적이다.

백워드 설계에서는 학생의 배움을 중심으로 수업의 목표 설정을 가장 중요시 생각한다. 교육과정에서 제시하는 개념과 일반화된 지식을 중심으로 본질적 질문을 만들고 영속적 이해(수업 목표)를 설정한다. 배워야 할 지식과 할 수 있어야 하는 기능을 구체적으로 명시하여 수업을 설계하며 학생들이 이 단원에서 배운 지식과 기능을 확인할 수 있는 수행과제를 제시하여 학생들이 분명한 의도를 가지고 수업에 참여할 수 있게 만든다. 수행과제를 통해 학생들이 이해에 도달했는지를 파악하여 피드백을 해 준다. 이러한 단원 중심의 학습 과정을 통해 학생이 진정한 배움을 성취할 수 있도록 해 준다.

백워드 설계를 실천하며 가장 어렵고 시행착오를 많이 겪는 것이 바로 영속적 이해 설정이다. 교육과정을 제대로 해석하지 못해 수업이 전혀 다른 방향으로 전개되어 교육과정에서 제시한 개념이나 일반화된 지식에 도달하지 못한 경우도 있었다. 전문적 학습공동체가 모여서 함께 영속적 이해를 찾아 나가는 동안 많은 토론과 경험의 공유가 일어난다. 교사가 교육과정을 제대로 해석하고 이에 맞게 수업을 설계하는 것이 바로 전문성이라고 할 수 있다. 그 전문성을 기르기 위해서는 교사도 더 깊이 있는 사고를 경험해야 하며 학생들이 이해 도달에 도움을 줄 수 있는 자료에 관해서도 많이 알고 있어야 한다.

백워드는 교사에게 많은 도전과 질문을 던진다. 백워드 설계와 실천을 통해 학생의 성장도 있지만, 교사의 성장도 연쇄적으로 발생한다. 이는 백워드 설계를 경험한 교사의 하나같은 의견이다. 인간은 사고하는 동물이다. 인간으로서 성장을 느끼는 것은 결국 생각의 변화일 것이다. 우리의 철학은 교육의 목적을 고민하고 생각하는 동안 형성되는 것이다. 교사가 교육철학을 가지고 살아 있음을 느끼고 싶으면 모든 교사가 백워드 교육과정 설계와 실천을 접해 보기를 권한다.

6. 백워드 설계로 인한 탐구는 교사에겐 능동성을 학생에게는 몰입을 하게 해 준다

5학년 이동한

오늘날의 교육과정은 학교와 교사에게 교육과정의 자율성을 발휘할 수 있도록 개선되어 가고 있다. 교사가 교과서에 제시되어 있는 학습내용을 비판적인 검토와 해석 없이 수업내용으로 적용한다면 학생들에게 진정한 학습은 이루어지기 어렵다고 보기 때문이다. 실제, 교사의 교육과정에 대한 이해와 검토가 부족한 수업은 학생들을 가르칠 수는 있어도 학생들을 익히고 성장하게 하는 것은 어렵다. 오늘날, 교사에게는 '전달자'로서의 교사보다 '교육과정 전문가'로서 학생을 비롯한 수업 환경을 탄력적으로 고려하여 운영할 수 있는 역할이 요구된다.

교사들은 백워드 교육과정 설계를 통해 교육과정의 자율성을 발휘할 수 있다. 교사는 1단계에서 영속적 이해와 핵심 질문 세우기, 2단계에서 학생의 이해를 가늠할 수 있는 수행과제 설계, 3단계에서 학습 경험 계획을 세운다. 이러한 일련의 과정을 통해서 교사는 학습 목표에 필요한 수업을 실천할 수 있고 교실에서 교과서 역할을 교사가 대신할 수 있다.

백워드 설계를 하려면 국가교육과정에 대한 충분한 이해와 분석을 토대로 학습자 중심의 내밀한 수업 설계가 요구된다. 학생들이 도달하는 '이해'로 갈 수 있는 교사의 탐구가 먼저 요구되고 그 탐구를 통해 수업이 개연성 있는 맥락으로 연결이 된다. 교사는 백워드 교육과정을 통해 큰 바다로 이루어진 국가교육과정에서 소중한 도구들(나침반, 항해일지, 동료, 돛, 든든한 먹거리)을 가지고 항해하는 능동적인 항해사가 될 수 있다.

이제는 학생 측면에서 살펴보자. 학생들은 언제 수업에 몰입을 하는가? 학생들이 수업에 몰입하는 장면은 보통 예체능 과목과 체험 실습 위주의 수업, 놀이 수업에서 많이 나타난다. 그 이유는 여러 가지가 있을 것이다. 인지적인 측면보다 신체적인 움직임, 미적 표현, 미각, 음악에 우리의 몸과 마음이 더 크게 반응하고 집중하는 측면이다.

실제 백워드 교육과정을 실천하면서 학생들과 교사는 수행과제와 핵심 질문을 통해 수업에 더 몰입할 수 있었다. 몰입은 그 자체로 큰 즐거움을 선사해 주고 최적의 학습 경험을 제공해 준다. 칙센트 미하이 교수는 학생들이 몰입할 수 있는 학습 경험의 조건으로 주어진 과제를 잘 해결할 수 있고, 목표가 명확하고, 분명한 규칙과 즉각적인 피드백이 있는 상태를 말하였다. 이 세 가지의 조건을 갖춘 수업은 교사의 내밀한 교육과정 설계가 전제되어야 한다. 그중에서도 백워드 교육과정 설계는 이 세 가지 조건을 구현할 수 있는 최적의 설계 방식이라고 생각된다.

첫째, 백워드 교육과정에서는 일상적인 생활과 수업의 흐름이 아닌, 분명한 평가기준과 구조화된 과제(GRASPS를 통한 맥락이 있는 수행과제의 제시)를 제시하면서 학생들은 특별한 상황에 더 집중하고 빠져들 수 있게 한다. 또한 루브릭(평가기준)에 대한 교사와 학생의 공감과 소통을 통해 학생은 과제에 대한 피드백을 즉각적으로 받게 되면서 물질적 보상에 동기를 가지는 것이 아닌 학업 평가 그 자체에 대한 동기를 더 가지게 된다.

둘째, 백워드 교육과정 1단계에서는 가르치는 학생에 대한 이해와 교육과정에 대한 이해를 바탕으로 영속적인 이해를 설정한다. 이 영속적인 이해는 교사와 학생이 수업을 하면서 도달해야 할 명확한 목표이기도 하다. 목표가 분명할 수록 학습자는 더 집중하게 된다.

셋째, 백워드 교육과정 3단계에서 학습 경험의 계획(WHERETO)은 학생들이 수행과제를 해결할 수 있는 충분한 학습 경험을 제공하고 그 경험을 점검 및 성찰할 수 있는 기회도 제공할 수 있게 설계되어 있다. 이러한 과정은 학습자가 주어진 과제를 잘 해결할 수 있게 해 주는 비계의 역할을 한다.

수업 현장에서 교사의 가장 큰 즐거움은 탐구에 몰입하고 있는 학생을 보는 것뿐만 아니라 교사도 같이 탐구에 몰입하고 있을 때라고 생각한다. 수행과제를 해결하기 위해 흠뻑 몰입해 있는 학생들과 교류하면서 교사도 함께 빠져 있다면, 그 순간이 우리에게 가르치는 최고의 즐거움이라고 생각한다.

7. 백워드는 유성流星이 아니라 항성恒星이다

6학년 윤보민

산업 혁명을 기점으로 시작한 공교육의 역사에서 행동주의적 접근은 교육의 수월성을 높이는 데 크게 일조하였다. 행동주의적 관점에서 학습자는 자극-반응의 일차원적 상호작용을 통해 학습하는 스키너의 심리 상자 속 쥐와 동일시되었다. 이러한 행동주의적 접근은 학생의 성장을 저해한다. 나는 오랫동안 보상 자극용 '칭찬 스티커'를 애용했으며, 단원평가 점수를 명부에 기록하고 개별 피드백 없이 점수를 학부모에게 통보하는 것으로 그 단원에 대한 가르침의 책무를 마감했다. 아마도 이러한 나의 얇팍한 평가와 수업 기술로 인해 많은 학생들의 성장을 가로막아 왔을 것이라 생각한다. 상대적으로 빈약한 칭찬 스티커 개수와 발전 없는 단원평가 점수를 지속적으로 받은 부진 학생들은 스스로 자신의 역량이 더 이상 성장하지 못할 거라고 단정하게 된다. 이러한 토큰식 보상과 결과 중심 평가는 공감력과 창의성을 죽이고 학생의 '성장'이라는 교육의 목적을 흐리게 한다.

이러한 토큰식 보상과 결과 중심 평가의 폐해는 비단 학생에게만 해당되는 것이 아니다. 행동주의적 접근은 교사의 성장도 가로막는다. 교사들은 매년 2월이 되면 자신이 맡을 학년의 교육과정을 구성한다. 교육 내용을 구성하는 데 목적을 두기보다 감사에 걸리지 않을 방편으로 연구부가 요구하는 시수에 끼워 맞추기 식의 숫자놀음에 가깝다. 그런 다음, 교사 온라인 모임이나 웹사이트에 업로드된 수업 소스들을 자신의 PC 카트기에 무작위로 옮겨 담는다. 수업 소재, 흥미유발 자료, 유행하는 수업 스킬 중심의 토큰들을 교과별로 분류해 놓으면서 곡간을 채워 둔 추수꾼의 마음이 되어 다가올 신학기 불안을 조금이나마 덜어 낸다. 쌓아 둔 토큰과 유행하는 수업 기술에 즉석에 가까운 급조된 아이디어까지 더해진 덕분에 아이들의 흥미를 이끌어 내는 수업을 한다는 평을 간혹 듣기도 한다. 하지만 그렇게 사탕 발림된 흥미를 장기적인 학생의 성장으로 이끌어 내는 경우는 드물었다.

백워드는 외양만 바꾸어 유행처럼 등장했다 사라져 왔던 여느 수업 기술들과는 확연히 구분된다. 백워드는 교사로 하여금 단편적인 결과나 얕은 흥미를 경계하도록 종용한다. 백워드는 교육의 본질적 목적과 교사의 교육 행위 능력 성장을 지향한다. 그렇기에 백워드는 교사를 본질적으로 사유하고 성장하도록 안내한다.

첫째, 백워드는 교사로 하여금 교육과정의 목적을 '파악'하는 눈을 성장케 한다. 교사의 맹목적인 토큰 수집을 막고, 교육과정의 핵심 개념과 일반화된 지식, 지식, 기능, 성취기준 간의 연결을 조망하고 분석하는 과정을 먼저 거치길 요구한다. 백워드는 교사가 수업 설계에 앞서 '영속적인 이해'와 '본질적인 질문'을 찾도록 한다. 그렇기에 영속적 이해를 중심으로 하는 백워드 교육과정은 유성이 아닌 항성에 가깝다.

둘째, 백워드는 교사로 하여금 목적에 맞는 성장 중심 평가를 설계하도록 안내한다. 평가는 목적지를 입력해 놓은 버스의 내비게이션과 같은 것이다. 백워드의 설계는 단원을 배우기 전 학생의 사전 배움 정도를 확인하고 단원 전반에 걸쳐 학생 이해의 증거를 수집하고 피드백하는 평가를 배치하도록 안내하기 때문이다.

셋째, 백워드는 교사로 하여금 교육과정의 목적과 학생의 삶이 연결된 경험 중심 수행 과제를 설계하도록 한다. 학생들은 인생을 가능성으로 경험한다. GRASPS 템플릿은 교사가 학생들이 보다 가치 있는 경험을 할 수 있도록 자연적, 사회적 환경들을 어떻게 활용할 것인지에 대한 명확한 지식을 갖출 수 있도록 연구하게 한다.

넷째, 백워드는 교사로 하여금 교사를 성찰적 교육 행위자가 되도록 부단히 종용한다. 아무리 좋은 수업 설계라도 다양한 인격체와 예기치 못한 상황을 다루기 위해서는 자신의 교육 행위를 부단히 짚어 보아야 한다. 반성적 사고는 도야된 마음의 핵심, 모든 경험과 지식을 잘 조직하는 일의 핵심이다. 백워드는 매 단원의 실천이 끝날 때마다 학생과 교사가 스스로에게 반성적 질문을 던지고 정의적인 자기평가를 하도록 이끈다.

끝으로 백워드는 학생과 교사의 바탕을 넓히고 본질적으로 성장하게 하는 도구이다. 이러한 백워드는 교육이 존재하는 한 유행에 휩쓸리지 않고 맥을 이어 갈 것이다.

8. 학생들이 무엇을 할 수 있어야 하는가?

복식학급 강석현

4차 산업혁명의 핵심 개념 중 하나인 인공지능(AI)은 이때까지 학생들이 배우고 암기해 왔던 지식들을 더 정확하게 기억하고 있다. 이러한 배경 아래 '지식정보처리 역량'과 '창의적 사고 역량' 등을 개정교육과정에서 길러 주고자 하는 역량으로 제시하고 있다. 이러한 총론의 요구와는 다르게 학교현장의 많은 교실에서 교사는 교사가 이해한 내용을 학생들에게 전달하는 전달자로서의 역할을 해 오고 있다. 학생들은 교사로부터 전달받은 지식을 정리하여 숙달한다. 학생들은 배워야 하는 이유를 알지 못하고 수동적인 자세로 배움 앞에 서 있다. 이는 교사가 수동적으로 배워 왔기 때문이다. 이러한 어려움과 빠른 시대 변화에 대응하기 위해 하브루타, 거꾸로 수업, 온작품읽기, 주제중심통합수업, 프로젝트 수업, 비주얼씽킹 등 다양한 교육 방법이 소개, 적용되고 있다. 갑자기 홍수처럼 쏟아지는 교육 방법들 안에서 많은 교사들은 자신과 학생들에게 맞는 교육 방법을 찾기 위해 노력하고 있다. 하지만 경험해 보지 못한 방법으로 수업한다는 것은 많은 어려움이 따른다. 이러한 어려움에도 불구하고 백워드를 통해 수업을 고민해 보아야 할 이유는 무엇일까?

첫째, 백워드는 학생의 진정한 이해를 찾고자 하며, 이는 교사의 수업을 개선한다. 우리는 좋은 수업을 판단할 때 가르치는 모습에 주로 초점을 맞춰 왔다. 공개수업을 보고 난 뒤 수업협의회를 하면 교사가 어떤 몸짓과 말투와 표정으로 어떻게 설명하는지에 주로 관심을 둘 뿐 수업을 통해서 학생들이 무엇을 이해했는지에 대해서는 관심이 적다. 하지만 좋은 수업이란 결과적으로 학생들이 잘 이해한 수업일 것이다. 백워드를 통해 교사는 학생들이 수업 및 단원을 통해서 무엇을 이해하였고, 이해하지 못하였는지 판단할 수 있다. 그것을 통해 교사는 자신의 수업을 성찰하고 되돌아보게 된다. 그 과정들은 교사가 수업을 '이해'하는 데 도움을 준다.

둘째, 백워드는 평가의 어려움을 이겨 낸다. 수업 지도안을 살펴보면 차시 평가 계획이 나타나 있지만, 평가 계획대로 수업 중에 평가하는 교사는 많지 않다. 물론 차시 수업 내에서 모든 학생의 이해 정도를 평가한다는 것은 많은 어려움이 있지만, 그만큼 학생들이 수업을 통해서 무엇을 이해했는지 알아보는 평가에는 신경을 쓰지 않는다는 증거가 된다. 또한 단원평가가 배운 내용을 제대로 평가하지 못하는 경우도 많다. 백워드 교육과정에서는 '교과에 대한 진정한 이해'를 목적으로 둔다. 여기서 '이해'는 '전이할 수 있다는 것'이다. 즉 배운 지식과 기능을 효과적이고 적절하게 활용할 수 있어야 이해했다고 판단이 가능하다는 의미이다. 학생이 제대로 이해하였는지 확인하기 위해 학생들이 배운 내용으로 무엇을 할 수 있는지 평가한다. 이러한 평가를 하기 위해 교사는 학생들이 지식과 기능을 제대로 활용할 수 있는 수업 방법을 고민하게 되어, 교육과정과 평가와 수업이 밀접하게 관련지어지게 된다. 이는 최근에 많이 언급되고 있는 교육과정-수업-평가 일체화, 과정 중심 평가의 맥락과 일치한다. 또한 평가를 통해 학생은 배움의 이유를 깨닫게 된다. 내가 배우는 지식 및 기능을 어떻게 활용할 수 있는지를 알게 된다. 수업에서 배운 내용을 활용하여 수행과제를 해결하며 배움이 실제 생활과 연결되었음을 느끼게 된다. 즉 배움을 삶과 연결된다는 사실을 알고 배움에 흥미를 느끼게 된다.

백워드 교육과정이 완전히 새롭거나 접근하기 어려운 것이라고 생각하기 쉽지만, 결국 현재까지 이어져 왔던 교육과정과 크게 다르지 않다. 학생들이 교육과정에서 이야기하는 목표를 달성하기 위해 노력하여야 하는 것은 같다. 단지 백워드 교육과정에서는 '학생들이 무엇을 할 수 있어야 하는가?'를 중요하게 생각한다는 점이다. 백워드 교육과정의 설계를 적용하지 않더라도 '학생들이 무엇을 할 수 있어야 하는가?'라는 질문을 끊임없이 고민한다면 좋은 평가, 좋은 수업을 위한 방법이 되지 않을까?

진정한 이해를 위해 백워드 교육과정을 실천하는 교사

* "아이가 무엇을, 왜 배워야 하는지 지속적으로 생각하게 만든다. 학생과 교사가 배움과 가르침에 대해 성찰하도록 돕는다. 교실 속 배움과 실제 세계를 최대한 연결해 준다."

1학년 권은주

* "백워드 설계 교육과정 디자인은 단원을 꿰뚫는 영속적인 이해, 본질적 질문, 이해를 확인할 수 있는 삶과 연계된 수행과제가 매력적이다."

2학년 서수정

* "교육과정의 탄력적 운영과 진도빼기의 부담이 없다. 목표가 뚜렷하고 평가 또한 잘 보인다. 교사는 연구하고, 학생은 사고하며 함께 성장한다."

3학년 김현희

* "백워드 설계 기반 교육과정이 수업으로 변해 갈 때, 교사의 본질을 찾고, 배움과 가르침의 진정함을 느낄 수 있다. 아이들에게 교실의 배움이 그들의 삶 속의 문제해결로 전이되어 간다. 교사로서 나는 어떤 존재인지를 아이들의 변화를 통해 알 수 있다."

3학년 김병일

* "교육과정에 대한 교사의 진정한 고민이 더해진다. 학생들이 배운 지식을 수행과제를 통해 써 봄으로써 생겨나는 수업에의 몰입과 배움의 즐거움이 발생한다."

4학년 이규만

* “학생은 무엇을 배우고 교사는 무엇을 가르쳐야 하는지에 대한 고민과 성찰이 된다. 수행과제 평가를 통한 배움의 전이가 일어난다. 교육과정에 대한 이해의 깊이가 향상된다.”

4학년 이승하

* “무엇을 이해시키고 무엇을 평가해야 할지 교사가 고민하게 해 준다. 학생이 탐구하게 해 줄 수 있는 질문을 만들 수 있도록 교사에게 기회를 제공한다. 학생들이 성장할 수 있는 과정 중심 평가 설계 기반의 교육 설계이다.”

5학년 이동한

* “재미에만 빠져 샛길로 새는 시간이 줄었다. 핵심 개념이나 단원을 통으로 보는 안목이 생긴다. 성장시키려는 것에 대한 질문과 성찰이 끊이지 않는다.”

6학년 윤보민

* “가르쳐야 할 것을 자세히 볼 수 있다. 평가해야 할 것을 자세히 볼 수 있다. 수업을 자세히 볼 수 있다.”

복식 강석현

참고문헌

거꾸로 생각하는 교육과정 개발. 2008. 강현석 외 5인. 학지사.

거꾸로 생각하는 교육과정 개발(교사연수를 위한 워크북). 2008. 강현석 외 5인. 학지사.

거꾸로 생각하는 교육과정 개발(핸드북). 2008. 강현석 외 5인. 학지사.

2015 개정 초등교육과정. 교육부. 2015.

Wiggins, G., & McTighe, J. (2005). *Understanding by design* (2nd ed.). Alexandria, VA: Association for Supervision and Curriculum Development.

삶의 행복을 꿈꾸는 교육은 어디에서 오는가?

미래 100년을 향한 새로운 교육 **혁신교육을 실천하는 교사들의 필독서**

● 교육혁명을 앞당기는 배움책 이야기 혁신교육의 철학과 잉걸진 미래를 만나다!

한국교육연구네트워크 총서

01 핀란드 교육혁명 한국교육연구네트워크 엮음 | 320쪽 | 값 15,000원

02 일제고사를 넘어서 한국교육연구네트워크 엮음 | 284쪽 | 값 13,000원

03 새로운 사회를 여는 교육혁명 한국교육연구네트워크 엮음 | 380쪽 | 값 17,000원

04 교장제도 혁명 한국교육연구네트워크 엮음 | 268쪽 | 값 14,000원

05 새로운 사회를 여는 교육자치 혁명 한국교육연구네트워크 엮음 | 312쪽 | 값 15,000원

06 혁신학교에 대한 교육학적 성찰 한국교육연구네트워크 엮음 | 308쪽 | 값 15,000원

07 진보주의 교육의 세계적 동향 한국교육연구네트워크 엮음 | 324쪽 | 값 17,000원

08 더 나은 세상을 위한 학교혁명 한국교육연구네트워크 엮음 | 404쪽 | 값 21,000원

09 비판적 실천을 위한 교육학 이윤미 외 지음 | 448쪽 | 값 23,000원

10 마을교육공동체운동: 세계적 동향과 전망 심성보 외 지음 | 376쪽 | 값 18,000원

11 학교 민주시민교육의 세계적 동향과 과제 심성보 외 지음 | 308쪽 | 값 16,000원

12 학교를 민주주의의 정원으로 가꿀 수 있을까? 성열관 외 지음 | 272쪽 | 값 16,000원

13 교육사상가의 삶과 사상 심성보 외 지음 | 420쪽 | 값 23,000원

한국교육연구네트워크 번역 총서

01 프레이리와 교육 존 엘리아스 지음 | 한국교육연구네트워크 옮김 | 276쪽 | 값 14,000원

02 교육은 사회를 바꿀 수 있을까? 마이클 애플 지음 | 강희룡·김선우·박원순·이형빈 옮김 | 356쪽 | 값 16,000원

03 비판적 페다고지는 세상을 변화시킬 수 있는가? Seewha Cho 지음 | 심성보·조시화 옮김 | 280쪽 | 값 14,000원

04 마이클 애플의 민주학교 마이클 애플·제임스 빈 엮음 | 강희룡 옮김 | 276쪽 | 값 14,000원

05 21세기 교육과 민주주의 넬 나딩스 지음 | 심성보 옮김 | 392쪽 | 값 18,000원

06 세계교육개혁 민영화 우선인가 공적 투자 강화인가? 린다 달링-해먼드 외 지음 | 심성보 외 옮김 | 408쪽 | 값 21,000원

07 콩도르세, 공교육에 관한 다섯 논문 니콜라 드 콩도르세 지음 | 이주환 옮김 | 300쪽 | 값 16,000원

08 학교를 변론하다 얀 마스켈라인·마틴 시몬스 지음 | 윤선인 옮김 | 252쪽 | 값 15,000원

09 존 듀이와 교육 짐 개리슨 외 지음 | 심성보 외 옮김 | 376쪽 | 값 19,000원

10 진보주의 교육운동사 윌리엄 헤이스 지음 | 심성보 외 옮김 | 324쪽 | 값 18,000원

11 사랑의 교육학 안토니아 다더 지음 | 심성보 외 옮김 | 412쪽 | 값 22,000원

● 비고츠키 선집 시리즈 발달과 협력의 교육학 어떻게 읽을 것인가?

01 생각과 말 L.S. 비고츠키 지음 | 배희철·김용호·D. 켈로그 옮김 | 690쪽 | 값 33,000원

02 도구와 기호 비고츠키·루리야 지음 | 비고츠키 연구회 옮김 | 336쪽 | 값 16,000원

03 어린이 자기행동숙달의 역사와 발달 Ⅰ L.S. 비고츠키 지음 | 비고츠키 연구회 옮김 | 564쪽 | 값 28,000원

04 어린이 자기행동숙달의 역사와 발달 Ⅱ L.S. 비고츠키 지음 | 비고츠키 연구회 옮김 | 552쪽 | 값 28,000원

05 어린이의 상상과 창조 L.S. 비고츠키 지음 | 비고츠키 연구회 옮김 | 280쪽 | 값 15,000원

06 성장과 분화 L.S. 비고츠키 지음 | 비고츠키 연구회 옮김 | 308쪽 | 값 15,000원

07 연령과 위기 L.S. 비고츠키 지음 | 비고츠키 연구회 옮김 | 336쪽 | 값 17,000원

08 의식과 숙달 L.S 비고츠키 | 비고츠키 연구회 옮김 | 348쪽 | 값 17,000원

09 분열과 사랑 L.S. 비고츠키 지음 | 비고츠키 연구회 옮김 | 260쪽 | 값 16,000원

10 성애와 갈등 L.S. 비고츠키 지음 | 비고츠키 연구회 옮김 | 268쪽 | 값 17,000원

11 흥미와 개념 L.S. 비고츠키 지음 | 비고츠키 연구회 옮김 | 408쪽 | 값 21,000원

12 인격과 세계관 L.S. 비고츠키 지음 | 비고츠키 연구회 옮김 | 372쪽 | 값 22,000원

13 정서 학설 Ⅰ L.S. 비고츠키 지음 | 비고츠키 연구회 옮김 | 584쪽 | 값 35,000원

14 정서 학설 Ⅱ L.S. 비고츠키 지음 | 비고츠키 연구회 옮김 | 480쪽 | 값 35,000원

비고츠키와 인지 발달의 비밀 A.R. 루리야 지음 | 배희철 옮김 | 280쪽 | 값 15,000원

비고츠키의 발달교육이란 무엇인가? 비고츠키교육학실천연구모임 지음 | 412쪽 | 값 21,000원

비고츠키 철학으로 본 핀란드 교육과정 배희철 지음 | 456쪽 | 값 23,000원

비고츠키와 마르크스 앤디 블런던 외 지음 | 이성우 옮김 | 388쪽 | 값 19,000원

수업과 수업 사이 비고츠키 연구회 지음 | 196쪽 | 값 12,000원

관계의 교육학, 비고츠키 진보교육연구소 비고츠키교육학실천연구모임 지음 | 300쪽 | 값 15,000원

교사와 부모를 위한 발달교육이란 무엇인가? 현광일 지음 | 380쪽 | 값 18,000원

비고츠키 생각과 말 쉽게 읽기 진보교육연구소 비고츠키교육학실천연구모임 지음 | 316쪽 | 값 15,000원

교사와 부모를 위한 비고츠키 교육학 카르포프 지음 | 실천교사번역팀 옮김 | 308쪽 | 값 15,000원

레프 비고츠키 르네 반 데 비어 지음 | 배희철 옮김 | 296쪽 | 값 21,000원

혁신학교	성열관·이순철 지음 | 224쪽 | 값 12,000원
행복한 혁신학교 만들기	초등교육과정연구모임 지음 | 264쪽 | 값 13,000원
서울형 혁신학교 이야기	이부영 지음 | 320쪽 | 값 15,000원
혁신교육, 철학을 만나다	브렌트 데이비스·데니스 수마라 지음 | 현인철·서용선 옮김 | 304쪽 | 값 15,000원
대한민국 교사, 어떻게 가르칠 것인가?	윤성관 지음 | 320쪽 | 값 15,000원
아이들을 어떻게 가르칠 것인가	사토 마나부 지음 | 박찬영 옮김 | 232쪽 | 값 13,000원
모두를 위한 국제이해교육	한국국제이해교육학회 지음 | 364쪽 | 값 16,000원
경쟁을 넘어 발달 교육으로	현광일 지음 | 288쪽 | 값 14,000원
혁신교육 존 듀이에게 묻다	서용선 지음 | 292쪽 | 값 14,000원
다시 읽는 조선 교육사	이만규 지음 | 750쪽 | 값 33,000원
교실 속으로 간 이해중심 교육과정	온정덕 외 지음 | 224쪽 | 값 13,000원
대한민국 교육혁명	교육혁명공동행동 연구위원회 지음 | 224쪽 | 값 12,000원
포스트 코로나 시대의 교육	성열관 외 지음 | 224쪽 | 값 15,000원
내일 수업 어떻게 하지?	아이함께 지음 | 300쪽 | 값 15,000원
핀란드 교육의 기적	한넬레 니에미 외 엮음 | 장수명 외 옮김 | 456쪽 | 값 23,000원
한국 교육의 현실과 전망	심성보 지음 | 724쪽 | 값 35,000원
독일의 학교교육	정기섭 지음 | 536쪽 | 값 29,000원
교실 속으로 간 이해중심 통합교육과정	온정덕 외 지음 | 224쪽 | 값 15,000원
초등 백워드 교육과정 설계와 실천 이야기	김병일 외 지음 | 352쪽 | 값 19,000원
학습격차 해소를 위한 새로운 도전 보편적 학습설계 수업	조윤정 외 지음 | 240쪽 | 값 15,000원

● 경쟁과 차별을 넘어 평등과 협력으로 미래를 열어가는 교육 대전환! 혁신교육 현장 필독서

학교의 미래, 전문적 학습공동체로 열다	새로운학교네트워크·오윤주 외 지음 | 276쪽 | 값 16,000원
마을교육공동체 생태적 의미와 실천	김용련 지음 | 256쪽 | 값 15,000원
학교폭력, 멈춰!	문재현 외 지음 | 348쪽 | 값 15,000원
학교를 살리는 회복적 생활교육	김민자·이순영·정선영 지음 | 256쪽 | 값 15,000원
삶의 시간을 잇는 문화예술교육	고영직 지음 | 292쪽 | 값 16,000원
미래교육을 디자인하는 학교교육과정	박승열 외 지음 | 348쪽 | 값 18,000원

코로나 시대, 마을교육공동체운동과 생태적 교육학	심성보 지음 ǀ 280쪽 ǀ 값 17,000원
혐오, 교실에 들어오다	이혜정 외 지음 ǀ 232쪽 ǀ 값 15.000원
수업, 슬로리딩과 함께	박경숙 외 지음 ǀ 268쪽 ǀ 값 15,000원
물질과의 새로운 만남	베로니카 파치니-케처바우 외 지음 ǀ 이연선 외 옮김 ǀ 240쪽 ǀ 값 15,000원
그림책으로 만나는 인권교육	강진미 외 지음 ǀ 272쪽 ǀ 값 18,000원
수업 고수들 수업·교육과정·평가를 말하다	박현숙 외 지음 ǀ 368쪽 ǀ 값 17,000원
아이들의 배움은 어떻게 깊어지는가	이시이 쥰지 지음 ǀ 방지현·이창희 옮김 ǀ 200쪽 값 11,000원
미래, 공생교육	김환희 지음 ǀ 244쪽 ǀ 값 15,000원
들뢰즈와 가타리를 통해 유아교육 읽기	리세롯 마리엣 올슨 지음 ǀ 이연선 외 옮김 ǀ 328쪽 ǀ 값 17,000원
혁신고등학교, 무엇이 다른가?	김현자 외 지음 ǀ 344쪽 ǀ 값 18,000원
시민이 만드는 교육 대전환	심성보·김태정 지음 ǀ 248쪽 ǀ 값 15,000원
평화교육 과거, 현재 그리고 미래를 그리다	모니샤 바자즈 외 지음 ǀ 권순정 외 옮김 ǀ 268쪽 ǀ 값 18,000원
마을교육공동체란 무엇인가?	서용선 외 지음 ǀ 360쪽 ǀ 값 17,000원
강화도의 기억을 걷다	최보길 지음 ǀ 276쪽 ǀ 값 14,000원
체육 교사, 수업을 말하다	전용진 지음 ǀ 304쪽 ǀ 값 15,000원
평화의 교육과정 섬김의 리더십	이준원·이형빈 지음 ǀ 292쪽 ǀ 값 16,000원
마을로 걸어간 교사들, 마을교육과정을 그리다	백윤애 외 지음 ǀ 336쪽 ǀ 값 16,000원
혁신교육지구와 마을교육공동체는 어떻게 만들어지는가?	김태정 지음 ǀ 376쪽 ǀ 값 18,000원
서울대 10개 만들기	김종영 지음 ǀ 348쪽 ǀ 값 18,000원
선생님, 통일이 뭐예요?	정경호 지음 ǀ 252쪽 ǀ 값 13,000원
함께 배움 학생 주도 배움 중심 수업 이렇게 한다	니시카와 준 지음 ǀ 백경석 옮김 ǀ 280쪽 ǀ 값 15,000원
다정한 교실에서 20,000시간	강정희 지음 ǀ 296쪽 ǀ 값 16,000원
즐거운 세계사 수업	김은석 지음 ǀ 328쪽 ǀ 값 13,000원
학교를 개선하는 교장 지속가능한 학교 혁신을 위한 실천 전략	마이클 풀란 지음 ǀ 서동연·정효준 옮김 ǀ 216쪽 ǀ 값 13,000원
선생님, 민주시민교육이 뭐예요?	염경미 지음 ǀ 244쪽 ǀ 값 15,000원
교육혁신의 시대 배움의 공간을 상상하다	함영기 외 지음 ǀ 264쪽 ǀ 값 17,000원
도덕 수업, 책으로 묻고 윤리로 답하다	울산도덕교사모임 지음 ǀ 320쪽 ǀ 값 15,000원
교육과 민주주의	필라르 오카디즈 외 지음 ǀ 유성상 옮김 ǀ 420쪽 ǀ 값 25,000원

교육회복과 적극적 시민교육	강순원 지음 ǀ 228쪽 ǀ 값 15,000원
비판적 미디어 리터러시 가이드	더글러스 켈너·제프 셰어 지음 ǀ 여은호·원숙경 옮김 ǀ 252쪽 ǀ 값 18,000원
지속가능한 마을, 교육, 공동체를 위하여	강영택 지음 ǀ 328쪽 ǀ 값 18,000원
대전환 시대 변혁의 교육학	진보교육연구소 교육과정연구모임 지음 ǀ 400쪽 ǀ 값 23,000원
교육의 미래와 학교혁신	마크 터커 지음 ǀ 전국교원양성대학교 총장협의회 옮김 ǀ 336쪽 ǀ 값 18,000원
남도 임진의병의 기억을 걷다	김남철 지음 ǀ 288쪽 ǀ 값 18,000원
프레이리에게 변혁의 길을 묻다	심성보 지음 ǀ 672쪽 ǀ 값 33,000원
다시, 혁신학교!	성기신 외 지음 ǀ 300쪽 ǀ 값 18,000원
백워드로 설계하고 피드백으로 완성하는 성장중심평가	이형빈·김성수 지음 ǀ 356쪽 ǀ 값 19,000원
우리 교육, 거장에게 묻다	표혜빈 외 지음 ǀ 272쪽 ǀ 값 17,000원
교사에게 강요된 침묵	설진성 지음 ǀ 296쪽 ǀ 값 18,000원
왜 체 게바라인가	송필경 지음 ǀ 320쪽 ǀ 값 19,000원
풀무의 삶과 배움	김현자 지음 ǀ 352쪽 ǀ 값 20,000원
비고츠키 아동학과 글쓰기 교육	한희정 지음 ǀ 300쪽 ǀ 값 18,000원
교실을 위한 프레이리	아이러 쇼어 엮음 ǀ 사람대사람 옮김 ǀ 410쪽 ǀ 값 23,000원
마을, 그 깊은 이야기 샘	문재현 외 지음 ǀ 404쪽 ǀ 값 23,000원
비난받는 교사	다이애나 폴레비치 지음 ǀ 유성상 외 옮김 ǀ 404쪽 ǀ 값 23,000원
한국교육운동의 역사와 전망	하성환 지음 ǀ 308쪽 ǀ 값 18,000원
철학이 있는 교실살이	이성우 지음 ǀ 272쪽 ǀ 값 17,000원
왜 지속가능한 디지털 공동체인가	현광일 지음 ǀ 280쪽 ǀ 값 17,000원
선생님, 우리 영화로 세계시민 만나요!	변지윤 외 지음 ǀ 328쪽 ǀ 값 19,000원
아이를 함께 키울 온 마을은 어떻게 만들어야 할까?	차상진 지음 ǀ 288쪽 ǀ 값 17,000원
선생님, 제주 4·3이 뭐예요?	한강범 지음 ǀ 308쪽 ǀ 값 18,000원
마을배움길 학교 이야기	김명신 외 지음 ǀ 300쪽 ǀ 값 18,000원
다시, 남도의 기억을 걷다	노성태 지음 ǀ 332쪽 ǀ 값 19,000원
세계의 혁신 대학을 찾아서	안문석 지음 ǀ 284쪽 ǀ 값 17,000원
소박한 자율의 사상가, 이반 일리치	박홍규 지음 ǀ 328쪽 ǀ 값 19,000원
선생님, 평가 어떻게 하세요	성열관 외 지음 ǀ 220쪽 ǀ 값 15,000원
남도 한말의병의 기억을 걷다	김남철 지음 ǀ 316쪽 ǀ 값 19,000원
생태전환교육, 학교에서 어떻게 할까?	심지영 지음 ǀ 236쪽 ǀ 값 15,000원
어떻게 어린이를 사랑해야 하는가	야누쉬 코르착 지음 ǀ 396쪽 ǀ 값 23000원

참된 삶과 **교육**에 관한
생각 줍기